中国社会科学院学部委员专题文集
ZHONGGUOSHEHUIKEXUEYUAN XUEBUWEIYUAN ZHUANTI WENJI

论马克思主义与文学

张 炯◎著

中国社会科学出版社

图书在版编目（CIP）数据

论马克思主义与文学 / 张炯著 . —北京：中国社会科学出版社，2013.1

（中国社会科学院学部委员专题文集）

ISBN 978-7-5161-2074-3

Ⅰ.①论… Ⅱ.①张… Ⅲ.①马克思主义—文学理论—文集 Ⅳ.①A811.691-53

中国版本图书馆 CIP 数据核字（2013）第 014447 号

出 版 人	赵剑英
出版策划	曹宏举
责任编辑	曲弘梅
责任校对	周　昊
责任印制	戴　宽

出　　版	中国社会科学出版社
社　　址	北京鼓楼西大街甲 158 号（邮编 100720）
网　　址	http://www.csspw.cn
	中文域名：中国社科网　010-64070619
发 行 部	010-84083685
门 市 部	010-84029450
经　　销	新华书店及其他书店

印刷装订	环球印刷（北京）有限公司
版　　次	2013 年 1 月第 1 版
印　　次	2013 年 1 月第 1 次印刷

开　　本	710×1000　1/16
印　　张	20.25
插　　页	2
字　　数	321 千字
定　　价	62.00 元

凡购买中国社会科学出版社图书，如有质量问题请与本社联系调换
电话：010-64009791
版权所有　侵权必究

《中国社会科学院学部委员专题文集》
编辑委员会

主任　王伟光
委员　（按姓氏笔画排序）
　　　　王伟光　刘庆柱　江蓝生　李　扬
　　　　李培林　张蕴岭　陈佳贵　卓新平
　　　　郝时远　赵剑英　晋保平　程恩富
　　　　蔡　昉
统筹　郝时远
助理　曹宏举　薛增朝
编务　田　文　黄　英

前　　言

　　哲学社会科学是人们认识世界、改造世界的重要工具，是推动历史发展和社会进步的重要力量。哲学社会科学的研究能力和成果是综合国力的重要组成部分。在全面建设小康社会、开创中国特色社会主义事业新局面、实现中华民族伟大复兴的历史进程中，哲学社会科学具有不可替代的作用。繁荣发展哲学社会科学事关党和国家事业发展的全局，对建设和形成有中国特色、中国风格、中国气派的哲学社会科学事业，具有重大的现实意义和深远的历史意义。

　　中国社会科学院在贯彻落实党中央《关于进一步繁荣发展哲学社会科学的意见》的进程中，根据党中央关于把中国社会科学院建设成为马克思主义的坚强阵地、中国哲学社会科学最高殿堂、党中央和国务院重要的思想库和智囊团的职能定位，努力推进学术研究制度、科研管理体制的改革和创新，2006年建立的中国社会科学院学部即是践行"三个定位"、改革创新的产物。

　　中国社会科学院学部是一项学术制度，是在中国社会科学院党组领导下依据《中国社会科学院学部章程》运行的高端学术组织，常设领导机构为学部主席团，设立文哲、历史、经济、国际研究、社会政法、马克思主义研究学部。学部委员是中国社会科学院的最高学术称号，为终生荣誉。2010年中国社会科学院学部主席团主持进行了学部委员增选、荣誉学部委员增补，现有学部委员57名（含已故）、荣誉学部委员133名（含已故），均为中国社会科学院学养深厚、贡献突出、成就卓著的学者。编辑出版《中国社会科学院学部委员专题文集》，即是从一个侧面展示这些学者治学之道的重要举措。

　　《中国社会科学院学部委员专题文集》（下称《专题文集》），是中国社会科学院学部主席团主持编辑的学术论著汇集,作者均为中国社会科学院学部委员、荣誉学部委员,内容集中反映学部委员、荣誉学部委员在相关学科、专业方向中的专题性研究成果。《专题文集》体现了著作者在科学研究实践中长期关注的某一专业方向或研究主题,历时动态地展现了著作者在这一专题中不断深化的研究路径和学术心得,从中不难体味治学道路之铢积寸累、循序渐进、与时俱进、未有穷期的孜孜以求,感知学问有道之修养理论、注重实证、坚持真理、服务社会的学者责任。

2011年,中国社会科学院启动了哲学社会科学创新工程,中国社会科学院学部作为实施创新工程的重要学术平台,需要在聚集高端人才、发挥精英才智、推出优质成果、引领学术风尚等方面起到强化创新意识、激发创新动力、推进创新实践的作用。因此,中国社会科学院学部主席团编辑出版这套《专题文集》,不仅在于展示"过去",更重要的是面对现实和展望未来。

这套《专题文集》列为中国社会科学院创新工程学术出版资助项目,体现了中国社会科学院对学部工作的高度重视和对这套《专题文集》给予的学术评价。在这套《专题文集》付梓之际,我们感谢各位学部委员、荣誉学部委员对《专题文集》征集给予的支持,感谢学部工作局及相关同志为此所做的组织协调工作,特别要感谢中国社会科学出版社为这套《专题文集》的面世做出的努力。

《中国社会科学院学部委员专题文集》编辑委员会
2012年8月

目　录

自序 …………………………………………………………（1）

第一辑

马克思主义与文学理论的走向 ……………………………（3）
马克思主义文艺理论及其面临的挑战 ……………………（14）
马克思主义与中国新文艺 …………………………………（42）
马克思主义文艺理论的划时代文献
　　——纪念《在延安文艺座谈会上的讲话》发表七十周年 …………（71）

第二辑

论文学本质观 ………………………………………………（79）
论文学与人民的关系 ………………………………………（90）
论文学与政治的关系 ………………………………………（106）
论文学与现实的关系 ………………………………………（121）
论文学创作中感性与理性的关系 …………………………（133）
论文学创作中的继承、借鉴、创新的关系 ………………（139）
对文学与人学的再认识
　　——在首都师范大学的讲演 ……………………………（151）

第三辑

马克思主义与文学批评 …………………………………………（173）
马克思主义与文学研究 …………………………………………（192）
马克思主义与文艺批评的核心价值体系 ………………………（201）
当代中国的文学理论批评 ………………………………………（207）

第四辑

中国文学史的宏观透视
　　——《中国文学通史》(十二卷本)总序………………（247）
中华文化场与中国文学观 ………………………………………（277）
全球语境下的中国文化和文学 …………………………………（286）
论文学的现在和未来 ……………………………………………（297）

主要参考书目 ……………………………………………………（311）
后记　继续重视文学理论批评的健康发展
　　——获奖感言……………………………………………（312）

自　　序

马克思主义开辟了人民为社会主义未来而斗争的新时代。在马克思主义的引领下，一个半多世纪来，人民革命风起云涌，世界产生了深刻而巨大的历史变化。中国特色社会主义现代化建设的伟大成就，在几经曲折的全球社会主义运动中，显示了马克思主义与各国革命实践相结合的光辉范例，吸引了全世界人民的热切关注！文艺历来与政治存在密切的关系。世界的社会主义运动是跟社会主义文艺运动相伴而起、相伴而行的。马克思主义经典作家，对文学艺术特别是新时代的文艺发展曾有过许多论述。在文艺本质论、文艺创作论、文艺功能论、文艺发展论、文艺生态论、文艺批评论等方面对文艺理论做过深刻阐明。而毛泽东的《新民主主义论》、《在延安文艺座谈会上的讲话》虽然发表于1942年的陕甘宁人民革命根据地，由于它总结了"五四"以来中国革命文艺的新经验，面对了当时革命文艺所出现的新问题，它不但继承和发挥了此前马克思主义经典作家的理论思想，而且在许多方面丰富和发展了马克思主义的文艺理论，对此后我国和世界其他国家的革命文艺运动，都产生了深远的影响。邓小平和后来的中国领导人继承和发展了马克思主义经典作家包括毛泽东的文艺思想，为新时期中国社会主义文艺的发展开拓了更广阔的道路。21世纪的到来，世界进入经济全球化、政治多极化、文化多元化、科技高速化的时代。马克思主义在全球范围内仍然是显学，特别是西方经济危机席卷北美、西欧等许多国家，影响及于全世界的前景下，马克思主义更为各国知识界和广大人民所青睐。当然，新的历史条件下，马克思主义也面临新的挑战。在运用马克思主义研究文学艺术和文艺理论方面，情形同样如此。

中国社会科学院策划为荣誉学部委员和学部委员各出一本新近的学术著作，由中国社会科学出版社出版。这自然是繁荣我国人文社会科学的一项盛举。六十多年来,我一直从事文学理论和中国文学史的研究,并撰写文学评论。本书则是新世纪以来我学习和运用马克思主义考察文学艺术及其理论的相关论文集。绝大多数都在我国报刊发表过,这一次结集出版,又作了一些必要的修改与补充。由于所论问题涉及方方面面,而自己学力有限,难免会有许多缺陷和不足。所以提供给读者,诚恳希望能得到专家、学者和广大读者的批评和指正。

张　炯

2012 年 5 月 20 日于北京花家地寓所

第一辑

马克思主义与文学理论的走向

马克思主义开辟了人民为争取社会主义前途的新时代,也开辟了使各门科学都得益于辩证唯物主义和历史唯物主义而产生深刻变革的新时代。在这样的时代和学术背景下,文学理论在世界范围也不可避免地出现新的走向。

一 文学理论的重要性及其与实践的联系

任何理论都是实践经验的升华,又是实践的先导和指南。列宁和毛泽东都说过,没有革命的理论就不会有革命的运动。而理论要发展就不能脱离实践,必须从生动活泼的实践中去不断吸取理论思考的动力和源泉。文学理论对于文学创作的关系也如此。虽然,作家常常说他们不喜欢文学理论,甚至扬言从不看文学理论。但实际上,在作家成长的过程中,通过各种渠道,他们还是不同程度地接触到文学理论的。

也许,确实没有一个作家按照一定的文学理论去从事创作。文学创作即是一种创造性的精神劳动,它的要义就在必须突破常规而创新。因而理论常常落在创作的后面。但这并不能证明文学理论的无价值。理论反映的总是事物的本质和一般规律。而创新总是一般中见特殊,这种特殊并不足以否定一般,相反,它总是包孕一般,体现一般,发展一般。

人类发现文学创作的本质和规律并非今日始。它有着漫长的历史过程。在西方,古希腊哲学家亚里士多德的《诗学》被认为是古代经典性的文学理论著作。在我国像这样系统性的文学理论著作,大概只有南北朝时期刘勰的《文心雕龙》才能与之相伯仲。实际上这两部著作各有自己的长处和侧重的方面。《诗学》探讨了文学与现实的不同关系和态度及其美学价值,对希腊史诗、悲、喜剧和其他艺术的体式与美学特色作出自己的揭示。而《文心雕龙》则主要探讨了我国古代文学的文体分类特点与创作过程各阶段的特色。两书的共同之处都在于从自己国家的文学实际出发去做理论上的探讨和总结。时至今日，在漫长的人类认识史的发展过程中，历代文论家都为揭示文学的本质和规律作出自己不同程度的和不断前进的贡献。而近百年来，形式主义、结构主义、人文主义和马克思主义理论家都为推进文学理论的发展写出大批的著作。各为现代成体系的文学理论的建设作出不容忽视的成就。这些理论既是20世纪有关国家科学发展和文学实践的升华，同时又不同程度和范围地促进了各国文学的发展。而马克思主义的文学理论更对百多年来的无产阶级社会主义文学运动的风起云涌，产生了巨大的指导和推动的作用。在广泛的实践中，它被证明是当代涵盖了科学主义和人文主义精神的最有活力也最具真理性的文学理论。

因而，为了促进我国社会主义文学的繁荣和发展，我们就不能不重视文学理论，不能不重视文学的一般本质和规律，更不能不重视社会主义文学的特殊本质和规律。邓小平同志教导我们要"尊重文学艺术的规律"。其实质就是要求我们重视学习文学理论，重视按照文学理论知识去指导文学运动的发展。

二　20世纪世界主要的文学理论思潮

20世纪世界主要的文学理论思潮大略可以归为两种，即科学主义和人文主义。

近代以来西方科学主义思潮标榜求真理，重实证。它把自然科学的研究方法推及社会科学和人文科学。在文学理论方面，20世纪先是出现了俄国以什克洛夫斯基、雅可布森等为代表的形式主义学派。后来又出现了以穆卡洛夫斯基、列维—施特罗斯等为代表的捷克和法国结构主义以及欧美的"新批评"理论，还有苏联的文学符号学。这些学派先后受到索绪尔的语言学、胡塞尔的现象学和现代系统论、信息论、控制论等的影响，还部分受到弗洛伊德的心理分析学说的影响。人文主义学派则继承了文艺复兴以来的人文主义思潮，并在新的历史条件下有所发展。除了弗洛伊德学说也有人文主义内涵外，以萨特为代表的存在主义和以弗洛姆、马斯洛为代表的新人本主义的理论，对文学的影响都比较广泛。而马克思主义文学理论则是 20 世纪影响最大的另一种思潮。它以辩证唯物主义和历史唯物主义的世界观与方法论为基础，就其力图揭示文学的本质和规律而言，继承和发展了科学主义的传统；就其重视人的主体性和社会关系以及人在文学创作和欣赏中的地位而言，又对人文主义作了不无批判的吸取。在与 20 世纪各国无产阶级革命文学实践的结合中，许多国家信奉马克思主义的文学理论工作者都为坚持和发展马克思主义的文学理论作出自己的贡献。他们之间也出现过不同观点的争论。无产阶级革命家马克思、恩格斯、列宁、斯大林都有直接论述文学问题的文献。在我国，毛泽东文艺思想和邓小平文艺理论的影响尤其广泛和深远。

形式主义学派出现于 1915 年后的俄罗斯。他们认为，就文学而言，形式是最重要的，是决定文学所以为文学的本质的东西，而内容则并不重要。在文学作品里内容取决于形式，而非形式取决于内容。研究文学就应该主要研究文学之所以成为文学的形式技巧，即所谓"文学性"。形式主义者重视研究诗歌的语词排列原则和小说中的故事、情节、母题等构成文学文本的形式技巧因素，并对日常语言与文学语言加以区分，对故事与情节也加以区分。他们还提出艺术的陌生化原则，认为艺术的目的在于让人感受，而不在让人认知，因此，艺术的技巧就在于使事物陌生化，增加感知的难度和长度，给人以更新鲜、更强烈的印象。形式主义者已认识到文学作品是由若干要素构成的完整的结构系统。瑞士语言学家索绪尔的语言学理论为形式主义理论提供了一定的参照。索绪尔把语言的能指与所指分开，指出语言符号与其所表达的事物内容并无必然的联系，这种联系既是随意的，也是约定俗成的。对于语言来说，决定性的正是由词汇和语法组成的语言的形式结构。而语言本身就是一个结构系统。这种语言学理论，更为后来产生于布拉格的结构主义文学理论提供重要的借鉴。以穆卡洛夫斯基为代表的捷克结构主义者继承和发展了形式主义的理论。他们中有些人本来就是形式主义者，1934 年他们正式采用了"结构主义"这个名称。他们把文学看成由各种要素构成的结构系统，认为由于不同要素及其构成方式的不同，特定结构的功能也就产生差异。比如诗歌与散文由于构成要素及其结构方式的不同，它们的功能也不一样。形式主义者注重研究文学文本及其技巧形式的总和。结构主义者则重视研究文本各部分的结构关系以及文本与产生它的各种因素的关系。他们用"结构"与"材料"的对应概念取代了形式主义的"内容"与"形式"的对应概念。穆卡洛夫斯基还引进语言学的"能指"和"所指"这对范畴，认为若把文学当作符号，则与"能指"相对的就是作品，与"所指"相对的就是作品呈现给欣赏者的美感对象，作品的真正意义和形象则只能在欣赏者的感受中才能被具体化。由于欣赏者所处的时代和主观素质的差异，因而对艺术作品的阐释并非一成不变。法国结构主义者以列维—施特罗斯、巴尔特等为代表，在自己的文化背景下，与雅可布森联手，为后来欧美的以文本分析为特色的"新批评"提供了理论的铺垫。结构主义发展了三种倾向，一是结构主义批评；二是结构主义叙事学；三是语言学—结构主义的文本分析。佛克马、易布斯认为，列维—施特罗斯和雅可布森对《猫》所作的分析是语言学—结构主义的文本分析的范例，而巴尔特则为结构主义批评作出独特的贡献，至于结构主义叙事学却早见于列维—施特罗斯对俄国形式主义学者普洛普的著作《民间故事形态学》所作的评论。结构主义者也重视文学文本的研究，重视分析文本的结构，但并不完全忽视内容、忽视作家所反映的社会现实生活。他们对语言结构和叙事结构的研究甚至相当琐细。这种状况更可以见于"新批评"的许多著作。

　　人的情感、思想、行为和彼此间的关系以及人与自然的关系，向来是文学描写和表现的中心。因此，文学理论也就离不开对于人及其关系的探讨。人文主义是以关心人为目的的。人文主义与其说是文学思潮，不如说是社会思潮或哲学思潮。但它对于文学理论的发展又确是有影响的。这方面尼采、叔本华和柏格森、克罗齐等的美学观点也属于人本主义。而在20世纪影响较大的要数弗洛伊德学说和萨特的存在主义，以及弗洛姆、马斯洛的新人本主义。弗洛伊德的精神分析学说是研究人的精神世界特别是研究人的潜意识和性意识的。他认为人的精神现象大部是潜意识，而显意识只是很小的部分。他把人的精神世界分作本我、自我和超我。其中本我的部分就是潜意识，包含人的性本能的冲动。在他看来，文学创作的驱动力就是性本能的冲动，而创作过程就类乎白日做梦。这实际上便无异于宣扬文学创作过程的非理性说。这种理论对崇尚自我表现和非理性的现代主义、后现代主义文学思潮都不无相当的影响。萨特的存在主义认为人的存在先于它的本质。人在存在中可以自我塑造和选择未来。在他看来，人的天性是自由的。文学艺术的创造，目的不在于反映现实的对象，因为人的意识不过是对于对象的想象，是带有主体意向性的意象。他在早期的《想象的心理学》一书中指出："'美的'东西是某种不能作为知觉被经验到的而在其本性上又在世界之外的东西。""我所称之为'美的'，正是那非现实对象的具体化。""现实的东西绝不是美的。美是一种只适于意象的东西的价值，而且这种价值在其基本结构上又是指对世界的否定。"1947年他在《什么是文学》一文中又说："美在召唤自由的幻觉。"因而他的美学是非现实主义的，实质上是主张发挥人的自由天性去超越现实。这种思考与20世纪二三十年代风行的标榜"自我表现"的现代主义诸流派，包括未来主义、象征主义、超现实主义等的艺术实践有相当对应的关系。第二次世界大战后，萨特曾向马克思主义靠拢，自称要把存在主义纳入马克思主义，主张"为时代而写作"，提倡进步的"倾向性的文学"。但由于他从胡塞尔现象学出发的唯心主义的哲学观与马克思主义的辩证唯物史观存在不可调和的矛盾，他还想把弗洛伊德学说与马克思主义糅在一起，只是到头来他仍然是个存在主义者。

  属于人文主义的还有弗洛姆和马斯洛的新人本主义。弗洛姆属于西方马克思主义的法兰克福学派。后移居美国。他力图把马克思主义与弗洛伊德学说结合在一起。他认为，马克思注重了研究人的社会关系，而对人本身的研究则未很好展开，弗洛伊德却相反，他不研究人的社会关系，而对人本身的内在精神世界作了深入的研究，因而两者是互补的。所以，他力图把马克思主义与弗洛伊德学说结合在一起，强调早期马克思的人本主义思想，后来他还支持马斯洛的新人本主义。马斯洛也曾受到马克思主义的影响，作为心理学家，他反对弗洛伊德专以精神病人为研究对象，而主张也要以正常的乃至杰出的伟大的人为研究对象。他把"人自身"和"人之外"联结起来研究，探讨人的潜能和人的需要。他认为人除了"缺失性需要"，还有"发展需要"，前者包括空气、水、食物、住房、睡眠、性生活等生理需要，以及安全保障、爱的归属、自我尊重与他人尊重等组成；后者包括对艺术、科学和真善美的追求、自我实现的追求。他十分重视人的创造力和爱对于人的完善与社会发展的重要性。他认为，自我实现的人在自爱与爱人、利己与利人、自我意识与忘我精神、自我中心与客体决定、受动与能动、索取满足与创造奉献等对立方面都能达到统一。在《存在心理学探索》一书中他尤其肯定"自我实现的人是利他的、献身的、超越自我的、社会性的人"。马斯洛从唯物主义出发肯定美的客观性，又指出美感产生具有主观条件，他把审美列为忘我的"高峰体验"，他认为在艺术美的创造中，理性和非理性各有其位置，主张在规范化的艺术创作中，理性的参与是"健康的、合乎需要的、甚至是必要的"[①]。马斯洛的新人本主义在美国有相当大的影响，被称为是与弗洛伊德主义和华生的行为主义心理学挑战的"第三思潮"。

三　马克思主义文学理论与社会主义文学运动

百多年来马克思主义的发展是与社会主义运动的发展紧密联系在一起的。而社会主义文学运动也与马克思主义文学理论的指导分不开。

从 19 世纪到 20 世纪，由无产阶级所领导的社会主义运动在全球广阔的地域展开。从英国工人的宪章运动到 1848 年的革命和 1871 年的巴黎公社起义，再到俄国的十月革命和欧亚大陆许多社会主义国家的建立，包括中国革命与社会主义建设所取得的伟大胜利，都表明社会主义运动和马克思主义的强大生命力。百多年社会主义运动的发展也表明，历史总是曲折地前进的，革命浪潮的起伏是历史前进中的正常现象。因而当 20 世纪 90 年代初发生了苏联的解体和东欧社会主义国家的易帜，人们也不应大惊小怪！这并非表明社会主义运动或马克思主义的失败，而只不过表明由于人们对马克思主义和社会主义运动结合得不好，因而历史再次发生暂时的重大曲折。

在几乎席卷全球的社会主义运动中，社会主义文学运动是一个重要的方面。从英国宪章运动中的工人诗歌到德法的社会主义诗歌和后来蓬蓬勃

---

① 马斯洛：《存在心理学探索》，李文恬译，云南人民出版社 1987 年版，第 188 页。

勃的社会主义现实主义文学在许多国家的发展,到20世纪30年代,左翼文学运动已成为世界文坛的主导力量,乃至有"红色的30年代"之称。在这一过程中,马克思、恩格斯、列宁、斯大林等有关文艺问题的论述,跟马克思主义的整个学说一样,对社会主义文学运动都产生了重要的影响。在我国,毛泽东发表于1942年的《在延安文艺座谈会上的讲话》和其他有关文艺的论著,对中国和世界也产生了广泛而深远的影响。80年代以来,邓小平文艺理论更继承和发展了毛泽东文艺思想,成为我国新时期文学艺术前进的指针。除了无产阶级革命领袖外,许多国家的马克思主义的思想家和学者,也为坚持和发展马克思主义文艺理论作出自己的贡献。像法国的拉法格、德国的梅林、俄国的普列汉诺夫和卢那察尔斯基、匈牙利的卢卡奇等,在世界社会主义文学运动中也都有一定程度的影响。

马克思主义的文学理论以辩证唯物主义和历史唯物主义的世界观和方法论为基础。第一,它把文学艺术作为一种精神现象,看做是一定社会存在、一定社会现实生活的反映。如毛泽东所说,是"一定现实生活在人们头脑中反映的产物"。第二,它把文学艺术看做一定社会的上层建筑意识形态,甚至是"飘浮空中的"社会意识形态。如普列汉诺夫曾经标示的,文学艺术不但反映社会生活及其风尚,而且反映政治、法律、道德、宗教、美学、哲学等观点,因而,它也间接地反映一定经济基础并反作用于这种基础。第三,它承认和重视文学艺术的审美特点,重视审美内容与形式的辩证关系,形式虽制约内容,但归根结底,内容决定形式。如马克思所阐明,它把艺术地把握世界的方式与哲学地把握世界的方式作出区别。第四,它在文学艺术与社会现实的广泛联系中去研究它的多层次多侧面的本质和规律,而非单纯地研究文本或其中的结构与形式。恩格斯对拉萨尔说,他是从美学的和历史的高度来批评他的戏剧作品《弗兰茨·西金根》的。事实上,无论马克思还是恩格斯对拉萨尔剧作的批评都不仅从美学形式的角度,更重要的还从剧本反映现实的历史真实性的角度。第五,它认为文学艺术应该属于人民,为最广大的人民群众服务。历史归根结底是人民创造的,但在过去存在压迫和剥削的社会里,广大劳动人民反而被剥夺了享受物质和文化的许多权利。这种不公正的状态正是马克思主义所反对的。共产主义谋求消灭工农、城乡、脑体劳动的差别,解放全人类。它合乎逻辑地要求人类所创造的一切产品、包括文学艺术产品都为全人类所拥有，满足人们日益增长的物质和文化的、审美的要求。

应当指出，在马克思主义文学理论的指导下，社会主义文学在世界范围内取得巨大的发展，也取得在世界文学史上划时代的伟大成绩。社会主义文学运动成为20世纪规模最为宏阔的波澜叠起的文学运动。从苏联的高尔基、法捷耶夫、西蒙诺夫到美国的德莱塞、法国的阿拉贡、德国的布莱希特，直到我国的鲁迅、郭沫若、茅盾等许多作家的创作中，我们都可以看到马克思主义文艺理论的影响。正是在他们的作品里，人们看到无产阶级和广大劳动人民成为作品的主人公，在推翻旧世界，建设新世界中充分发挥了历史的主动性和创造性，并且表现出为了人类解放事业无私奉献的崇高精神风貌。我国新文学的发展中，虽然各种思潮都产生过影响，但马克思主义的影响无疑是最大也最深远的。20世纪20年代我国兴起的革命文学运动，30年代成为文坛主流的左翼文学运动和后来的抗战文学运动，以及40年代人民革命根据地的文学运动和新中国成立后全国文学的发展，都是在马克思主义的理论旗帜下风起云涌的。今天，我国新时期文学在改革开放的历史条件下再次接触到世界范围的许多新思潮，但马克思主义仍然是我国文学艺术前进的主导性的理论力量。在邓小平理论旗帜的指引下，马克思主义与中国文艺实践正进一步更好地结合，有中国特色的当代马克思主义的文艺理论体系，特别是邓小平文艺理论已为我国文学艺术的健康发展和更加繁荣铺平了宽广的道路。

马克思主义文艺理论在西欧北美也有新的发展。影响比较大的是卢卡奇的现实主义理论和法兰克福学派的社会批判与心理革命理论，还有新马克思主义的代表哈贝马斯对历史唯物主义的重建，詹姆逊对资本主义文明分期的研究和对"总体性"的阐明。

四 要重视研究未来社会主义文学发展中的新问题

人类的实践包括文学艺术实践总是处于永恒的动态过程中，人们不断有新的探索、新的创造、新的突破，因而理论必须紧密联系实际，不断从实践中总结经验和教训，并把它升华为新的理论。

在文学艺术的未来发展中，特别是我国建设有中国特色社会主义文艺的实践中，文艺理论面临的问题有些是老问题，但在新的历史条件下由于文艺实践的发展，需要作新的探讨；有些则是过去不曾遇到的，是新的文艺实践提出的新问题。前者例如现实主义问题，以往的文艺理论家、包括马克思主义的文艺理论家都有过许多论述，但在我国社会主义文学艺术实践中，特别是新时期的文艺实践中出现了许多新的现象，需要给予新的探索和理论上的回答。后者如社会主义市场经济条件下文艺的发展问题，这是前人未曾遇见的新问题，它包括社会主义文学艺术产品的商品性、它的经济效益和社会效益、文艺市场的自由竞争机制和宏观管理等问题。

通常人们认为马克思主义经典作家都是现实主义者，根据是马克思、恩格斯评论拉萨尔的历史剧时，或恩格斯在致明娜·考茨基和哈克纳斯的信里都从历史的真实去要求作品，包括批评席勒的"时代精神的传声筒"的浪漫主义写法而肯定莎士比亚，肯定巴尔扎克的现实主义，主张社会主义倾向不要特别说出而应通过情节与场面的描绘自然流露出来，恩格斯还为现实主义阐明了一个定义，即"现实主义除了细节的真实外，还要真实地再现典型环境中的典型人物"。甚至认为列宁也是现实主义者，因为列宁称赞了列夫·托尔斯泰，在批评托尔斯泰的思想局限的同时，充分肯定了他的艺术描写的现实主义成就。卢卡奇是这种观点的重要代表人物。他甚至把现实主义艺术看做是最高价值的艺术。他以阐发马克思主义的现实主义艺术观来反对和批判主张"自我表现"的现代主义艺术。但实际上，马克思主义经典作家并没有笼统地反对浪漫主义的作品。马克思称赞过希腊神话，称其为人类艺术上"不可企及的规范"；也正是他认为希腊神话是"人类借助想象以征服自然力"的表现。恩格斯还把希腊悲剧作家埃斯库勒斯、尤利比德斯和狄更斯等并论，称赞他们都是有鲜明政治倾向的伟大作家。列宁不但称赞过列夫·托尔斯泰，他还称赞过车尔尼雪夫斯基的《怎么办》和鲍狄埃的《国际歌》，后两人的作品都是具有鲜明的革命理想的、充满浪漫主义激情的。列宁还说过，"艺术并不要求它就是现实"。因而在这方面，毛泽东的如下主张似乎更符合辩证唯物主义的能动的反映论，也即他指出，现实生活和文学艺术虽然两者都是美，但后者比之前者"更高，更强烈，更有集中性，更典型，更理想，因此就更带普遍性。"应该说，毛泽东主张"革命现实主义和革命浪漫主义相结合"，与当年斯大林、高尔基提出"社会主义现实主义"，把"革命浪漫主义"看做社会主义现实主义"不可分割的有机组成部分"，是相通的。

20 世纪 80 年代以来，我国新时期文学努力恢复和发扬现实主义的传统，后来由于现代主义和后现代主义思潮的冲击和挑战，现实主义走向开放，出现了现代现实主义、魔幻现实主义、心理现实主义、结构现实主义、浪漫现实主义和新现实主义等种种的变异。一时之间令人眼花缭乱，莫衷一是。那么，面向 21 世纪，现实主义又会走向何方，这个问题确实值得人们加以更加深刻的探讨。

文学艺术创作中的理性与非理性的关系，也是理论上不能说已经阐述得十分清楚的问题。我们反对非理性主义，反对把创作看做像柏格森所说的"生命流的涌动"或克罗齐所认为的等于"直觉"，也不能赞成像弗洛伊德那样，把创作看做是潜意识的"性本能"在驱动，类似"白日做梦"。但创作中又确存在非理性的因素。理性和非理性在创作过程中的关系究竟怎样，何者占据主导的或次要的地位，是否在所有的作家和诗人那里都一样？其中有何规律可言？这都是有待于进一步予以调查研究，以期获得更合乎实际也更科学的回答的问题。

社会主义市场经济体制本身就是新的事物。虽然市场经济由来已久，资本主义可以用它来调节和配置物资和各种产品，社会主义自然也可以用它来实现同样的功能。但社会主义毕竟是以公有制为主体的，公有制企业与私有制企业在市场上平等竞争，这同样涉及文学艺术领域的生产和消费，还涉及社会主义性质的文艺产品与非社会主义性质的文艺产品的竞争问题。还有文艺产品的社会价值与经济价值的不平衡问题，文艺产品的广告包装和假冒伪劣问题，等等，也都需要进行充分的调查研究，然后才能求得理论的回答。

此外，经济的全球化带来政治和文化全球化的契机，文学艺术的世界市场与世界文学艺术的形成，早已现实地出现于地平线上。那么，文学艺术的全球化趋势与各国各民族的文学艺术需要保持自身的民族特色显然形成一种二律背反的矛盾。这个矛盾应该如何认识和正确处理，这无疑也是需要作出理论新回答的问题。预计，在未来的岁月里，还有些重要的问题仍需作进一步的科学探索。例如，创作主体与客体的关系，作品与接受者的关系，电脑与人脑在文学创作中的关系，网络文学与网络批评的关系，等等。随着文学艺术实践的发展，肯定还会有许多新的问题被提出来。文学理论工作者需要做的工作也肯定越来越多。

总之，所有这些问题以及未来生活和文艺发展还会不断提出的新问题，都需要我们去作深入的研究，并作出新的理论回答。否则文学艺术新实践的发展就会把理论抛在后面，使理论成为脱离实践的理论，从而使理论丧失生命力。而文艺实践如果缺乏正确理论的指导，那么，实践就会变成盲目的实践，从而容易使创作遭到失败，使我们的社会主义文艺事业受到损失。

马克思主义文艺理论及其面临的挑战

（本文是作者在中国作家协会学习中心组扩大会所作的报告，《文艺报》曾刊载其摘要，这里发表的是全文。论述了马克思主义文艺理论的世界地位，马克思主义文艺理论在我国的传播，马克思主义文艺理论的基本观点，马克思主义文艺理论面临的挑战诸问题，特别是联系实际，介绍和分析了新科技的发展、现代主义与后现代主义文艺思潮及其创作实践所提出的种种新问题对马克思主义文艺理论构成的挑战，对促进我国文艺理论与时俱进的研究，有着迫切的现实意义。）

一　马克思主义文艺理论的世界地位

马克思主义诞生已有160余年，当苏联和东欧社会主义国家解体和易帜后，西方有些学者曾欣喜若狂地宣布马克思主义的破产和资本主义的最后胜利。而这次金融危机发生后，资本主义世界一片惊慌，唯独社会主义的中国，风景独好。人们又认识到马克思主义学说的价值。在欧洲许多国家，马克思的著作被一再重版，甚至脱销。

事实上，百多年来，马克思主义不仅在学术思想界产生了广泛的影响，成为人文社会科学中最有影响的学派，而且成为广大劳动人民改造世界也改造自身的革命指南。马克思主义文艺理论作为马克思主义的有机组成部分，它不独对世界社会主义文艺运动产生重大的影响，也成为许多社会主义国家建设新文艺的指针。

列宁曾讲到马克思主义的三个来源和三个组成部分，即德国的古典哲学、英国的古典经济学和法国的社会主义学说。而马克思主义文艺理论的形成，则应看到马克思、恩格斯不仅对德国的康德、黑格尔和歌德的美学思想有批判继承，对德国和法国启蒙思想家莱辛、狄德罗的美学思想，对古希腊、罗马的苏格拉底、柏拉图、亚里士多德等的美学思想也都有继承。他们本人还十分爱好文学，读过许多作家的作品，对文艺实践深有了解。荷兰学者弗克马和易布斯在他们的《二十世纪世界文艺理论》一书中，把当代世界的文艺理论梳理为科学主义和人文主义两大流派，如他们把俄国什克洛夫斯基的形式主义文学理论和捷克、法国的结构主义文学理论以及符号学理论等都归结为受到瑞士索绪尔语言学影响的科学主义；而把弗洛伊德的精神分析学说、海德格尔和萨特的存在主义理论归入人文主义学派。他们认为马克思主义文艺理论介乎两派之间，或者说是批判地继承了文艺复兴以来西方科学主义和人文主义的传统，并在辩证唯物主义和历史唯物主义的哲学基础上发展起来的文艺理论。在他们的视野中，除了马克思主义经典作家的理论外，还包括被我们今天称为西方马克思主义的文艺理论，如卢卡奇的现实主义理论和葛兰西的文化领导权的理论，德国法兰克福学派的理论，还有英国的伊格尔顿和美国的詹姆逊的理论。作为西方的学者和后现代主义的阐释者之一，弗克马等也不能不承认马克思主义文艺理论的重要性和世界影响。他们的这本书还用一节专门论述了毛泽东文艺思想。

应该说，在今天世界上，马克思主义文艺理论是个巨大的存在，并且随着学术研究的进步和文艺实践的发展而不断获得新的发展和丰富。它不仅在世界文艺理论界有广泛的学术影响，在世界社会主义文艺运动特别是在社会主义国家的文艺建设中，无论对党的文艺政策的制定，还是对文艺家的艺术实践，都起着指导性的作用。

二 马克思主义文艺理论在我国的传播和发展

毛主席说："十月革命一声炮响，给我们送来了马克思列宁主义。"[①] 有人曾考证更早把马克思主义介绍到中国的文章见于 1900 年。但创办于 1915 年的《新青年》杂志，其开初的文章还停留在民主主义思想的宣传

---

① 《论人民民主专政》，《毛泽东选集》第 4 卷，第 1476 页。

上，包括鼓吹文学革命的文章。后来才有李大钊的《庶民的胜利》等介绍马克思主义的文章。1818 年北京大学才成立马克思主义研究会。但马克思主义文艺理论观点的介绍则在 1920 年之后。

马克思主义文艺理论在我国的传播大体分为三个时期：

第一个时期是 1920—1949 年。这时期的特点是从介绍部分的观点到走向全面而系统的介绍，并逐步与中国文艺实践的经验相结合，高峰是产生了毛泽东文艺思想。

20 世纪 20 年代初李大钊、邓中夏、萧楚女、恽代英、沈泽民等共产党人都有运用唯物史观和反映论来论述文艺问题的文章发表。萧楚女的《艺术与生活》一文，强调"艺术是生活的反映"；沈泽民的《文学与革命的文学》一文，主张诗人应是革命家，应深入工人农民的生活。在早期中国共产党人的文艺理论主张中，茅盾编译的《论无产阶级艺术》一文具有重要的意义。文中不但用阶级论的观点分析了欧洲文学史，包括对当时苏联的重要作家提出评价，还对无产阶级艺术作了界定，对文艺创作的过程和文艺的内容与形式的关系做了阐明。这是茅盾译自匈牙利马克思主义学者的著作改写的，过去没有受到重视，实际是一篇重要的文章，如它论述文艺创作的过程说："新而活的意象，在吾人的意识里是不断地在创造，然而随时受着自己的合理观念与审美观念的取缔或约束，只把那些美的和谐的高贵的保存下来，然后或借文字或借线条或借音浪以表现之。"这应该是比较符合马克思主义美学观点的说法，非常重视文艺的美的特质，重视世界观在主体创作过程中的作用。

早期中国共产党的领导人中瞿秋白对传播马克思主义文艺理论的贡献比较大。他与后来的左翼文学家的重要区别是，他不仅有四年之久对苏维埃俄罗斯进行考察，会见过卢那察尔斯基和马雅可夫斯基，还聆听过列宁、托洛茨基的讲演。1933 年 4 月他署名"静华"的文章《马克思、恩格斯和文学上的现实主义》发表，在我国第一次通过对巴尔扎克创作的分析，阐发了马克思主义的现实主义和典型的理论。他关于大众文艺的多篇论文更相当深刻地论述了大众文艺问题并强烈呼吁和探索中国共产党人如何建立对文化特别是大众文艺的领导权。这与意大利共产党领袖葛兰西关于无产阶级应从法西斯手中夺取文化领导权的思想相似。他还对革命的大众文艺的内容与形式、语言等问题进行了富有成果的研究。他主张革命的大众文艺可以有许多不同的题材，在探索新形式的同时也可以利用传统的旧形式去表现新的内容。

在左翼文学家中，鲁迅经历了瞿秋白所说的"从进化论到阶级论，从绅士阶级的逆子贰臣到无产阶级和劳动群众的真正的友人，以至于战士"[①]的心路历程。他是在创造社、太阳社对他的围攻中学习了许多马克思主义文艺理论著作。鲁迅在《三闲集·序言》中说："我有一件事要感谢创造社的，是他们'挤'我看了几种科学底文艺论，明白了先前的文学史家们说了一大堆，还是纠缠不清的疑问。并且因此译了一本蒲力汉诺夫的《文艺论》，以救正我——还因我而及于别人——的只信进化论的偏颇。"据说，从1927年10月到1928年，鲁迅就购买了马克思主义的书籍六十余种，其中包括蒲力汉诺夫的《艺术与社会生活》等15种马克思主义的文艺理论著作。所以，后来他能够为马克思主义文艺理论观点的传播做了突出的贡献。他的文艺观从过去的无用之用论，进到社会功利论、阶级功利论，其中贯穿了文艺的人民大众属性的观念；他对文学的劳动起源论，对艺术属于人民，应该走向人民，对文艺的真实性和典型性，对文艺的大众化和民族化，对文艺的欣赏和批评等问题，都阐述了正确的见解。30年代他对人性论文学观、对"为艺术而艺术"等的批判，也都体现了马克思主义的观点。此外，冯雪峰、胡风和周扬等在30年代也为传播马克思主义文艺观写了一些文章。后来当过党的十年总书记的张闻天即洛甫，在30年代也写过宣扬马克思主义文艺理论的文章。包括1939年在延安，他在毛主席作《新民主主义论》的报告前所作的关于新民主主义文化的报告。

毛主席的《在延安文艺座谈会上的讲话》发表后，1944年周扬曾编辑了一本《马克思主义与文艺》，收录了马克思、恩格斯、普列汉诺夫、列宁、斯大林、高尔基、鲁迅及毛泽东的有关文艺问题的论述，分为五辑：一、意识形态与文艺；二、文艺的特质；三、文艺与阶级；四、无产阶级与文艺；五、作家与批评家。这是我国第一本比较系统地介绍马克思主义文艺理论观点的著作。在当时对传播和学习马克思主义文艺理论产生了广

---

① 《〈鲁迅杂感选集〉序言》，《瞿秋白文集》第二册，人民文学出版社1954年版，第997页。

泛的作用。而1939年和1942年毛主席所作的《新民主主义论》和《在延安文艺座谈会上的讲话》对马克思主义文艺理论发展的伟大意义，则是大家所熟悉的。它标志马克思主义文艺理论与中国革命文艺实践相结合的最重要的成果，也是马克思主义文艺理论发展的划时代的经典文献，更是中国共产党在新中国成立后文艺政策的理论基础和坚实指南。它们跟毛泽东在50年代提出的"洋为中用，古为今用"、"推陈出新"、"百花齐放，百家争鸣"等方针，构成毛泽东文艺思想的完整体系。

第二个时期是1949—1978年。特点是在全面介绍马克思主义文艺理论文献的基础上，突出了对毛泽东文艺思想的宣传和普及，并开始建构中国特色的马克思主义文艺理论教科书。

新中国成立后马克思主义文艺理论得到比过去更为广泛的传播。马克思主义经典作家的全集和选集的先后出版，人民文学出版社编选的《马克思恩格斯论艺术》、《列宁论文学与艺术》、《毛泽东论文艺》等书也陆续问世，这就为马克思主义文艺理论的传播创造了更好的条件。20世纪50年代，苏联文艺学专家季莫菲耶夫的《文学基本原理》也在中国出版。他的学生毕达可夫到北京大学讲授《文艺学引论》，从此，我国学者也努力尝试运用马克思主义的观点来讲授文艺学，并出版了若干本大学文艺学方面的教材。1958年，时任中共中央宣传部副部长的周扬在河北省的文艺理论座谈会上号召要建设中国化的马克思主义文艺理论。有的学校如山东大学就编写了以毛泽东文艺思想为纲的《文艺学新论》。1960年，在中共中央宣传部和教育部的协调下，由周扬主持，集中全国大批专家编写以马克思主义为指导的100多种大学文科教材，其中包括由蔡仪主编的《文学概论》和由叶以群主编的《文学基本原理》。对这两种文艺理论教材的编写，周扬、林默涵、何其芳等文艺界的领导同志多次亲自参加编写提纲的讨论，周扬并提出作为以马克思主义为指导的文艺理论应该反映文学的本质规律、文学的发展规律，文学的创作规律、文学的批评与欣赏规律。但历时数年的编写工作因"文化大革命"被打断。这两部书都到"文化大革命"结束后才被定为大学文科的正式教材。

从1920年到1966年，马克思主义文艺理论在我国的传播和实践过程中，曾经出现过苏联无产阶级文化派即"拉普"（俄罗斯无产阶级革命作家联合会）的"左"倾幼稚病和庸俗社会学的影响。当然，也受到中国共产党自身工作中滋生的"左"倾教条主义等的影响。因而产生了20年代末创造社、太阳社围攻鲁迅，30年代左翼文学对第三种人苏汶等的批判，以及新中国成立前后对胡风文艺思想的批判，并发展到将所谓"胡风集团"打成"反革命阴谋集团"这样的大冤案。"拉普""左"倾的重要表现除了否定传统，要在平地上建设无产阶级的新文化外，还有对"同路人"打击的理论，所谓"没有同路人，只有同盟者或者敌人。"他们不承认马雅可夫斯基是革命作家，对高尔基也横加批判。"拉普"曾控制共产国际领导下的"国际革命作家联盟"，因而他们的"左"倾观点流毒极广。对鲁迅的围攻就是在这样的历史思想背景下发生的。郭沫若当年化名杜荃在《文艺战线上的封建余孽》一文中就这样批判鲁迅：

>他是资本主义以前的一个封建余孽。
>
>资本主义对于社会主义就是反革命，封建余孽对于社会主义是双重的反革命。
>
>鲁迅是双重的反革命人物。以前说鲁迅是新旧过渡期的游移分子，说他是人道主义者，这是完全错了。
>
>他是一位不得志的fascist（法西斯蒂）！

这种批判简直跟"文化大革命"中红卫兵的无限上纲差不多！所以，1957年把许多革命作家打成"右派"，"文化大革命"中又出现把大批革命作家打成"走资派"和"资产阶级反动学术权威"，出现"四人帮"一伙推行的极"左"文艺路线，应该说不是没有历史的社会的深刻根源。"左"倾教条主义和庸俗社会学对马克思主义文艺理论在我国的传播和实践，产生了很大的危害和干扰。"文化大革命"达到了极致。林彪委托江青炮制的所谓《部队文艺座谈会纪要》可以说是这种极致的标本。把30年代以来的革命文艺的成绩完全否定了。

第三个时期是1978—2009年。这三十年的特点是高举了邓小平文艺理论的旗帜，批判了"左"倾错误路线，拨乱反正，解放思想，实事求是，在传播马克思主义文艺理论上做了更深入更全面的工作，为建设当代中国的马克思主义文艺理论体系做出新的努力。

　　改革开放的新时期来到，使马克思主义文艺理论在我国的传播和发展进入了一个新阶段。邓小平同志在理论的拨乱反正方面作了突出的贡献。他的《在中国文学艺术工作者第四次代表大会上的祝词》和《目前的形势与任务》等重要讲话，不但完整准确地继承了毛泽东文艺思想的精华，而且以极大的理论魄力，纠正了"文艺从属于政治"、"必须为政治服务"的提法，指出这种提法"弊多利少"，主张以"为人民服务，为社会主义服务"的提法来代替旧提法。他号召文艺家"要努力学习马列主义、毛泽东思想，提高自己认识生活、分析生活，透过现象抓住本质的能力"。他还指出："人民是文艺工作者的母亲。一切进步文艺工作者的艺术生命，就在他们同人民之间的血肉联系。"他号召文艺家从人民生活中"汲取题材、主题、情节、语言、诗情和画意，用人民创造历史的奋发精神来哺育自己"。他在强调党应当加强对文艺领导，并期望"对人民负责的文艺工作者，要始终不渝地面向广大群众，在艺术上精益求精，力戒粗制滥造，认真严肃地考虑自己作品的社会效果"，同时又指出："文艺这种复杂的精神劳动，非常需要文艺家发挥个人的创造精神。写什么和怎样写，只能由文艺家在艺术实践中去探索和逐步求得解决。在这方面，不要横加干涉。"① 邓小平文艺理论在总结我国革命文艺实践的经验和教训的基础上，继承和发展了马克思主义文艺理论，为新时期我国文艺家创作的自由和题材、主题、形式、风格的开拓，为社会主义文艺的发展和繁荣开辟了广阔的道路。"三个代表"的重要思想和以人为本的科学发展观以及社会主义核心价值观的提出也为中国当代马克思主义文艺理论的发展和丰富作出新的贡献。

　　这时期广大文学理论工作者在努力研究和阐释、传播马克思主义经典作家包括毛泽东、邓小平著作，编辑、出版了大批论著和辞书等方面，做了大量的工作。如陆梅林编选的《马克思恩格斯论文学与艺术》、李准、丁振海主编的《毛泽东文艺思想全书》，还有中国社会科学院文学研究所、中国作家协会先后编选的《周恩来论文艺》、《邓小平论文学艺术》等。陆

---

① 《在中国文学艺术工作者第四次代表大会上的祝词》，《邓小平文选》（1975—1982），人民出版社1983年版，第181—185页。

梅林、龚依群、吕德申主编的《马克思主义文艺学大辞典》，陈辽、吕德申、王善忠等分别编著的《马克思主义文艺思想史稿》、《马克思主义文艺理论史》和《马克思主义美学思想史》，李衍柱等著的《毛泽东文艺思想概论》，董学文等著的《论邓小平文艺思想》以及蔡仪、陈涌等老一辈学者的有关论述马克思主义文艺理论的著作都为此作出不同的贡献；还有许多学者在坚持马克思主义基本原理的同时，比较充分地借鉴、吸取和参照了外国特别是西方20世纪以来的新的文学理论著作，使文学基本理论的研究出现新的建构与观点。如钱中文的《文学原理：发展论》、杜书瀛的《文学原理：创作论》、王向峰主编的《文艺学新编》、王元骧主编的《文学原理》、童庆炳的《文学理论教程》以及陈传才、陆贵山、朱立元、冯宪光、姚文放等的有关新著，比之前人多有所超越。

　　三年前中央实施马克思主义理论研究与建设工程，要先编写九部书。其中一部是文学理论。集中了一批从事这方面工作的专家和学者。现在这部书经过多次修改和讨论，终于经中央批准，即将出版。这是一部经过大家集体努力，企图建设当代中国马克思主义文艺理论体系的大学文科教材，反映了我国学界对马克思主义文艺理论的理解和新的研究成果。这部书的第一编就讲马克思主义与文学理论的关系，讲世界文学理论的变革与马克思主义文学理论的创立，包括马克思、恩格斯对文学理论的划时代的贡献和列宁对马克思主义文学理论的丰富和发展，还包括马克思主义文学理论的中国化，即毛泽东文艺思想和邓小平、江泽民、胡锦涛有关文艺的论述。第二编则讲文学活动的性质和价值，包括讲文学是社会意识形态，是审美的艺术，是语言的艺术，再讲文学的价值与功能。第三编讲文学活动的构成，包括文学创作的过程、文学创作的心理机制、文学创作的主体条件和追求，再讲文学作品的语言、形象、意蕴、体裁。然后又讲到文学的接受和文学批评。第四编则讲文学活动的发生和发展，讲文学的起源和历史演变，讲文学的风格、流派、思潮，最后讲文学活动的当代发展，包括当代文学生产与消费的变化，现代电子传媒、网络文化与文学发展，全球化语境与文学发展。从上述纲要，大家可以看出，这部书的第一编等于马克思主义经典作家的文艺理论思想发展史；第二、三、四编才是运用马克思主义观点来研究文学理论诸问题的当代成果。因此，要了解当代我国马克思主义文艺理论的基本发展，读一读这部书即可得其大概。其中，有许多问题的论述是继承了以往的文艺理论研究成果的，也有部分是新的问题和新的成果。如关于文学的接受研究，便汲取和参考了德国学者姚斯的接受美学。关于当代文学与电子网络文化、图像时代的关系，以及全球化与文学的世界交流、文学的现代化与民族化的关系等，也考虑到文艺实践的新发展和新的研究成果。

三　马克思主义文艺理论的基本观点

马克思主义文艺理论是内容十分丰富的科学体系。限于时间，我只能扼要地从若干方面介绍有关的基本观点。好在大家都很熟悉，无须我细讲。

（一）文艺本质论

这旨在说明文艺是什么？

这方面，马克思主义经典作家关于文艺是审美的创造，是社会上层建筑意识形态的观点特别重要。大家知道，马克思在《1844年哲学—经济学手稿》中曾提到，"动物只是按照它所属的那个种的尺度和需要来建造，而人却懂得按照任何一个种的尺度来进行生产，并且懂得怎样处处都把内在的尺度运用到对象上去；因此，人也按照美的规律来建造"。后来，他又把人对世界的理论的把握方式跟艺术把握方式相区别。认为艺术总是充分发挥想象的作用，以形象去把握世界。他指出，人类正是依靠想象力创造了"不是用文字来记载的神话、传奇和传说的文学"[①]。在《〈政治经济学批判〉导言》中他说"任何神话都是用想象和借助想象以征服自然力，支配自然力，把自然力加以形象化。"毛泽东也认为，现实生活与文学艺术虽然"两者都是美，但是文艺作品中反映出来的生活却可以而且应该比普通的实际说话更高，更强烈，更有集中性，更典型，更理想，因此就更带普遍性"。他主张优秀的文艺作品应是"革命的政治内容与完美的艺术形式

[①]《路易士·亨·摩尔根〈古代社会〉一书摘要》，《马克思恩格斯论艺术》第2卷，人民文学出版社1963年版，第5页。

的统一"①。这都说明马克思主义经典作家肯定文学艺术的美的特质,由于人具有按照美的规律来建造事物的创造性能力,能将人的本质对象化,能借助想象的形象化去改变和加工所表现的对象,使之更典型、更理想也更美,因而,文艺作品被创造出来的艺术美才更高。这就为文艺是审美的意识形态的论断提供了根据。重视文艺的美的特质,就将文艺与政治、道德、宗教、法律、哲学等非文艺的意识形态区分开来。因此,认为马克思主义或毛泽东只强调文学艺术的社会意识形态性,而不重视文艺的审美特质的观点是完全错误的。但是,马克思主义经典作家确实肯定文艺的社会意识形态性,而且指出文艺也是社会的上层建筑意识形态。苏联有的文艺理论家和我国的著名美学家朱光潜先生都曾对文艺是否属于上层建筑意识形态提出质疑。但马克思在《〈政治经济学批判〉序言》中说过一段很著名的话:"物质生活的生产方式制约着整个社会生活、政治生活和精神生活的过程。不是人们的意识决定人们的存在,相反,是人们的社会存在决定人们的意识。……随着经济基础的变更,全部庞大的上层建筑也或慢或快地发生变革。在考察这些变革时,必须时刻把下面两者区别开来:一种是生产的经济条件方面所发生的物质的、可以用自然科学的精确性指明的变革,一种是人们借以意识到这个冲突并力求把它克服的那些法律的、政治的、宗教的、艺术的或哲学的,简言之,意识形态的形式。"马克思把艺术也同法律、政治、宗教、哲学等一起列为社会上层建筑的意识形态,从他在《路易·波拿巴的雾月十八日》中所说的一段话也得到证明,即"在不同的所有制形式上,在生存的社会条件上,耸立着由各种不同情感、幻想、思想方式和世界观构成的整个上层建筑"。文学艺术正是借助想象和幻想以表现情感和思想,包括世界观的意识形态的形式。因此,认为马克思并未把文艺列为上层建筑意识形态的质疑是站不住脚的。当然,文艺由于它的审美特性,又如普列汉诺夫所指出,文艺是飘浮于空中的社会意识形态,离社会经济基础比较远,要通过反映哲学、宗教、道德和政治等中介的倾向,才曲折地反映经济基础的要求。而且许多优秀的文艺作品所具有的审美魅力会继续为不同时代的人们所欣赏,不会随着一定经济基础的变更而

---

① 《在延安文艺座谈会上的讲话》,《毛泽东选集》第3卷,第884—887页。

消亡。但这个事实也不足以推翻文艺从整体上属于上层建筑社会意识形态的科学论断。

(二) 文艺创作论

它说明文艺的创作源泉、创作过程以及创作思维中的感性与理性、主体与客体、艺术方法与世界观的关系等。

从马克思主义的辩证唯物主义的反映论，即人的意识与存在的辩证关系来看，自然要把现实的社会生活看作文学艺术创作的源泉。如毛主席所说的"作为观念形态的文艺作品，都是一定的社会生活在人类头脑中反映的产物"。而社会生活则是"一切文学艺术的取之不尽、用之不竭的唯一的源泉"①。反映的产物不等于所反映的客观社会生活本身。但无论如何它仍是社会现实生活的一种反映。这是为创作实践所证明了的真理。创作过程中，马克思强调过想象和幻想的作用，恩格斯论述过巴尔扎克的现实主义艺术方法与他的世界观存在矛盾，说明创作的主体及其思想在创作中并非完全不起作用。有许多文艺理论家认为文艺创作的思维特点是形象思维，是用形象思考。但也有人认为创作中既有形象思维，也有抽象思维。还有理论家则认为创作只应是感性的，只有感觉、想象和幻想起作用，不应有理性参与。从克罗齐的直觉主义到弗洛伊德的白日做梦说，都反对理性。我国文艺理论界过去对世界观与创作方法的关系问题也进行过不止一次的讨论。事实上，对这些问题，马克思主义经典作家也有过论述。毛泽东在《实践论》中对人类的认识如何从感性上升到理性的过程作了深刻的阐明。他在与陈毅同志论诗的谈话中，就指出诗"要用形象思维"。个别的例子中，有人曾梦中作诗，或只凭灵感来到的想象和幻想写诗。但小说、散文、戏剧的创作，特别是长篇作品的创作，完全没有理性的参与，完全没有世界观起作用，完全没有生活的根基和对生活的理性分析和认识而只凭感觉、想象和幻想，恐怕是很难的。恩格斯论巴尔扎克、列宁论列夫·托尔斯泰，在肯定他们的现实主义作品具有高度的真实性的同时，也都指出作家自身世界观的局限如何影响到作品的内容。他们都看到作家在作品中所表现的

---

① 《在延安文艺座谈会上的讲话》，《毛泽东选集》第3卷，第883页。

思想政治倾向性。正因此，毛主席才强调作家必须深入生活，必须学习马克思主义、学习社会，必须改造自己的立场、观点和世界观。从能动的反映论来看，强调创作主体的创造性是必要的，但主体归根结底毕竟依存于客体，创作过程中感性固然重要，理性的参与恐怕也很重要。何况文学是语言的艺术，语言本身就是抽象的符号，就难以离开理性。

（三）文艺功能论

实际上也是文艺价值论。因为功能与价值分不开。它要说明的问题是文艺何为？文艺对人有什么用，以及为什么人所用。

过去和现在，都一直存在唯美主义的为文艺而文艺的观点，反对文艺的社会功利论，主张文艺也可以为少数人创作，不一定为多数人创作。马克思主义经典作家没有否定文艺的审美价值，而是从更全面的视角去看文艺的功能与价值。他们都肯定文艺的真、善、美的价值和作用。马克思、恩格斯在评论拉萨尔的历史剧《济金根》时就既谈到历史的真实性和形象塑造、情节设计、语言运用等方面的审美性，还谈到思想内容方面涉及善的问题。恩格斯说："我是从美学观点和历史观点，以非常高的、即最高的标准来衡量您的作品。"他说："如果首先谈形式的话，那么，情节的巧妙安排和剧本的从头到尾的戏剧性使我惊叹不已。在韵律方面您确实给了自己一些自由，这给读时带来的麻烦比给上演时带来的麻烦还要大。"他还说："当然，思想内容必然因此受损失，但是这是不可避免的。而您所不无根据地认为德国戏剧具有的较大的思想深度和意识到的历史内容，同莎士比亚剧作的情节的生动性和丰富性的完美的融合，大概只有在将来才能达到。"[①] 真，就是作品的认识功能和价值；善，就是作品的思想道德方面的教育功能和价值；美，就是作品内容与形式完美统一所产生的审美魅力。三者虽有区分，实际是统一的。美常以真善为前提，离开真、善的美，就只有形式美的意义。这方面，毛主席谈到具有艺术美的作品，如何由于比普通的实际生活更典型、更理想而具有思想和认识的作用，"能使人民群众惊醒起来，感奋起来，推动人民群众走向团结和斗争，实行改造自己的

---

① 《致斐迪南·拉萨尔》，《马克思恩格斯全集》第29卷，人民出版社1975年版，第581—587页。

环境"。① 邓小平也说："雄伟和细腻，严肃和诙谐，抒情和哲理，只要能够使人民得到教育和启发，得到娱乐和美的享受，都应当在我们的文艺园地里占有自己的位置。"② 可见，他们也认识到文艺兼有真善美等多方面的价值和功能。

马克思主义经典作家其实还从更广泛的视角去看待文艺的社会功能和价值。恩格斯称赞巴尔扎克的《人间喜剧》"提供了一部法国'社会'特别是巴黎'上流社会'的卓越的现实主义历史"，并说他从"甚至在经济细节方面，（如革命以后动产和不动产的重新分配）所学到的东西，也要比从当时所有职业的历史学家、经济学家和统计学家那里学到的全部东西还要多"③。这就不是一般地谈作品的认识意义，而简直认为，文艺作品还具有历史学、经济学和统计学等的认识价值。毛主席说文艺作品可以起伟大作用于政治，这也超出了一般所说的真善美的意义。实际上，像《国际歌》和《义勇军进行曲》所产生的政治作用，就的确非常伟大！

更重要的是，马克思主义经典作家还提出了文艺为什么人的问题。列宁在与蔡特金的谈话中就认为文艺属于人民，"它必须深深地扎根于广大劳动群众中间。它必须为群众所了解和爱好。它必须从群众的感情、思想和愿望方面把他们团结起来并使他们得到提高。它必须唤醒群众中的艺术家并使之发展"④。在《党的组织和党的文学》一文中，他更第一次明确地提出文学应"为千千万万劳动人民服务"的口号。至于毛主席关于文艺为什么人和怎样为的问题，更是《在延安文艺座谈会上的讲话》的主题。是大家所熟悉的。

（四）文艺生态论

指的是文艺内外的生态关系，包括文艺与政治、宗教、道德、法律、哲学等的关系，也包括文艺内容与形式、风格与流派等的关系。还包括文

---

① 《在延安文艺座谈会上的讲话》，《毛泽东选集》第 3 卷，第 884 页。
② 《在中国文学艺术工作者第四次代表大会上的祝词》，《邓小平文选》（1975—1982），第 182 页。
③ 《致玛·哈克奈斯》，《马克思恩格斯选集》第 4 卷，第 461—463 页。
④ 蔡特金：《回忆列宁》，《列宁论文学与艺术》（二），人民文学出版社 1983 年版，第 912 页。

艺的生产与消费的关系。

在文艺的外部关系中，最重要的是文艺与政治的关系。列宁认为，政治是经济的集中表现。在普列汉诺夫为社会经济基础与上层建筑意识形态所画的关系图中，政治是中介，它直接反映经济的利益要求并将其转达到上层建筑的其他意识形态中去。在文艺与政治的关系中，马克思主义经典作家作为无产阶级革命家，实际都有要求文艺为无产阶级革命服务的言论。马克思、恩格斯不仅肯定和赞扬系列伟大作家作品中的政治倾向性，而且高度赞扬英国工人运动中的诗歌和德国的社会主义诗人，并要求作家描写"叱咤风云的和革命的无产者"[1]。列宁也热情称赞过鲍狄埃的《国际歌》等对鼓舞革命起重大作用的作品。至于毛主席有关政治与文艺关系的观点，更为大家所熟悉。有些文艺作品确实可以为政治服务，甚至起伟大作用于政治。但并不是一切文艺作品都有政治内容或政治倾向，也非都可以为一定的政治服务。这同样是事实。因而，邓小平放弃"文艺从属于政治"的提法，同时又指出"这当然不是说文艺可以脱离政治"[2]。这更符合文艺的整体情况。笔者认为，从以下三个方面看，文艺不能脱离政治。一是文艺家总有一定的政治立场、观点和情感，他必然要曲折地表现到自己的作品中来。如八大山人画兰花都是根不沾土，虚悬空中，便隐含他对明朝亡国后的无土之恨。二是政治家和政党总要通过各种办法罗致和动员文艺家为政治服务。三是所有政府在制定文艺政策和法令时，首先都要考虑政治的利益。所以，文艺创作完全要脱离政治，恐怕很难！既看到文艺与政治的密切关系，又看到文艺的相对独立性及其与政治的区别，容许文艺有自己一定的自由发展的空间，应该是有利于为文艺创造比较好的生态环境。

对文艺与其他上层建筑意识形态的关系，也要既看到联系，又看到区别。文艺作品中历来都可以看到哲学、宗教、道德、法律等的影响和某些相关的内容或印记，但如果文艺变成只宣传宗教、道德或哲学的工具，那恐怕就很难称为文艺了。

在文艺的内部关系中，内容与形式的关系也很重要。从马克思主义的

---

[1] 《诗歌和散文中的德国社会主义》，《马克思恩格斯全集》第4卷，第223页。
[2] 《目前的形势和任务》，《邓小平文选》，第220页。

哲学看。内容与形式代表不同的范畴。两者是有区别的。但实际存在中，内容与形式是统一的，没有无形式的内容，也没有无内容的形式，内容决定形式，而形式也限制内容。就文艺而言，如前引毛主席所说，我们要求"革命的政治内容与完美的艺术形式的统一"。但鲁迅、瞿秋白都说过，旧形式也可以表现新内容。在延安，毛主席也称赞过新内容的秧歌。《东方红》所用的曲调也是原有的。可见马克思主义作家对文艺作品中的内容与形式的关系的理解是辩证的，既看到联系，也看到区别，还看到两者之间的关系复杂性。因而，马克思主义经典作家主张文艺的内容、形式以及风格、流派的多样性的生态。马克思早年在《评普鲁士最近的书报检查令》一文中就说："你们赞美大自然悦人心目的千变万化和无穷无尽的丰富宝藏，你们并不要求玫瑰花和紫罗兰散发出同样的芳香，但你们为什么要求世界上最丰富的东西——精神只能是一种存在形式呢？"在同一篇文章中马克思肯定"风格就是人"，就是人的"个性的表现"。列宁说得更明白："无可争论，在这个事业中，绝对必须保证有个人创造性和个人爱好的广阔天地，有思想和幻想、形式和内容的广阔天地。"[①] 而毛主席制定的"百花齐放，百家争鸣"的方针，江泽民同志提出的"弘扬主旋律，提倡多样化"的号召，都正是文艺多样化理论的政策体现，是有益于为繁荣文艺创造好的生态环境的。

马克思关于生产培养消费，消费又会促进生产的观点，同样适用于今天的文艺产品及其消费的关系。在《〈政治经济学批判〉导言》中马克思指出："说到生产，总是指在一定社会发展阶段上的生产。"在《剩余价值论》中他又说："与资本主义生产方式相适应的精神生产，就和中世纪生产方式相适应的精神生产不同。"我们知道，资本主义生产方式包括生产、分配、交换、消费四个环节。文艺生产到了资本主义社会，就成为商品的生产。它也是为消费而生产的。马克思深刻地指出，资本主义时代的作家具有身份的二重性。他既是非生产劳动者，又是生产劳动者。只有到共产主义社会，这种二重性才会消除。我国今天实行社会主义的市场经济，存在多种经济所有制。因而作家文艺家既是艺术品的创造者，又是商品的生

[①] 《党的组织和党的出版物》，《红旗》1982 年第 22 期。

产者的这种二重性仍然存在。我们的许多作品不能不迎合消费的需要而生产，但是优秀的文艺作品也能够培养消费、引导消费。这也是今天文艺发展的生态环境的表现。事实上，优秀的文艺家总是不断以自己的高质量的甚至带有先锋性的作品去培养和引导消费。

（五）文艺发展论

这涉及文艺的起源，文艺发展的种种形态和规律。

大家知道，马克思主义经典作家认为文艺起源于劳动。他们指出，人类只有在解决了衣食住行后，才可能从事艺术等精神性的活动。劳动不仅满足了人的生存需要，而且发展了人的各种器官，促进了人的相互交往。而在劳动中产生了最初的艺术。如歌谣、舞蹈、岩画以及神话等。

在文学艺术的发展中，其内容与形式随时代的变化而变化，如我国古代文论家刘勰的《文心雕龙》所说："时运交移，质文代变。"但文学艺术的繁荣与社会经济的发展又不一定平衡。马克思指出："关于艺术，大家知道，它的一定的繁盛时期决不是同社会的一般发展成比例的。……某些有重大意义的艺术形式只有在艺术发展的不发达阶段上才是可能的。"[1] 他曾用希腊神话说明这个问题。从文艺史上看，文艺发展过程中因内容与形式的差异而出现的不同形态，与不同时代的社会历史土壤有着密切的关系，但文艺繁荣与经济发展的不平衡正是一种规律。因为文艺的繁荣还得有其他的许多条件。我国的汉唐气象，自然是社会经济繁荣后出现的。但建安文学的繁荣却见于世积乱离的时代，五四新文学的突起，则逢军阀混战、南北未能统一的时期。

文艺的发展中，还存在对传统的批判继承和对外国文艺的借鉴，并在此基础上不断创新。普列汉诺夫曾论述文化的发展中，革命的社会转折期，往往风气肃然，对旧传统也往往过于否定，而过了这个时期后，传统的东西又会更多恢复起来。他举法国大革命前后和英国克伦威尔革命前后的情况以证明。他还认为，后进国家的文学往往学习先进国家的文学，而先进国家的文学则很少借鉴后进国家的文学。他举俄国文学之借鉴法国文学，

---

[1]《〈政治经济学批判〉导言》，《马克思恩格斯全集》第46卷（上），第47—50页。

后者则不然。非洲国家多借鉴欧洲文学，而欧洲文学则没有借鉴非洲文学。这在不同国家文学的借鉴中似是一种规律。俄国无产阶级文化派曾完全否定传统，认为可以在空地上建设无产阶级的新文化。这种错误观点遭到列宁的批评。列宁一再强调，只有在批判地继承人类全部文化的基础上，才可能建设新的无产阶级文化。对继承传统、借鉴外国和创新的问题，毛主席在《新民主主义论》和《在延安文艺座谈会上的讲话》中，都作过十分透彻的论述。新中国成立后，毛主席更用"古为今用，洋为中用"、"推陈出新"的方针，概括了马克思主义对于继承、借鉴、创新的理论，实际上也是深刻地揭示了文艺发展中十分重要的一条规律。

（六）文艺的批评论

这包括文艺的鉴赏、解读和评论。

马克思、恩格斯、列宁和毛泽东都读过许多文艺作品，并撰写过评论。如马恩对拉萨尔的历史剧《济金根》的评论，对欧仁·苏的《巴黎的秘密》的评论，对敏娜·考茨基和玛·哈克奈斯的小说创作的批评，对歌德、席勒的评论等等。列宁也有对列夫·托尔斯泰等作家作品的评论。毛主席对唐诗宋词、对《水浒传》、《金瓶梅》和《红楼梦》都有精辟的评论。他对鲁迅的评论更是经典性的。他们的评论，既谈自己对作品的鉴赏感受，也分析作品的思想内容与艺术形式。恩格斯所提出的美学的和历史的批评标准，毛主席所提出的政治标准与艺术标准，胡乔木所提出的思想标准与艺术标准，实际上都包含了真善美的因素。毛主席提出不同时代不同阶级有不同的批评标准。这也是符合历史实际的。思想与政治标准有时代与阶级的差别好理解。在审美上共同性的因素似乎多些。但对美女的审美标准"唐肥宋瘦"；车尔尼雪夫斯基在《生活与美学》中论到俄罗斯贵族以女性的苍白纤弱为美，而乡下的农民则以女性的红润健壮为美。可以说明不同时代不同阶级的审美标准有差别。这是否规律，还可以探讨。

对于文艺评论的重视，是马克思主义经典作家的共同点。鲁迅也有论述文艺批评重要的言论，他对作家与批评家之间应有的正确态度也有所论述。江泽民和胡锦涛同志在文代会、作代会的讲话中都有专段论述必须发展文艺评论。

四 马克思主义文艺理论面临的挑战

今天,马克思主义文艺理论面临的挑战来自两个方面:一是全球化条件下世界文艺多样化的挑战,包括文艺理论的多样化和文艺实践的多样化。特别是现代主义与后现代主义文艺实践及其理论的挑战;二是电子传媒、网络文艺带来的高科技,使文学进入电质写作和数码传播时代的挑战。

《共产党宣言》指出:"资产阶级,由于开拓了世界市场,使一切国家的生产和消费都成为世界性的了。……过去那种地方的和民族的自给自足和闭关自守状态,被各民族的各方面的互相往来和各方面的互相依赖所代替了。物质的生产是如此,精神的生产也是如此。各民族的精神产品成了公共的财产。民族的片面性和局限性日益成为不可能,于是由许多种民族的和地方的文学形成了一种世界文学。"马克思主义创始人高瞻远瞩的有关全球化的预言,实际上已逐渐被百多年的世界历史进程所证实。但"全球化"(globalization)的概念直到1885年才由西方学者T.莱维特提出,后来才盛行全世界。至今,资本全球化、科技全球化、媒体全球化、资讯全球化、生产全球化、贸易全球化、政治全球化、思想全球化、文化全球化、生态全球化等提法不断涌现。

全球化语境下世界文学频繁交流,这就提出一个问题,即文学理论如果要具有真理的普遍性,就必须有全球视野,必须能够说明世界性的文学现象及其发展。马克思、恩格斯、列宁和毛泽东的时代针对的主要是西欧和我国的现实主义和浪漫主义文学,而我们今天所面对的则有各大洲的文学,包括现代主义和后现代主义文学和拉丁美洲的魔幻现实主义文学。它们不仅有自己的创作特征,而且有自己的创作理论,以及自己的哲学思想基础。它们对我国的新文学特别是改革开放的新时期文学都有明显的影响。而高科技时代电子传媒的发展,使文学从手写和排版印刷时代进入电脑和数码传播时代,这使文学生产和传播的速度前所未有地加快,文学的覆盖面因电子网络传播,因与电影电视等图像、音响艺术的结合而空前广泛。甚至还出现了电脑也能创造作品的前景。因而,马克思主义文艺理论也不能不研究这些新的文艺现象,并从理论上给予正确的回答。

现代主义思潮兴起于 19 世纪末 20 世纪初，当时帝国主义之间和资本主义国家内部的矛盾都进一步激化，1914 年第一次世界大战爆发，更把资本主义许多负面现象展现在广大人民面前。颓废绝望的情绪弥漫于知识分子中，不同思想立场的知识分子都展开对资本主义社会现象的批判，企求在文化、艺术各个领域叛逆旧的传统，进行创新突破。艺术领域前后便涌现抽象主义、象征主义、达达主义、未来主义、超现实主义、荒诞派、意识流等创新的流派。加入现代主义潮流的不仅有波特莱尔、王尔德那样的颓废派，也有像马雅可夫斯基、布莱希特、阿拉贡那样的革命作家。画家毕加索也从现实主义转向现代主义。现代主义的艺术哲学提倡自我表现，而具体作品的思想倾向则多含对资本主义社会负面现象的揭露和批评。像卡夫卡的《变形记》就通过描写一个银行小职员变为大甲虫的荒诞情节，深刻地揭露了资本主义社会所造成的人的异化。

现代主义是作为对传统的浪漫主义和现实主义的反拨而出现于文坛的。美国的爱伦坡和法国的波特莱尔曾被认为是现代主义的鼻祖。爱伦坡提倡使灵魂升华为"美"，反对说教和模仿自然，强调形式美和作品的暗示性、音乐性，为象征派诗人开了先河。波特莱尔的《恶之花》在题材上转向城市的丑恶和人性的阴暗面，打破浪漫主义对现实的理想化，提倡情感的"对应物"，主张用物象暗示内心的微妙世界，从而突破浪漫主义和现实主义直抒性灵或白描景物的老手法。这种重主观内心表现，反陈述，重联想和暗示的艺术方法，后来便发展为现代主义的基本倾向和特征。19 世纪 70—90 年代，继起的象征派诗人反对当时自然主义对现实的机械模仿，但又汲取了自然主义描写病态事物和细节的偏好。使唯美主义与自然主义找到了某种结合。1886 年 9 月 15 日巴黎《费加罗报》刊登诗人让—莫雷阿斯标榜"象征主义"的文章，推动了前期象征主义运动的发展，法国的韩波和玛拉美，比利时的维尔哈伦和梅特林克等成为象征主义的代表性作家。《青鸟》一剧堪称象征主义的代表作。第一次世界大战后，现代派文学获得大发展。当时资本主义世界社会矛盾深化，还发生了十月社会主义革命。各种现代主义流派纷纷崛起，象征主义由法国传遍欧洲和美国，以德国为中心的表现主义，以意大利为中心的未来主义，以法国为中心的超现实主义，以英国为中心的意识流小说等几乎同时登台。其共同倾向均否定和怀疑资本主义文明，对内心世界进行开掘，并对艺术手法作种种的实验。而在政治倾向上则发生分化，有的如德国的表现主义者托勒和凯撒，法国的超现实主义者艾吕雅和阿拉贡，俄国的未来主义者马雅可夫斯基等都成为革命的左翼文学代表；而美国现代派诗人庞德和艾略特，意大利未来主义者马利涅蒂等则成为右翼的代表。前者反对帝国主义战争，歌颂十月革命；后者吹捧法西斯主义和宗教势力。还有些现代派作家则持中间的立场。如德国的里尔克、英国的沃尔夫等。

我国著名的现代主义研究家袁可嘉曾将现代主义的思想特征归结为，一、在人与社会的关系上，从个人的角度全面反对社会；二、在人与人的关系上，揭示极端冷漠残酷的、以自我为中心的、相互无法沟通思想情感的可怕图景；三、在人与自然的关系上，也采取对大自然否定的态度，认为自然是丑恶的，只有人创造的艺术才能达到美与善；四、在人与自我的关系上，怀疑自我的稳定性、可靠性和意义。因而，现代派在艺术上就表现为"强调表现内心的生活、心理的真实或现实"；认为艺术"是表现，是创造，不是再现，更不是模仿"；并重形式的创造，认为"内容即是形式，形式即是内容，离开了形式无所谓内容"；概而言之，即"重主观表现、重艺术想象、重形式创新"[①]。

实际上，现代主义的思想根源可以追溯到康德和尼采等的唯心主义哲学。康德认为，意识的先天形式先于经验，是人类的认识能力特点构成人们所理解的自然界的规律和特点。他关于美不涉及欲念与概念、仅涉及形式的观点，关于艺术与游戏相通，贵在自由，想象在艺术中可以创造出"超越自然的东西"的观点，都正是现代派主张心灵表现和主观直觉、偏于唯美的形式主的理论基础。而他的不可知论更加深了现代派的神秘主义倾向。尼采认为现代文明的衰退是由于过分的理性压抑了基于本能与意志的主观创造力。他的悲观主义，他对人类文明和社会的否定，他对意志与本能的强调，也为现代主义提供了哲学的启示。此外，弗洛伊德的潜意识学说，柏格森的直觉主义美学，萨特的存在主义哲学，对现代派也都有相

[①] 《外国现代派作品选·前言》，《外国现代派作品选》第一册（上），上海文艺出版社1980年版，第5—12页。

当的影响。

后现代主义是二战后西方产生，至今仍在发展中的主流性的文化和文学思潮，主要在建筑、文学、绘画、音乐，电影诸艺术领域流行。它在当代西方社会的文化氛围和历史环境中发展，从哲学基础到美学原则都构成对现代主义的反叛、超越和突破。

美国著名的马克思主义学者弗·詹姆逊认为，"资本主义社会已经历了三个阶段，第一是国家资本主义阶段，形成了国家的市场，这是马克思写《资本论》的时代，第二阶段是列宁所论证的垄断资本主义或帝国主义阶段，在这个阶段形成了不列颠帝国，德意志帝国等。第三阶段则是二次大战后的资本主义……其主要特征可概述为晚期资本主义或多国化的资本主义"。与之相应的艺术准则，第一阶段是现实主义，第二阶段是现代主义，第三阶段是后现代主义。[1] 西方一些学者把当代资本主义社会称为"后工业社会"（丹尼尔·贝尔）"群体社会"（欧文·豪）、"信息社会"（约翰·奈斯比特）、"消费社会"等。这多种多样的名称，正标志了后现代主义出现的历史土壤。

二战后资本主义社会的经济繁荣，物质财富巨大增加，出现了新式的消费，人为的商品废弃，迅速的式样变化，广告、电视等传播媒介对社会生活的渗透。而城乡差别被城乡统一的标准代替，城郊社区兴起和高速公路迅速发展，产生了汽车文化；随着科学技术发展而来的电脑化、信息化，一切都讲究速度和效率，事物高速发展变化，任何东西似乎都显得没有确定性，没有永久的本质，变化倒是事物的恒态。在这样的社会背景下，后现代主义认为西方普遍的文化心态有两点异常明显：第一，个人的消解。当代社会的个人，处在双重压迫之中，一方面，人与人的相互关系越来越冷漠，随着社会分工的越来越精细，人们的共同语言越来越少，工作环境亦越处于隔离状态；另一方面，社会又不允许各人发展自己的个性，社会成为严密的系统，成为一部精密的机器，个人只是固定在某一位置上的小齿轮或螺丝钉，只能在不断重复的运行中完成社会安排的使命。因此，后现代主义者认为，当代人既没有相互间的沟通，也不能有真正的自我，而且

---

[1] 《后现代主义与文化理论》，唐小兵译，陕西师范大学出版社1987年版，第5页。

都是被动地接受这一切，个性自然消解了。第二，现实的无常感。认为一切都是飘忽不定。事物丧失了确定性和稳定感。传统、权威、理性，……这些似乎都不存在，只存在眼前的经验，瞬间的感觉。事物的"意义"或客观的"真理"，全被视为"神话"。

后现代主义文学就是在这样的社会现实和文化心态下产生的。它在第二次世界大战后经过40年代末、50年代间由现代主义的过渡，六七十年代以来发展成为当代西方文学和文化的主潮。

总之，后现代主义文学是西方当代社会的产物。是后现代主义文化的投影，是一个异常复杂的整体，包括西方国家众多的文学流派。法国的存在主义文学开始了现代主义向后现代主义的过渡，研究者认为，50年代后现代主义文学主要体现为法国的"荒诞派"戏剧，美国的"投射派"诗歌和"垮掉的一代"，英国的"愤怒青年"，还有德国战后的"废墟文学"和奥地利的"维也纳"派，以及法国的"新小说派"等。

后现代主义者认为世间一切都是过眼烟云，本来就毫无意义，何必硬要给它找个意义呢？人生本来就没有希望，又何必苦苦地等待着希望呢？他们主张凭感觉和本能的驱动，抓住眼前的现实享乐。因而这种本质上的绝望，却以精神分裂式的异常欢快和放浪形骸来表现。后现代主义作家的许多人不再思想，满足于阅读过程中的快感和陶醉，拒绝作品意义的解释；割裂传统，在非历史的时间里体验瞬间的感受；怀疑真理和永恒，打破一切规范和界限；拒绝权威和天才。在他们看来，人的创造性、能动性、主体性都已经丧失，事物没有中心，都不过是零乱的个体或片段，人们只有冷漠、客观地对待物。因此，后现代主义者放弃意义和价值，他们的创作不再探寻意义，既不像现实主义那样批判现实，或浪漫主义那样表现理想，也不像现代主义那样揭示内心世界的困惑。对他们来说，文学创作是一种现实享乐的方式。他们主张以消费性、享受性地"玩"文学。因为，在他们看来，生活和艺术没什么界限。生活是一种体验，体验的过程就是艺术创作的过程，体验结束，作品也就完成了，而快乐就在体验的过程中获得。概括地说，后现代主义的创作有以下的特征：

第一，消解纯文学与大众文学的界限。后现代主义把艺术大众化、生活化。他们认为，人人有生活体验，人人都是艺术家，传统意义上的"高雅"和"通俗"在后现代主义文学中融为一体。但生活体验还是人各有异。有些后现代主义作品虽然作者自认浅显，而没有类似体验的读者却感深奥、晦涩，从而往往成为新"学院式"的脱离大众的文学。"新小说"的某些实验就是例子。

第二，崇尚平面化。即所谓"深度模式削平"。后现代主义认为，作品只是提供一种经验，用不着说明与解释。读者在一次性阅读的刺激中，得到快乐、兴奋、痛苦、忧伤，然后化解为无。有人指责这种平面化是"根本的浅薄"，但后现代主义者确认自己所感觉的就是生活本身。所以，他们又标榜"客观真实主义"，不动感情地去描写自己所感觉的世界。

第三，注重过程和创作的无意识状态。既然快乐在创作过程中获得，创作过程对于后现代主义作家就有了特殊意义。他们特别注重过程和对过程的体验。"过程"是他们文学活动的出发点也是终点。创作过程是作家的经验体验，作品当然就成了作家意识自由表露的产物，没有任何框框和限制。他们尤其强调作家创作的无意识状态，从人格的深层把弗洛伊德所说的"本我"的渴求呈现出来，把偶然获得的经验随心所欲地拼凑起来。

第四，文学创作的游戏态度。"玩"文学，"玩"语言游戏，"玩"拼贴结构。后现代主义以一种游戏般的态度来对待文学。认为创作就像小孩子玩积木。可以随意搭成各种形状，作各种解读。这里的积木就是文学的语言材料或经验片断。有些作家以各种巧智和技巧，拼合出种种别出心裁的图式。也有些作家不仅自己玩游戏，还吸引读者参与游戏。"新小说派"的《作品第一号》（1962，马尔克·萨波尔达著）以活页形式出现，每页是一个情节片断，插乱各页的不同顺序，就可以得到一个不同的故事；按排列组合计算，可以编排成10263篇不同情节的小说。这是一种典型的读者参加完成的文学游戏。

后现代主义作家对经验的结构和把经验组合起来的结构的体验，比对经验本身的兴趣更大。因而他们总是不断地进行文学形式和语言表达的实验，以求新的感觉与体验。如法国的"新小说派"、德国"新先锋实验派"、美国的"新超现实主义"诗歌、英国的"实验诗派"等都是这样的文学。

后现代主义文学作品还把各种不同的文学风格，不同的文学体裁，甚至不同的语言材料都拼凑糅合在一起。"黑色幽默"派的巴塞尔姆创作的《白雪公主》（1967）中，插入许多与作品无关或稍有关联的报纸标题、广告、流行歌曲，印刷体的大小字样也不相同。这样的拼贴体现了中心散失、世界支离破碎的观念，也体现作家的游戏心境与随意性的产物。

后现代主义还玩空间性结构。他们认为一切都转瞬即逝，只有现时才是可靠的。过去的经验，只有在现时中才有价值。所以一切都同时存在，聚集为一个时间点。历史只不过是永恒现在的审美享受的物品库存，将来也只是现在对未来的设计。过去、现在和未来集结在一起，处于共时状态。后现代主义文学的结构不再是有时间段的先后因果的线性方式，而是空间性散点网状式。往往一篇小说没有特定的叙述角度，没有明确的时间线段。如西蒙的《佛兰德公路》就像一幅共时性、多面性的巨幅油画，历史、现实、回忆、梦境、想象、幻觉交错在一起。电影艺术的蒙太奇手法常被后现代主义作家运用于小说创作。

现代主义对我国文学的影响可以追溯到五四新文学时代。鲁迅的第一篇小说《狂人日记》就有"意识流"的表现手法。他的散文诗《野草》更是现代主义影响明显的代表作。他的《故事新编》也多荒诞思维和黑色幽默的韵味。至于20世纪20—30年代之交，李金发的象征派诗歌，刘呐鸥、穆时英、施蛰存的感觉派小说，40年代"中国诗人"派即"九叶"派的诗歌，更是受到现代主义创作思潮的相当影响。新中国成立后，现代主义在大陆文坛受到批判而销声匿迹，但在台湾、香港和澳门文学中的影响仍见强劲。像香港刘以鬯的《酒徒》等小说，台湾纪弦、痖弦、洛夫等为代表的"创世纪"派诗歌，都有广泛的读者。中国大陆到80年代改革开放后，不但现代主义的影响在争议声中卷土重来，后现代主义作为更新的一种文艺思潮，也悄然登陆，影响到多种创作流派。

改革开放后的70年代末80年代初，我国文坛出现的北岛、顾城等的朦胧诗，以王蒙为代表的"意识流"小说以及宗璞等的荒诞小说和高行健等的探索性戏剧，代表了现代主义影响在大陆崛起的第一个创作高潮。

"朦胧诗"最早透出现代主义的信息。一群在"文化大革命"动乱年代成长的青年诗人，以他们的独特感受表现他们经历过的迷惘和伤感。他们摒弃了直抒胸臆的抒情方式，将激越的情感作冷调处理，普遍采用客观对应物和诉诸直觉的象征手法,广泛运用幻觉、错觉、通感、超感、变形和反逻辑等西方现代主义诗歌表现手段,由现实主义诗歌注重外在世界的描绘转向主体内在世界的抒写,追求隐晦、朦胧的审美效果。"文化大革命"创伤的情感体验,西方现代主义艺术手法和中国古典诗歌凝练、蕴藉的审美追求是"朦胧诗"的三大特征。

80年代初的意识流小说和荒诞小说可以说是西方现代主义文学技法自觉的横向移植。1979年和1980年,王蒙相继发表了《布礼》、《春之声》、《风筝飘带》、《夜的眼》、《海的梦》、《蝴蝶》等几篇"意识流"小说,在文坛引起强烈反响。王蒙的这些小说大胆模仿西方意识流小说的自由联想、内心独白、时空交错、视角变换等艺术技巧,以人物意识流程的展示代替外在环境的描绘和典型性格的塑造。在王蒙的带动下,一批作家紧随其后,如张承志(《绿夜》、《老桥》)、谌容(《玫瑰色的晚餐》)等。

宗璞等一批作家其时也借鉴卡夫卡的表现主义、超现实主义手法。宗璞在一公开信中说她"有意识地用两种方法写作,一种是现实主义的,如《三生石》、《弦上的梦》等;一种姑且名之为超现实主义的,即透过现实的外壳去写本质,虽然荒诞不成比例,却求神似"。她先后发表了《我是谁》、《蜗居》、《泥沼中的头颅》等小说,通过荒诞离奇的超现实情节,以夸张变形等艺术手段,表现浩劫年代的荒谬和作家的孤独感、灾难感。在宗璞的影响下,还有一些作家创作了一批当时引人注目的荒诞作品,如刘心武的《无尽的长廊》、王兆军的《不老佬》、谌容的《减去十岁》等。

探索性戏剧是以1980年马中骏、贾鸿源合作的《屋外有热流》开始的。1982年高行健的《绝对信号》和《车站》进一步震动了剧坛。这些剧作都着重于戏剧形式的探索与革新,突破易卜生的戏剧传统模式,而从梅特林克的象征剧,斯特林堡、奥尼尔的表现主义戏剧和布莱希特的"陌生化"理论中吸取新的东西,改变传统戏剧的完整情节和起承转合的戏剧冲突,使现实时空与心理时空叠化交错,表现人物的幻觉意识,过去与现在、现实与梦幻、活人与鬼魂交织在一起,大量运用象征性场面或道具。

第二次创作高潮是1985年至1987年前后。这是一次对西方现代主义、后现代主义文学更为深刻、内在的接受,主要表现为"新生代"诗派、"新潮小说"和进一步发展了"探索性戏剧"。

"新生代"诗派又称"崛起后诗群",他们自称"第三代诗人"。其成员大多在读大学时就参与诗歌活动,编印《大学生诗报》、《中国当代诗歌报》、南京的《他们》等诗刊。《诗歌报》与《深圳青年报》曾联合展出的《中国诗坛 1986 现代诗体大展》,展示了"非非主义"等几十种"新生代"诗歌的宣言和作品。代表性诗人有于坚、王小龙、韩东、柯平、车前子、廖亦武、蓝马、伊甸、瞿永明、张烨等。他们是在"文化大革命"初年出生的青年诗人,反对"朦胧"诗人的社会意识和价值追求,反对权威,反对价值,反对理性。抒写个体生命本能的体验是"新生代"诗作的基本主题。他们注重生活流、印象流、感觉流的展示,运用黑色幽默的反讽、非意象化和口语化,屏弃"朦胧诗"的贵族性。从"新生代"诗派主张回到"前文化"状态,强调感觉,强调意义与价值解体、强调对现实的消极认同和玩世不恭的冷嘲等,正不难看到西方后现代主义思潮的轨迹。

20 世纪 80 年代中期的"新潮小说"包括两个相互联系又有区别的热点。一是在 1985 年刘索拉的《你别无选择》和徐星的《无主题变奏》为代表的轰动效应,一是稍后于他们的马原、洪峰、残雪等人对文坛的震动。他们不像第一次高潮的作家们先用过现实主义的创作模式,而后才努力借鉴西方现代主义的手法,同时仍不放弃创作现实主义作品。新的这批作家在大量接触西方现代哲学、文化理论著作和文学作品后形成自己的创作思想和审美意识,以非现实主义的面目登上文坛。他们不再是"中山装式",不再停留于"技巧模仿",而是观念的横移和情绪的共鸣。刘索拉和徐星的小说主要表现为新旧交替时代青年一代的独特心境和感受。《你别无选择》中的一群唠叨不休甚至恶作剧的大学生,《无主题变奏》中的主人公"我"都以调侃戏谑的闹剧情节、玩世不恭的行为方式和语言的恶谑格调表现出来,从中可以看到美国"黑色幽默"小说的影响。

马原、洪峰和残雪以及后于他们的苏童、余华、格非、孙甘露等被称为"先锋派",恐怕主要因为他们在小说文体、叙述形式与语言方面的创新和实验。研究者认为,他们与刘索拉、徐星的最大差异,表现在刘和徐的作品表达了真正的现代意识,而"先锋派"则把形式变成创作的关键。马原的《冈底斯的诱惑》、《虚构》,洪峰的《奔丧》、《极地之侧》,残雪的《苍老的浮云》、《山上的小屋》,孙甘露的《我是少年酒坛子》,苏童的

《一九三四年的逃亡》，余华的《四月三日事件》，格非的《褐色鸟群》等是代表性作品。注重新异感觉、叙事策略、运用反讽手法和拼贴剪辑手段，叙述角度多变，使这些作品形成一种综合、混乱、新奇的艺术风格。法国"新小说"更多给"先锋派"文学以直接启迪。

探索性戏剧在20世纪80年代中期又有新的发展，由80年代初的形式技巧探索发展到超越时空的哲理探索和戏剧综合艺术潜能的挖掘。1985年推出的《野人》（高行健著），《一个死者对生者的访问》（刘树纲著）和《魔方》（陶骏、王哲东著）三部剧作。1986年还推出的"荒诞川剧"《潘金莲》（魏明伦著）。这些剧作在对西方荒诞派戏剧某些手法的借鉴中，表达的是理性的主题，对人生处境的哲理性思考，而艺术上时空自由变换，将歌、舞、曲艺、小品等表演形式熔于一炉。应当说这些剧作相当程度上都扩大了戏剧的表现能力。

80年代末以来，我国现代主义文学处于低谷，有人评说为"新潮文学的终结"。但随着改革开放的进一步深入和发展，其余波仍然不绝。如90年代议论颇多的"新写实主义"、"新体验"小说等创作现象。

"新写实主义"是80年代末到90年代初中国文坛议论颇多的话题。这个由一批青年作家在80年代后期兴起的文学流派，被公认是对1985年、1986年的"新潮文学"的"疏离"或"反拨"。但从"新写实主义"代表作的"生活原生态"的美学追求和"零度感情"的创作状态中，看到使命感、责任感的淡化；透露出一种无可奈何的情绪；注重生活流程的描述、创作主体的自我消解、生存形态的生命体验、冷漠深沉的反讽效果和创作整体的灰色基调等，从中不难体味到某种后现代主义的客观真实主义的意味。

90年代的"新体验"小说同样提倡描写人的内心体验，还出现了"欲望写作"和"下半身写作"，将人的潜意识、性意识和性经验作为描写的主要对象。女性主义的小说、散文和诗歌中也出现这样的作品。这同样也引起评论界的广泛争议。

应当指出的是，我国作家汲取和借鉴现代主义和后现代主义的思潮和创作经验时，多以为我所用的主体立场，主要借鉴和汲取其新的创作视角和表现技巧，并未完全接受其艺术观和哲学基础。但现代主义和后现代主义的理论和创作，确实对马克思主义的文艺理论构成巨大的挑战。他们的唯心主义的和不可知论的哲学主张与悲观厌世思想,跟马克思主义是格格不入的。但他们又确实开创了许多新的艺术视角和表现技法,对文学的发展不无新的贡献。他们的理论和创作所形成的文艺思潮,还影响到我国的作家艺术家。面对这样的挑战,马克思主义文艺理论不能不做出应对。这包括文学创作到底是不是非理性的现象,是只靠直觉和想象、幻想吗?是完全的自我表现吗?文学作品到底有没有意义?有没有表现一定的主题或思想?文学到底是不是社会意识形态?文学的创作主体与客体、内容与形式的关系究竟这样?等等,这都是现代主义和后现代主义提出来的新问题,其中,实际还包括对形式主义、结构主义和解构主义以及弗洛伊德的心理分析学说、胡塞尔的现象学、海德格尔的存在主义甚至法兰克福学派等西方马克思主义等应该怎么看。这都需要从马克思主义的观点来加以清理,是今天马克思主义文艺理论面临挑战中所不能回避的,必须作出回答的。

至于信息社会的到来,网络文学的出现,文学创作从手写的纸质时代走向电脑写作和创作的时代,当然也给马克思主义文艺理论带来新的问题。所有这些问题虽已有学者开展研究,还需要我们有更多的同志去加以深入地探讨。

2009 年 7 月 1 日改定于首都花家地

(此文摘要 12000 字发表于《文艺报》2009 年 5 月 23 日并被《新华文摘》等所转载,曾荣获国家鲁迅文学奖。全文 23000 字发表于《徐州师范大学学报》同年第 6 期)

马克思主义与中国新文艺

（本文论述了马克思主义与中国新文艺发展的关系，从回顾"五四"后三个三十年我国在中国共产党的领导下运用马克思主义于实践所导致的历史面貌和文艺风貌的变化，以及在历史发展过程中文艺理论与文艺实践的互动和有关争论，总结了九十年当代中国马克思主义文艺理论所达到的关于文艺基本规律和社会主义文艺规律的认识。）

一

在"五四"新文化运动中诞生的中国新文艺，迄今已有九十余年的历史。它的诞生与马克思主义在中国的传播差不多同时。虽然梁启超、孙中山早年都曾接触过马克思主义，但到了1917年俄国发生革命，工农掌握了政权，震动了全世界。这才使中国的知识分子认识到马克思主义的重要。李大钊不但在《新青年》上连续发文介绍十月革命和马克思主义，还与邓中夏等在北京大学率先成立了马克思主义研究会。《新青年》是当时新文化运动的主要阵地，而信奉马克思主义的共产主义学说的陈独秀和李大钊则是新文化运动的最激进的旗手。他们和马克思主义研究会中的先进分子积极筹备了中国共产党的成立，并成为党的初期主要领导人。这样，随着"五四"新文化运动的发展，包括新文艺的发展，各种文艺思潮和文艺现象纷至沓来，都为中国共产党人提出需要面对的如何以马克思主义指导中国革命和中国新文化新文艺的问题。而马克思主义文艺理论在中国的发展，又与中国共产党所领导的新文化新文艺的实践分不开。即马克思主义文艺理论在指导相关实践的同时，必然要从实践的经验教训中去升华和发展自己的理论思想。

马克思主义不仅为中国开辟了从民主革命到社会主义革命与建设的胜利道路，也为中国新文艺的发展提供了理论的指导，并赋予新文艺以新的思想境界，新的世界观、人生观、价值观和文艺观。

从1919年至今，中国革命的发展差不多经历了三个三十年。前三十年，中国共产党人解决了夺取政权，逐步形成毛泽东思想，实现民主革命的胜利；中间的三十年在毛泽东思想及其后来"左"倾路线的引导下对社会主义革命和建设进行了探索，奠定了社会主义制度和工业化基础的同时也产生过严重的曲折；后三十年则在邓小平理论的指导下实行改革开放，进行了中国特色社会主义现代化的建设，在国家实力的各个方面均取得举世瞩目的成就。中国新文艺在上述三个不同阶段表现出不同的历史风貌和发展状态。中国共产党的文艺理论思想在马克思主义与中国革命文艺实践的结合下，也大体经历了上述三个历史阶段，并在对文艺发展规律不断深化认识的基础上，开拓文艺繁荣发展的广阔的道路。

二

文化和文艺的领导权问题，是中国共产党登上历史舞台就需要解决的首要问题。我们可以抗日民族解放战争为界，把第一个三十年分为前后两个时期。因为，这两个时期，虽然国家都处于帝国主义、封建主义、官僚资本主义三座大山压迫下的半封建半殖民地的状况，但具体情势有所差别。前期以推翻统治阶级的国内阶级矛盾为主；后期以反抗日本侵略者的民族矛盾为主。

中国共产党成立后，对资产阶级性质的民主革命是否应该由无产阶级来领导的问题，曾经有过争论。随着革命的进展，以毛泽东为代表的、主张应由无产阶级来领导的意见，在大革命失败后便为全党所接受。而实际上，新文化新文艺一诞生，信奉共产主义的知识分子就在其中起着重要的领导作用。

中国共产党在1921年一经成立，新文艺已如火如荼而且趋向复杂多元。政治上的民主主义、社会主义和无政府主义等各种思潮相互激荡。

文艺上唯美主义、现实主义、浪漫主义、现代主义等艺术主张纷纷登台。西方哲人从柏拉图到尼采、马克思、弗洛伊德、杜威的学说，都冲击中国的思想文化界。当时信奉共产主义的知识分子和信奉西方自由主义的知识分子以及思想摇摆的小资产阶级知识分子都在推进新文艺中产生自己的影响。正在争夺中国革命领导权的共产党人当然也要争夺新文化新文艺的领导权。为实现这种领导权，当时就必须按照马克思主义的观点来阐明文艺到底为什么人，它与革命、与现实生活有什么关系等重大理论问题。

陈独秀还是激进的民主主义者时，早就在《文学革命论》中提出"三大主义"："曰推倒雕琢的阿谀的贵族文学，建设平易的抒情的国民文学；曰推倒陈腐的铺张的古典文学，建设新鲜的立诚的写实文学；曰推倒迂晦的艰涩的山林文学，建设明了的通俗的生活文学。"从这种早期的文艺主张中，便可以见出他的基本文艺思想。对于陈独秀的"国民文学"思想，后来毛泽东在《湘江评论》发表文章表述为"平民文艺"。前此中国文学的主流多为贵族和士大夫的文学。因此，"国民文学"和"平民文艺"主张的提出，不能不有划时代的意义。在中国共产党成立后，有关问题在许多共产党人的表述中，回答得更加明确。如邓中夏在1923年就提出三条主张：诗歌必须"多做能表现民族伟大精神的作品"；"多作描写社会实际生活的作品"；"新诗人须从事革命的实际活动"。他说："如果你是坐在深阁安乐椅上做革命的诗歌，无论你的作品，辞藻是如何华美，意思是如何正确，句调是如何铿锵，人家知道你是一个空喊革命而不去实行的人，那就对于你的作品也不受什么深刻地感动了。"[①] 这实际上就提出了文艺必须反映现实并与革命紧密联系的文学主张。早期就加入共产党的茅盾，是文学研究会的发起人之一和主将。他在《文学与人生》和《什么是文学——我对于现代文坛的感想》两文中不但提倡"为人生的文学"，而且具体讲到因人种、环境、时代与作家人格的不同，文学所写人生也有所差异。他批判传统的"文以载道"说和"游戏说"，批判"名士派"和"颓废派"的文学。他从唯物主义的反映论出发，明确提出，"商人工人都可以做文学

---

① 邓中夏：《贡献于新诗人之前》，《中国青年》第10期，1923年12月22日发行。

家","革命的人，一定做革命的文学"。他还明确地说："我们决然反对那些全然脱离人生的而且滥调的中国式唯美的文学作品。我们相信文学不仅是供给烦闷的人们去解闷，逃避现实的人们去陶醉；文学是有激励人心的积极性的。尤其在我们这时代，我们希望文学能够担当唤醒民众而给他们力量的重大责任。"[1] 而大革命中加入中国共产党的郭沫若在《革命与文学》一文中，也明确认为当今存在"革命文学与反革命文学"。"你假如是赞成革命的人，那你做出来的文学或者你所欣赏的文学，自然是革命的文学，是替被压迫阶级说话的文学。"他以欧洲新兴的社会主义文艺为鉴，更进一步号召作家"应该到兵间去，民间去，工厂间去，革命的旋涡中去。"明确提出了文艺必须深入工农兵生活的口号。

文艺必须面向平民、面向现实、面向革命，这就是早期中国共产党人的理论回答。这对当时新旧文艺并陈的文坛，无异石破天惊，发聋振聩。自然，这种回答是从辩证唯物史观的基本立场和观点出发的。前此，从马克思到列宁在这些问题方面都已有若干原则性的论述。20世纪20年代是中国民主革命浪潮高涨的年代。鉴于代表军阀和洋奴买办势力的北洋政府的反动嘴脸日益暴露，身居南方的孙中山在李大钊等的协助下毅然实行联俄、联共、联合工农的政策，实现国民党和共产党的第一次合作，酝酿北伐的大革命。但1925年孙中山的去世和国民党右派的后来叛变革命、屠杀共产党人，激起共产党人发动秋收起义和八一南昌起义，开始了革命与反革命尖锐斗争的十年内战时期。系列的革命的浪潮自然促进了革命文学的兴起。在我国新文学从文学革命到革命文学的转变过程中，中国共产党人在文艺理论的上述重大问题上所做的阐述，无疑对后来的文学发展产生了重大的影响。胡适的《文学改良刍议》企图解决的主要是文学的形式、文学的言文合一，从文言转化为白话的问题。而陈独秀的《文学革命论》则偏重提出文学内容的变革。在20世纪20年代中国共产党人的文艺论述中，不但提出文艺要反映现实人生，走现实主义的创作道路，还提出了文艺要表现革命并面向工农兵，从鼓吹个人主义转向鼓吹集体主义，乃至提出"无产阶级革命文学"的口号。在这过程中，以郭沫若为代表的《创造社》

---

[1] 茅盾：《大转变时期何时来呢?》，原载《文学周报》第103期，1923年12月31日。

以提倡自我表现和唯美主义、浪漫主义始，随着中国大革命的发展，急剧地转为革命文学的激进宣传者。当时的中国文坛上，革命文学如异军突起，涌现了大批的作品。蒋光慈的《少年漂泊者》便是影响许多青年走向革命的一部著名小说。丁玲从写《梦珂》、《莎菲女士的日记》到转向写《韦护》和《一九三〇年春上海》等革命倾向的作品，也显然受到革命文学主张的影响。殷夫（白莽）等的诗歌，柔石、胡也频等的小说，都为初期革命文学增添了耀目的亮色。

革命文学倡导过程中，发生了后期《创造社》和新成立的由共产党员成仿吾、钱杏邨、李初梨、冯乃超等组成的《太阳社》同人与鲁迅、茅盾的论争。它反映了革命文学发动者营垒中的"左"倾思潮和宗派主义倾向。而这场论争却使鲁迅认真阅读和翻译了许多马克思主义的书籍，使他更坚定地站到马克思主义的革命立场上来。在1928年左右围绕革命文学的论争中，鲁迅和茅盾等实际还提出了革命文学发展中必须很好解决的一些重要问题，如正确认识文艺的特性与本质，避免"标语口号"式的创作问题，革命文学与小资产阶级的关系问题，语言的大众化和欧化问题等。但这些问题的进一步解决则是在左翼作家联盟成立以后。

1930年3月2日中国左翼作家联盟的成立，无疑标志着我国无产阶级革命文学走上新的发展阶段。这个联盟是在中国共产党人的主导下，联合鲁迅等党外作家成立的。左联在自己的纲领中宣布，将马克思主义的艺术理论和批评理论作为自己的工作指针，还指出："我们的理论要指出运动之正确的方向，并使之发展。常常提出中心的问题而加以解决，加紧具体的作品批评，同时不要忘记学术的研究，加强对过去艺术的批判工作，介绍国际无产阶级艺术的成果，而建设艺术理论。"左联本身就意味着革命文艺统一战线的形成，很大程度上克服了前此革命文学论争中狭隘团体主义的排他倾向。同时，左翼作家内部和左翼与新月派、第三种人等的论争中，又提出了文艺理论的系列新问题。例如，文艺自由的问题，文艺与政治的关系问题，民族化大众化问题，文艺与人性、阶级性的关系问题，现实主义问题等。诸多问题的核心都涉及关于文艺本质的认识。

与《新月派》以梁实秋为代表的争论是围绕文学与人性、阶级性的关系问题展开的。《新月派》反对无产阶级文学，认为文学是超阶级的，只表现所谓"人性"。而且认为文学是天才的产物，永远与大多数人"无缘"。这种论调自然受到左翼作家的反击。鲁迅就明确指出："文学不借人，也无以表示'性'，一用人，而且还在阶级社会里，即断不能免掉所属的阶级性，无需加以'束缚'，实乃出于必然。"① 鲁迅否定抽象的不变的"人性"，认为人性是发展的，在阶级社会中，人性必然带有阶级性。无疑，鲁迅的观点是基本正确的。

左翼作家与胡秋原、苏汶的论争虽然不是没有缘由，因为他们所主张的"自由人"的文学，非政治的"完全站在客观的立场"的文学，在当时革命与反革命尖锐斗争的情势下，虽非不存在，但这种企图脱离两军对垒而"自由"的文学口号，实际上不利于无产阶级革命文学的发展。它受到左翼的批评也是必然的。尽管对他们的批评有简单化和"左"倾宗派主义的缺点。文学能否和应否脱离政治而自由的问题，实际就是文艺与政治的关系问题。从文学史上看，这种关系自然相当复杂。但在阶级斗争激烈的时期，文艺与政治存在紧密的关系正是合乎规律的普遍现象。

革命文学要面向大众，就需要广大群众接受。因此，大众化问题的提出也势所必然。当时瞿秋白、郭沫若、郑伯奇、茅盾、周扬等所探讨的"普罗大众文艺"的建设问题，从文学语言的层面提出"大众语"，意在使当时还不够通俗的和欧化的白话文更能为群众所接受。他们的主张虽曾受到"语言是上层建筑"，"语言有阶级性"的错误观点的影响，但要求白话文更多汲取群众生动活泼的丰富口语，从文学大众化的视角，又确有其必要。至于整个文学语言应在现有白话的基础上进一步从传统文言、外来语言和民间丰富口语汲取有益的养分以丰富和发展自己，则是通过讨论后所逐步达成的共识。虽然，当时大部分作家均与群众隔绝的情况下，大众化问题的实际解决并不可能。

避免文学的标语、口号化，重视文学应有的特性，在提倡革命文学不久即被提出。因为当时确已出现标语、口号化的文艺作品。鲁迅针对其时

---

① 鲁迅：《"硬译"与"文学的阶级性"》，《鲁迅全集》第 4 卷，第 204 页。

所谓"文艺本来是宣传阶级意识底武器,所谓的本质仅限于文字本身,除此以外,更没有什么形而上学的本质"的观点,指出,"我以为一切文艺固是宣传,而一切宣传却并非全是文艺","革命之所以于口号,标语,布告,电报,教科书……之外,要用文艺者,就因为它是文艺"[①]。这使文艺特质的问题得到进一步的讨论。事实上,文艺的意识形态性、文艺与现实生活、文艺与政治的关系都涉及文艺的特质。而左联成立后所组织的对马克思主义文艺理论书籍的翻译,如鲁迅翻译的普列汉诺夫的《艺术论》、《没有地址的信》,冯雪峰翻译的卢那察尔斯基的《艺术之社会的基础》、普列汉诺夫的《艺术与社会生活》,还有瞿秋白编译的马克思主义论文集《现实》和列宁论托尔斯泰的文章等,都产生了广泛的影响,有助于人们从辩证唯物主义和历史唯物主义的原理进一步认识文艺是通过艺术形象反映社会生活,表现思想和情感并反作用于社会的特性。而20年代末因翻译日本左翼理论家藏原惟人的"无产阶级写实主义"和"新写实主义",后来又引进苏联拉普(俄罗斯无产阶级作家联盟)的"唯物辩证法的创作方法",当时都产生不小的影响。并产生过各种各样的现实主义观点。后来,周扬介绍苏联作家协会第一次代表大会所提出的"社会主义现实主义"的新口号,包括他所概括的社会主义现实主义的三大特征:在现实的发展运动中认识与反映现实、创造典型环境中的典型性格、为大众的文学等,对人们更为正确地理解马克思主义世界观与艺术创作方法的关系方面,则起了纠偏的有益的作用。上述翻译和引进对于我国革命文艺界更深入地推进文艺本质的认识,都有着明显的重要意义。

左联的成立是中国共产党力图克服当时革命文艺界存在宗派主义和关门主义的重要标志。在中国共产党当时的"左"倾思想中,有一时期把小资产阶级视为"危险的敌人"。从20世纪20年代起,马克思主义文艺理论在我国的传播和实践过程中,曾经出现过苏联无产阶级文化派即"拉普"(俄罗斯无产阶级革命作家联合会)的"左"倾幼稚病和庸俗社会学的影响。"拉普""左"倾的重要表现除了否定传统,要在平地上建设无产阶级的新文化外,还有对"同路人"打击的理论,即所谓"没有同路人,只有

---

① 鲁迅:《文艺与革命》,《鲁迅全集》第4卷,人民文学出版社1957年版,第68页。

同盟者或者敌人"。他们甚至批判高尔基和马雅可夫斯基。这些关门主义、宗派主义的观点不仅影响到《创造社》、《太阳社》对鲁迅等的批评,在与胡秋原和"第三种人"的论争中,仍然流露出来。当时中国共产党领导人之一的张闻天便化名"歌特",发表《文艺战线上的关门主义》一文,对左翼作家中的策略上的宗派主义和理论上的机械主义进行纠偏,指出左翼不应排斥"自由人"和"第三种人",而应团结他们,这样才能壮大革命文艺统一战线。上述不利于团结更多的作家加入文艺统一战线的倾向,到后来中共中央提出抗日民族统一战线的口号后,才有更显著的纠正。因而左联存在期间,其内部的宗派之争仍然没有能够完全克服。既存在党内冯雪峰作为中央代表来到上海后与夏衍、周扬、阳翰笙等的矛盾,还存在周扬等与鲁迅、胡风等党外马克思主义者的矛盾。后来还引发了"国防文学"与"民族革命战争的大众文学"两个口号之争。在当时与中央联系不畅的情况下,周扬等从共产国际季米特洛夫的报告的启发中提出"国防文学"的口号,与鲁迅等提出的"民族革命战争的大众文学"的口号,都从当时反对日本侵略的立场出发,精神上是一致的,后来都得到毛泽东的肯定。左翼时期国统区的革命文艺运动与当时中央苏区的工农文艺运动,构成中国新文艺发展的崭新景观。尽管当时也存在有自由主义的各种派别的文艺。但左翼文艺与国民党当局所倡导的"党治文学"和"三民主义文艺"、"民族主义文艺"相对抗,成为揭露蒋介石倒行逆施统治的匕首和投枪,鼓舞革命人民起来斗争的战鼓与号角。这时期鲁迅所写的杂文,茅盾、蒋光慈、丁玲、张天翼、艾芜、肖红等的小说,田汉、阳翰笙、夏衍等的戏剧、电影,中国诗歌会和臧克家、艾青等的诗歌,都显示了左翼文艺的实际成绩和广泛的影响。它成为当时世界范围内"红色三十年代"左翼文艺运动的重要部分。

左翼时期鲁迅、瞿秋白、冯雪峰等除了翻译马克思主义文艺理论著作外,他们对马克思主义文艺理论与中国文艺实践的结合上,阐述了许多正确的意见。鲁迅不仅在文艺与革命、文艺与政治、文学中的人性与阶级性、文艺创作与文艺批评等问题上发表了精到的见解,他对中外文化遗产的批判继承方面所阐述的"拿来主义",指出"采用外国的良规,加以发挥,使我们的作品更加丰满,是一条路;择取中国的遗产,融合新机,使将来的作品别开生面也是一条路"①。他认为，继承和采用旧形式"必有所删除，既有删除，必有所增益，这结果是新形式的出现，也就是变革"。又说："这些采取，并非断片的古董的杂陈，必须熔化于新作品中……恰如吃用牛羊，弃去蹄毛，留其精粹，以滋养及发达新的生体，决不因此就会'类乎'牛羊的。"② 这些意见都是十分正确的。瞿秋白曾担任党的主要领导人，执行过"左"倾路线。1931—1933 年曾参加左联的领导。1932 年瞿秋白编译的《现实》一书中除介绍马克思主义的文艺论著外，他还写有《马克思恩格斯和文学上的现实主义》、《恩格斯和文学上的机械论》、《社会主义的早期同路人——女作家哈克纳斯》等论文，宣传马克思主义的文艺思想。瞿秋白是文艺大众化运动的首倡者之一，对这个问题的理论思考比较深入。他在《普洛大众文艺的现实问题》一文中指出，"革命的文艺，向着大众去"，关键是作家要"去观察、了解，经验工人和贫民的生活和斗争，真正能够同着他们一块儿感觉到另外一个新天地。"他一再提倡以现实主义来克服当时流行的"革命的浪漫蒂克"倾向和空洞浮泛的文风。尽管瞿秋白的文艺理论与批评也带有当时难免的某些"左"的倾向，但他的理论更有系统性和指导意义。冯雪峰从 1930 年到 1933 年担任左翼文化运动的领导人，后参加红军长征，1936 年又以中共中央特派员身份回上海主管文化和文艺工作。还在 1928 年冯雪峰发表《革命与智识阶级》一文就不赞同创造社、太阳社批判鲁迅和新文学的传统，认为现阶段仍是民主革命，反封建的任务尚未完成。他一直坚持认为无论革命文学，还是同路人都仍然担负"五四"以来的反封建的任务。这使他在政治上比较宽容，在对"第三种人"和"自由人"的批判中，他提醒要注意要防止机械论和关门主义。但在实际文艺批评中，他受过"唯物辩证法的创作方法"观点的影响。其他如周扬、胡风、钱杏邨等在传播马克思主义文艺理论观点方面，也都作出过不同的贡献。

---

① 鲁迅：《且介亭杂文·〈木刻记程〉小引》，《鲁迅全集》第 6 卷，人民文学出版社 1958 年版，第 39 页。
② 鲁迅：《且介亭杂文·论旧形式的采用》，《鲁迅全集》第 6 卷，第 19 页。

三

　　1931年日本侵略者发动了"九·一八"事变，占领了我国的东北三省，建立了"伪满洲国"。1932年又发动入侵上海的"一二·八"淞沪战争。后来通过缔结"何梅协定"，又妄图占领华北。步步实行其肢解中国、灭亡中国的阴谋计划。于是，激起我全国人民团结抗战。

　　1937年抗日战争爆发前夕，中共中央就提出建立抗日民族统一战线的号召，实现了共产党和国民党的第二次合作。左联解散，大批左联成员在抗战高潮中都先后奔赴前线，投身战地服务团和各种文艺演出队，以自己新的作品呼唤全民抗战。1938年3月在共产党员作家阳翰笙等多方协商下，中华全国文艺界抗敌协会在武汉成立，实现了国民党、共产党等各党派和前此不同文艺社团的作家的广泛团结，并推举国民党人邵力子为主席，选出郭沫若、丁玲、老舍、胡风、巴金、朱自清、田汉、郁达夫、胡秋原、陈西滢、张恨水、茅盾、夏衍、张道藩等45人为理事，周恩来到会讲话，勉励和支持这种团结。武汉失守后，革命文艺工作者大批奔赴延安和共产党领导的抗日民主根据地。留在国民党统治区的则先后在桂林、重庆等地形成文艺活动的中心。而1941年皖南事变后，国民党掀起反共高潮，国统区革命文艺工作者多受波及。除留在原地坚持斗争的外，更多的人奔赴了延安等抗日民主根据地。抗日战争胜利后，内战再度爆发，文艺队伍的分离状况直到1949年7月第一次全国文学艺术工作者代表大会在北平召开才宣告改变。而1942年5月延安文艺座谈会的召开和毛泽东的《在延安文艺座谈会上的讲话》的发表，则体现了中国共产党人把马克思主义文艺理论与中国革命文艺实践相结合达到了一个新阶段，也达到马克思主义文艺理论发展的新阶段。

　　1939年毛泽东发表的《新民主主义论》不但提出中国共产党的新民主主义革命的纲领，而且对五四新文化和新文艺运动以来的历史做出了科学的总结。他指出，"在'五四'以后，中国产生了完全崭新的文化生力军，这就是中国共产党人所领导的共产主义的文化思想，即共产主义的宇宙观和社会革命论。……这个文化生力军，就以新的装束和新的武器，联合一切可能的同盟军,摆开了自己的阵势,向着帝国主义和封建主义文化展开了英勇的进攻。这支生力军在社会科学领域和文学艺术领域中,不论在哲学方面,在经济学方面,在政治学方面,在军事学方面,在历史学方面,在文学方面,在艺术方面(又不论是戏剧,是电影,是音乐,是雕刻,是绘画),都有了极大的发展。二十年来,这个文化新军的锋芒所向,从思想到形式(文字等),无不起极大的革命。其声势之浩大,威力之猛烈,简直是所向无敌的。其动员之广大,超过中国任何历史时代。"

而《在延安文艺座谈会上的讲话》则实际上是"五四"以来,特别是中国共产党成立以来有关革命文艺论争所涉及的各种问题的全面总结。它以回答文艺为什么人和如何为的问题为中心,展开了对于文艺的审美特性、文艺与社会生活、文艺与政治和革命,文艺与广大人民群众,文艺的世界观与创作方法,文艺的革命内容与完美形式,文艺创作中的人性与阶级性,文艺的歌颂与曝露,文艺发展中的继承、借鉴与创新,文艺的提高与普及,文艺批评的重要性与批评标准等问题,均做了深刻的辩证的论述。它不但回应了当时延安文艺界所出现的各种问题,实际上也对中国共产党成立以来有关文艺问题的论争,包括文化和文艺领导权的问题,文艺统一战线的问题,也都做出了科学的论证。毛泽东从马克思主义的基本原理出发,指出,文艺必须为最广大的人民,包括广大的小资产阶级劳动群众和知识分子服务,首先是为工农兵服务,为工农兵而创作,为工农兵所利用;现今世界上一切文化或文学艺术都从属于一定的阶级一定的政治路线,文艺能够起伟大作用于政治;革命需要有文化的军队,文艺也可以成为"团结人民,教育人民,打击敌人,消灭敌人的有力的武器";一切文艺都是社会生活在人们头脑中反映的产物,革命的文艺是人民生活在革命作家头脑中反映的产物;只有现实生活才是文艺"取之不尽用之不竭的唯一的源泉";文艺的美之所以区别于现实的美,是因为它"更高、更强烈、更有集中性,更典型,更理想,更有普遍性";对中外文艺遗产都要采取批判地继承和借鉴的态度,但是"继承和借鉴不可以变成替代自己的创造",要反对无批判的"文学教条主义和艺术教条主义";文艺应从人民的基础提高,并向人民普及;文艺工作者应该与时代和人民群众相结合,深入群众的生活与斗争,转变自己的立场和感情,要"用辩证唯物论和历史唯物论的观点去观察世界，观察社会，观察文学艺术，并不是要我们在文学艺术作品中写哲学讲义。马克思主义只能包括而不能代替文艺创作中的现实主义"；文艺的革命的政治内容应该与完美的艺术形式相统一，没有完美艺术形式的作品，即使政治内容再革命也是没有感染人的力量的；在阶级社会中只有带阶级性的人性，没有超阶级的抽象的人性；在抗日文艺统一战线的建立上，应该从抗日、民主、艺术方法和作风等不同层面的目标上去团结尽可能多的人，坚持既团结又批评、斗争的方针；文艺批评应该发展，"我们的批评，也应该容许各种各色艺术品的自由竞争"，并"按照艺术科学的标准给以正确的批判"，等等。尽管毛泽东是在革命战争年代的特殊环境中论述文艺，过于强调文艺从属于政治、从属于党在一定时期的革命任务等的提法，并非适用于一切年代，但《在延安文艺座谈会上的讲话》所阐述的基本思想还是符合文艺的普遍规律的。它是共产党夺取部分地区政权后对于文艺问题第一次做出最系统最全面的论述，它的影响不仅深入抗日民主根据地，而且后来扩及全国和全世界。在它的指导下，各抗日民主根据地和后来的解放区的文艺都有蓬勃的发展，涌现了赵树理的《小二黑结婚》、《李有才板话》、《李家庄的变迁》，贺敬之、丁毅的《白毛女》，李季的《王贵和李香香》，周立波的《暴风骤雨》，丁玲的《太阳照在桑干河上》等大量的为人民群众所欢迎的作品，而且国统区的革命的进步的作家受其影响也创作了许多好的作品。像郭沫若的《屈原》、茅盾的《霜叶红于二月花》《清明前后》、老舍的《四世同堂》、巴金的《寒夜》、陈白尘的《升官图》等。

周扬在20世纪40年代编选的《马克思主义与文艺》一书辑录了马克思、恩格斯、列宁、斯大林、毛泽东、鲁迅等的文艺理论观点，对传播马克思主义文艺思想起了重要的作用。

在这时期，围绕胡风文艺思想曾展开过两次争论。一次在重庆，一次在香港。这两次争论不仅影响当时，还影响到新中国成立后对胡风展开大规模的批判。

胡风曾参加过日本共产党。30年代初回国后又参加领导过左翼作家联盟，与鲁迅比较接近。与周扬、冯雪峰等虽都宣传马克思主义的文艺思想，彼此已有观点的歧异。从30年代到40年代，胡风是活跃于我国文坛的重要的马克思主义的文艺理论家，也是著名的诗人和文学活动家，曾主编过《七月》、《希望》杂志和《七月》文丛，团结和培养过许多青年的作者。毛泽东的《在延安文艺座谈会上的讲话》发表后，他也表示过拥护并宣传过。他完全赞同文艺应为无产阶级革命服务，并与周扬等一起批判过朱光潜的文艺思想。但他由于身处国统区，又处于脱党状态，对《讲话》的理解不免有所隔阂，他的文艺思想也曾受过柏格森的生命哲学、卢卡奇的现实主义理论的影响。在主体与客体的关系上，他偏于从创作主体的"自我扩张"来解释"艺术创造的源泉"。因而他的一些文艺观点就被视为带有唯心主义的成分。特别是他关于"生活就在足下"，"哪里有生活，哪里就有诗"；现实主义必须发扬"主观战斗精神"，"通过主观拥抱客观"，劳动人民都有"精神奴役的创伤"等观点，虽均不无道理，毕竟与毛泽东的《讲话》精神有异。1945年根据当时在重庆中共中央南方局负责的周恩来关于要帮助胡风的指示，从延安被派往重庆文艺界工作的乔木、何其芳以及黄药眠等便开展了对胡风有关文艺观点的批评，包括批评了舒芜的文章《论主观》。1948年，由于胡风没有改变自己的观点，邵荃麟、林默涵、胡绳等在香港的《大众文艺丛刊》上对胡风又再次开展了批评。胡风又写了《论现实主义的路》为自己辩护并进行反批评。他们的批评和反批评的文章反映了马克思主义文艺理论界某些观点的分歧，也反映了左翼文艺队伍中仍然存在的宗派主义影响。冯雪峰在《什么是艺术力及其他》和《论民主革命的文艺运动》两文中表达的观点与胡风比较接近。但对胡风的这两次批评都仍然贯彻了统一战线内部从团结的愿望出发，经过批评，达到新的团结的方式。其后，胡风经东北解放区，还是来到北平参加了全国第一次文学艺术工作者代表大会。

四

经过三年人民解放战争，新中国成立前夕，在北平召开的全国第一次文学艺术工作者代表大会不仅实现了解放区和国统区革命的和进步的作家队伍的会师，而且明确以毛泽东文艺思想作为新中国文艺的指针。新中国的成立标志我国从民主革命向社会主义的过渡，也标志着我国从半封建半殖民地社会变革为人民当家的、独立自主的、以建设社会主义现代化为目标的新社会。从 1949 年 10 月 1 日到 1978 年 12 月党的十一届三中全会召开，在这三十年间我国社会主义建设有很大的成绩，也有严重的挫折。这期间的我国文艺在毛泽东文艺思想的指导下也经历了很不平坦的发展道路。依其不同的历史特点，又可分前后两个时期：前期为新中国成立初的十七年；后期为"文化大革命"的十余年。

前十七年我国面临国内外严酷的斗争形势，台湾尚未解放，两岸关系高度紧张，外国帝国主义国家对我进行封锁。我国经历了土地改革和抗美援朝战争，自 1953 年起，实施社会主义过渡时期总路线，对工业、农业、手工业和资本主义工商业实现社会主义改造，并实施社会主义工业化建设的五年计划。当时，如何团结和改造全国文艺界，繁荣文艺，使之更好地为党在那时的政治任务服务，为社会主义革命和建设服务，这不能不成为新中国文艺最大的实践课题。它涉及对旧社会艺人的团结和改造，也涉及所有文艺工作者的世界观、人生观、价值观和文艺观如何适应新的形势，还涉及对整个文艺领导、文艺生产与消费体制的改造。鉴于毛泽东当时提出"学习苏联"的口号，文艺体制的改造完全移植自苏联，如建立各级作家协会和国家出版社等，有中国特色的则是成立了全国文联和对文艺工作者进行思想教育与改造。而文艺创作发展中还提出了写什么和怎么写等实际问题，以及文艺作为上层建筑意识形态怎么适应社会经济基础的变革等问题。这期间，西方现代主义文艺思潮被视为"资产阶级颓废派"一概受到批判。

还在民主革命时期，毛泽东在《新民主主义论》中根据历史唯物主义关于经济基础与上层建筑意识形态的学说，提出上层建筑意识形态不但要适应经济基础，还可以超前的观点，坚持在民主革命时期必须宣传共产主义的意识形态，以为将来的社会主义革命作思想的准备。这一观点贯穿于他后来的文艺思想和社会革命理论中。关于经济基础，他还主张生产关系可以超越生产力发展，他不同意刘少奇的"新民主主义阶段"论，主张建国后即过渡到社会主义革命，在经济的各个领域实现全民所有制和集体所有制。

新中国成立后，为解决文艺实践面临的系列新问题，毛泽东文艺思想有了新的发展，如提出戏曲改革的"百花齐放，推陈出新"的方针，在《与音乐工作者的谈话》中提出"洋为中用，古为今用"的指导思想，在《关于正确处理人民内部矛盾的问题》中除提出要区分敌我与人民内部两种不同性质的矛盾，用"团结—批评—团结"的办法解决人民内部矛盾，还提出繁荣和发展文艺的"百花齐放，百家争鸣"的方针。这都是符合社会和文艺发展规律的十分正确的理论主张。而受毛泽东直接关心和干预的对电影《武训传》、对《红楼梦》研究、对胡风文艺思想、对右派言论、右倾机会主义和修正主义言论以及对电影《北国江南》、京剧《海瑞罢官》等的批判，乃至发动了后来长达十年之久的"文化大革命"，要求斗私批修，实行"两个彻底决裂"，提出所谓"无产阶级专政下的继续革命"，将传统文化和文艺一概当做"封资修黑货"予以打倒，等等，则表现了毛泽东日益"左"倾冒进的思想。由于遵循他的"左"倾思想，多次混淆敌我矛盾，使文艺界许多人受到不该受到的处理和伤害。胡风及其朋友从文艺思想被批判升级为所谓"反革命阴谋集团"就是突出的例子。将善意向党提批评意见的大批知识分子一概打成"反党反社会主义的右派分子"，又是个例子。毛泽东还主张实行"大跃进"、人民公社化，表现出急于过渡到共产主义等急躁冒进的主观唯意志论，这与他对上层建筑意识形态改造中的"左"倾观点是相关联的，也与他对社会主义时期阶级斗争形势的错误估计与判断相关联。尽管周恩来、刘少奇、邓小平等对毛泽东的错误有所抵制，但由于毛泽东的崇高威望，这些抵制都没有效用。相反，其间暴露的分歧反导致"文化大革命"初期刘少奇和邓小平被迅速打倒。

　　从20世纪50年代到60年代文艺理论问题的讨论中，对艺术创作方法在提倡"社会主义现实主义"或"革命现实主义和革命浪漫主义相结合"的同时却排斥其他；对文艺题材的表现上在提倡"重大题材"的同时却忽视题材的多样性；在正确提倡英雄人物形象塑造的同时却错误地批判"中间人物"论；在主张文学艺术描写人时应表现阶级性，却不承认也存在共同的人性，把人道主义一概冠为"资产阶级的人道主义"，甚至斥为"反革命修正主义思想"（如对具有真知灼见的钱谷融的著名论文《论文学是人学》的批判）。这都不同程度地体现了当时对马克思主义文艺理论认识上的片面性和"左"倾的弊病。正是在上述社会革命理论和文艺思想理论复杂变动的过程中，新中国文艺既经历了十七年初步繁荣和曲折，也经历了"文化大革命"中的凋零和荒芜。

但总体而论，新中国成立初十七年间文艺的成绩，包括文艺理论发展的成绩都不容低估。毛泽东所发动的多次批判运动尽管存在"左"倾的错误，而同时也有助于马克思主义观点的传播。如在文艺领域坚持历史唯物主义，反对历史唯心主义；坚持辩证唯物主义的反映论，坚持社会生活是文艺创作的唯一源泉；坚持文艺与政治的密切联系，坚持文艺为最广大的人民群众服务等观点。对防止文艺创作的概念化公式化问题，文艺的特性与本质问题、现实主义与典型创造问题、革命现实主义和革命浪漫主义相结合问题、历史剧创作问题等也展开较有成效的讨论，并在积极促成文艺理论的建设，编写高校文艺理论教材等方面引进苏联已有的成果，逐步使之中国化等方面，也产生国内学者若干自己的著作。1958年，当时担任中共中央宣传部主管文艺的副部长周扬还提出了建设中国特色马克思主义文艺理论的号召。60年代，在他主持下，由蔡仪、叶以群分别主编的《文学概论》和《文学基本原理》就是当时试图运用马克思主义观点建构有中国特色文学理论体系的代表性著作。1949年全国第一次文学艺术工作者代表大会上，周扬、茅盾分别就解放区文艺和国统区文艺所做的报告；周扬在全国第三次文学艺术工作者代表大会上的讲话《我国社会主义文学艺术的道路》和何其芳的《战斗的胜利的二十年》、林默涵的《更高地举起毛泽东文艺思想的旗帜》等文都在阐释毛泽东文艺思想，总结文艺实践中的经验教训，比较深入地也比较正确地论述了文艺发展所提出的重要理论问题方面做出自己的努力。尽管也不同程度地受到过"左"倾思想的一定影响。而文学创作方面，就涌现了郭小川、贺敬之、闻捷、李季、公刘、李瑛等许多著名的诗人，被称为"红色经典"的孙犁的《风云初记》，赵树理的《三里湾》，杜鹏程的《保卫延安》，吴强的《红日》，杨沫的《青春之歌》，曲波的《林海雪原》，周立波的《山乡巨变》，柳青的《创业史》，罗广斌、杨益言的《红岩》等长篇小说，都产生于这一时期。戏剧、电影方面的经典之作，如老舍的《龙须沟》和《茶馆》、郭沫若的《蔡文姬》、田汉的《关汉卿》、曹禺的《胆剑篇》等话剧；新编戏曲《白蛇传》（田汉改编）、《十五贯》（陈静改编）、《梁山伯与祝英台》（徐进、成容改编）；歌剧《草原之歌》（任萍编剧）、《洪湖赤卫队》（张敬安等编剧）、《江姐》（根据小说《红岩》改编）、《刘三姐》（根据民间传说改编）；电影《董存瑞》、《党的女儿》、《林则徐》、《革命家庭》等也产生于这十七年间。

林彪委托江青召开的部队文艺工作座谈会纪要和中共中央代表"文化大革命"纲领的《五·一六通知》先后经过毛泽东修改后被陆续颁布，则集中体现了毛泽东后期的"左"倾思想与路线。他所发动的"文化大革命"使我国社会主义建设受到严重的挫折和伤害，造成国民经济几临崩溃的边缘。文化大革命中江青之流所鼓噪的全盘否定前此革命文艺成就的"文艺黑线专政"论、"空白论"和以"革命样板戏"为起始的"新纪元论"，更颠倒是非，混淆黑白，不但重复了当年"拉普派"的错误，甚至更"左"，愈发造成革命文艺的灾难，导致"文化大革命"十年之间文坛的一片荒芜。只有极少数作家依照自己的信念坚持创作，涌现过《闪闪的红星》、《万山红遍》、《春潮急》等少量较好的作品。"文化大革命"中被吹捧的"革命样板戏"如《红灯记》、《沙家浜》、《智取威虎山》、《奇袭白虎团》、《白毛女》、《红色娘子军》等虽经过进一步的加工，实际都创作于新中国成立初的十七年。

五

1978年12月中国共产党十一届三中全会的召开，肇始以邓小平理论为指导的建设中国特色社会主义的新三十年。这三十年，中国共产党经历了邓小平、江泽民、胡锦涛三届领导核心对于社会主义建设理论的坚持和发展，为我国社会主义建设开拓了新的局面。

邓小平理论根据历史的经验与教训，从"文化大革命"结束后的实际出发，放弃阶级斗争为纲，转向以经济建设为中心，坚持四项基本原则，解放思想，改革开放，实事求是，政治上坚持共产党领导下与民主党派长期共存，相互监督，民主协商，发展不断完善的人民民主制度；经济上坚持公有制为主体，允许多种所有制存在和发展，从计划经济转向社会主义市场经济的体制；思想文化上坚持马克思主义的指导，坚持社会主义精神文明建设，容许文化的多元。允许以一部分人、一部分地区先富起来，而长远目标则是实现共同富裕。在邓小平领导下，经过胡耀邦等的努力，还为过去被错误处理而受冤屈的各种干部和人员平了反，恢复了他们的工作。从而扩大了社会的团结面。后来，江泽民又提出了"三个代表"理论，胡锦涛则提出以人为本的科学发展观与和谐社会的建设。从而使新的三十年产生了深刻的翻天覆地的变化，我国在社会主义政治、经济、文化、社会建设各方面均取得前所未有的举世瞩目的成就。我国文学艺术在邓小平等新的领导人的思想理论指导下，也取得很大的成绩和持续的繁荣。

新时期我国文艺面临的现实任务是如何迅速改变"文化大革命"所造成的文艺荒芜的局面，使文艺合乎规律地走向新的繁荣。邓小平首先在思想文化上、理论上实行拨乱反正，领导了批判"文化大革命"中所奉行的极"左"路线和后来的"两个凡是"的思想，开展了关于"实践是检验真理的标准"的讨论。他在《在中国文学艺术工作者第四次代表大会上的祝词》中坚持毛泽东文艺思想的基本原理，坚持文艺为最广大的人民服务，为社会主义服务的方向，重申了"百花齐放，百家争鸣"，"洋为中用，古为今用"，"推陈出新"的文艺方针。但他又以极大的理论魄力，放弃"文艺从属于政治"的提法，指出，这样的提法"利少害多"[①]。他在《祝词》中认为，"作家艺术家写什么和怎样写，应由作家艺术家自己在实践中去解决，不要横加干涉"。这就实际宣布了"创作自由"。他要求党按照文艺规律加强和改善对文艺的领导，同时，他又号召作家艺术家"成为名副其实的人类灵魂工程师"，与人民群众"保持血肉联系"，"自觉地在人民的生活中汲取题材、主题、情节、语言、诗情和画意，用人民创造历史的奋发精神来哺育自己"。并要求文艺塑造社会主义新人，"要批判剥削阶级思想和小生产者守旧狭隘心理的影响，批判无政府主义、极端个人主义，克服官僚主义。要恢复和发扬我们党和人民的革命传统，培养和树立优良的道德风尚，为建设高度发展的社会主义精神文明做出积极的贡献"[②]。这就为我国社会主义文艺的发展拓展了更广阔道路。后来，江泽民提出的"三

---

① 邓小平：《目前的形势与任务》，《邓小平文选》，人民出版社1983年版，第220页。
② 邓小平：《在中国文学艺术工作者第四次代表大会上的祝词》，《邓小平文选》第2卷，人民出版社1994年版，第209页。

个代表"的重要思想和主张文艺要"弘扬主旋律，提倡多样化"的方针，胡锦涛提出的以人为本，建设和谐社会的科学发展观和坚持社会主义核心价值观等，都体现了这时期马克思主义文艺理论的与时俱进。

在拨乱反正、解放思想的浪潮中，文艺界不仅为过去被"四人帮"错误批判的所谓"黑八论"包括"文艺黑线"论、"写真实"论、"现实主义广阔道路"论、"现实主义深化"论、"时代精神汇合"论、"反'题材决定'"论、"中间人物"论、"离经叛道"论等平了反，还先后对文艺特征和形象思维问题，现实主义和典型问题，人性、人道主义问题，主体性与客体性的关系问题，现代主义文艺思潮及其创作表现问题，人文精神问题，古典文论的现代转化问题，文艺学向审美文化拓展的问题，西方马克思主义文论问题等展开了广泛的讨论。通过讨论，大多学者都努力辩证地去理解相关的问题，也深化了对有关问题的认识。学术界和翻译界也大力加强了对马克思主义文艺理论的研究和翻译，出版了大批新的著作。包括重新依据德文本翻译了马克思恩格斯的全集，出版了多种研究马克思主义经典作家文艺论著的著作和研究毛泽东文艺思想、邓小平文艺理论的著作。如陆梅林编选的《马克思恩格斯论文学与艺术》，李准、丁振海主编的《毛泽东文艺思想全书》以及中国社会科学院文学研究所、中国作家协会先后编选的《周恩来论文艺》、《邓小平论文学艺术》等。上述工作对于文艺界正确地认识马克思主义经典作家的思想体系，从而指导自己的工作，产生了良好的作用。关于建构当代中国的马克思主义文艺理论体系的问题，在这时期得到许多学者的关注，也展开过讨论。或主张这个体系应包括文艺社会学、文艺心理学和文艺语言学，或认为它应该反映文艺的本质规律、发展规律、结构规律、创作规律和接受规律。而大多学者都认同应汲取我国古代文论和外国文论的精华，并总结我国特色的文艺实践，在此基础上以马克思主义为指导，去建构新的理论体系。新世纪中央实施的马克思主义研究和建设工程中所列的、由数十位专家共同完成的文艺理论教材的编写和出版，可以说是这时期体现当代中国马克思主义文艺理论体系的一部具有代表性的著作。

改革开放后的三十多年中，中国共产党已经形成了从实践中总结出来的反映文艺规律的理论和在这基础上制定的比较完整和正确的文艺方针政策，文艺创作真正涌现了"百花齐放，百家争鸣"的良好局面，文艺队伍不断壮大，文艺作品无论在数量和质量上都有明显的提高。仅从代表国家文学水平的长篇小说而论，前三十年的新作不过2000部左右，新中国成立后至1978年的三十年则不过460部，而新三十年则近两万部，并且逐年增多。20世纪90年代每年不过500—800部。21世纪以来每年达千部以上，2010年则达2000部。可见，这时期文学艺术经历着空前的持续繁荣。可谓名家辈出，佳作如云。就文学而言，像冰心、巴金、丁玲、艾青、臧克家、刘白羽、孙犁、姚雪垠、贺敬之等年长的作家多有新作，而在人民共和国成长的作家，如李瑛、公刘、王蒙、李凖、李国文、张洁、蒋子龙、冯骥才、刘心武、陈忠实、铁凝、王安忆、梁晓声、贾平凹、莫言、二月河等，都以作品的优秀和丰富见誉于文坛。年青一代作家更难以枚举，80后和90后的作家也已经有许多引人注目的创作。全国各个地区和各个民族都涌现了自己的富于地方特色和民族特色的作家群，使我国文学地图得到更为平衡的五彩斑斓的改写。像蒙古族的玛拉沁夫、壮族的陆地、维吾尔族的铁衣甫江、藏族的阿来、白族的晓雪、彝族的吉狄马加、朝鲜族的金哲等大批少数民族作家都更加知名于全国文坛。这时期有大量优秀作家的诗歌、小说、散文、报告文学、戏剧和电影、电视，都荣获过全国最高文学奖——鲁迅文学奖、茅盾文学奖和骏马文学奖。

这三十年文艺的发展既反映了现实社会生活的巨大变化，也反映了中西文化又一次大规模撞击所带来的西方各种思潮的渗透，发展中文艺本身也提出了系列的理论课题。如伤痕文学、反思文学、改革文学和寻根文学的递嬗，不仅对现实主义的真实论提出深入思考的材料，也消解了以歌颂光明为主的观点，并引发过"歌德"与"缺德"的争论；从"朦胧诗"、"意识流小说"和"荒诞小说"，到"探索性戏剧"等先锋文学的出现，更颠覆了现实主义文学的传统及其创作规则、理论根据，还点燃了关于创作主体与客体的关系、关于现代主义和后现代主义的讨论；描写性爱的作品大量问世，为研究文学与人性的关系拓展了新的领域，并凸显了文学中的道德滑坡问题；而女性主义创作的出现，非但挑战男权社会，也为研究女性文学的时代特色提供了许多新的文本；"底层文学"的崛起，吸引人们关注社会弱势群体的同时，也为现实主义的回归和深化的研究，展现了丰富的资料。而网络文学和电子传播的普及，为文艺的生产与消费展开了全新的前景，其影响之广泛和深远，也必然要波及人们对文艺及其发展的理论认知。凡此等等，都为马克思主义文艺理论研究提供新的课题、构成新的机遇。

当然，这一时期由于市场经济体制的建立，由于多种所有制的发展，由于改革开放后西方资本主义意识形态的渗透，社会上拜金主义、享乐主义和极端个人主义的思想在滋长，多元文化也必然导致世界观、人生观、价值观、文艺观的多元，文艺创作界也不同程度受到影响，出现了浮躁情绪和媚俗倾向，乃至产生了唯利是图的追求。这些也不能不构成对社会主义精神文明建设的严重冲击，并对马克思主义文艺理论构成严重的挑战。

六

"时运交移，质文代变"[①]，这是文艺发展的普遍规律。中国新文艺历史风貌的演变，当然与中国的历史巨变分不开，也与马克思主义及其文艺理论的指导和影响分不开。

五四运动九十多年来，中国的新文艺在中国共产党的领导下取得了伟大的成绩，也产生许多宝贵的经验和教训，为马克思主义文艺理论的与时俱进，提供了新的机遇和资料，促使当代马克思主义文艺理论在系列重大问题上都进行多方面的思考。如文艺作为上层建筑审美意识形态与经济基础的关系，文艺与社会生活的关系，文艺与人民的关系，文艺与政治的关系，文艺与传统的关系，文艺与科学技术的关系，文艺与经济文化产业的关系，等等。这些问题的核心都涉及应如何理解文学艺术的本质规律和发展规律，如何做到社会主义文艺生态的健康体现。

（一）上层建筑意识形态是一定经济基础的反映，并反作用于一定的经济基础，但上层建筑意识形态的先进部分，又可以超越现实的经济基础，并促进现实经济基础的未来改造。这是辩证唯物史观的重要观点。但文学艺术与经济基础的关系实际上比较复杂。一是文学艺术包括许多的门类，

---

① 刘勰：《文心雕龙·时序》。

许多的题材、主题、形式、风格，是否一切文学艺术都属于上层建筑意识形态，就存在不同的意见。比如说，杂技、书法、舞蹈、雕塑以及音乐的无标题音乐、轻音乐，美术中的静物画、人体画、花鸟画、风景画，文学中的山水诗、爱情诗等不含政治、宗教、道德内涵的作品，是否也属于上层建筑意识形态呢？根据马克思关于"在不同的所有制形式上，在生存的社会条件上，耸立着由各种不同情感、幻想、思想方式和世界观构成的整个上层建筑"的观点，大多数学者认为，除上述部分外，总体上应视文学艺术为上层建筑意识形态。但也有人认为，文学艺术总体上都不属于上层建筑意识形态（如朱光潜先生就有这样的观点）。二是上层建筑意识形态是应与经济基础相适应，还是可以和应该超越于一定的经济基础。比如在民主革命时期和社会主义初级阶段，是否应该宣传和提倡共产主义意识形态？按照毛泽东和邓小平的观点，当然应该宣传和提倡。但也有人认为不然。改革开放以来，西方资本主义意识形态的渗透有增无减，由于市场经济体制的建立和允许私营经济的发展，经济基础领域存在多种所有制，这就必然反映到意识形态上滋长了唯利是图的拜金主义，乃至还产生了损公肥私、损人利己的极端个人主义的世界观、人生观、价值观。这种状况自然不利于未来社会主义的发展，因为社会主义不仅要走向共同富裕，并在生产力高度发展，社会财富高度涌流的未来过渡到更高级的共产主义社会去。因此，即使在社会主义的初级阶段，我们也必须超前地坚持不懈地宣传共产主义意识形态，坚持社会主义核心价值观，大力建设社会主义精神文明，批判资本主义以个人主义为核心的意识形态。这是关系国家民族前途和命运的大问题。文学艺术尽管主要功能是为了满足人们的审美需要，但由于大多数作品都具有思想政治倾向，都涵蕴哲学、道德、宗教等意识形态的内容，它总体上属于社会的上层建筑意识形态应没有疑义。因此在文艺创作中歌颂什么，反对什么，揭露什么，追求什么，都不能不是社会主义文艺理论所关注的重心。邓小平关于要求文艺坚持为人民、为社会主义服务的方向，关于大力塑造社会主义新人形象，加强社会主义精神文明建设的号召，江泽民关于"弘扬主旋律，提倡多样化"的号召，胡锦涛关于坚持社会主义核心价值观的号召，都是从上层建筑意识形态即适应经济基础又应超前于经济基础，具有前瞻性的科学理解而提出的。

（二）文学艺术作为观念形态，是社会存在的反映。基于这种唯物主义的观点，社会生活自然是文学艺术创作的唯一源泉。当然，文学艺术是社会生活在作家头脑中反映的产物，它又有作家作为创作主体的能动的反映作用，反映的产物不同于被反映对象本身。如果认为文学艺术只是社会现实生活的反映，忽视创作主体的能动作用，将文学艺术与现实生活等同，将艺术真实与生活真实等同，那就犯了机械反映论的错误，就会大大限制作家艺术家艺术创造、艺术想象与幻想的天地。如果，否认现实生活是文学艺术创作的源泉，片面强调创作主体的作用，那就可能犯主观唯心主义的错误，就会造成对于作家艺术家的误导，使他们的创作思维因没有从生动活泼的、新新不已的生活得到不断补充而陷于枯萎，也限制了文学艺术创作题材、主题、形式、风格的丰富性和多样性。强调作家艺术家应该深入人民群众的生活和斗争，"观察、体验、研究、分析一切人，一切阶级，一切群众，一切生动的生活形式和斗争形式，一切文学和艺术的原始材料，然后才有可能进入创作过程"①。这主张并没有错。但如果忽视作家艺术家的主观能动性，忽视作家艺术家的想象力和幻想力能够弥补生活的不足，能够在非现实主义的创作中开辟广阔的艺术天地，并有可能表现理想性的未来可能会有的生活图画，那就会陷入另一个片面，从而无法解释历史上的许多创作现象，并产生独尊某一种创作方法而排斥其他创作方法的弊病。从毛泽东的"百花齐放"到江泽民的"多样化"主张，都是基于对文学艺术反映现实生活的无限丰富性和作家艺术家作为创作主体的创造潜力的充分而深刻的认识基础上提出来的。

（三）文学艺术与人民保持密切的关系，既为广大人民群众而创造，也为广大人民群众所利用，这是社会发展的必然趋势，也是人民当家做主时代的必然规律。马克思主义的这一根本观点，自然也基于历史唯物主义和解放全人类的共产主义学说。否定这一观点，就是否认以人为本。认为文艺从来只为少数人的"贵族文艺"观，自然是错误的。但把为人民服务，只理解成"为工农兵服务"，那也是不完全的。"人民"的概念内涵随时代的变化而变化。今天，不但知识分子已成为工人阶级的一部分，一切

---

① 毛泽东：《在延安文艺座谈会上的讲话》，《毛泽东选集》第 3 卷，第 860—861 页。

为社会主义建设作出不同贡献的阶级、阶层和爱国民主人士也都属于人民的范畴。作家艺术家与人民群众的结合，深入人民群众的生活，自然也指向最广大的人民群众，更不能狭隘地理解为只与工农兵群众结合，虽然，与工农兵结合在任何时候都应该摆在重要的地位。文学艺术只要从人民群众的根本利益出发，表现人民群众的思想、愿望和理想、追求，即使作品没有直接描写人民群众，它也具有人民性，也应当得到人们的充分肯定。反之，以仇恨人民、反对人民的观念和态度去写人民，那样的作品则理所当然会被人民所唾弃。在社会主义时代，文艺为人民服务与为社会主义服务是完全一致的。因为，社会主义体现的正是人民的根本利益。"三个代表"重要思想的提出，将先进文化与体现先进生产力、体现人民的根本利益相联系，正基于对社会主义文化艺术性质的深刻理解。文学艺术与人民的密切关系，还表现在随着广大人民群众文化水平和文化需求的不断提高，文学艺术也必须从数量到质量都不断提高自己，以满足人民群众的需求；更表现在要创造条件从人民群众中培养出越来越多的作家艺术家。共产党对于文艺的领导要体现"以人为本"，就不仅要保障文艺为人民服务、为社会主义服务的方向，还必须努力通过各种手段，使文学艺术能够满足人民群众日益增长的文化需求，并从广大人民群众中去发现、培养越来越多的文艺家。文艺与人民的密切关系，是社会主义时代文艺的重要本质的体现，是当代马克思主义文艺理论必须予以深刻认识和阐述的基本理论问题，也是被中国共产党历代领导人所不断重申的理论问题。

（四）文艺与政治的关系问题也是马克思主义文艺理论最为关注的基本问题之一。政治是管理众人之事，是经济利益的集中表现，也是阶级斗争的重要表现形式。人们任何时代都生活于一定的经济和政治关系之中，总会产生反映自身经济利益和政治观点的政治立场与倾向，并或浓或淡地渗透于自己的思想情感。作家、艺术家也不例外。这种思想情感也总会自觉不自觉地表现于他们的创作中。从而也使作品带有或浓或淡的政治倾向和色彩。通过人们的阅读和观览，作品的政治倾向和情感色彩就会传达给他们。而在阶级斗争、政治利益尖锐冲突的时期，文艺创作中的政治倾向和情感便更鲜明与强烈地感染读者观众，激起他们的共鸣和认同，鼓舞他们起来站在同一立场上去投入社会的斗争。文艺反作用于政治，乃至产生伟大作用于政治。这在历史上是常见的现象，它反映了文艺本身的深刻的规律。这也是所有政治家和政党都不能不关心文艺并力图把文艺纳入为其政治服务的缘故，也是文艺不可能脱离政治的缘故。但我们又要看到，并非一切文艺作品都有政治内容，都只能为一定的阶级服务。例如花鸟画、山水画或某些爱情诗就不一定有政治内容，常常能为不同时代不同阶级阶层的人们所欣赏、所接受，这也是事实。因而，要求一切文艺都为一定阶级、阶层的政治服务，显然是不完全合理的，也是不利于文艺题材、主题、形式、风格多样化和繁荣的。文艺与政治结盟，可能使文艺创作走向概念化、公式化和标语、口号化，从而丧失艺术的应有魅力。这自然是不可取的。但也可能因为作家、艺术家十分重视文艺的特性，能够将鲜明的政治内容与完美的艺术形式相结合、相统一，从而使作品既具艺术魅力，又有进步的政治内涵和倾向，乃至使自己的作品更加伟大，更加崇高。这也是为历史上从屈原的《离骚》到鲁迅的《狂人日记》、《阿Q正传》、《祝福》等所证明了的。因而，笼统地反对文艺与政治结盟，笼统地提倡文艺疏离和脱离政治，那也是片面的。在这问题上，邓小平在讲到基于"利少害多"而不再提"文艺从属于政治"时，又指出"文艺是不可能脱离政治的"[①]，从中正是可以见出他对文艺与政治的关系问题的深刻的辩证的认识。

（五）文艺与传统的关系如何认识，同样是马克思主义文艺理论必须重视的课题。从鲁迅到毛泽东，都主张对于我国固有的传统，还是外国创造的传统，我们都应批判地继承和借鉴，努力做到"古为今用，洋为中用"，"推陈出新"。对传统采取虚无主义的全盘否定的态度，或是对传统采取顶礼膜拜、全盘肯定的态度，都是违反马克思主义的唯物辩证法的。继承与借鉴，目的在于创新。文学艺术的生命也在于创新。只是模仿和重复前人的题材、主题、形式、风格的作品是没有生命力的。古人所指出的"文贵创新"，乃是文艺发展的千古不易的一条重要的规律。对传统有无继承和借鉴，正如毛泽东所指出，"这里有文野之分，粗细之分，高低之分，快慢之分"[②]。自然，创新中并非一切新的都是好的。只有站在前人肩膀上

---

① 邓小平：《目前的形势和任务》，《邓小平文选》，人民出版社1983年版，第220页。
② 毛泽东：《在延安文艺座谈会上的讲话》，《毛泽东选集》第3卷，第860页。

继续前进的创新才真正具有历史发展的意义，才会在文学艺术的发展史上留下进步的不朽影响。因而，不断开拓新的题材、新的主题、新的形式、新的风格，就不能不为历代作家艺术家所不懈地追求。在这个问题上，一味反传统，或一味迷古崇洋，都会损害文艺有价值的创新。在继承传统和借鉴外国的过程中，难免会产生矫枉过正的情况，如"五四"新文化新文艺刚刚诞生，为了使新的东西站住脚，对旧的文学艺术、对传统的"国学"采取激烈的否定态度，提出了打到旧文学、打倒"孔家店"的口号。这在当时，实有它的必要。因为，不过正就往往难以矫枉。但这种情况，毕竟很快就得到纠正。20世纪30年代鲁迅的态度就是证明。毛泽东在《新民主主义论》和《在延安文艺座谈会上的讲话》在此问题上的主张与鲁迅完全一致。"文化大革命"中，江青之流提出的"空白论"和"新纪元论"，又重复了一次全盘否定传统的错误。然而，他们所推崇的"革命样板戏"，却又从传统和外国吸收了许多东西。不独"样板戏"的基础创自"文化大革命"之前，将交响乐引进《沙家浜》、将芭蕾舞引进《白毛女》和《红色娘子军》，正说明不管如何创新，也难以摆脱对传统必须有所继承，对外国经验也必须有所借鉴的规律，即"古为今用，洋为中用"、"推陈出新"的规律。

（六）文艺与现代科学技术的关系，应该也成为当今马克思主义文艺理论必须关注的问题。它不但涉及文艺的创作，还涉及文艺的传播与接受。以文学而言，人类就经历了口传文学时代、纸传文学时代，今天随着电子排版，随着电脑、电视、电子书和网络、手机的发展，已进入电传文学时代。科学技术的进步，必然会给文学的生产与消费都带来新的前景。电子时代文学的生产和消费，已经并将继续产生种种新的变化。不仅引发文学生产力的飞跃发展，也使文学传播力获得飞跃的发展。前面说到，1919年至1949年，我国新创作的长篇小说仅2000部，而仅2010年我国新创作的长篇小说即达2000部。应该说，这正与文学进入电传时代分不开。电子时代的文学受到图像文化的冲击，日益与电子图像相结盟，它不仅与电影、电视结盟，还与电脑网络、手机结盟，以扩大自己的传播，从而也引起自身从内容到形式的新变，这都已成为当今文学发展的不可忽视的趋势。赋予一定的程序，电脑会绘画、会做诗、会谱写音乐的曲调、会出现舞蹈的形象也已成为现实。电影、电视的生产早已出现创作的团队,至今文学创作也开始出现工作室的集体分工与合作。凡此种种新的现象,都必然要引起文艺理论工作者的兴趣,也要求他们从理论上给予总结和回答。运用一切科学技术手段去促进文学艺术的发展,这也已成为党领导文艺事业所必须考虑的重要问题。而光传时代很快就会到来,从未来学的视点,它对未来文学会产生怎样的影响,自然也是文艺理论工作者所不能不关注的。

(七)文艺与现代社会经济的关系,同样会影响到我们对于文学艺术的本质特性的认识。文艺作品是人类精神凝结的花朵,其价值本来难以衡量。但在现代社会市场经济充分发展的历史条件下,文学艺术产品已不单纯是艺术品,它们还是具有交换价值的满足人们审美需求的商品、消费品。生产与消费相互依存的关系,生产满足消费,消费促进生产,供与求相互依存的经济规律,已经像一只看不见的手在引导文学艺术的生产,引导作家、艺术家对作品题材、主题、形式、风格的创造和选择。这种状况与20世纪50年代到80年代有很大的不同。它为中国共产党领导文艺提出新的课题、新的挑战。由于兼具审美性和商品性,文艺如今已发展为重要的文化产业,成为社会财富的重要资源,成为国家软实力的重要部分。文学艺术的制作、出版和传播,每年已能为国家创造数千亿元的财富,也能为作家、艺术家带来丰厚的金钱收入。这都是今天文艺理论工作者所必须加以研究的现象,并从中探讨文艺发展的历史规律。而且,这种新情况下,政治如何去领导和影响文艺,道德、宗教、美学等上层建筑意识形态如何去渗透和滋润文艺,都需要加以深入的探讨。如何挖掘和充分发挥文艺的生产力,以求为国家创造更多财富,创造更强有力的软实力,也已成为当今党领导文艺所必须考虑的重大问题。文艺社会学和文艺经济学已成为马克思主义文艺理论的新的重要学术生长点。

(八)上述问题从方方面面都补充和丰富了对文艺本质的认识。本质是关系的总和。事物的本质是多层次的。列宁曾指出,"人对事物、现象、过程等等的认识是从现象到本质、从不甚深刻的本质到更深刻的本质的深化的无限过程。"[①] 审美当然是文艺作为社会意识形态特性的本质。文学艺

[①] 列宁:《黑格尔〈逻辑学〉一书摘要》,《哲学笔记》,人民出版社1961年版,第239页。

术作品都是马克思所说的"人按照美的规律来建造"的[①]，是毛泽东《在延安文艺座谈会上的讲话》所说的比现实的美"更高，更强烈，更有集中性，更典型，更理想，因而就更有普遍性"的产物。它为满足人们的审美需求而存在和发展。但文学艺术又是真善美的统一，以真实生动的艺术形象、崇善贬恶的思想导向和令人愉悦的美感形式的统一，作用于读者和观众，从而与现实生活、与人民群众、与社会政治和经济、与中外前人的审美创造传统发生关系，也从而展现了自己作为上层建筑意识形态的本质。正因此，随着历史时代的发展和变动，文学艺术的内容与形式也都必然要发展和变动，即"推陈出新"。而现实生活的丰富性和作家艺术家创造潜力的无限性，以及读者和观众审美需求的多样性，都决定文学艺术作品的题材、主题、形式、风格的"百花齐放"，而社会经济基础和上层建筑意识形态的主导性质及其相互适应、相互矛盾的复杂性，则又要求社会主义时代的文学艺术必须把"弘扬主旋律"与"提倡多样化"结合起来，并坚持以马克思主义为指导的，包括中国特色社会主义共同理想、爱国主义的民族精神、改革创新的时代精神和社会主义荣辱观共同构成的社会主义核心价值观。

（九）文艺界的领导权和文艺统一战线的问题是中国共产党领导革命和进行社会主义建设所面临的独特问题、重要问题。它包括如何处理文艺队伍内部的各种矛盾，正确区分人民内部矛盾与敌我矛盾，妥善对待不同流派、学术观点的竞争，创造适合文艺繁荣的组织体制和生态环境等。事实证明，放弃领导权，那样就难以保障文艺为人民为社会主义服务的方向，也难以维护文艺队伍的团结。如果党的领导违背文学艺术的规律，把领导变成对作家艺术家写什么和怎样写横加干涉，而忘了领导的最大责任是通过正确的政策方针、正确的思想导向为作家艺术家的创作提供良好的保证，并采取必要措施创造繁荣的生态环境，那也无法使文艺更好地为人民为社会主义服务。历史的惨痛教训说明，绝不应轻易把人民内部矛盾混淆为敌我矛盾处理，务必对思想问题、学术问题、艺术问题，采取宽容的态度，

[①] 马克思：《1844年经济学—哲学手稿》、《马克思恩格斯全集》第42卷，人民出版社1979年版，第96页。

必须提供广阔的天地，供作家艺术家去自由创造和自由讨论，必须真正做到有利于"百花齐放，百家争鸣"和"推陈出新"。当然，对文艺作品，必须开展批评，激浊扬清，有好说好，有坏说坏，对不同的见解必须开展讨论，追求真理而改正错误。正如毛泽东所说："真善美与假恶丑是相比较而存在，相斗争而发展。"无视矛盾，不分是非，那也是不利于文学艺术及其理论的健康发展的。

笔者以为，这就是中国共产党人积九十余年之实践经验所获得的关于文艺基本规律和社会主义文艺规律的认识，并经实践证明这种认识的正确性和科学性。九十多年来，中国共产党的文艺政策正是根据上述文艺规律的认识深化和全面而不断得出调整，不断纠正"左"和右的干扰，从而促进文艺的健康发展和繁荣，使之更好地为人民、为社会主义服务。

马克思主义文艺理论的划时代文献

——纪念《在延安文艺座谈会上的讲话》发表七十周年

毛泽东的《在延安文艺座谈会上的讲话》（下简称《讲话》）是一篇马克思主义文艺理论的划时代的文献。今天，当我们纪念它发表七十周年的时候，愈益感到它的重要性和深远的理论影响。

马克思主义开辟了人民为社会主义未来而斗争的新时代。在马克思主义的引领下，一个半多世纪来，人民革命风起云涌，世界产生了深刻而巨大的历史变化。中国特色社会主义现代化建设的伟大成就，在几经曲折的全球社会主义运动中，显示了马克思主义与各国革命实践相结合的光辉范例，吸引了全世界人民的热切关注！文艺历来与政治存在密切的关系。世界的社会主义运动是跟社会主义文艺运动相伴而起、相伴而行的。马克思主义经典作家，对新时代的文艺发展曾有过许多论述。在文艺本质论、文艺创作论、文艺功能论、文艺发展论、文艺生态论、文艺批评论等方面对文艺理论做过深刻阐明。《讲话》虽然发表于1942年的陕甘宁人民革命根据地，由于它总结了"五四"以来中国革命文艺的新经验，面对了当时革命文艺所出现的新问题，它不但继承和发挥了前此马克思主义经典作家的理论思想，而且在许多方面丰富和发展了马克思主义的文艺理论，对此后我国和世界其他国家的革命文艺运动，都产生了深远的影响。

《讲话》着重阐明的是文艺为什么人和如何为的问题。历史上的文艺，自从进入阶级社会，基本上都是为少数统治阶级及其利益服务的。而当世界进入为争取人民当家做主和社会主义前途的年代，文艺为什么人和如何为的问题，必然成为关系文艺历史方向的根本问题。《讲话》提出文艺必须为最广大的人民群众服务，首先为工农兵服务，不仅基于马克思主义的"以人为本"的历史唯物主义的原理，也基于新的历史时代的社会发展的规律。列宁早就指出，文艺必须为千千万万的劳动人民服务。但如何为的问题，结合实践去做理论上的透彻阐明，正是《讲话》的新贡献。《讲话》对文艺与现实生活、艺术美与现实美、文艺与政治，完美艺术形式与革命政治内容，文艺的继承、借鉴与创新，创作主体的世界观与艺术方法，文艺创作与文艺批评，文艺的普及与提高，文艺创作中的歌颂与暴露，以及人性与阶级性等系列关系问题，都作出辩证的论述，深刻地揭示了文艺的诸多规律，并使文艺如何为人民的问题得到系统性的解决。其中最重要的是阐明文艺与现实、文艺与政治、文艺内容与形式、文艺继承与创新的关系。

《讲话》一方面反复强调现实生活是文艺创造的取之不尽、用之不竭的唯一的源泉，要求作家艺术家一定要深入生活、深入群众，以保证自己的创作源泉不致枯竭；另一方面他又强调文艺与现实生活、艺术美与现实美的区别，提出艺术美可以也应该高于现实美的论断，认为艺术美应该"更高，更强烈，更有集中性，更典型，更理想，因此就更带普遍性"。这完全符合马克思主义关于意识反映存在又反作用于存在的辩证唯物主义原理，既充分重视创作主体性的能动作用，又指明主体对于客体的依存，从而对能动反映论美学和文艺是审美意识形态做出了超越前人的辩证阐明。

文艺与政治的关系历史上既密切又复杂。《讲话》既指出两者关系的密切，认为"文艺是从属于政治的"又能"反转来给予伟大影响于政治"，又指出两者的区别："政治并不等于艺术"。分别提出文艺批评的政治标准与艺术标准。要求文艺作品"革命的政治内容与尽可能完美的艺术形式的统一"。按照马克思主义的观点，政治是经济利益的集中表现。在阶级社会中，政治又是阶级斗争的重要形式。正因此，绝大部分文艺都属于社会的上层建筑意识形态。从更宽泛的意义上，如孙中山所说，"政治是管理众人之事"。它更不能不涉及每个人的权益。文艺家总要生活在一定政治制度、政治文化和政府管理的社会之中，文艺家本人也总有一定的政治立场和政治思想信仰以及相应的感情爱憎，并或明或隐地表现于自己的创作中。在这个意义上，文艺受制约于政治是客观存在的事实。自然，文艺的题材、主题、形式和风格丰富多彩，并非所有文艺作品都有政治内容，都能为政治服务，但许多文艺作品又确能为政治服务，没有政治内容的作品也非一定没有政治作用。因此，邓小平鉴于历史经验，申言为避免政治对文艺的不适当干预，不再提文艺从属于政治时，又指出："文艺是不可能脱离政治的。"《讲话》所谓"在现在世界上，一切文化或文学艺术都是属于一定的阶级，属于一定的政治路线的"，在抗日战争和国内政治矛盾空前尖锐的年代，那是符合历史现实的。《讲话》要求文艺家分清是人民的进步的政治，还是反人民的反动的政治。这对于所有文艺家来说，更是十分必要的。到了和平建设年代，历史环境和社会各个阶级、阶层的关系发生变化，在新的时代，不具政治内容的娱乐性文艺产品会增多，这类产品只要审美趣味健康，有益于人们精神世界的丰富性和社会稳定，总体上也符合这时期的根本政治目标，即社会主义的利益。全面认识文艺与政治又相联系又相区别的关系，对于我们今天文艺的大发展大繁荣，仍然十分重要。

　　文艺作品所以会产生不同的形式，从根本上说，正是由内容决定的。而文艺内容总有一定的思想倾向性。它通过影响读者的思想和行为而作用于社会及其文化思潮，乃至经济基础的变革。《讲话》既重视文艺的完美艺术形式的创造，同时又十分重视文艺的思想内容，而为此，又强调文艺家必须解决世界观和主观思想情感问题，主张文艺家学习马克思主义、学习社会，并在深入人民的斗争中，与人民群众相结合，改变自己与革命人民群众格格不入的旧的思想感情。《讲话》还指出："一切危害人民群众的黑暗势力必须暴露之，一切人民群众的革命斗争必须歌颂之。"这都涉及作品内容的思想倾向。毛泽东在阐明对于我国和外国的传统必须批判地继承和借鉴的同时，还提出要反对"对于古人和外国人的毫无批判的硬搬和模仿"的"文学教条主义和艺术教条主义"。这与他新中国成立后强调艺术创新，提出"百花齐放，推陈出新"的方针是一致的。

　　在当今中国，我们要做到文艺为人民为社会主义的伟大目标服务，很大程度上就是正确处理文艺与现实、文艺与政治、内容与形式、继承与创新的关系，使我们的文艺作品能够深刻反映时代的现实，表现促进历史进步的思想内容和为人民所喜闻乐见的艺术形式，并勇于拓新文艺的题材、主题、形式和风格，从而满足人民不断增长的审美需要，激励和鼓舞人民群众去为社会主义美好未来而斗争。因而那种只强调创作主体的作用而拒绝深入生活的观点，那种混淆文艺与政治的区别，要求一切文艺都为政治服务或笼统主张文艺脱离政治的观点，那种轻忽思想内容而单纯追求形式的观点，或者只事"横的移植"，轻视"纵的继承"，不求民族形式和特色的创新的观点，都不是正确的。在社会主义初级阶段，人们的思想情感客观地存在多种倾向。这就更加突出正确的政治方向的重要性和建设社会主义先进文化的必要性。特别在西方资本主义文化借助现代科技手段向全球扩散和渗透的历史情境下，不同世界观、历史观和价值观的斗争仍然尖锐，我们就必须格外重视文艺产品的思想内容的先进性，重视坚持以马克思主义为指导的社会主义核心价值观，发扬民族优良传统和改革开放的时代精神，提倡社会主义的爱国主义、集体主义和人道主义，反对极端个人主义和拜金主义、享乐主义。

此外，《讲话》关于文艺表现人性问题，关于文艺的普及与提高的问题等的论述，也十分重要。人们把文学视为"人学"，是期待文学能够深刻地表现人性并升华人性。《讲话》指出，抽象的人性、普遍的人类之爱，是不存在的，现今世界上的人性总带有阶级性。这跟马克思所阐明的"人性是历史地形成的"、"人的本质是一切社会关系的总和"的观点是一致的。世界上不存在什么亘古不变的人性。从辩证唯物主义来看，具体事物总是个别与一般相统一，不存在没有一般性的个别，也不存在没有个别性的一般。事物的一般性只存于抽象思维中。实际上，在现今世界上，人性不仅带有阶级性，还带有民族性、阶层性、党派性。人是动物，自然也会有动物性。但人又是社会的动物，并且离开社会就很难生存的动物，因此人性中社会性毕竟是决定人之为人的主要属性。在这个问题上，我们必须明确区分马克思主义的人性观和抽象的人性观。现在有些文艺作品恰恰忽视人的社会性而醉心于去表现所谓"普遍的人性"，乃至将人的动物性、将人的性行为和性心理大加描写和渲染，反自诩表现人性"最深刻"！这不仅片面，而且无助于人性的升华。

正确处理提高与普及的关系问题，是落实文艺和文化为人民群众服务的十分重要的命题。历史主要是人民创造的。我们的文艺和文化自然应该为人民所享用。在相当的历史时期里，人民由于受教育的程度不同，如果不能将我们的文艺和文化普及到广大的劳动人民中去，那么为人民服务就会流为空谈。《讲话》指出，我们的文艺不但需要提高，还需要普及，提高的东西要向人民普及，并在人民的基础上提高。这些论述，无疑完全适用于我们今天的文艺和文化的大发展大繁荣。我们的高雅文艺不能忘却普及，而我们的大众文艺和文化产品，也应该在思想和艺术方面不断提高。在市场经济的历史条件下，文艺和文化产品具有二重性，即审美性和商品性。它们通过市场的需求而获得一定经济效益是很自然的。但在社会主义时代文化产业要为人民服务，就得把社会效益放在第一位，把经济效益放在第二位。绝不应唯利是图，追求脱离广大群众消费水平的什么"高票价"。从而实际上伤害到文艺和文化产品的普及。

由于《讲话》多方面揭示了文艺的规律，特别是文艺如何为人民的规律，它一发表就产生广泛而深远的影响。不但影响到解放区和全国的文艺，而且新中国建立后被奉为我国文艺发展的指针，并被许多国家翻译过去，对世界革命文艺的发展产生了重要的作用。我们今天纪念《讲话》发表七十周年，更要深入学习和发扬《讲话》的精神，以促进我国文艺和文化的大发展大繁荣！

第二辑

论文学本质观

尽管非本质主义反对把事物的本质看做一成不变，但从马克思主义的观点，真理虽然有相对性，同时它又有绝对性。绝对真理正寓于相对真理中。事物的本质当然也不是单一的，而往往是多层次、多侧面的。对于文学的本质的认识和探讨，也必须作如是观。

一 文学是语言的艺术

什么是文学？或者说，文学的本质是什么？这确实不是三言两语能够说得清楚的。我们不妨从具体的文学作品分析起。请看：

关关雎鸠，在河之洲，窈窕淑女，君子好逑。

细草微风岸，危樯独夜舟。星垂平野阔，月涌大江流。名岂文章著？官应老病休！飘飘何所似，天地一沙鸥。

上面引的是两段诗，前者是我国古代诗歌总集《诗经》里著名的爱情诗《关雎》中的一节。讲的是在斑鸠的咕咕叫声中，河畔的洲渚上，小伙子正追求窈窕的姑娘。后者是唐代伟大诗人杜甫的诗《旅夜书怀》的全部。表达的是诗人夜里停舟在微风吹拂细草的河岸旁，看到星空下平野非常宽阔，月亮照耀下的大江汹涌奔流着，他感慨人生的声名岂因文章才显得响亮，当官理应老病就退休，无牵无挂地漂游于天地间，就像一只鸥鸟一样！

诗是文学的重要门类，也是最古老的文学品种之一。在某种意义上，诗的特征也代表着许多文学作品的特征。当代诗界有句话，叫"诗到语言为止"。我体会它的意思是讲，诗的表达，到语言就终止了。事实上，一切文学作品的表达，也是到语言就终止了。这就是说，文学以语言作为表达的媒介和载体。作家所要表现的情、意、境，最终都表现在语言上，就像前面所引的《诗经》和杜甫的诗句一样。读者也只能从作家所表现的语言，才能领会他要表现的情、意、境。正如绘画离不开线条和色彩，音乐离不开代表声音的音阶和音符，舞蹈离不开形体的动作一样，每种艺术都有自己的表达媒介和载体。文学也如此。而且正由于文学的媒介和载体是语言，才使它区别于绘画、音乐和舞蹈等其他艺术。所以，我们说，文学是语言的艺术，是依靠语言的巧妙运用而表达的艺术。

语言是人类创造的众多符号中的一种，它可以代表声音，代表某种情感、思想和事物。语言学家认为，语言是思维的外壳，凡是思维能够达到的，语言也会同步达到。像一切符号一样，语言总带有一定的抽象性，它的声音与所代表的事物并无必然的联系。即它的代表性是靠人们约定俗成、代代相承的。语言和文字的关系，也靠约定俗成。有的文字是拼音文字，与语音有一致性；有的文字是象形文字，与语音便不一定有一致性。因而，如果说语言是符号，那么，文字可以说是语言的二重符号。我国的汉字由古代的象形文字发展而来，兼具形声会意的特点。秦始皇统一中国的一大贡献就是实行"书同文"。这样，战国时代各地的不同方言因相同的文字才可能进行交流。直到今天，汉语文字的作用仍然如此。所以，说文学是语言的艺术还不完全，它还是文字的艺术，符号的艺术。自古虽然就有口传的文学，而自有文字后，文学便更多由文字传播，读者主要还是通过文字来接受文学的。

语言的发明和产生自然因为人类彼此交往的需要。在历史的发展过程中，随着人类文明的发展，人类的语言也不断变异和丰富，不但语汇增多，语法也越来越精密。而由于人类交往的频繁，由于小民族逐渐融为大民族，语言的数目也越来越少。特别是现代交通的发达，强势文化对于弱势文化的冲击和吞并，地球上迄今已有五千多种语言消失了。当代被人们最广泛使用的语言是英语和汉语，还有法语、俄语、西班牙语、葡萄牙语、阿拉伯语，等等。目前，国内外使用汉语的人口约达十四亿人，占人类的四分之一弱。因而汉语文学也成为作者和读者都最多的文学之一。

说文学是语言的艺术，还不止于说文学以语言为表达媒介和载体，应该注意到文学的语言与人们日常使用的语言既存在密切的联系，也存在明显的差别。因为，它是经过作家文学加工过的语言，是更精致、更丰富的具有艺术特征的语言。前面我们所引的诗句，就体现了文学语言与日常语言的联系和区别。文学语言的特征至少有四：

第一，它是形象生动活泼的语言。文学语言得十分形象，而且生动活泼。这跟一切艺术都必须提供艺术形象的特质相关。有关哲学、政治、经济的论文语言可以没有形象，大多都靠抽象的概念或数字来表述。而文学的语言则必须形象化，并且越生动活泼越好。像上面所引《诗经》和杜甫的诗句，就既形象又生动活泼，仿佛给我们展现出一幅画面一样，不但表达了诗人要表现的情思，而且有声有色有景；不但保留了日常语言的生动活泼，而且比日常语言显得更精练、更优美。我国古典小说《水浒传》写鲁提辖拳打镇关西，就有段精彩的描写，可谓生动活泼至极！

第二，它还是富于创造性的语言。我国古代文论就崇尚"文贵创新"，并主张"唯陈言之务去"。古人说第一个把女人比做"花"的人是天才，第二个把女人比做"花"的人是庸才，第三个把女人比做"花"的人就是蠢材！俄罗斯的形式主义文学理论家什克洛夫斯基主张文学语言必须"陌生化"，认为只有"陌生化"的语言才能给读者以新鲜强烈的印象，才最有感染读者的表现张力。"陌生化"就是新鲜、奇异、不一般，就是提倡文学语言的创造性。创造性是语言在于既要贴切、精练，又要新鲜，还要非常有表现力。唐代诗人贾岛有"僧推月下门"还是"僧敲月下门"的迟疑，就是选词用字力求贴切的例子，成为"推敲"一词的典故来源。王安石的"春风又绿江南岸"的"绿"字用得好，不用"吹"而用绿，是创造性用语的成功例子。创造性的语言往往出人意料，又因其更贴切、更有表现力，使读者不能不击掌称妙！

第三，它还往往是音韵旋律更优美悦耳的语言。中外的诗歌自然大多都讲究韵律。中国的古诗除要押韵，还讲平仄，讲语言的排比和对仗。目的都在使文学语言优美悦耳，富有音乐感。其实，散文、戏剧和小说中的语言，也每有押韵。莎士比亚的戏剧就押韵。我国古代的骈文也讲究韵律，如王勃的《秋日登洪府滕王阁饯别序》："豫章故郡，洪都新府；星分翼轸，地接衡庐。襟三江而带五湖，控蛮荆而引瓯越。物华天宝，龙光射牛斗之墟，人杰地灵，徐孺下陈蕃之榻……"就借助我国汉语用词的排比对仗，使文章读来富于韵律节奏和对称的美感。即如今天，有些作家运用白话写散文，也有很注意韵律和节奏的。如刘白羽的《长江三日》，文字就因韵律和排比，显得很美。当代作家莫言的长篇小说《檀香刑》的叙述语言甚至采用了山东高密地区的"猫腔"曲调，从而富有音乐感。

第四，它还是更具丰富性的语言。文学语言的用词非常广，语法的运用也更具创造性。这样才能表现众多的对象和复杂的内容。如果掌握的词汇贫乏，语法又墨守成规，那就难以成为文学的作家。故此，作家必须掌握丰富的语汇，充分继承和借鉴古今各种语言的长处，包括学习和汲取民间生动活泼的口语和以往作家所创造的典雅的语言，还应借鉴和汲取外国文学的异质语言及其表现手段。由于修辞学是以往人们创造性使用语言的经验总结，所以作家也要了解和熟悉各种修辞手段。而在文学语言的具体运用中，作家更要提高自己创造性的自觉。

总之，文学语言的上述特点是由于它既源于人们日常生活的语言，又是从日常生活的语言中提炼加工而成的。这中间就见出作家创造性的功力。要认识文学是语言的艺术，就必须认识文学语言的形象性、创造性、音乐性和丰富性，必须认识文学语言与日常生活语言的联系与区别。

正由于文学以语言作为表达的媒介和载体，使它不仅在形式上与绘画、音乐、舞蹈等艺术区分开来。而且在内容上，它也与绘画、音乐、舞蹈等有区别。

大家知道，绘画是一种平面的视觉的艺术。它借助线条和色彩来表现各种事物的形象，包括它们的形体大小、光影浓淡等，为人们提供视觉的图像。音乐是一种声音的艺术，它借助音阶、节奏和旋律来创造音响，传达某种情绪和主题，以感染和震撼人们的心灵。而舞蹈和雕塑则是形体的艺术，通过形体动作的三维图像，创造某种姿势、节奏和旋律，基本上也主要诉之于人们的视觉。而语言既能描绘形体、声音和图像，还能表现人们的思想和情感，并且语言文字作为符号不但诉之于人们的听觉和视觉，还主要是诉之于人们心灵想象。人们的想象能力可以说无边无涯，因而文学的表达就具有极大的广泛性和包容性。古人曾用"笼天地于形内，挫万物于笔端"（陆机：《文赋》）、"照烛三才，晖丽万有"（钟嵘：《诗品》）

来形容文学。文学不但表现形象、情感和思想，还能表现巨大时间与空间的历史事件、瞬息万变的自然景观和人类复杂的心理。如果说绘画和雕塑是静态的艺术，舞蹈和音乐是动态的艺术，那么文学就是既能表现静态，也能表现动态的艺术。文学虽然主要以人为表现对象，它还能够表现广泛的社会生活，它不但表现人们的性格、思想、情感和心理，还表现人们的行为和各种活动，表现人与人的关系，人与社会、人与自然的关系。在这意义上，文学是万能的艺术。别的艺术所能表现的内容，它能表现；别的艺术所不能表现的内容，它也能表现。上述杜甫的《旅夜书怀》就不仅表现草岸、孤舟、星月之夜、大江奔流等景观的画面，还表现了诗人飘飘然"天地一沙鸥"的寥廓感觉和"名岂文章著，官应老病休"的复杂人生感慨！表现了他的一定人生哲学和价值观、世界观。正是语言艺术诉之人们心灵想象的优长，使它成为影响人们心灵，帮助人们认识世界的最有力的艺术。

二 文学是社会意识形态

由于文学的形式和内容的特点，文学不仅是语言艺术，它还是社会的意识形态。

人的意识是存在的反映。人的头脑的创造物，不管自然科学、人文科学和文学艺术都是某种存在的反映。并且它们都以不同的形态（形式）表现出来。其中自然科学作为意识的形态与社会科学、人文科学、文学艺术作为意识形态的性质和特点有区别。前者以可以验证的客观规律为研究对象，比如天文学、物理学、化学、解剖学、数学等，它们的表述一般不受研究者社会立场和政治、道德、宗教、哲学观点等的影响。而后者虽然也是客观世界的某种反映，它们却一般都不能不受到反映者特定时代的一定社会立场和政治、法律、道德、宗教、哲学等观点的制约，带有社会发展的种种烙印。因此，人们通常称其为社会意识形态。文学艺术虽也区别于社会科学和人文科学，有着自己的特殊性。它之所以被称为社会意识形态，这是因为：第一，文学表现的内容非常广泛，又主要以人为表现中心。而人总是生活于一定社会的人，他或她的思想、情感、性格、行为总带有一定社会的烙印。第二，作为创作主体的作家也是生活于一定社会的人，其思想、情感、性格、行为也同样带有一定社会的烙印。作家写什么和怎样写，都受到他在特定社会环境中的社会实践的限制，也受到他这特定社会形成的世界观、人生观、价值观和文艺观的制约。正由于文学表现的主客体两方面的原因，文学作为人所创造的意识形态，它必然也受制于一定的社会。它不但反映一定社会的历史生活，还表现一定社会的人们的哲学、政治、法律、道德、宗教、美学等观点。比如，我们前面所引的《关雎》就反映了古代人比较自由的恋爱观，与封建时代必须有"父母之命，媒妁之言"的观念就不一样。而像一部《红楼梦》反映的内容更十分复杂，它不仅反映了封建社会盛极而衰的贵族家庭的生活和当时社会的种种情况，而且表现了作家自己和所写人物的种种观念，表现了封建时代儒道释三家的人生哲学、政治倾向、道德崇尚和宗教信仰等。因而文学作为意识形态，它的社会烙印是十分鲜明的。

按照历史唯物主义的观点，社会意识形态的演变是受社会的经济基础制约的。

> 人们在自己生活的社会生产中发生一定的、必然的、不以他们的意志为转移的关系，即同他们的物质生产力的一定发展阶段相适合的生产关系。这些生产关系的总和构成社会的经济结构，即有法律的和政治的上层建筑竖立其上并有一定的社会意识形式与之相适应的现实基础。物质生活的生产方式制约着整个社会生活、政治生活和精神生活的过程。不是人们的意识决定人们的存在，相反，是人们的社会存在决定人们的意识。社会的物质生产力发展到一定阶段，便同它们一直在其中运动的现存生产关系或财产关系（这只是生产关系的法律用语）发生矛盾。于是这些关系便由生产力的发展形式变成生产力的桎梏。那时社会革命的时代就到来了。随着经济基础的变更，全部庞大的上层建筑也或慢或快地发生变革。[①]

马克思的这段话说明三层意思：一是每个社会都有由生产关系（即财

[①] 马克思：《〈政治经济学批判〉序言》，《马克思恩格斯选集》第 2 卷，第 82—83 页。

产关系）构成的经济基础；二是经济基础上耸立着与它相适应的上层建筑和一定的社会意识形式；三是社会的经济生活变了，社会的政治生活和精神生活也就会或早或迟随之而变。即社会的经济基础变了，上层建筑和社会意识形式也会随之或快或慢而变。

那么，上层建筑与社会意识形式又是什么关系呢？有的学者曾认为，上层建筑只是指政治的和法律的架构，不包括社会意识形式。因此，文学即使属于社会意识形式，也不是上层建筑。但是，马克思还有一段话说："在不同的所有制形式上，在生存的社会条件上，耸立着由各种不同情感、幻想、思想方式和世界观构成的整个上层建筑。"[1] 如果连情感、幻想和思想都被看成上层建筑，那么表现人们情感、思想和幻想的文学艺术被马克思视为上层建筑就是理所当然的了。事实上，每个时代有每个时代的文学。文学的内容和形式的历史演变，根本上是因为社会生活产生变化的缘故。这一点，我国古代文论家刘勰就有所认识，他在《文心雕龙·时运篇》就指出"时运交移，质文代变"。而马克思主义的历史唯物主义则进一步阐明了社会生活的变化根本上又源于生产力和生产关系的变化。

当然，这不是说社会意识形态只是被动的，不会对经济基础产生反作用。实际上如恩格斯所说："……我们称之为意识形态观点的那种东西——又对经济基础发生反作用，并且能在某种限度内改变经济基础，我以为这是不言而喻的。"[2] 恩格斯曾说明，这种作用和反作用都非常复杂，政治和法律与经济基础的关系比较直接，而哲学、宗教等"悬浮于空中的"社会意识形态，它们与经济基础的关系则相当复杂和曲折，需要历史地具体地加以分析。普列汉诺夫曾把文学也列为"悬浮于空中"的意识形态，而且由于它不但反映经济基础，还反映社会风尚和政治、法律、宗教、道德、哲学等，文学就离经济基础更远，与经济基础的关系更曲折。毛泽东指出，文学"能给予伟大的影响于政治"。[3] 这从《国际歌》对世界无产阶级革命运动的影响，从《义勇军进行曲》对我国民族民主革命和现代爱国主义形

---

[1] 《路易·波拿巴的雾月十八日》，《马克思恩格斯选集》第1卷，第629页。
[2] 《马克思恩格斯选集》第4卷，第699页。
[3] 《在延安文艺座谈会上的讲话》，《毛泽东选集》第3卷，第866页。

成的影响，都可得到证明。先进的意识形态往往体现新的生产关系的利益和愿望，它就能够起着瓦解旧的生产关系并促进新的生产关系的作用。虽然，归根结底，它的产生也总反映一定的经济基础变动的趋势。

总之，文学作为社会意识形态的一种，它跟所有社会意识形态一样，都属于一定社会的经济基础的上层建筑。经济基础变了，受它制约的上层建筑意识形态也会或早或迟地发生变革。

或许有人会说，文学的内容和形式虽然会随着历史时代的变化而变化，但它并不会像政治、法律、道德等意识形态那样随着相应的经济基础的消亡而消亡，这又为什么呢？

是的，这就要说到文学与其他上层建筑意识形态的不同之处了。

三 文学是一种审美意识形态

事物的性质归根结底是由它的构成要素以及结构和功能的特点决定的。

文学作为社会意识形态的一种，它虽然反映一定社会的生活，并在反映中不同程度地带有特定社会的哲学、政治、法律、宗教、道德、美学等观点，它却又不同于哲学、政治、法律、宗教、道德、美学等社会意识形态。因为它的构成要素和它的结构与功能，都跟其他社会意识形态不同。它是一种特殊的意识形态，即跟绘画、音乐、舞蹈、雕塑等艺术一样属于审美的意识形态。它具有审美意识形态的特点，即具有美的要素构成，具有艺术表达情感和意蕴的审美形象性和真实性，并且是为了满足人们的审美认知和审美愉悦的需要而生产和存在的。科学著作也有一定的形象性，如数学中的几何图形，军事学中的沙盘图形等。但那些图形都不具审美性，不表现审美情感和意蕴。它们的价值在于实用和反映客观的存在。概而言之，文学艺术之所以被视为审美意识形态，是跟它本身具有美的素质并能满足人们的审美需要分不开。

何者谓美？这是美学一直在探讨的复杂问题。有认为美是客观的，也有认为美是主观的或主客观相统一的。还有认为美应区分自然美与艺术美、内在的美与形式的美，等等。这些看法都不无一定的道理。

从辩证唯物主义和历史唯物主义的能动的反映论和实践论来看，事物的美的素质当然是不以人的意志为转移的客观存在，例如太阳、月亮和山水花木的美质自然存在于客观世界本身。而对于美的感受和认知则属于人的主观。人们所以感到某事物美，而某事物不美，又与人类改造客观事物的历史实践过程中人与物的相互关系分不开。只有无害而有益于人的东西，才容易被人认为美。据《说文解字》，汉语的"美"字源于"羊"字。这大概因为羊能满足人们肉食的需要，是一种美味的缘故。人若遇到会吃人的老虎，就不会认为它美，而当老虎被制成标本或画塑成艺术品，对人完全无害时才会感到它美。这就是人与物的关系变化对美感产生的作用。人类并非生下来就能识别美与不美。人类对于美的感觉是在历史实践中逐步积累和形成的。马克思在论述人的感觉时曾说："从主体方面来看：只有音乐才能激起人的音乐感；对于没有音乐感的耳朵说来，最美的音乐也毫无意义，……忧心忡忡的穷人甚至对最美丽的景色都没有什么感觉；贩卖矿物的商人只看到矿物的商业价值，而看不到矿物的美和特性；他没有矿物学的感觉。因此，一方面为了使人的感觉成为人的，另一方面为了创造同人的本质和自然界的本质的全部丰富性相适应的人的感觉，无论从理论方面还是从实践方面来说，人的本质的对象化都是必要的。"[①] 人的本质的对象化，指的就是人类在历史的实践过程中，因与客观的物发生关系，使对象成为人的对象，因而人才产生和丰富了自己对事物的感觉和认知。从美的领域来说，也是先有客观事物的美，才培养了人对于美的感觉。先有文学的美，才培养了人对文学美的感觉。对于一个从来不曾接触事物的美或文学的美的人，他自然不可能产生这方面的感觉。另一方面，一个人如果没有美的感知能力，没有语言和文字的识别能力，他当然无从识别文学的美。正如没有音乐感的人，最美的音乐对他毫无意义，而他的音乐感又是从音乐的接触和认知中逐步培养起来的一样。美的感觉和认知正是从人与物互动的辩证关系中发展起来的。

那么，文学的美又由什么要素构成的呢？并且文学的美又是怎么创造出来的呢？

大家知道，文学艺术都是人类后天的精神创造。马克思说："动物只是

---

① 《马克思恩格斯全集》第42卷，第126页。

按照它所属的那个种的尺度和需要来建造，而人懂得按照任何一个种的尺度来进行生产，并且懂得处处都把内在的尺度运用于对象；因此，人也按照美的规律来构造。"① 这就是说，人能够按任何尺度进行创造，特别是能够按照美的规律来创造，这种创造物会表现出美是很自然的。文学的美当然也是人作为主体对于客体的美的反映和再创造的产物。

对于文学艺术的美，我们不妨从多种视角去加以探讨。

毛泽东曾说，"作为观念形态的文艺作品，都是一定的社会生活在人们头脑中反映的产物"。他还说："人类的社会生活虽是文学艺术的唯一源泉，虽是较之后者有不可比拟的生动丰富的内容，但是人民还是不满足于前者而要求后者。这是为什么呢？因为两者虽然都是美，但是文艺作品中反映出来的生活却可以而且应该比普通的实际生活更高、更强烈，更有集中性，更典型，更理想，因此就更带普遍性。"② 这里，毛泽东揭示了文学艺术的美所以可能高于现实美的秘密。即更强烈、更集中、更理想、更典型、更普遍。换言之，文学艺术的美因为比现实的美更理想、更完美、更完善就会产生以小见大、以一当十的普遍性的作用。

从古今的文学作品来看，文学的美不但体现为情、意、象的统一，还表现为真、善、美的统一。情真、意善、象美三者缺一不可。

我国古人论诗就有"情动于中，而形于外"的说法。钟嵘《诗品》有段论述：

> 若乃春风春鸟，秋月秋蝉，夏云暑雨，冬月祁寒，斯四候之感诸诗者也。嘉会寄诗以亲，离群托诗以怨。至于楚臣去境，汉妾辞宫，或骨横朔野，魂逐飞蓬；或负戈外戍，杀气雄边，塞客衣单，孀闺泪尽；或士有解佩出朝，一去忘返，女有扬蛾入宠，再盼倾国。凡斯种种，感荡心灵，非陈诗何以展其义？非长歌何以骋其情？

钟嵘所说的情应是真情，而非矫情。

---

① 《1844年经济学—哲学手稿》，《马克思恩格斯选集》第1卷，第47页。
② 《在延安文艺座谈会上的讲话》，《毛泽东选集》第3卷，第860—861页。

情感是人类对事物关系的内心反应与体验。它表现为爱悦、仇恨、悲哀、痛苦、愤怒、惆怅、快乐、喜欢等内心的感受。文学作为语言的艺术，就是需要把人们自己的各种情感得到倾诉、发泄和表达。苏珊·朗格把文学看作"情感的形式"。列夫·托尔斯泰在《艺术论》中就认为艺术的本质在于通过形象"把自己的情感体验传达给别人"。都不是无因。普列汉诺夫后来补充说："艺术不但表现情感，它还表现思想。"艺术中表现的思想，一般地说都是向善的思想，是有益于使人类变得更善良、更崇高、更进步的思想。艺术还通过人们的幻想和想象，使艺术形象的创造在形式上更完美、更理想。在文学艺术中，情、意（思想）和象（幻想与想象）是统一的。或者说，情与意是通过幻想和想象所创造的完美形象表达出来的。艺术形象之所以能感动人，使人们得到审美的愉悦，就因为它能通过一种虚幻的完美形象的真实感，使读者如见其人，如闻其声，如睹其景，如感其情，出色地传达感情和思想，并通过文学作品的阅读，使人们的心灵得到向善的陶冶和升华。

文学作品中的情感如果虚假，成为矫情，就很难感动读者；文学作品中的思想意蕴如果缺乏崇高的向善的导向，不是歌颂善良的道德品格，赞美正义，鞭挞邪恶，反对压迫，而是相反，同样难以引起读者的认同；文学作品的形式如果不符合美的规律，缺乏完美的表现结构和手段，那同样也难以让读者感到美的愉悦。艺术形象作为情、意、象的统一，正与其中所蕴涵的真、善、美的质素，通过语言的巧妙表现而得到完美的融合，这才使读者在阅读中获得强烈的美感愉悦。文学艺术的审美特质才得到体现。而文学和艺术之所以被人类所需要，正因为它具有审美的特质。从而也使它与哲学、政治、法律、道德、宗教等其他上层建筑意识形态区分开来。人们从哲学中得到对世界的基本认识和对人生哲理的启悟，从政治中得到治理众人事务和解决阶级冲突的经验与办法，从法律中得到国家制度和人们行为的规则，从道德中得到相互关系的内心规范，从宗教中得到某种人生的信仰与慰藉，而从文学与艺术中，人们主要要得到的则是审美的感受。虽然，在文学中也能得到某种哲学、政治、法律、道德、宗教的认知和熏陶。这就是人们所以更愿意阅读文学作品，甚至达到手不释卷、废寝忘食的地步的原因。

论文学与人民的关系

"以人为本"是马克思主义的一个重要出发点,也是社会主义、共产主义理想的最光彩的聚焦点。马克思主义所追求的"解放全人类"的崇高目标,就包含人类精神上的解放,包含人类能够达到个性的丰富和自由创造的境界,使所有的人都能自由地创造艺术并享受艺术。当然,这个历史过程是漫长的。但应该是我们考察文学艺术与人民关系的必要视阈和立足点。

一 密切文学艺术与人民的联系,并非是新问题

马克思主义认为,人民是历史的主要创造者。如果说在人类漫长的历史中,由于阶级剥削与压迫的存在,文学艺术曾经被统治阶级相当程度地垄断,广大人民被剥夺了广泛享有这方面成果的权利,那么随着阶级对立的社会被推翻和新的社会主义制度的建立,便必然要导致不公正历史的结束。十月革命胜利后,列宁曾指出:"艺术是属于人民的。它必须在广大劳动群众的底层有其最深厚的根基。它必须为这些群众所了解和爱好。它必须结合这些群众的感情,思想和意志,并提高他们。它必须在群众中间唤起艺术家,并使他们得到发展。"[①] 列宁的这些教导,不仅深刻地体现了马克思主义关于文艺与人民关系的历史唯物主义的命题和见解,也是完全符合历史发展的逻辑的。正确处理文艺与人民的关系,也曾是毛泽东文艺思想极其光辉也极其重要的组成部分。《在延安文艺座谈会上的讲话》非但指出"无论高级的或初级的,我们的文学艺术都是为人民大众的",还辩

[①] 蔡特金:《回忆列宁》,《列宁论文学与艺术》(二),人民出版社1983年版,第912页。

证地阐明了文艺的普及与提高的关系，指明了作家、艺术家与人民群众相结合，从人民中汲取精神营养，表现人民的思想感情，反映人民的生活斗争，站在人民的立场去对现实进行歌颂或针砭，去创造为人民大众所喜闻乐见的具有中国作风、中国气派的作品的宽广道路。

与人民保持精神上的联系，这本是我国文学从屈原到鲁迅等许多伟大作家的优良传统，更是"五四"以来我国革命文学的光荣传统。新中国成立后，马克思列宁主义、毛泽东思想有关文艺与人民关系的论述，更为广大文艺工作者所熟悉、所服膺。因而，密切文艺与人民的联系，无论在理论认识上，还是在艺术和生活的实践中，对我国文艺家来说，都曾是已基本解决了的问题。

然而，人们的认识也如历史一样常常走着曲折的道路。20世纪50年代后期，由于"左"倾教条主义和庸俗社会学作怪，人民的文学艺术竟一度与人民的利益和意愿不同程度地背离；"文化大革命"中"四人帮"控制下的瞒和骗的文艺，更与广大人民背道而驰。社会主义新时期的到来，先是天安门革命诗歌发出人民内心的呐喊，作为人民斗争的旗帜，人民理想和激情的花簇，对于校正文学艺术与人民的关系无疑具有历史的启示意义。而新时期文学艺术发展的初期，由于广大作家、艺术家从与人民长期同甘苦、共患难的生活激流中走出，许多人处于创作的"井喷"状态。他们想人民之所想，急人民之所急，爱人民之所爱，恨人民之所恨，揭批罪恶的"四人帮"，歌颂革命的老一代，反思历史的深切教训，讴赞改革开放的时代波涛，创造了大批为人民所喜爱的优秀作品，也使文学艺术从"百花凋零，万马齐喑"的困境迅速走向复苏和繁荣，开创了一个使我国文学艺术受到世界各国人民广泛注目的时代。

但是，人们也看到，从20世纪80年代以来，特别是80年代中期以来，由于继"五四"之后又一次中西文化大规模撞击，由于西方资产阶级世界观、人生观、价值观和文艺观的传播，资产阶级自由化思潮一度泛滥，文艺与人民的关系也就产生了令人担忧的变化。这些年，不仅有人鼓吹文艺"从来是就贵族的"，主张作品"只写给几个人看"，"只供自己或几个朋友玩赏"，叫嚷"用不着考虑人民"；还有人鼓吹文艺家当"精神贵族"，说什么反对文艺家当"精神贵族"就是反对他们拥有"丰富的思想情感"，

"丰富的精神世界"。更有人极端鄙视文艺家与人民相结合,向人民学习,从人民中汲取精神营养,对此极尽冷嘲热讽之能事,将之攻击为"民粹主义"、"农民化"、"导致知识分子人格独立性的丧失"和"主体性的沦落"。有人则以人民的"启蒙者"自居,喋喋不休地鼓噪文学艺术要以资产阶级的"民主""自由"观去"启蒙"人民。至于继承和发扬民族优秀传统,创造具有中国作风、中国气派的为人民喜闻乐见的作品,更受到百般奚落,"反传统"和"全盘西化"成为某些所谓"文化精英"们创造所谓"精英文化"、"精英文艺"的时髦旗幡。在诸如此类纷纷扬扬的舆论导向下,文艺创作自不能不受到影响。文艺创作中早就有所谓"不屑于表现人民的丰功伟绩"而只重"自我表现"的倾向。近年在注意所谓"内部规律",注意"主体性"和开发"内宇宙"的理论导引下,脱离人民的生活与斗争,躲进象牙之塔专事"自我表现"、"自我宣泄"乃至胡编乱造的"宾馆作家"日益增多。他们将个人的主体性无限扩大、膨胀,却把作为社会主义事业真正主体的人民的主体性视为精神上的"桎梏"和"镣铐"而一概加以排斥和反对。有些人或标榜"先锋文艺"、"探索文艺",或醉心于描写"杯水风波"和"蛮荒野俗",或张扬回到"前文化状态",写所谓"生命冲动"、"深层潜意识"、"性本能"与"性心理"或所谓的"原欲",或陷入形式主义,玩文字游戏,乃至有意以让人不懂为尚,以在叙述方式、时空结构上玩小花样来掩盖内容的贫乏和苍白。于是形成一种局面:这些文学艺术只在"圈子"里热,而"圈子"外却是凉的。文艺脱离了人民,人民自然也就冷淡文艺,而且对这类现象表现了深刻的不满。文学书籍与刊物销售量急剧下降,已成为近年纯文学人所共见的陷入"困顿"、走入"低俗"的难尽如人意的现象。纯文学的萎缩与通俗文学的兴起是互为因果的。作为满足一定审美文化层次需要的通俗文学,其存在与发展是必然的。但近期通俗文学的畸形发展,并非与读者对纯文学的失望无关。而通俗文学本身也不是不存在问题,在同样的舆论导向下,通俗文学以及纪实性的亚文学之拥有大量读者群,其中正掩盖着文学与人民的非正常的、不健康的关系。许多通俗文学作品对凶杀的颂扬和对色情的渲染,在文学艺术使人的精神升华和情感优化上,正起着负面的作用。

可见,密切文学艺术与人民的联系,在当前被我国文学艺术界所广泛注意和进一步重视,并不是没有历史的客观的原因,实际情况表明,在新的历史时期,从理论和实践上正确处理文艺与人民的关系问题并未完全解决。而党中央关于加强党与人民群众密切联系的历史性决定,更提醒我们广大文艺工作者认真地、切实地去努力解决好这个问题。

二 必须在文艺与人民的关系问题上澄清理论思想的是非

文学艺术为广大人民服务,要在与人民群众的结合中更好地反映人民的生活与斗争、心声与意志、情感与理想,并从人民群众中汲取精神的营养,汲取高尚的情思和健康的审美理想、趣味,以自己的作品去教育人民,满足人民的审美需求,提高人民的精神境界,从而促进社会主义精神文明的建设,这正是社会主义文艺的一条根本的规律,也是社会主义文艺的最具本质性的体现。

文学艺术是社会经济基础的上层建筑意识形态。尽管它是一种审美意识形态,有别于政治、法律、道德、宗教、哲学等其他的社会意识形态。但由于它整体地、综合地反映生活的特点,经济基础和上层建筑中的种种社会意识形态都可能在其中得到表现;文艺社会功能的发挥固然根本上在于它的审美创造的特性,但审美的功能并非文学艺术的唯一价值和功能。文艺的功能和价值是审美为基本特点的多种价值的综合体系,除了审美的价值,文艺同时还具有认识意义和政治、法律、宗教、道德、哲学、美学等多方面的思想影响。归根结底,它总是起着巩固或瓦解一定社会的经济基础与上层建筑意识形态的功效。社会主义文艺像社会主义社会的所有产品一样,其目的也在最大限度地满足人民群众日益增长的物质和文化的需要。而社会主义文艺区别于封建主义和资本主义文艺,构成对封建主义文艺和资本主义文艺本质超越的,也正在它起着巩固而不是瓦解社会主义经济基础及其上层建筑意识形态的作用。

在这里,文艺为人民服务和为社会主义服务是完全一致的。因为社会主义体现着人民的根本利益,它比之历史上存在的剥削制度,其根本的优越性就在于保障人们享有自己劳动的成果而不被少数剥削者所不公正地占有。社会主义制度的这种明显优越性,在今天世界上也是清楚的,即使比起发达的资本主义国家，我国还处于社会主义的初级阶段，还比较贫困。某些搞资产阶级自由化的人，打着"改革开放"的旗号，以人民利益的代表者自居，而他们的所谓"改革开放"指的并不是社会主义的自我完善，像《河殇》所鼓吹的，实际上是资本主义化。因而从根本上说，就背离了人民。

是的，历史上曾有过文艺属于贵族的时代。但这并不意味着文艺从来就是贵族的。众所周知，原始的文学艺术扎根于劳动人民之中。最早的文艺作品不仅产生于劳动，而且为劳动人民所享有，高尔基就曾以丰富的材料论证古代的故事、神话、传说与人民劳动的关系。他指出："语言艺术产生在太古时代人的劳动过程中，这是大家所公认和确定的。"① 以历史上曾有过"贵族文学"、"贵族文艺"来为今天倡导脱离人民的所谓"精英文艺"辩护，这不是有悖历史进步的逻辑吗？某些人愿意写作品给几个人、给自己或少数朋友玩赏，这自然不是不可以。但作为一种理论来倡导和鼓吹，以此来与文艺为广大人民服务的主张相对抗，那就不能够不受到人们的认真对待，并有必要加以驳斥了。因为听任这种理论去影响作家、艺术家的创作，事实表明，就只能导向我们的文学艺术逐步脱离人民并被人民所厌弃。这种无视人民群众的创作观不独会把文艺家引入歧途，也暴露出论者自身极端个人主义的心态与蔑视人民的贵族老爷式的偏执。

把作家、艺术家应该拥有丰富的思想情感、丰富的精神世界，与主张他们应该是"精神贵族"混同起来，这如果不是狡辩，也是论者自身观念的混乱。"精神贵族"的要害在于蔑视人民，蔑视群众，自以为精神上高人一等，乃至认为只有自己才配享用"高级的精神产品"，才配在文学艺术的宫殿里颐指气使，而对人民群众的需求和意见则视同草芥，不屑一顾。这样一种"精神贵族"，实际上心中只有自己，人民和社会主义的利益全不在他眼下。对这样一种人，难道我们今天还不应反对，不应批评吗？怎么能把批评这种"精神贵族"与反对作家、艺术家拥有丰富的思想情感、丰富的精神世界等同起来呢？！作家、艺术家理所当然应该拥有丰富的思想情感、丰富的精神世界。因此，人们才要求作家、艺术家不但要多方体验

---

① 《论艺术》，《高尔基选集·文学论文选》，人民文学出版社1959年版，第412页。

生活，而且要广读博览，勤于思考，不断拓展自己的思想视野。至于只认为作家艺术家才应有丰富的精神世界，丰富的思想情感，那也是片面的。现实生活中思想情感丰富的绝不只是作家、艺术家。人类丰富的精神世界是历史地生成的，归根结底是世代人民丰富而复杂的生活与斗争在意识中的反映与结晶，是人类全部文化成就的果实。尽管普通的群众，作为个人来说，未必人人的精神世界都丰富，但人民作为真正推动社会主义建设的主体的历史群体，他们的精神世界却是无比丰富和崇高的。如果文艺家认为只有自己才最丰富，忽视向广大人民学习，忽视不断汲取人民群众中不断涌现的种种新的崇高美好的思想情感以丰富自己的精神世界，改造自己的精神世界，那就无异于自我堵绝走向精神丰富的广阔道路。

大家知道，民粹主义是一种小资产阶级的唯心主义的思想体系。它跟马克思主义是对立的。民粹主义者虽然提出"到民间去"的口号，但他们无视社会的客观规律，看不见无产阶级的先进作用，他们把农民村社理想化，同时又把人民群众描写成在历史上不能有独立创造性的"惰性"力量。按他们的意见，历史不是人民创造的，而只是个别杰出人物的功劳，人民和阶级只是盲目地跟随杰出人物走的。列宁曾同民粹主义进行过尖锐的斗争，在区别前后期俄国民粹主义者的不同的历史作用时曾揭露和批判了民粹主义理论的反动性。现在有人居然用"民粹主义"来比拟毛泽东关于文艺必须为人民服务，必须与人民群众相结合的思想，攻击马克思主义关于正确处理文艺与人民关系的主张，这不是荒唐可笑吗？列宁和毛泽东关于密切文学艺术与人民群众联系的理论，建立在马克思主义的历史唯物主义的基本原理上，怎么能与民粹主义混为一谈呢？把这两者混同，只能说明论者既对民粹主义一知半解，也对马克思主义全然无知罢了。他们对于文艺与人民群众相结合，对于作家、艺术家深入人民群众的生活与斗争都怀着恶毒的嘲笑态度，视农民为"泥腿子"而不屑一顾，自以为比人民群众天然高明千万倍，除了说明他们骨子里确有几分贵族老爷式的傲气外，难道不也说明他们对于"精英"与"群众"的观点与民粹主义者正有惊人的相似之处吗？

关于知识分子"独立人格"和"主体性"的"失落"云云，这是近年文坛上相当引人注目，也相当蛊惑人心的一种"高论"。时髦的模式化论断是:"五四"后中国知识分子开始获得了独立的人格;却由于投身民族救亡运动和无产阶级领导的人民革命斗争而丧失而沦为"历史的工具",经历了所谓"自我异化"与"主体性沦落",只有到了 20 世纪 80 年代,这种"独立人格"和"主体性"才又得到一定的恢复。实际上,"五四"时代的知识分子已因自身信仰,自身世界观、人生观、价值观的不同,分野为共产主义知识分子、资产阶级知识分子和小资产阶级知识分子。随着民族危机的加深和阶级矛盾的尖锐化,随着人民革命的发展和节节胜利,越来越多的非无产阶级知识分子由于现实实践的教育和接受马克思主义的影响,逐渐转到共产主义的立场上来。新中国成立后,广大中国知识分子在社会主义建设和改造中先后成长为工人阶级知识分子。社会存在决定社会意识。人的本质取决于其社会关系的总和。在中国现代社会历史大变动的过程中,知识分子对于自身历史道路的选择正都是与他们的人格、他们的主体性分不开。问题在于他们的人格和主体性都深深扎根于中国历史现实的土壤、深深扎根于他们自身社会关系的变化之中。把人格与主体性脱离历史并予以抽象化,这是历史唯心主义的观点。因而,把我国革命过程中许多作家、艺术家出于自身人格和主体性的自觉,走向与广大人民群众的结合,与人民同命运,共呼吸。攻击为"知识分子人格独立性"和"主体性"的"丧失",这只能暴露出论者自身在这一问题上的错误观点罢了。他们的这种谬论不仅是对广大革命作家、艺术家的人格侮辱,也是对处于历史伟大转折运动中的中国广大知识分子的人格侮辱。人们不禁会问,投身救亡运动和革命斗争,与人民相结合就是丧失知识分子的独立人格和主体性,那么那些"精英"们背离祖国和人民,跑到外国去寄人篱下,仰洋人的鼻息,乃至为分一杯羹而充当反共反华的马前卒,就算是保持了独立的人格和主体性了吗?

列宁曾经尖刻地嘲笑过那些自命自由的资产阶级个人主义文艺家,指出他们的所谓自由不过是"依赖钱袋、依赖收买和依赖豢养的一种假面具(或一种伪装)罢了"。列宁把社会主义文学称为真正"自由的文学",认为"它不是为饱食终日的贵妇人服务,不是为百无聊赖、胖得发愁的'几万上等人'服务,而是为千千万万劳动人民,为这些国家的精华、国家的力量、国家的未来服务"①。列宁深信"不是私利贪欲，也不是名誉地位，而是社会主义思想和对劳动人民的同情"将会"把一批又一批新生力量吸引到文学队伍中来"②。可见，列宁对于革命的社会主义文艺家的崇高人格和主体性，寄有何等的厚望！而对于那些依赖于钱袋，甘心为少数人服务的个人主义先生们的卑下人格和主体性，又表现了何等的痛惜与蔑视！

认为社会主义社会的文艺家会丧失独立人格和主体性，这更属荒谬！众所周知，人的异化是随剥削与压迫制度而存在的普遍现象。人格的独立和主体个性的保持，其先决条件是人必须获得经济上的自立和政治上的平等。在社会主义条件下，由于剥削与压迫制度被推翻，广大人民成为社会的主人，每一公民都自食其力，按劳取酬并获得宪法所规定的平等权利与义务，因而，他们之有人格独立并保有主体个性正属历史的必然。至于像"文化大革命"期间由于社会主义被扭曲而发生的人格和主体性失落的现象，并非社会主义的本质体现，而且已成历史的陈迹。今天看来，出卖自己人格和灵魂的败类固然代皆有之。但中国广大知识分子包括文艺家，他们选择和人民在一起建设社会主义，这难道不正是他们崇高可贵的独立人格和主体性闪耀着特定历史时代光辉的表现吗？

知识分子包括作家，艺术家作为自己时代科学艺术成就的体现者，对人民是有启蒙的责任。但正如毛泽东所说，教育者必先受教育。他指出："我们的文学艺术家、我们的科学技术人员，我们的教授、教员，都在教人民，教学生。因为他们是教育者，是当先生的，他们就有一个先受教育的任务。在这个社会制度大变动的时期，尤其要先受教育。"③ 20世纪中国土地上发生了天翻地覆的变化，从半封建半殖民地社会走向社会主义社会。在这伟大而艰难的历史蜕变中，广大中国知识分子先是拥护资产阶级民主革命，后来则转向无产阶级社会主义革命。这个过程跟

---

① 《党的组织和党的文学》，《列宁论文学与艺术》（一），第69页。
② 同上。
③ 《在中国共产党全国宣传工作会议上的讲话》，《毛泽东选集》第5卷，人民出版社1977年版，第406—407页。

他们接受马克思主义并在与人民斗争相结合中更好地领会马克思主义分不开。在社会主义时代,毛泽东还特别指出:"情况是在不断地变化,要使自己的思想适应新的情况,就得学习。即使是对于马克思主义已经了解得比较多的人,无产阶级立场比较坚定的人,也还是要再学习,要接受新事物,要研究新问题。知识分子如果不把自己头脑里的不恰当的东西去掉,就不能担负起教育别人的任务。"[①] 所以,问题不在于承认知识分子有对人民进行教育和启蒙的责任,而在于用什么去教育和启蒙,以及教育者要不要先受教育。某些以"导师"自居、标榜"启蒙"的"精英"们,其要害正在他们自命为"精神贵族",非但看不起人民,在他们眼中,广大人民群众简直就是愚昧不堪的群氓,因而他们认为压根儿不需向人民学习、与人民相结合;至于马克思主义,在他们眼中更已"过时",只有传播了几百年来的资产阶级那一套——"民主"、"自由"以及个人本位主义,才被奉为至宝灵丹,被他们起劲到处兜售,以此去"启蒙"人民。这不是历史的大倒退吗?须知他们兜售的这一套,从辛亥革命年代的资产阶级知识分子直到人民共和国成立前的被艾奇逊捧为"民主个人主义者"的知识分子都早已兜售过了。历史实践表明,这一套在中国土地上早就碰了壁,行不通。时到20世纪80年代,某些"精英"们还想使时光倒流,这不是证明这些"启蒙家"们非但缺乏历史感,而且完全脱离中国广大人民群众的历史实践吗?

　　文艺与人民联系包含两个基本相关的命题:一是作家深入人民生活,加强生活上、精神上与人民的呼吸与共;二是作品与人民的关系,广泛表现人民的生活和思想情感,并努力创造为人民喜闻乐见的艺术形式。在这过程中,当然不应排斥借鉴和吸收他国、他民族文艺的长处。今天,由于现代科技的发展和交通的发达,人员和信息交流频繁,每个国家和民族都不可能再处于封闭的状态。各国,各民族文化和文学艺术的发展中,吸收和借鉴他国、他民族的长处,以益于自己国家文化和文学艺术的优化成长,这已成为人所认同的常识。但这绝不等于我们应该脱离自己的人民、否定自己的民族传统,而走向所谓"全盘西化"。"全盘西化"论的实质是全盘

---

① 《在中国共产党全国宣传工作会议上的讲话》,《毛泽东选集》第5卷,第406—407页。

资本主义化。这并非新鲜的论调,当年胡适便鼓吹过。正如资本主义道路在中国走不通,"全盘西化"论也早被中国人民所唾弃。当我国人民走上社会主义道路已经半个世纪之后,当我国人民尽管几经曲折,在建设社会主义现代化的伟大事业中已经取得举世瞩目的巨大成绩,当我国社会主义文学艺术在"洋为中用,古为今用,推陈出新"的方针指引下,已于民族化大众化和现代化方面都获得卓著的成就,创造出大批既有深刻的思想内容,又有较为完美的艺术形式,且富中国作风中国气派的为人民群众喜闻乐见的作品的时候,再鼓吹全然否定传统的"全盘西化"论,这只能表明这些论者是何等地脱离人民、脱离社会主义实践!他们的言论只不过赤裸裸地暴露出自己全然丧失民族自信心,拜倒在西方资本主义文化面前,妄图在我国推行资产阶级自由化的丑恶嘴脸罢了!

要而言之,文学艺术要不要与人民群众保持密切的联系;要不要为人民服务,为广大人民创作,为广大人民所利用;作家、艺术家要不要与人民群众相结合,反映广大人民的生活与斗争、思想与情感,并在当代先进的马克思主义世界观的指引下,向人民群众学习,从人民群众中汲取崇高的精神力量和健康的审美情趣,从而创造出既能教育和提高人民,又为人民所喜闻乐见的优秀作品,在上述根本问题上,这些年我国文艺界存在着马克思主义面临反马克思主义、非马克思主义观点的挑战。由于众所周知的原因,一段时间里,正确的意见得不到有力的支持,错误的舆论导向反骎骎乎甚嚣尘上,以致文学艺术创作产生了不同程度地偏离了人民的需要。这种局面确实应该改变了。尽管上述不同思想观点的斗争将会是长期的,也不可能一帆风顺。

三 文艺家需要在正确的世界观指导下深入人民的生活和斗争

毛泽东早就指出:"中国的革命的文学家艺术家,有出息的文学家艺术家,必须到群众中去,必须长期地无条件地全心全意地到工农兵群众中去,到火热的斗争中去,到唯一的最广大最丰富的源泉中去,观察、体验、研究、分析一切人,一切阶级,一切群众,一切生动的生活形式和斗争形式,一切文学和艺术的原始材料,然后才有可能进入创作过程。"① 到了社会主义时期,针对业已变化了的中国知识分子的情况,他再次强调知识分子与人民群众的结合。他说:"知识分子既然要为工农群众服务,那就首先必须懂得工人农民,熟悉他们的生活、工作和思想。"② 而在方式上,他认为可以灵活,既可以较长期到工厂、农村"安家落户",也可以短期去"走马观花"③。文艺家如果不通过各种渠道与人民群众保持密切的联系,那就很难真实地反映他们的生活与斗争、思想与情感,也很难创造出符合他们审美要求的中国作风、中国气派的作品。这道理应不难理解。要求文艺家熟悉人民的生活,自然不是要求他们简单地再现这种生活,或者给文艺家的题材、主题、形式、风格设置什么框框。列宁论及文学时就说过:"无可争论,在这个事业中,绝对必须保证有个人创造和个人爱好的广阔天地,有思想和幻想、形式和内容的广阔天地。"④ 与人民保持密切联系并不排斥文艺家去描写各种不同的人物,去表现我国悠久的历史或幻想未来的天地,更不排除文艺家对生活有独到的发现与见解,相反,这样做只会有益于文艺家拥有更广泛的题材、更深刻的主题、更多样的人物;也更能创造出易为人民所欢迎和喜爱的形式和风格。与人民保持密切的联系,也并非否定或损害文艺家作为创作主体的重要作用,相反,正是十分重视这种作用。在创作过程中,文艺家表现什么和怎样表现,自然很大程度取决于创作主体的创造性、能动性和个人才禀、气质、艺术感受力和表现力,以及世界观和艺术方法等。文学艺术作为人所创造的"第二自然",它在根本上就离不开创作主体的精神创造,或者说总含有不同程度的"自我表现",否则就不会有思想艺术的独创性。这也是常识。但我们所说的"自我"绝非"自我主义"和"自我中心"。文学艺术史表明,作为"自我"的创作主体,其才禀、气质、想象力,幻想力以及世界观和艺术方法,与人民越有血肉的联系,越深深扎根于人民的精神土壤之中,就越可能创造

---

① 《在延安文艺座谈会上的讲话》,《毛泽东选集》第 3 卷,第 882—883 页。
② 《在中国共产党全国宣传工作会议上的讲话》,《毛泽东选集》第 5 卷,第 408 页。
③ 同上。
④ 《党的组织和党的文学》,《列宁论文学与艺术》(一),第 66 页。

出具有深刻人民性的不朽的作品。因为，人民，只有人民才是不朽的。新时期以来，我国文学艺术由于作家、艺术家比以往更为重视主体性的作用，使许多作品获得人民群众所赞许的鲜明艺术个性，这是应当肯定的。但不容讳言，有些文艺家由于不同程度地脱离人民群众或全然割断与人民群众、与人民群众所从事的社会主义现代化事业的伟大脉动的联系，只徘徊于气味相投的"小圈子"里，乃至无保留地接受"全盘西化"论，结果，其主体的"自我表现"与为人民、为社会主义服务的方向背道而驰，这正是不能不发人深省的。

这里，引起人们注意的还有一种鼓吹创作"向内转"，所谓开发"内宇宙"的理论。"向内转"确是近年文艺创作的一个明显走向。它有两层含义：一是指文艺家在描写人物时，注意表现或偏重表现对象的内心世界，包括其丰富、复杂的思想情感和潜意识；二是指文艺家充分调动自身的精神库藏和艺术创造的想象力、幻想力，更多表现创作主体的内在特性。人类深邃的内在精神世界更多地进入文学艺术表现的领域，这不应无分析地一概否定，在一定意义上它体现着人类艺术和文学的进步。但第一，文学艺术如果以人作为表现的中心，其审美对象就不局限于人的内心世界，完整地说，人与自然的关系，人与人的关系，人与时代、社会的关系，以及上述关系在人们内心的反映和反应，历来都为文艺家所表现；第二，"向内转"并非文艺创作中的唯一走向，自古至今，包括近几年我国文艺创作中的大量现实主义作品并非一味"向内转"，相反，它们十分重视人与自然、人与人、人与社会时代的关系的历史具体的描写；第三，"内宇宙"不管如何"深邃"，归根结底也依然不能脱离丰富的生活实践。因为主体毕竟有赖于客体，意识毕竟反映存在。一个脱离人类社会、脱离人际关系的狼孩，其"内宇宙"之贫乏、之毫无人的丰富情感和精神内容，是事实证明了的。因而，片面地提倡"向内转"，提倡一味开发"内宇宙"，而忽视乃至否定文艺家与人民相结合，深入人民的生活与斗争的必要，这种理论便很难说正确。近年在这种理论影响下产生的一些作品，不被广大人民群众所欢迎，无法产生共鸣，并非没有必然的原因。

对于文艺家必须接近人民的生活，充当人民的代言人，这是历史上许多伟大作家都认识到的。杜甫的"穷年忧黎元"、白居易的"惟歌生民病"，固为人所熟知，他们的为时为事为民之作所蕴涵的人民性，更为文学史家所共认。巴尔扎克把文学称作"社会表现"。他认为："活在民族之中的大诗人，就应该总括这些民族的思想，一言以蔽之，就应该成为他们的时代化身才是。"① 别林斯基则把文学看做"人民的意识"，他要求文学"象镜子一般反映出人民的精神和生活"②。列夫·托尔斯泰更期待文学艺术为人民服务。他说："……生活于人民中间或者象人民一样的人们，不宣告任何权利，却给予人民以自己科学与艺术上的种种贡献，而这些贡献之采用与否，又取决于人民的意志；到那时候，科学与艺术才能为人民服务。"③ 而罗曼·罗兰便曾呼吁美国作家做社会公众的喉舌。他大声疾呼："做他们的喉舌吧。当他们听到你们说话时，他们就会意识到自己。你们在表达自己的性灵时，就会创造你们民族的性灵。"④ 这些话，都说得何等好呵！

由此可见，某些人鄙视与人民群众相结合，嘲笑文艺家深入人民的生活与斗争，挖苦他们思想感情上与人民打成一片，而以强调主体为名，一味提倡"自我表现"和"向内转"，从而把一些作家、艺术家的创作导入误区；并进而否定"五四"以来革命文艺的发展及其所取得的重大历史成就，他们的这些"理论"是何等浅薄！又何等有害！

今天，我们面对的社会主义时代，不管几十年来的历史发展是多么曲折，从本质上看，仍是人民当家做主的时代，也是广大群众充分发挥历史的主动性和积极性，以自己顽强的劳动，迅速地改变祖国落后的面貌，建设社会主义现代化伟大强国的时代。处在这样的时代，我们的作家、艺术家如果不与广大人民血肉相连，同呼吸，共命运，那么又怎么能期待他们的作品成为时代的镜子，真实而生动地描绘出人民所从事的伟大斗争和社会生活、包括人们内心所产生的深刻变革呢？我国社会主义文艺的经验表明，什么时候，文艺家与人民结合在一起，他们的创作便会出现"井喷"

---

① 《论历史小说兼及"费拉戈莱塔"》，《巴尔扎克论文选》，李健吾译，新文艺出版社1958年版，第104—105页。
② 《1840年的俄国文学》，《别林斯基论文学》，梁真译，新文艺出版社1958年版，第74页。
③ 《那么我们怎么办》，《文学研究集刊》第4册，人民文学出版社1957年版，第338页。
④ 《致美国作家》，《罗曼·罗兰文钞》，孙梁译，新文艺出版社1957年版，第85页。

的状态，文艺便获得蓬勃的生命力，得到人民的欢迎；反之，文艺家一旦疏离人民，削弱或割断与人民的联系，文艺便走向萎缩与凋零，并被人民所冷淡！

而文艺家与人民的结合，又离不开正确的世界观的指导。当前对于我国作家、艺术家来说，认真学习马克思列宁主义、毛泽东思想和邓小平理论尤为重要。

事实表明，马克思列宁主义、毛泽东思想和邓小平理论作为科学的完整的世界观，并没有过时，也不可能过时。因为作为人类科学文化的结晶，它的基本原理深刻地揭示了自然界、人类社会和人类思维的客观规律。今天，唯有马克思列宁主义、毛泽东思想和邓小平理论才能提供一个正确而深刻地认识世界、洞察复杂生活现象的望远镜和显微镜，并赋予文艺家以对待人民、了解人民的正确立场、观点和态度。马克思主义的本质是革命的批判的，它不是僵硬的教条，而是行动的指南。随着现代实践和各种科学的发展，马克思主义也不断获得丰富和发展。人们当然不能要求文艺家学好了马克思主义再创作。学习总是个逐步深入的过程。而且这种学习理应与科学和艺术的实践紧密联系。学习社会、学习科学和学习马克思主义是一致的。我们的文艺家只有在与人民相结合的过程中学习社会、广泛汲取各学科的新鲜经验与知识，才可能更好更深刻地领会马克思主义，并将之融为自己的血肉，化为创作的灵魂。应当看到，近几年我国文艺工作者受到资产阶级自由化思潮的冲击，有些人学习马克思主义的努力放松了、削弱了，甚至在为人民服务、为社会主义服务的根本方向上也产生了动摇和背离，这个教训是应该为大家所记取的。

在现阶段，在建设社会主义的时期，一切赞成、拥护和参加社会主义建设事业的阶级、阶层和社会集团，都属于人民的范围。文学艺术要为最广大的人民群众服务，当然必须清醒地看到人民群众中存在的不同文化层次和利益要求、不同思想倾向与审美时尚，一方面，要努力以丰富多彩的题材、主题，形式和风格去满足人民群众丰富多彩的需求；另一方面，又一定要注意文学艺术在优化人们的思想情感，提高人们的道德水平和欣赏趣味；正确地帮助人们认识世界、改造世界的不容忽视的功能。给文艺家设置种种"禁区"与戒律，像"文化大革命"中使创作模式单一化、样板化，这固属荒谬；但如果忽视社会主义文艺在建设社会主义精神文明和先进文化方面的重要作用，迁就某些落后群众庸俗低级的欣赏趣味，甚至以渲染色情和凶杀作为赚钱手段，像近几年文坛涌现的负面现象一样，那同样是不可取的。这样做，就不是为人民服务，而是从精神上污染人民、毒害人民。

在各个历史时期，文学艺术发展过程中总有先锋性的探索。这种探索可能由于自身的超前性而不易被广大人民群众所理解和接受。文艺的生产与消费正如物质产品一样，生产培养消费，消费也促进生产。探索性产品可能一时不被公众接受，而随着时间推移，逐渐被理解，后来还是被接受了；也可能由于自身缺陷，始终不能被理解和接受，湮没在历史大潮中从而消失。鉴于此种情况，对作家、艺术家的各种艺术探索，人们既不应盲目吹捧，也不应轻易加以否定，而应容许各种探索，让时间和人民去检验它的艺术生命力。当然，就作家、艺术家来说，创新探索仍要着眼于广大人民，不应故作艰深，有意"陌生化"到谁也不懂的地步。

新时期以来，特别是20世纪80年代中期以前，我国文学艺术在党所指明的为人民为社会主义服务的方向下，贯彻"百花齐放，百家争鸣"、"洋为中用，古为今用"、"推陈出新"的正确方针，作家、艺术家辈出，各种作品如雨后春笋，创作题材、主题、形式、风格都有极大开拓，在反思历史、推进改革、塑造各种人物形象等许多方面，都取得很大成绩。后来随着资产阶级自由化和错误思潮的泛滥，我们的创作受到了很大的危害。当前，资产阶级自由化思潮泛滥的状况已被扭转，认真总结历史的经验教训，使我国文艺更好地密切与人民群众的联系，至为必要。在第四次全国文学艺术工作者代表大会召开时，邓小平在《祝词》中指出，"我们希望，文艺工作者中间有越来越多的同志成为名副其实的人类灵魂工程师。要教育人民，必须自己先受教育。要给人民以营养，必须自己先吸收营养。由谁来教育文艺工作者，给他们以营养呢？马克思主义的回答只能是：人民。人民是文艺工作者的母亲。一切进步文艺工作者的艺术生命，就在于他们同人民之间的血肉联系。忘记、忽略或是割断这种联系，艺术生命就会枯竭。人民需要艺术，艺术更需要人民。自觉地在人民的生活中汲取题材、主题、情节、语言、诗情和画意，用人民创造历史的奋发精神来哺育自己，这就是我们社会生义文艺事业兴旺发达的根本道路。"这段话是至理名言！值得我们反复学习和记取！它既是马克思主义有关文艺与人民关系的科学论断的继承和发展，也是我国革命文艺尤其是社会主义文艺实践经验的深刻总结和升华！新时期文艺发展的曲折，更从正反两个方面证明它的正确！我们深信，沿着这样一条根本道路，我国文艺工作者根据自身的不同条件，采取各种不同方式，努力接近和深入人民群众的生活和斗争，更好地与人民群众相结合，汲取他们在保卫祖国、改造自然、建设四化和反对腐败等各种斗争中无私奉献、昂扬奋发的精神，认真推进文艺形式与风格的现代化与民族化的统一，真正成功地塑造出各种各样的人物典型形象，来帮助广大读者和观众更深刻地认识历史与现实，鼓舞和策励他们为更加美好的未来而斗争，我国文艺就一定能够摆脱暂时的"困顿"与"低谷"，迎来健康繁荣的真正的黄金时代！

论文学与政治的关系

一 问题的提出

围绕毛泽东的《在延安文艺座谈会上的讲话》关于文艺与政治关系的论述，三十多年来我国学术界和文艺界对此进行过多次讨论。在邓小平申言，鉴于历史经验，我们"不继续提文艺从属于政治这样的口号，因为这个口号容易成为对文艺横加干涉的理论根据，长期的实践证明它对文艺的发展利少害多。但是，这当然不是说文艺可以脱离政治"。这之后，文坛又出现了"文艺回归本位"说和"疏离"、"脱离"政治的立论。至今，文艺与政治到底是什么关系的问题，分歧意见并没有完全消除。因此，从理论与实践、逻辑与历史的结合上对这个问题做进一步的探讨，仍然有必要。

到底什么是政治，什么是文艺？

文艺已经有共识，具体说就包括文学、戏剧、电影、电视、音乐、美术、雕塑、舞蹈、书法、杂技等能够满足人们审美需要的艺术门类。在历史唯物主义的视野里，它属于人类的审美意识形态。文艺有多方面的功能，主要的功能是满足人们审美的需求，以它真善美的价值使人们获得教育和怡悦的美感。因而文艺大多可以被归入社会上层建筑意识形态的领域。

至于政治是什么？列宁说，政治是经济利益集中的表现。毛泽东说，政治就是阶级对阶级的斗争。孙中山说，政治是管理众人之事。他们说的自然都有道理，或者说，他们从不同的视角都揭示了政治所以为政治的重要的本质方面。人是社会的动物，而且是离开社会就难以生存的动物。因为，人必须从社会的协作中去使用生产资料、奉献自己的劳动并获取自己生存所必需的生活资料，以延续自己的生命和滋育自己的后代。这就是说，人类的社会首先是一种经济组织，即协调和管理生产与分配的组织。在众人的事务中，经济方面的生产与分配是最重要的事务。所以恩格斯曾说："人们首先必须吃、喝、住、穿，然后才能从事政治、科学、艺术、宗教等等。"① 协调和管理，这就是政治的职能。管理经济是政治的最重要的事务，所以，政治往往集中体现经济利益。政治当然还需要管理社会的其他方面，包括战争、民事纠纷、宗教祭祀，也包括艺术和科学活动。战争大多属于争夺经济利益的冲突。原始时代或争夺猎物，或争夺地盘，都会引起战争。到了阶级分化的奴隶社会，为掳掠人口为奴，或奴隶主镇压奴隶造反，同样会引起战争。这种战争就是阶级斗争的军事形式。阶级斗争还有其他形式，如经济斗争、政治斗争、文化斗争等。战争是政治的延续，是政治斗争的尖锐化的表现。

我想，提出文艺与政治关系问题来讨论，我们必须先对文艺与政治的内涵有个共识。

二 "文学与政治"命题的历史回顾

文艺与政治的关系从来十分密切，这是为历代文论家所认识到的。古代许多作家都重视文学的政治功用。比如孔子论诗便认为，诗的作用有"兴、观、群、怨"，这个"群"就与大众的凝聚力、团结力有关。孔子还说，"诵诗三百，授之以政，不达，使之四方，不能专对，虽多，亦奚以为？"② 这更具体论到诗歌与政治使命的关系，要求文学为具体的政治服务了。《诗序》论《诗经》中的《国风》，也说："上以风化下，下以风刺上，主文而谲谏，言之者无罪，闻之者足以戒，故曰风。"讲的就是统治者要以诗歌去教化人民，而人民群众也要以诗歌去讽喻统治阶级，揭示的也是文学与政治的关系。至于杜甫想要"致君尧舜上，再使风俗淳"；白居易立志"惟歌生民病，愿得天子知"，都是为人们所熟知的。可以说，重视文学与政治的关系，重视文学为政治服务，这是我国相当古老

---

① 《在马克思墓前的讲话》，《马克思恩格斯选集》第3卷，第574页。
② 《论语·子路》。

的传统。

在 20 世纪末的维新运动中，梁启超倡导"诗界革命"和"小说界革命"。他在《小说与群治之关系》一文中指出，"欲新一国之政治，必先新一国之小说。"可以说，他把政治与文学的关系提得非常之高，把文学直接视为刷新政治的工具。他自己还写了一部未完成的小说《新中国未来记》，以实践他通过小说来改造政治的愿望。后来革命民主主义者章太炎倡导革命文学，邹容的《革命军》、陈天华的《猛回头》、《警世钟》和《狮子吼》，还有秋瑾、柳亚子等的诗歌，都是革命文学的具体实践。20 世纪初即如李伯元、吴趼人、曾朴、刘鹗等揭露清朝官场腐败的谴责小说，也都是政治色彩很强烈的作品。至于五四新文学运动兴起，其反帝反封建的矛头更极为尖利，从"文学革命"到"革命文学"的倡导，又到左翼文学运动与"新月派"、"第三种人"和"民族主义文学"的论争，也莫不充满浓烈的政治火药味。因而，1942 年毛泽东的《在延安文艺座谈会上的讲话》指出，"在现在世界上，一切文化或文学艺术都是属于一定的阶级，属于一定的政治路线的。为艺术的艺术，超阶级的艺术，和政治并行或互相独立的艺术，实际上是不存在的。"他还说，"政治，不论革命的和反革命的，都是阶级对阶级的斗争，不是少数人的行为。革命的思想斗争和艺术斗争，必须服从于政治的斗争，因为只有经过政治，阶级和群众的需要才能集中地表现出来。"到新中国成立后的 50 年代，这些论断和主张就合乎逻辑地被推导出"文学艺术必须为政治服务"的命题。那时甚至还提出文学艺术应为"党在一定时期的中心任务服务"和"写中心，画中心，唱中心，演中心"等口号。鉴于我国文学艺术发展的传统，特别是 20 世纪以来文艺斗争不断并与政治斗争紧密联系的历史事实，人们大多对于"文艺从属于政治"或"文艺必须为政治服务"这样的提法并不怀疑，相反，还认为这是马克思主义的不可动摇的观点。

然而"文化大革命"把"文艺为政治服务"推向了极致。"四人帮"一伙正是利用这一口号，裹挟某些文艺家为他们篡党夺权的政治阴谋服务。于是，"文化大革命"后人们便开始对此进行反思。先是《上海文学》载文批判"文艺是阶级斗争的工具"的观点（即所谓"工具论"），第四次文代会后，又陆续对"文艺从属于政治"和"文艺必须为政治服务"命题展开了广泛的讨论。事实上，由胡乔木提议，经过中共中央政治局的讨论和邓小平同志的同意，周扬在第四次文代会上所作的主题报告已经修改了"文艺必须为政治服务"的提法，代之以"为人民服务、为社会主义服务"的新口号。但党内外仍然有不少人坚持"文艺从属于政治"和"必须为政治服务"的观点。于是全国多家报刊便纷纷发表文章，就这一问题展开了广泛的讨论。

三　历史上"为革命的文学"与"唯美的文学"之争

自然，主张文学艺术疏离政治，乃至脱离政治的观点不自今日始。历史上存在过的唯美主义的、为艺术而艺术的主张。例如，19世纪法国浪潮主义诗人兼批评家齐奥菲勒·戈底叶便说过："艺术的绝对独立，不容许具有除它本身之外的其他目的，也不容许诗具有除了在读者心中唤起绝对的美感之外的其他任务。"① 英国的王尔德也鼓吹："艺术从来不表现任何事物，除非表现艺术本身。……艺术有独立的生活……永不表现它的时代。"艺术"最终之鹄的便是：叙述美而不真的事物乃艺术之正务……"② 类似的主张在我国20世纪二三十年代就有相当的影响。

创造社早期便提倡过唯美主义，后来"新月派"等标榜的也同样是唯美主义。

前期创造社的唯美主义倾向既见于其成员的论文，也见于他们的创作。成仿吾便说过：文学不应赞成功利主义，而应"追求文学的全"，"实现文学的美"。③ 郑伯奇也说："……我们应该是艺术至上主义的信徒。就艺术的王国的市民看来，艺术是绝对的，超越一切的。把艺术看做一种工具，这明明是艺术王国的叛徒。"④ 由徐志摩、闻一多、梁实秋等组成的"新月

---

① 转引自普列汉诺夫《〈没有地址的信〉〈艺术与社会生活〉》，人民文学出版社1962年版，第206页。
② 王尔德：《虚谎的衰退》，梁实秋译，有人译作《谎言的衰朽》。
③ 成仿吾：《新文学之使命》，1923年5月《创造周报》第2号。
④ 参见郑伯奇《新文学之警钟》，1923年12月9日《创造周报》第31期，《国民文学论》，1923年12月至1924年1月《创造周报》第33—35期。

派",其前身是1923年成立于北京的新月社,1928年在上海创办《新月》月刊,至1933年终刊。梁实秋成为他们的理论代言人。他们的理论和创作也存在着唯美主义倾向。他们提倡"美文",主张诗歌要"戴着镣铐跳舞",鼓吹创作"新格律诗",他们反对"革命的文学",以所谓表现"人性"的文学来抗衡"阶级性"的文学。不过,他们的唯美主义已被当时中国社会阶级矛盾和民族矛盾不断激化的事实所冲击,使得他们也不能不承认文学不能脱离人生,美不能脱离真与善。如新月社所刊载的《〈新月〉的态度》所说:"美我们是尊重而且爱好的,但与其咀嚼罪恶的美艳,还不如省念德性的永恒,与其到海陀罗凹腔里去收集珊瑚色的妙药,还不如置身在扰攘的人间倾听人道那幽静的悲凉的清商。"但在骨子里,他们仍然企图保持文学的艺术至上性和独立性。

创造社后来已经转向提倡无产阶级的革命文学,抛弃了早期的唯美主义倾向。而新月派则受到30年代左翼文坛的激烈批判。鲁迅和瞿秋白都写了批评的文章。他们是为革命文学辩护的,实际也就是为文学从属于政治、为政治服务辩护。鲁迅指出:"文学不借人,也无以表现'性',一用人,而且还在阶级社会里,即断不能免掉所属的阶级性,无需加以'束缚',实乃出于必然。……倘说,因为我们是人,所以以表现人性为限,那么,无产者就因为是无产阶级,所以要做无产文学。"[①] 瞿秋白则批评了梁实秋关于"大多数就没有文学,文学就不是大多数的"和"文学要表现普通的人性"等论调,认为"清客文学"的趣味主要视"主上"如何而定。实际也涉及文学趣味同样从属于一定阶级的政治之意。

由于30年代中国和世界都处于阶级斗争和民族斗争的动荡旋涡之中,中国人民反帝反封建的革命斗争与世界范围内反法西斯的斗争紧密联系在一起,那种唯美主义的"为艺术而艺术"的主张不仅显得声音微弱,而且不合时宜,与现实的时代要求完全脱节,这种主张很快便在争论中败下阵来,未能成为文坛主流性的思潮。抗日战争胜利后紧接着又是三年人民解放战争。那种情况下,"为艺术而艺术"的唯美主义思潮虽仍不乏拥护者,

---

① 《"硬译"与"文学的阶级性"》,《鲁迅全集·二心集》第4卷,人民文学出版社1981年版,第204页。

但更难以获得发展。而主张文学艺术为政治服务、为革命斗争服务的观点日益占据支配的地位，也就成为历史发展的必然。

但是，这不是说唯美主义的文学就不存在，就丝毫也没有它的一定合理性。事实上，普列汉诺夫对法国和俄国曾存在过的唯美主义文学倾向，做过这样的剖析："艺术家和对艺术创作有浓厚兴趣的人们的为艺术而艺术的倾向，是在他们与周围的社会环境之间的无法解决的不协调的基础上产生的。"他同时指出："所谓功利主义的艺术观，即是使艺术作品具有评判生活现象的意义的倾向，以及往往随之而来的乐于参加社会斗争的决心，是在社会上大部分人和多少对艺术创作真正感到兴趣的人们之间有着相互同情的时候产生和加强的。"[①] 他还提供了这样的事实："任何一个政权只要注意到艺术，自然就总是偏重于采取功利主义的艺术观。它为了本身的利益而使一切意识形态都为它自己所从事的事业服务。这也是可以理解的。可是由于政权只在少数情况下是革命的，而在大多数情况下都是保守的，甚至是十分反动的。因此不该认为，功利主义艺术观好象主要是革命者或一般具有先进思想的人们所特有的。俄国文学史很明显地表明，我们的皇权保卫者也决不是没有这种观点的。"[②] 这就是说，并非任何时候主张文学艺术为政治服务的人都是进步的、革命的，或主张为艺术而艺术的人都是不革命的，乃至反动的。具体情况需要作具体的分析。当一个政权变得反动，那么它主张文艺为政治服务就绝非有进步意义，反之，如果这种情况下，为了抗拒这个政权而采取为艺术而艺术的态度，那倒有进步的意义。当然，唯美主义思潮作为一种理论，它的片面性也是显然的。在人类历史的发展过程中，完全脱离政治的唯美性的文学艺术，实际很难长久存在。而文学必须为政治服务的命题之引起争议，自然也与它无法概括全部文学现象有关。

---

① 《艺术与社会生活》，《〈没有地址的信〉〈艺术与社会生活〉》，人民文学出版社1962年版，第215页。
② 同上书，第216页。

四 对"文学必须为政治服务"的商榷

所以，对"文学必须为政治服务"这个理论命题，我们除要看它在学理上能否成立，能概括多大范围的文艺现象，还要对历史上存在的这样的现象进行具体的分析。

应该肯定，历史上存在过大量从属于政治、为政治服务的文学艺术作品。比如，我国第一个作家屈原的名作《离骚》就是。其中，屈原不但抒发自己忠君爱国的情怀，而且"哀民生之多艰"，表达自己"吾将上下而求索"的政治理想。陶渊明的《桃花源记》其实也是寄托自己的政治理想的一篇散文。一部《古文观止》所选的作品大多也是具有强烈政治倾向的文学。至于像鲍狄埃的《国际歌》、田汉的《义勇军进行曲》所起的伟大作用于政治，更是人所共知的。20 世纪以来，我国文学所产生的大量作品，为表达人民群众的政治情绪、立场和倾向，促进民主革命和社会主义革命与建设的胜利，尤作出了巨大的贡献。但第一，世界上又并非所有的文学艺术作品都能为政治服务，也并非所有的文学艺术作品都含有政治性的内容。比如说，历史上存在过的有些山水诗、爱情诗，它只赞叹自然风光之美或抒写爱情之挚，其中确实看不出政治内容或政治的观点、立场与倾向，但又确实让不同时代不同阶级的读者都感到美的怡悦，激起深深的情感共鸣。例如像《诗经》中的《关雎》："关关雎鸠，在河之洲，窈窕淑女，君子好逑。"或柳宗元的诗："千山鸟飞绝，万径人踪灭，孤舟蓑笠翁，独钓寒江雪。"前者写男女的爱情追求；后者写的则是一幅古代宁静的雪天山水画。显然都不是为政治服务或有什么政治内容的，却为历代的人们所欣赏。

第二，文学艺术的价值固然并非与政治无关，但它价值的高低又确非仅由政治决定的，有些具有鲜明政治内容和倾向的作品不仅价值不高，甚或很快走向反面，而有些没有政治内容和倾向的作品，倒能长期存留下去，被一代又一代人所欣赏。比如近百年来我国文坛就有过有一些为政治服务的作品，由于这个政治力量本身是反动的、腐败的，像歌颂君主立宪的文学，阿谀日本侵略者的汉奸文学，像蒋介石政权豢养下的大量反共文学，在当年自然都是为一定政治服务的，今天看来，读者已经弃之若敝屣，甚或已被钉在历史的耻辱柱上，只有负面的价值了。文学艺术为他们那种政治服务就不但没有进步意义，而且艺术水平越高就越有害。而那时产生的一些没有政治内容或倾向的作品却反有审美的价值，像周作人的某些闲适散文，像沈从文的《边城》那样的乡情画一般的作品。

第三，即使具有正确的、进步的、乃至革命倾向的作品，其本身也会因艺术水平的差异而产生不同的价值，并非因为某一作品具有正确的、进步的、乃至革命的政治倾向，它就一定会受到读者的欢迎，如果它在艺术水平方面粗制滥造，照样也会因为缺乏应有的美感而被读者所贬斥。只有既具有正确的、进步的、革命的政治内容和倾向，又具有完美的艺术形式的作品，才能经得起时间的长期考验，被一代又一代人所历久不衰地欣赏。

这都说明，从文学艺术作品本身来看，是否从属于政治、为政治服务，显然不是唯一的价值取向，也不是最本质的价值取向。从历史上看，既存在为政治服务的文学，也存在为道德、为宗教服务的文学，甚至还存在宣传一定法制、教谕和一定哲理的文学。它们作为文学的价值，也并非由一定道德、宗教、法制或哲理所决定的。例如《圣经》和许多佛经故事之所以能够流传，便主要是因为其同时具有文学性、艺术性。

所以，认为文学艺术一概"从属于政治、为政治服务"的命题，作为学理性的理论概括是不周延的，它同样难以说明所有的文学艺术事实，而只能说明相当部分的文学艺术事实。因而这种概括无疑也存在一定的片面性。它虽然不无一定真理性，却不能说就代表绝对真理。而且笼统地主张文艺为政治服务，而不问这是什么政治，那是很危险的。我们只能主张文学为进步的政治服务，为无产阶级革命服务或为人民的社会主义事业服务。从政治家或革命家的立场，当然都希望文学艺术能够为政治、为革命服务，乃至充当宣传革命的工具、起到巩固和稳定进步政治的功用。这不但可以理解，也无可厚非，乃至可以说这也是一种规律性的现象。而从文学家艺术家的立场，则并非所有时候都能赞成文艺从属于政治、为政治服务，他们希望保留自己选择的权利也是应该的，可以理解的。而且政治立场和倾向不同的文艺家，对同一政治事件或运动，完全可以采取或赞成、或反对、或疏离、中立的不同态度。

五 对"不继续提文艺从属于政治,但又不可能脱离政治"的理解

1980年1月16日邓小平同志在《目前的形势和任务》一文中指出,"不继续提文艺从属于政治这样的口号,因为这个口号容易成为对文艺横加干涉的理论根据,长期的实践证明它对文艺的发展利少害多。但是,这当然不是说文艺可以脱离政治。文艺是不可能脱离政治的"。这无疑是近半个世纪以来对于文艺与政治关系的马克思主义的理论揭示和总结。这个论断发展了马克思主义经典作家的有关论述,从人类文艺实践包括我国长期革命文艺实践的经验与教训出发,实事求是地对这一重大的非常敏感的理论问题作出了当代马克思主义的富于魄力的回答。这个回答不仅具有深刻的学理意义,而且具有深远的实践意义。可以说,这个回答,大大解放了我国文艺界的思想,为新时期我国社会主义文艺的发展开辟了更加宽广的道路。

马克思曾经说过:"物质生活的生产方式制约着整个社会生活、政治生活和精神生活的过程。不是人们的意识决定人们的存在,相反,是人们的社会存在决定人们的意识。"[①] 恩格斯进一步阐明说:"政治、法律、哲学、宗教、文学、艺术等的发展是以经济发展为基础的。但是,它们又都互相影响并对经济基础发生影响。并不是只有经济状况才是原因,才是积极的,而其余一切都不过是消极的结果。这是在归根到底不断为自己开辟道路的经济必然性的基础上的互相作用。"[②] 无疑,这是对辩证唯物史观的重要原理,即经济基础与上层建筑意识形态关系的完整的经典性论述。这里我们应当注意到,第一,马克思、恩格斯是把社会现象分为两大部分,即经济基础与上层建筑意识形态,认为后者归根结底是受前者决定的;第二,恩格斯把政治、法律、哲学、宗教、文学、艺术等作为上层建筑意识形态的不同门类加以并列,彼此互不隶属;第三,他还认为这些上层建筑

[①] 《〈政治经济学批判〉序言》,《马克思恩格斯选集》第2卷,第82页。
[②] 《致符·博尔吉乌斯》,《马克思恩格斯选集》第4卷,第506页。

意识形态互相影响，而不是哪一个只是被动地受制于哪一个；第四，上层建筑各意识形态还会对经济基础产生反影响，而非经济状况才是单方面的积极的原因。这就清楚地表明，马克思主义创始人早就从原则上讲清了政治与文学艺术的关系。他们并没有说文学艺术从属于政治。他们只是讲过，在阶级社会里作家总有一定的阶级立场，以及伟大的作家总是有鲜明政治倾向的。

那么，"从属论"又是怎样产生的呢？

应该说，这跟列宁的某些论述可能不无关系。

列宁在《党的组织和党的出版物》一文中论述文学的党性原则时说："对于社会主义无产阶级，文学事业不是个人或集团的赚钱工具，而且根本不能是与无产阶级总的事业无关的个人事业。打倒无党性的文学家！打倒超人的文学家！文学事业应当成为无产阶级总的事业的一部分，成为一部统一的、伟大的、由整个工人阶级的整个觉悟的先锋队所开动的社会民主主义机器的'齿轮和螺丝钉'。文学事业应当成为有组织的、有计划的、统一的社会民主党的工作的一个组成部分。"本来，这篇文章说的是社会民主党的出版物，包括党的文学出版物的工作。在这个范围内，列宁所提出的要求，从党的角度是完全必要的、可以理解的。列宁并没有在这里论述整个国家、整个世界的出版物和文学出版物。列宁号召要打倒的只是党内的无党性文学家，并非一切非党的文学家。因为列宁自然清楚地知道，在1905年的俄国，大量的文学家正都是非党的，不可能要求他们具备社会民主党的党性。但正是要求社会民主党的党员作家的合理的党性原则，后来却被变成了普遍化的原则，成为要求整个苏维埃国家的所有作家的原则。在我国继而又变成"文学从属于政治、必须为政治服务"的理论原理。

当然，这个理论原理的形成跟列宁的其他一些论述还有关。

列宁说："在以阶级划分为基础的社会中，敌对阶级之间的斗争（发展到一定的阶段）势必变成政治斗争。各阶级政治斗争的最严整、最完全和最明显的表现就是各政党的斗争。非党性就是对各政党的斗争漠不关心。但是，这种漠不关心并不等于保持中立，也不等于拒绝斗争。因为阶级斗争中不可能有中立者，在资本主义社会中不可能'拒绝'参加产品或劳动力交换。而交换必然产生经济斗争，随之而来的就是政治斗争。因此，对斗争漠不关心，实际上决不是回避斗争、拒绝斗争或保持中立。漠不关心就是默默地支持强者，支持统治者。"① 这里，列宁不仅把政治斗争看做阶级斗争的表现，而且把政党斗争看做是阶级斗争的最充分的形式，还把中立也看做是阶级斗争中支持强者的一种政治立场和态度

列宁在十月革命胜利后还说过："无产阶级文化协会的一切组织必须无条件地把自己看作教育人民委员部机关系统中的辅助机构，并且在苏维埃政权（特别是教育人民委员部）和俄国共产党的总的领导下，把自己的任务当作无产阶级专政任务的一部分来完成。"② 这里又把群众性的文艺团体也变成无产阶级专政机构的一个组成部分，要求非党的文艺家也要服从党的领导。

此外，列宁还认为政治是经济利益的集中的表现，是经济基础与上层建筑意识形态的中介，等等。

那么，在这样的革命理论传统和我国历来重视文艺服务于政治的传统双重影响下，毛泽东同志的《在延安文艺座谈会上的讲话》对文艺从属于政治作出前面我们所引述的论断，就是不奇怪而且可以理解的了。1942年在国内外阶级斗争和民族斗争极其尖锐的情况下，文艺界确实很少人能够在创作中不表现自己的一定政治营垒的立场和观点。

当然，今天看来，这样的理论的局限性和偏颇是明显的。因为作为普遍性的原理，它毕竟难以概括历史上的全部文学艺术现象。而就我国而言，文艺从属于政治、必须为政治服务的理论，对社会主义文艺的实践来说，确实害多利少。首先，它既然要求文艺从属于政治并为政治服务，必然就要排斥与政治无关、不能为政治服务的作品，这样就大大限制了社会主义文艺应有的广阔的题材和主题，从而也不利于文艺形式与风格的多样化。而题材、主题、形式、风格的多样化，正是社会主义文艺为了满足广大人民群众丰富多彩的审美需要所必需的。其次，它也不利于团结和调动广大持有不同政治倾向的文艺工作者的积极性和主动性，乃至于使他们因创作了与政治无干或批评了政治的作品而受到不应有的迫害，像当年许多被打

---

① 《社会主义政党和非党的革命性》，《列宁选集》第1卷，第660页。
② 《论无产阶级文化》，《列宁选集》第4卷，第362页。

成"右派"的作家那样，被剥夺了创作的权利。再次，它为不懂文艺的政治工作人员提供了对文艺进行横加干涉的理论根据，乃至肆意破坏文艺创作的规律，不但要求作家紧密地去配合具体的政治任务，写所谓"中心"，而不管作家是否有足够的生活积累，是否酝酿有足够的创作激情；更有像林彪那样，提出所谓"领导出思想，群众出生活，作家出技巧"的"三结合"的创作方法，贻为笑谈，把复杂的创造性的精神劳动变为作坊式的凑合在一起的制作，从而大大降低创作的艺术水平。

为了全面弄清文艺与政治的关系，我们有必要对之作历史的考察。

在远古时代，人类处在原始共产社会，由于生产力低下，社会分工还很少，当时上层建筑意识形态的功能常常由部落酋长一人兼任。酋长既享有政治权力，又兼巫祝和史官、法官。既管劳动的组织和产品的分配，也管卜筮、医病、排解纠纷、传授历史、排演歌舞娱乐，等等。至今非洲有的黑人部落酋长在判案的同时还载歌载舞，就是有力的例证。后来由于社会分工越来越细，阶级产生了，酋长成为政治权力集中的统属百官和百工的君主，搞文艺的人也就降为从属的地位。像汉代的俳优，即如东方朔、司马相如也如此，成了汉武帝的臣仆。法国路易十四时代，莫里哀的角色也这样。这种状况到资本主义社会发生了很大的改变。一方面，农奴的解放伴随个性的解放，人与人名义上的平等和权力集团的民选，改变了文艺家对政治家的隶属地位；另一方面，艺术品被推向市场，从经济上巩固了艺术家这种平等的自主的地位。而资本主义社会日趋完善的法律则保证了这一切。

人们对政治有两种说法，一是如孙中山所说，政治是管理众人之事；另一种是如毛泽东所说，政治就是阶级斗争。这两种说法无疑都有道理。在阶级社会之前，政治当然就是管理众人之事，而阶级社会产生后，政治当然就成为阶级斗争的集中表现，或是代表统治阶级去管理众人之事（包括压迫被统治阶级去接受既定的统治秩序，也包括协调统治阶级各方的利益），或是团结被统治阶级去反抗统治阶级的统治（包括争取统治阶级的让步，也包括推翻整个统治阶级）。实际上政治涵盖如下几个层次：政治制度的制定、政府权力的运作、群众性政治行动的组织、每个人自己的政治立场观点的确定等。那么，我们可以看到，文艺与政治作为两种社会现象，确实存在着结构与功能的质的区别。

第一，它们的结构不同。政治的结构虽有思想观点的层次和物质实体的层次，落实在人们的行动上，其关键是强制性的政治权力。制度化的权力必须通过行动去实现，而行动因体现权力才获得权威性，才可能比非权力的行动更能使别人的意志屈服。在行动和权力的背后当然都隐藏着一定的政治思想观点。这些观点归根结底源于各人在社会经济生活中的地位和利益。而文艺的结构虽也有思想观点和物质实体的层次，但它不存在强制性的权力（即使有人认为文学存在着语言的霸权，毕竟也与政治权力有原则的区别），文艺主要通过作品的个别制作和一定范围的传播，吸引人们去欣赏，在审美感受中潜移默化地接受它的思想情感。

第二，它们的功能不同。政治的目的在于遵循一定的社会生产方式，建立一定的制度并通过暴力和非暴力的手段去平衡各方的利益，以保持社会的稳定运行或促使社会的更新。而文艺的目的则在满足人们的审美需要，通过自己的作品被接受、被欣赏，使人们通过作品所创造的真善美的艺术世界中得到精神的怡悦和陶冶，优化人们的思想与情感，帮助人们更好地认识自身的世界和应有的理想的人际关系。

当然，在不同中它们又并非没有交叉的共同点，即政治与文艺都有思想观点的支配，而且两者隐含的思想观点都源于一定时代的社会经济基础。在政治行为背后隐含的除了政治观点外，往往还有法律、道德、宗教、哲学等观点，自然，政治观点是主要的。而艺术行为背后隐含的除了政治、道德、宗教、哲学等观点外，美学观点和审美情趣则是主要的（在有些艺术门类中，如美术、音乐、舞蹈、杂技中，还可能看不出政治、道德等观点）。在两者的交叉点中，我们又应看到，在一定时代经济基础上产生的政治行为、政治思想、政治制度和机构，基本上都会随着这种经济基础的消亡而消亡，而文学艺术则不然，由于它的审美特性，许多优秀的文艺作品即使含有特定时代所形成的政治、道德、宗教、哲学等思想观点，它们还会继续流传下去，被一代又一代人所欣赏。

政治与文学艺术在历史的发展过程中，确如恩格斯所指出，两者是相互影响的。政治对于文学艺术的影响有如下的层面：

一、政治观点和立场的影响。每个人生活在一定的社会中，他的经济地位和他所接受的思想教育，以及他的具体人际关系，都会使他产生一定的政治观点和立场。作家艺术家也不例外。这样的立场和观点也一定会不同程度地、或明或隐地表现在他的作品中。比如抗战文艺或"四·五"天安门革命诗歌，就都有鲜明、强烈的政治思想倾向。有些在政治斗争中持中立立场的作品，它体现的实际上也是一种政治立场和观点。

二、政治家的思想和行为的影响。有的文学艺术家本身就是政治家，如毛泽东，他的政治历程和思想当然会直接影响他的诗词创作；他还跟许多文学艺术家交朋友，例如他与郭沫若的朋友关系便使郭沫若更容易受到他的政治历程和思想的影响。而他作为政治家的错误认识和行为，也会影响到文学艺术家。如胡风、吴晗后来的受迫害就与毛泽东的错误思想和认识分不开。历史上曹操、曹丕父子与建安七子的关系也如此。

三、政治机构和团体的影响。例如政府和政党，作为权力或准权力机构，对作家艺术家及其创作都会产生影响。它们都可以通过一定的政策和法规、决议等去规范文艺创作。例如世界各国的政府都有扫黄的政策规定与相应的强制行动。而一些政党也力求通过文艺的形式宣传它的政见，扩大它的影响。这当然对相应的作家艺术家的创作产生一定的推动和规约作用。

四、政治斗争和运动的影响。阶级斗争一般都会表现为政治斗争，甚至掀起一定的政治运动。例如20世纪以来我国的君主立宪运动，辛亥革命运动，五四爱国运动，大革命和苏维埃运动等，都是阶级斗争或民族斗争集中的表现。在这样的斗争和运动中，很少有作家艺术家能够不站在政治营垒的这一边或那一边，并通过自己的作品表现一定的政治立场和思想情绪。

反过来，文艺对政治的影响也不容忽视。毛泽东在说到文艺从属于政治时就同时说文艺"反转过来给予伟大影响于政治"①。在社会的实际生活中我们会看到，文艺作品通过自己的潜移默化的作用，既帮助读者提高对社会现实的认识，还可能转变读者的思想立场，乃至走上革命的道路；还能看到有些作品，像前面所举的《国际歌》、《义勇军进行曲》那样，在广

---

① 《在延安文艺座谈会上的讲话》，《毛泽东选集》第3卷，第888页。

大人民群众中产生政治动员的作用，推动历史的前进；也还有些作品由于自己错误的政治思想倾向，对社会生活产生了负面的影响。

由此可见，邓小平同志关于"不再提文艺从属于政治"，并以"为人民服务、为社会主义服务"的口号去代替"为政治服务"的口号，同时又指出"文艺是不可能脱离政治的。"这是非常深刻的也是符合历史实际的论断。一方面，他看到文艺与政治的区别，看到两者不存在相互隶属的关系；但另一方面又看到两者存在密切的联系，至少从以上我们所列举的四个层次上，文艺都是难以完全脱离政治的。

正确认识文艺与政治的相互关系，也就为我们自觉地正确处理两者的关系，以促进文艺的健康发展和繁荣，创造了良好的思想前提。人们不应该以政治的特性和角度去要求文艺，也不应从文艺的特性和角度来要求政治；人们也不应该要求所有的文艺作品都为政治服务，但也要承认有许多文艺作品是可以和应该为政治服务的；政治所涉及所处理的范围是如此广泛，人们在要求政治为文艺的创作提供良好的社会条件时，也不能要求它只为文艺服务，毕竟文艺只是局部，政治要总揽的则是全局。认识到文艺不可能脱离政治。这就要求我们的作家艺术家要重视政治，顾及全局。在今天的社会主义历史条件下，我们的文艺工作者更要牢记邓小平同志的如下教导："任何进步的、革命的文艺工作者都不能不考虑作品的社会影响，不能不考虑人民的利益、国家的利益、党的利益。培养社会主义新人就是政治。社会主义新人当然要努力去实现人民的利益，捍卫社会主义祖国的荣誉，为社会主义祖国的前途而英勇献身。文艺工作者对人民特别是青年的思想倾向有很大影响，对社会的安定团结有很大影响。我们衷心地希望，文艺界的所有同志，以及从事教育、新闻、理论工作和其他意识形态工作的同志，都经常地、自觉地以大局为重，为提高人民和青年的社会主义觉悟奋斗不懈。"[①]

[①] 《邓小平文选》第 2 卷，第 256 页。

论文学与现实的关系

在马克思主义看来,存在决定意识,意识反映存在,但意识又能反作用于存在并改造存在。这是辩证唯物主义的基本原理。在考察文艺与现实的关系时,我们自然不能脱离这样的原理。

一 "再现说"与"表现说"的分野

文学与现实的关系在理论上曾是众说纷纭的一个命题。历史上就有"再现说"与"表现说"的分野。如何正确地理解文学与现实的关系,对于发展和繁荣文学艺术的创作,至为重要。

所谓"再现说"是指把文学艺术作品看做是现实生活的再现或模仿。而"表现说"则把文学艺术作品当做作家艺术家的自我表现。这两种说法都由来已久,各有各的道理。例如,我国古代就有"诗言志"的说法。所谓"志"当然是主观的属于内心的东西。如《毛诗大序》所说:"诗者,志之所之也,在心为志,发言为诗。"这篇序对文学艺术的创作过程作了这样的描述:"情动于中而形于言,言之不足,故嗟叹之,嗟叹之不足,故咏歌之,咏歌之不足,不知手之舞之,足之蹈之也。"这俨然就是"表现说"了。但也有像钟嵘《诗品》这样的说法:"气之动物,物之感人,故摇荡性情,形诸舞咏。"他把性情的摇荡归于自然界的"气"与"物",这当然就属于客观的东西了。换言之,他认为先有客观的现实,然后才产生人的感觉和情绪的激动,最后才有文学艺术的创作。所以,如果把它归入"再现说",似乎也可成立。在西方,也历来有两派,从古希腊的亚里士多德提出的"模仿说",到后来贺拉斯主张作家应到生活、习俗中去找"范本",波瓦洛要求作家钻研"自然人性",再到巴尔扎克提倡作家熟悉"一切现象，一切感情"，并且自称是法国社会的"书记"，可以说都属于"再现派"的理论主张。而像德谟克利特认为诗出于"心灵的火焰"，苏格拉底认为诗人写诗是凭着"天才与灵感"，华兹华斯把诗看做是"心灵的歌"，雪莱说诗是"最快乐最良善的心灵中最快乐最良善的瞬间之记录"，大概都可归入"表现派"的行列。至于现代主义作家之主张"自我表现"，那更是典型的"表现派"的主张了。

对上述两派的主张，20世纪初王国维在《人间词话》中有这样的归纳："有造境，有写境，此理想与写实二派之所由分。然二者颇难分别，因大诗人所造之境，必合乎自然，所写之境，亦必邻于理想故也。"他似乎倾向于消泯"再现"与"表现"的界限，认为杰出的文学作品都是现实与理想、主观与客观的统一。由此可见，文学与现实的关系问题看似简单，实际上人们颇有复杂而曲折的认识过程。按照"再现说"，作家艺术家就得十分重视了解生活，深入生活，把生活看做文学艺术创作的源泉。而根据"表现说"，则作家、艺术家尽可不必重视生活源泉的问题，需要努力的倒似乎在于发掘自己的内心世界。到底文学创作的源泉是社会现实生活呢，还是来源于人的自我、人的内心？现实主义和自然主义的作家、理论家多主张前者，而浪漫主义、现代主义作家和理论家则多主张后者。当然也还有"形式说"，认为文学的源泉是什么并不重要，重要的是它的形式，是文学性。而形式也罢，文学性也罢，当然都是作家所创造的。所以这一说法，有些方面似乎比较接近"表现派"。

二 现实主义与浪漫主义的不同主张

高尔基曾指出文学史上有两大主要潮流，这就是现实主义和浪漫主义。

在文学史上这两种潮流确实是存在的，当然还有其他的潮流，如前面提到的比较接近现实主义的自然主义和比较接近浪漫主义的现代主义等。所以，主要的还是现实主义和浪漫主义。在我国古代，《诗经》和史传文学（如《左传》、《史记》）主要是现实主义的，而神话和《离骚》等楚辞则主要属于浪漫主义。唐代的伟大诗人杜甫长于现实主义写作，而李白则多有浪漫主义诗篇。一般来说，现实主义主张再现现实生活的本来面目，而浪漫主义则提倡表现作家理想的境界。西方文学同样也存在现实主义和浪漫主义两派。对这两者，高尔基做了如下的界说："……从既定的现实的总体中抽出它的基本意义而且用形象体现出来，——这样我们就有了现实主义。但是，如果在从既定的现实中所抽出的意义上面再加上——依据假想的逻辑加以推想——所愿望的、可能的东西，这样来补充形象，——那么我们就有了浪漫主义。"①

高尔基的概括不是没有道理。因为这实际上是历史上许多作家共有的看法，虽然不无小的差别。例如巴尔扎克对自己的创作曾做这样的表白："法国社会将要做历史家，我只能当它的书记，编制恶习和德行的清单、搜集情欲的主要事实、刻画性格、选择社会上主要事件、结合几个性质相同的性格的特点揉成典型人物，这样我也许可以写出许多历史家忘记写的那部历史，就是说风俗史。持之以恒，百折不挠，我也许可以完成一部描写19世纪法国的作品。"② 这里，巴尔扎克把自己看做现实的模仿者，将社会现实生活看做自己描写的对象，看做创作的源泉，那是很清楚的。关于《包法利夫人》这部小说名作，它的作者福楼拜也做了这样的表白："这完全是一个虚构的故事，这里没有一点关于我的感情的东西，也没有一点关于我的生活的东西。正相反，虚象（假如有的话）来自作品的客观性。这是我的一个原则，不应当写自己。"③ 这就是说，福楼拜也是自觉地把客观的社会现实生活作为自己的描写对象的。而浪漫主义作家乔治·桑在致福楼拜的信中则这样区别自己与福楼拜的不同创作原则："坦白地说，你既有能力而也愿意描绘人类如你所眼见的。好的！反之，我，总觉得必要按照我希望于人类的，按照我相信人类所应当的来描绘它。"④ 可见，乔治·桑也承认福楼拜描写的客观性，并坦白说明自己创作倾向于主观理想性。对于现实主义和浪漫主义两派的分野，俄国批评家别林斯基根据俄罗斯文学史的实际情况，也说："……浪漫主义艺术把地上的东西搬到天上，它的

---

① 《苏联的文学》，《文学论文选》，人民文学出版社1958年版，第337页。
② 《〈人间喜剧〉前言》，《文艺理论译丛》1957年第2期。
③ 《给尚特比女士》，《译文》1957年第4期。
④ 乔治·勃兰兑斯：《法国作家评传》，国际文化服务社1951年版，第1—2页。

追求总是朝向现实和生活的彼岸,我们的新艺术则是把天上的东西搬到地上,用天上的东西来照亮地上的东西。"① 他所说的"新艺术"就是现实主义艺术。

要而言之,现实主义作家和理论家都认为文学艺术的任务就是模仿现实,真实性是它的重要的原则,这就是要求按照现实生活本来的面貌来描写它;而充分发展的现实主义更把典型性作为重要原则,如恩格斯所说的:"除了细节的真实,还要真实地再现典型环境中的典型人物。"这就是要求作家从现象深入生活的本质,从个别见出一般。自然主义作家则还要求不加粉饰的描写,要求体现当时自然科学,特别的遗传学等方面的新成就去描写人。而浪漫主义作家和理论家则强调表现作家自我的思想情感,特别是所理想、所向往的境界。假定性是它的重要原则。现代主义作家更发展了浪漫主义自我表现的理论,更加强调艺术是作家艺术家自我的创造。由于理想既有促进历史进步的,也有阻碍历史前进,乃至拉动历史倒退的,所以,人们又将浪漫主义分为积极的浪漫主义和消极的浪漫主义两类。

当然,除了现实主义和浪漫主义两大潮流外,还有一些作家艺术家和理论家认为,这两大潮流在许多文学艺术作品中常常是结合在一起的。上面引述的王国维的见解便含有这个意思。至于高尔基本人更有这样的主张:"我认为,现实主义和浪漫精神必须结合起来。不是现实主义者,不是浪漫主义者,同时却又是现实主义者,又是浪漫主义者,好象同一物的两面。"② 大家知道,1958年毛泽东同志也提出了将革命现实主义和革命浪漫主义结合起来的创作原则。

就文学艺术与现实的关系而言,如上所述,以现实主义理论为代表的"再现派"认为创作离不开现实生活,因而他们都重视深入生活,重视作家艺术家去观察、体验各种各样的生活。而以浪漫主义为代表的"表现派"则不那么重视对现实生活的观察、体验,他们更重视发挥主观的幻想和想象,极端的甚至认为作家艺术家根本不需要去接触广泛的社会现实生

---

① 《智慧的痛苦》,《别林斯基选集》第1卷,时代出版社1952年版,第321页。
② 《在〈红色处女地〉杂志会议上的发言》,《苏联作家论社会主义现实主义》,人民文学出版社1960年版,第17页。

活，闭门坐在家里也可以创作，可以表现自我，写自己的内心世界。而主张两结合的则既主张深入生活，又主张表现自我的理想。且不管各派的主张如何，到底现实生活与文学艺术创作的关系在各派那里又是怎样的呢？是否真正有所谓不依赖于社会现实生活的创作？那种一味挖掘自己内心世界的创作，那内心世界与社会现实生活是否毫无关系呢？

三　怎样理解"现实生活是文学艺术的源泉"

毛泽东同志的《在延安文艺座谈会上的讲话》指出："一切种类的文学艺术的源泉究竟是从何而来的呢？作为观念形态的文艺作品，都是一定的社会生活在人类头脑中反映的产物。革命的文艺，则是人民生活在革命作家头脑中的反映的产物。"他还把社会现实生活看做文学艺术的唯一的，取之不尽，用之不竭的源泉，认为舍此之外"不能有第二个源泉"。因此，他号召作家艺术家"必须到群众中去，必须长期地无条件地全心全意地到工农兵群众中去，到火热的斗争中去，到唯一的最广大最丰富的源泉中去，观察、体验、研究、分析一切人，一切阶级，一切群众，一切生动的生活形式和斗争形式，一切文学艺术的原始材料，然后才有可能进入创作的过程。"

从"意识是存在的反映"，"社会意识是社会存在的反映"这种唯物主义的原理出发，说社会现实生活是文学艺术的唯一的取之不尽用之不竭的源泉，当然是绝对正确的。即使像古代的神话，是人们借助想象和幻想去征服自然界的产物。如《女娲补天》、《精卫填海》这样的神话，似乎不是现实生活所存在的。但也不能说毫无现实生活的根据。因为它们毕竟曲折地反映了古代人与自然环境所作的艰苦斗争及其顽强的意志。所以，追根溯源，仍然来自于现实生活。如果完全没有人类的社会生活，那就很难设想会产生什么文学艺术作品。我们知道，一个离开人类而与狼群一起生活的"狼孩"，像印度曾经发现的那样，他既不会人类的语言，也不了解人类的思想感情和各种人际关系，他自然不可能创作文学艺术作品。文学既是"人学"，是以写人为中心的。文学的表现对象就是人，包括人的思想、情感、行为、性格，人与人的关系以及人与自然的关系。而人是社会的动物，是在与他人的交往和依存中才可能从事物质的和精神的生产以及人自身生命的延续的动物。"狼孩"虽有人的血统和外形，但在生活方式上和精神上，他都是非人。他虽然生存着，却并非人的生存，而是兽的生存。如果说他也有意识的话，那也是兽的意识。所以，文学艺术既然表现人的生活，作家当然就不能脱离人类社会，而必须参与社会现实生活，从生活中去了解社会关系，了解人们的性格、行为和思想情感，从而才可能积累生活素材，为自己的创作提供想象和幻想的基础和根系。否定社会现实生活是文学艺术创作的源泉，认为作家只要坐在家里苦思冥想，就能写出好的作品，那自然是不现实的。即使有这样的作家，那他在创作之前也必定有自己的生活积累，哪怕是少年时代的生活印象和感情体验。完全与社会现实生活不发生联系，像"狼孩"那样，又怎么能写出作品呢？

浪漫主义作家也好，现代主义作家也好，他们也都不是生活在真空里。相反，他们中的许多作家都是生活的积极参与者，更有许多是变革现实的斗士，是社会的激烈的批判者。即使少数依靠挖掘自己内心世界的作家，他们的内心世界也不是与现实绝缘的，他们的思想、情感乃至想象和幻想，归根结底仍然不过是现实世界的曲折的反映罢了。正如《聊斋志异》中的狐鬼不过是现实人物故事的幻化，卡夫卡笔下《变形记》里变成甲虫的小职员的痛苦，也不过是资本主义世界里小职员的现实的痛苦。所以，把社会现实生活看做创作的源泉，在所有作家艺术家那里都是正确的。

胡风曾经说过，生活就在足下，哪里有生活，哪里就有斗争，有生活有斗争的地方就有诗。这个论点在20世纪50年代反胡风运动中曾受到激烈的批判。有些批判者认为胡风的这种主张就是反对作家艺术家深入工农兵，深入火热的革命斗争。其实，胡风是针对重庆大后方的文艺工作者说的。他的话也并非没有一定的道理。当时大后方的大多数作家艺术家没有现实的可能去深入工农兵，深入火热的革命斗争，指出他们可以写自己周围的生活和斗争，这无疑也是一种选择。当然，这并不意味着生活题材没有重要不重要的分别。作家们固然可以写身边的琐事，杯水般的风波，但他如果有条件去参加重大的社会生活斗争，有可能去了解时代深刻的历史脉搏和社会冲突，从而写出富有史诗内容的宏大作品来，那岂不更好，更难得！至于作家足下的生活自然也是社会生活的一部分，它的脉动也有可能一定程度地体现社会整体的生活脉动，如果作家深刻的话，能从一斑而窥全豹，也不是没有可能写出具有普遍意义的作品。像巴金的名作《家》，就是他自己所在过的大家庭生活的写照。所写的都是他周围的亲友，由于熟悉和体验真切，所以写出来便个个形象生动，感人至深！并且具有相当的典型性。

现实生活对于文学艺术创作固然重要，但由此不能得出结论说，人们只要到社会现实生活中去，就一定能够写出好作品。实际上，人人都生活在社会现实之中，却并非人人都能写出文学作品。参与社会火热的斗争的有许多人，如参加铁路的建设或抗洪救灾的斗争，也不是所有参加的人都能写出作品，真正能够写出作品并且成为作家的人是很少的。这就说明，作家感受生活并从生活中取材，到最后写成作品，还有他作为创作主体的主观条件。例如，作家当然需要有创作的才能，包括他善于从审美的角度去感受生活，对生活印象有敏锐的观察；善于体验别人的喜怒哀乐的各种情感及其境遇；他更要具有丰富而活跃的想象力和幻想力，善于虚构各种故事和生动而鲜明的形象；最后，他还要有驾驭文学语言的修养，不能语言贫乏，词不达意，等等。倘若一个人不具备以上的才能和素养，即使生活很丰富，恐怕也难以创作出好的文学作品。

在我国社会主义的文学艺术实践中曾经存在过这样的情况，即各级作家协会组织许多作家下乡下厂，并不是所有的人回来都能写出作品，有的虽然写出作品，却往往是失败的、公式化概念化的。这又是什么缘故呢？当然，他们都是作家，都是曾经写过作品，甚至是写过优秀作品的，你不能说他们没有创作的才能和素养。我以为，这原因恐怕有两方面：一是下去生活的时间太短，只是走马观花，对人对事都了解不深，乃至十分皮毛，缺少足够的真切体验；二是作家自己对一定的生活并不感兴趣，缺乏共鸣，缺乏创作的激情。这种情况下勉强去写，自然是写不好的。

也还有另外一种情况，即作家写出了一部相当不错的作品，乃至受到读者热烈欢迎的作品，但其实他对自己所写的生活并没有亲身体验，这又是怎么一回事呢？比如，姚雪垠并没有明末清初那个动乱时代的生活经历，他怎么能写出《李自成》这样成功的历史小说呢？又如老舍的《四世同堂》也写得相当成功,但北平被日本人占领后的生活,他并没有亲历呀,这又是怎么回事呢? 这里,人们对于作家深入现实生活恐怕要作一种宽泛的理解,即作家的生活积累既包括亲身经历的,也包括非亲身经历的。而且后者应包括从书面材料了解的和从别人那里了解到的。姚雪垠就说过他曾经阅读过明末清初的许多历史材料,他自己幼年曾被土匪虏获,在土匪队伍中生活过一段时间,抗日战争初期他也曾随国民党军队在前线生活过,这种经历对他后来写作《李自成》有很大的帮助。老舍虽然抗战期间在大后方,但北平胡同里的各种人物,他却是从小就十分熟悉的,而沦陷后北平的生活,则听到亲友的许多转述。这样,加上两位作家的丰富的想象力和幻想力,间接的生活经验自然都派上了用场。有才能的作家,就能够在有限的间接生活经验的基础上,借助自己出色的想象力和幻想力,把自己没有亲历的生活场景想象得十分真切,这也是必须承认的。

  对作家与自己作品中所写的生活的关系,鲁迅曾有这样的说明:"作者写出创作来,对于其中的事情,虽然不必亲历过,最好是经历过。诘难者问:那么,写杀人最好是自己杀过人,写妓女还得去卖淫么? 答曰:不然。我所谓经历,是所遇,所见,所闻,并不一定是所作,但所作自然也可以包括在里面。天才们无论怎样说大话,归根结蒂,还是不能凭空创造。描神画鬼,毫无对证,本可以专靠了神思。所谓'天马行空'似的挥写了,然而他们写出来的,也不过是三只眼,长颈子,就是在常见的人体上,增加了眼睛一只,增长了颈子二三尺而已。"[①] 鲁迅这话是说得很透彻了。从心理学说来,人的想象力大体有两类,一是再现性想象,也就是把记忆中的印象恢复起来;另一类是创造性想象,即能将记忆中的不同印象综合在一起,构成一个新的形象。文学创作中无论哪一类想象,归根结底正都离不开作家过去积累的生活印象。

  因此,无论从什么情况看,说社会现实生活是文学艺术创作的源泉,都是正确的,难以驳倒的。文学史表明,伟大的作家除了个人的天才外,总是与自己拥有丰富的生活阅历和经验分不开。

[①] 《叶紫作〈丰收〉序》,《鲁迅全集》第 6 卷,第 175 页。

四　对认识论美学的质疑和实践论美学的提出

　　20世纪我国文学理论在处理文学与现实的关系问题上，几十年来都立足于唯物主义的反映论的认识论，如上所述，这从根本上说是正确的。但这只是问题的一面。问题的另一面是，难道文学艺术就等于社会现实生活的照相吗？显然，我们不能做这样简单的回答。

　　列宁曾经指出："艺术并不要求承认艺术作品就是现实。"[①] 毛泽东的《在延安文艺座谈会上的讲话》显然也注意到这一点。他指出文学艺术是"一定的社会生活在人类头脑中的反映的产物"，实际就说明反映的对象与"反映的产物"并不是一回事。所以，他讲到源泉时就接着说："人类的社会生活虽是文学艺术的唯一的源泉，虽是较之后者有不可比拟的生动丰富的内容，但是人民还是不满足于前者而要求后者。这是为什么呢？因为虽然两者都是美，但是文艺作品中反映出来的生活却可以而且应该比普通的实际生活更高，更强烈，更有集中性，更典型，更理想，因此就更带普遍性。"

　　类似的意思，历史上不少文艺家也都不同程度地认识到了。歌德曾这样说："不要说现实生活没有诗意。诗人的本领，正在于他有足够的智慧，他能从惯见的平凡事物中见出引人入胜的一个侧面。必须由现实生活提供做诗的动机，这就是要表现的要点，也就是诗的真正核心；但是因此来熔铸成一个优美的、生气灌注的整体，这却是诗人的事了。"[②] 雨果也说："事实上，诗人创造多于叙述，他表现和描绘。任何诗人在他们身上都有一个反映镜，这就是观察，还要有一个蓄存器，这便是热情；由此便从他们的脑海里产生那些巨大的发光的身影，这些身影将永恒地照彻黑暗的人类长城。"[③] 这里，歌德所说的"优美的、生气灌注的整体"也好，雨果所说的"巨大的发光的身影"也好，指的都是已有别于现实的艺术家的创造。

---

① 《哲学笔记》，第66页。
② 《歌德谈话录》，人民文学出版社1978年版，第7页。
③ 《莎士比亚的天才》，《古典文艺理论译丛》第三册，第95页。

这就是说，他们都看到文学艺术源于现实生活，但它又都有比生活更优美的、经过作家创造性劳动的层面。

实际上，文学艺术产品跟人类所创造的其他产品一样，都是人通过自己的实践而对于客观世界的一种改变，是人的本质对象化的结果。马克思在《1844年经济学—哲学手稿》中指出，人能够"按照美的规律来塑造"。人类对于世界的改造，包括种植田园，修建房子，制作种种器具，以至于出现了人造的"第二自然"，这都是人发现了客观世界的规律并利用这种规律实现了对于世界的改造。文学艺术作品从本质上说，也正是人利用了美的规律来实现客观世界的一种改造。因此，文学艺术虽然源于社会现实生活，却可以也能够比现实生活更美、更高，正是人在实践中的能动性使文学艺术作品比实际生活更有集中性，更理想，更典型，更有普遍性。出于这样的考虑，近年我国文艺理论家提出应以实践论作为文艺理论的哲学基础，以代替单纯的反映论的认识论，这不能说没有道理。

其实，辩证唯物主义的反映论、认识论和实践论是统一的。因为辩证唯物主义的反映论是能动的反映论，而非机械反映论。毛泽东在《实践论》中曾指出："实践、认识、再实践、再认识……这就是辩证唯物论的全部认识论，这就是辩证唯物论的知行统一观。"文学艺术掌握现实的方式虽与哲学等不同，但也是人类对于现实的一种认识的表现。不过，就文学艺术作品的创造而言，它又有通过作家艺术家的实践按照美的规律改造现实的一面，正是从这一点上强调艺术实践的特性，既重视社会现实生活是文艺创作的源泉，又注意到人的实践创造性为艺术与现实的关系开辟了多种可能，而不是把艺术简单地当做现实的照相，这对于我们了解和阐释人类历史上的不同题材、样式、风格和创作方法的丰富多彩的文艺产品，促进社会主义文学艺术创作的"百花齐放"，应该说是十分有益的。

在人类的实践中，意识的能动性起着重要的作用。马克思曾说："蜘蛛的活动与织工的活动相似，蜜蜂建筑蜂房的本领使人间的许多建筑师感到惭愧。但是，最蹩脚的建筑师从一开始就比最灵巧的蜜蜂高明的地方，是他在用蜂蜡建筑蜂房以前，已经在自己的头脑中把它建成了。劳动过程结束时得到的结果，在这个过程开始时就已经在劳动者的表象中存在着，即已经观念地存在着。它不仅使自然物发生形式变化，同时他还在自然物中实现自己的目的，这个目的是他所知道的，是作为规律决定着他的活动的方式和方法的，他必须使他的意志服从这个目的。"① 按照自己预定的构思去创造文学艺术作品，这同样是文艺创作实践的特点。在这种创作实践中，通过推理、想象和幻想而形成的理想，对构建比现实生活更美的艺术世界起着十分重要的蓝图作用。在这个意义上，文学艺术的创造是离不开理想的。尽管理想有符合社会发展规律的，也有违背社会发展规律的，需要加以具体的分析，而不应笼统地反对一切理想。近年我国文学界有些青年作者一概反对文学表现理想，提倡描写所谓"生活的原生态"，把文学降为现实生活的拙劣模本，这是与人类对文学艺术的审美需求相违背的。艺术美之所以比现实美更加珍贵，更有价值，就因为经过作家艺术家的理想化，从而更高、更集中、更典型、更有普遍意义，也更美。在某些文学艺术领域，富于科学知识修养的、与活跃的想象和幻想力相联系的理想，对于推动社会历史的进步，尤为必要。例如法国作家儒勒·凡尔纳的科学幻想小说，对于人类一个世纪来的科学发展和历史进步都起着极其伟大的促进作用。还有像俄国革命民主主义作家车尔尼雪夫斯基《怎么办?》中所塑造的拉赫美托夫的理想形象，对于塑造一代又一代革命者的坚韧而崇高的品格的启迪，都是大家所熟知的。文学艺术正因自己的理想光芒，使一代又一代的读者变得更加文明，心理和情感也更加丰富和优美! 而我国社会主义新人的大批涌现，更有赖于作家艺术家作为人类灵魂工程师通过自己作品的创造性努力的影响。

总之，文学艺术与现实社会生活的关系是否处理得恰当，在未来世代里仍然是关系文学艺术发展和繁荣的重要问题。毫无疑问，人类的社会生活在未来会产生许多新的变化，这包括人与人的关系、人与自然的关系都会产生变化，人们的物质生活和精神生活水平的不断提高，使人的本身也会产生许多新的变化，例如文学界已经注意到所谓"新人类"的涌现，并在某些国家和地区的文学作品里描写了他们。后现代主义的出现，使得作家艺术家摄取生活和艺术地表现生活的方式也产生了若干新的变化。但这一切仍然不曾改变文学与现实关系的基本状况。未来的文学艺术仍然要以

---

① 《资本论》第 1 卷，《马克思恩格斯全集》第 23 卷，第 202 页。

社会现实生活作为自己的源泉，但文学艺术作品也同样不会是现实生活的银版照相，相反，一定会有更多的属于个人特色的创造性，会有更多的创新，也会有更多理想的光芒！现实主义、浪漫主义、自然主义、现代主义等种种不同地处理文学艺术与社会现实生活关系的方式也许还会继续下去，而新的什么更加符合艺术与现实的合理关系的主义，也肯定会被推到舞台上来。

论文学创作中感性与理性的关系

感性、理性与文学创作的关系，是文艺学中的一个复杂的理论问题，也是文艺实践中具有不同意见的问题。

毛泽东在《实践论》中曾指出，人类的认识过程是从感性阶段上升到理性阶段的过程。他说："认识的感性阶段，就是感觉和印象的阶段。"理性认识的阶段则是"经过感觉而到达于思维，到达于逐步了解客观事物的内部矛盾，了解它的规律性，了解这一过程和那一过程间的内部联系，即到达于论理的认识"。那么，文学艺术创作的过程是否跟一般的认识过程一样，或是完全不同呢？是止于感性呢？还是也有上升到理性呢？

有种意见认为，艺术都是感性的，应该跟着感觉走，不能有理性参与，艺术创作中一旦加入理性，艺术就会失败。应该说，艺术诉之于人们的感觉，它的创作也离不开创作主体的感觉。这大抵没有争议。但艺术创作中，特别是文学创作中，是否就不能有理性参与，便大有争议。在近代西方学者中，尼采的反理性主义、柏格森和克罗齐的直觉主义、弗洛伊德的"白日做梦"说，都为文艺创作非理性的观点提供了理论根据。尼采是唯意志论和生命哲学的主要代表之一。他否定理性主义和传统的真、善、美的价值观。在本体论上，他断言事物的本来面目和真实的世界均不可认识，真理只是一种主观信念，世界上唯一可以确定的基本事实就是意志，世间的联系只是一个意志征服另一个意志，整个世界只是由无数意志冲动构成的偶然性堆砌，无必然性可言。在美学上，他认为艺术全凭直觉，与理智无关，断言科学与道德阻碍生命意志的发扬，而艺术则应肯定和发扬生命意志。柏格森也把生命哲学与直觉主义联系在一起，强调理智的本质与生命相反。在美学上，他从直觉论出发，认为艺术是内心直觉体验的表现，艺术家创造了一种能表现生命绵延的知觉，是美的直觉，所以作家应依据人物的意识流来描写和塑造人物形象。克罗齐的美学更发展了艺术的直觉主义。弗洛伊德的《自我与本我》一书则以潜意识（即无意识）概念为基础，他把文学艺术的创作看做是有如"白日梦"，而创作的动机则被归结为"性冲动"。上述反理性主义的创作理论曾为现代主义的某些艺术家所遵循。如意识流小说、荒诞派戏剧等。超现实主义的鼓吹者布列东也断言创作是"纯粹的精神的无意识活动。人们凭借它，用口头、书面或其他方式来表达思想的真实过程。在不受理性的任何控制，又没有任何美学或道德的成见时，思想在自由行动"。主张艺术的非理性观点的人还曾引证马克思关于艺术掌握世界的方式与理论掌握世界的方式不同的论断。

确实，马克思在《〈政治经济学批判〉导言》中说过，"整体，当它在头脑中作为思想整体而出现时，是思维着的头脑的产物，这个头脑用它所专有的方式掌握世界，而这种方式是不同于对世界的艺术的、宗教的、实践精神的掌握的"。这里马克思所指的"专有的方式"实际指的是理论的抽象思维的方式。因为在同一篇文章中他讲到人类思维的两种道路，"在第一条道路上，完整的表象蒸发为抽象的规定；在第二条道路上，抽象的规定在思维行程中导致具体的再现"。这段话无异于指出人类有两种思维，即理论的抽象思维和艺术的形象思维。前者"完整的表象蒸发为抽象的规定"；后者"在思维行程中导致具体的再现"。具体相对抽象而言。事物的形象总是具体的。马克思在谈到古希腊神话时曾指出："任何神话都是用想象和借助想象以征服自然力，支配自然力，把自然力加以形象化。"我们知道，神话是人类最原始的文学形态之一。它的思维特点是"借助想象"将思维对象"形象化"。这其实又指明艺术思维的具体形象的特点。

在西方，最早提出"形象思维"说的是德国美学家鲍姆加敦。19世纪俄罗斯文艺理论家别林斯基也明确认为，艺术家是"用形象来思维"。而我国古代文论家陆机和刘勰则早就论述过文学创作的思维特点。如陆机《文赋》就说："其始也，皆收视反听，耽思旁讯。精骛八极，心游万仞。其致也，情瞳昽而弥鲜，物昭晰而互进。"终至"笼天地于形内，挫万物于笔端。"而刘勰《文心雕龙·神思篇》则指出，"文之思也，其神远矣。故寂然凝虑，思接千载；悄然动容，视通万里；吟咏之间，吐纳珠玉之声，眉睫之前，卷抒风云之色；其思理之致乎！"同篇他还谈到："故思理为妙，神与物游。神居胸臆，而志气统其关键；物沿耳目，而辞令管其枢机。"他不仅指出"神与物游"和"物沿耳目"的不离形象，还讲到文学创作中"思理"和"辞令"与形象思维的关系其重要的作用。

当代我国文艺理论界关于形象思维的讨论中，"文化大革命"前夕，有人曾完全否定形象思维的存在，认为思维都是从感性上升为理性，科学研究是如此，艺术创作也如此。但毛泽东在与陈毅谈诗的信中，却明确地说"诗要用形象思维"。实际上，形象思维虽然离不开感性的形象，却不等于停留在感性认识的阶段而没有理性认识的参与。否定理论的抽象思维与艺术的形象思维的区别是不对的。但认为艺术的形象思维中应该排斥理性认识的参与，也是不符合实际的。艺术需要借助想象来加以形象化。因此艺术家不能没有对形象的感觉，不能没有对于现实生活的形象世界的敏锐的感受力和细致的观察力，也不能没有丰富的想象力和幻想力。而艺术家的感觉又有别于一般人的感觉，艺术家需要的是艺术感觉，即审美的感觉。马克思在论述人的感觉的发展时指出："社会的人的感觉不同于非社会的人的感觉。只是由于人的本质的客观地展开的丰富性，主体的、人的感性的丰富性，如有音乐感的耳朵、能感受形式美的眼睛，总之，那些能成为人的享受的感觉，即确证自己是人的本质力量的感觉，才一部分发展起来，一部分产生出来。"他说："五官感觉的形成是以往全部世界历史的产物。"他把人的感觉与动物的感觉相区别。他说："动物不把自己同自己的生命活动区别开来。它就是这种生命活动。人则使自己的生命活动本身变成自己的意志和意识的对象。他的生命活动是有意识的。"他还指出，人的理论活动和艺术活动也都是有意识的。"植物、动物、石头、空气、光等等，一方面作为自然科学的对象，一方面作为艺术的对象，都是人的意识的一部分。"

我们知道，人是社会的动物，而且是离开社会就难以存在的动物。人在历史的社会实践中不断发展自己的感觉，包括艺术的感觉、审美的感觉。脱离人类社会而生存下来的狼孩，则只有动物的感觉，而没有人的感觉，这是为事实所证明了的。因此，人的感觉本身就带有一定的社会理性。社会的人总拥有从一定社会历史积累的传统和思想资料中所接受、所形成的世界观、人生观、价值观和艺术观，这些观念正是沉淀着一定社会的科学理性、人伦理性等，并必然影响到每个人对世界的感受和认知。艺术家的审美感觉更是如此。艺术家需要从审美的视角去感受生活，观察生活，并运用自己的想象力和幻想力去创造具有审美作用的艺术形象和意境。审美的视角是人在社会历史的发展过程中，在艺术的实践活动中形成的。它也离不开社会理性包括世界观、人生观、价值观、艺术观的制约。人们因世界观、人生观、价值观和艺术观的差异，其审美判断便大相径庭。在美女的判断上曾有"唐肥宋瘦"的区别，便说明问题。而且审美判断包含真善美相统一的思考。在艺术的形式美的判断中每每包含对于真与善的判断。因而对于艺术形象的审美判断，就不仅仅是感性的判断，也包括有理性的判断。如你对于美的判断中，就必有对美与不美的比较；你感到某个人很恶，在你的意识中就已有对于善与恶的比较；你认为某个形象很真，同样存在着真与不真的比较。比较，就是一种抽象，一种认知事物本质并寻找事物同异点的理性思维的过程。也就是说，对真善美的感受中，实际已有理性认识的参与。

艺术创造并非表现为现实的镜像。艺术形象的世界是创作主体与被反映的客体相统一的产物，是人造的"第二自然界"。它体现了人的本质的对象化。文学艺术都要表现人的思想情感。情感是人对于外界事物的一种喜怒哀乐的反应，也是人对于外界事物爱爱仇仇的一种态度。它不仅是生理的反应，更是心理的反应，以故，情感深深地根植于人们的理性意识之中。实际上，艺术形象不仅是主客观的统一，也是情意象的统一。在艺术表现的意蕴中总包含艺术家和作家的理想追求和政治、道德、美学等理性的评价倾向，并非只表现纯粹的无意识的感觉。正是这种包含一定理性认知和评价态度的艺术意蕴使艺术家调动自己的形象记忆和综合地再造形象的能力，创造出有别于现实美并可能高于现实美的艺术的形象世界。恩格斯在《致敏娜·考茨基》的信中就曾论述过欧洲的许多伟大作家，认为"悲剧之父埃斯库罗斯和喜剧之父阿里斯托芬都是有强烈倾向的诗人，但丁和塞万提斯也不逊色；而席勒的《阴谋与爱情》的主要价值就在它是德国第一部有政治倾向的戏剧。现代的那些写出优秀小说的俄国人和挪威人全是有倾向的作家。"文学艺术史表明，作家艺术家理性的思想情感的鲜明倾向性，并没有消解许多伟大作品的艺术性，相反，增添和提高了作品的崇高的精神价值和审美魅力。

文学创作难以离开理性的参与，还在于它与音乐、绘画、舞蹈、雕塑等艺术不同。在表现自己的艺术意蕴时，音乐借助音响与旋律，绘画借助线条与色彩，舞蹈借助形体动作和节奏，雕塑借助实物材料的形态，而文学则借助语言，也即文学是一种依赖约定俗成的抽象的符号艺术。语言本身就具有抽象性。我们说"桌子"，指的就不是具体的桌子，而是一般的桌子。"桌子"作为一个概念，就是理性认识的产物。因而文学作为语言艺术尽管必须借助想象和幻想，运用形象来表达。但很明显的是，它一开始就不能摆脱语言的抽象思维特点。何况，文学不但表现人的思想与情感，性格与行为，还表现人与人、人与自然的复杂的关系。一首短诗，如"关关雎鸠，在河之洲，窈窕淑女，君子好逑"，写的是一幅男女情爱的画面。但从一对鸟的鸣叫追逐，联想到男女的恋爱，两者就有共同性。所以，比兴的联想中就存在理性认识的概括。至于一部《三国演义》描写了数十年间蜀、魏、吴三国的形成和争战，写了数百个人物的性格和命运，其间的矛盾冲突错综复杂，不但要写历史事件的来龙去脉，还要写种种人物的命运浮沉，道出其间的因果关系。如果没有理性认识的参与，只凭停留于感性认识阶段的感觉，那是绝难做到的。在文学创作中，艺术思维的特点是，尽管也有理性认识的参与，但始终没有离开形象，如马克思所说，"在思维行程中导致具体的再现"。

当然，在文学创作中，非理性的个别写瞬间感觉的作品，或写某种梦境的作品，确实是存在的。但这不能概括文学创作的普遍规律，特别是不能概括作为文学发展两大潮流的浪漫主义和现实主义创作的规律。

西方后现代主义的某些理论家认为现实世界只是一堆碎片，本来是没有意义的，人生本来就没有希望。他们主张凭感觉和本能的驱动，抓住眼前的现实享乐。对他们来说，文学创作是一种现实享乐的生活方式，是以消费性、享受性地"玩"文学。因此，只要求艺术只写出感觉。这种理论对我国改革开放以来成长的作家不是没有影响。应当说，有些作家还深受影响。因此，他们鼓吹要回到"前文化状态"，强调意义与价值解体，不仅要反传统，还要反语法。他们主张只停留在现象"平面"，所谓"要削平深度"。在艺术上注重生活流、印象流、感觉流的展示。在他们的诗歌中确实只表现瞬间感觉，或表现某种梦幻，甚至小说里也没有故事，没有人物性格，没有社会的人际背景，只有片段片段的人的感觉的描写。他们甚至把人的感觉混同于人的欲望，把文学写作变成"欲望写作"。而他们最爱写的欲望，就是追求性与金钱的欲望。在他们的作品里充满了性描写，或充满了对于疯狂追求金钱的描写。在这样的作品中，性行为的心理感觉或猎取金钱的快感被淋漓尽致地加以渲染。这样的创作标榜反对理性，但具有讽刺意味的是，它正是因信奉一种理论而出现的，也即它是在一种理性认识的前提下从事创作的。对这样的一种理论及其影响，我们不能不严肃地对待和无批判地接受。这种完全反对理性认识参与的创作理论，对于广大文学爱好者来说，必然会产生误导的作用，是不利于我国文学的健康发展的。它必然会降低文学的真善美相统一的审美魅力，消解文学的现实认识意义和惩恶劝善的思想教育意义。而且还会使我们的文学创作丧失反映现实大千世界的深度和广度。前面提到的那个曾将非理性主义推向极端的超现实主义者布列东，后来经过反思，终于承认了自己理论的偏颇。他说："我在那时欺骗了我自己，因为我提倡运用自动的思想，不仅避开了理性所行使的一切控制，而且也摆脱了'一切美学或道德的成见'……"应该说他的反思是富有启示意义的。

论文学创作中的继承、借鉴、创新的关系

一 继承、借鉴、创新是文学发展的普泛性规律

马克思、恩格斯在《德意志意识形态》一书中说:"历史不外是各个世代的依次交替。每一代都利用以前各代遗留下来的材料、资金和生产力;由于这个缘故,每一代一方面在完全改变了的条件下继续从事先辈的活动,另一方面又通过完全改变了的活动来改变旧的条件。"这里提出的论题实际上就是历史发展过程中人类创造的产品存在继承、借鉴和创新的问题。每一代人都创造自己的历史,但这又是在前人遗留的条件下创造的,因此对于前人必然有所继承和借鉴,但创造新的历史又必然构成对于前人的超越,有所异于前人。这种创造活动当然又改变了现存的条件。在文学艺术领域,情形也同样如此。

人们可以把继承、借鉴、创新看成是一切人类产品,包括文学艺术产品在历史创造过程中的规律。但三者在不同时代,孰是重点并在发展中起着举足轻重的作用,却依历史的具体情况而定,并非任何时候都一样。有的时代由于传统可能丢失或已经丢失,那么,继承传统就可能是主要的;有的时代为了革新的需要,借鉴和吸取外国外民族的优秀文学艺术更为必要,那么,这方面就可能成为主要的;而当不革新,文学艺术就难以在旧的内容与形式上存活和前进,那么,创新就是主要的。正由于如此,各时代的具体情况不可能一样,也就容易造成理论方面的种种争议和实践方面的种种迷误。

首先,"文贵创新"就是文学发展的一条规律。陆机曾用非常优美的词句"谢朝华于已披,启夕秀于未振"[①] 来形容这条规律。

---

① 《文赋》。

在文学的发展过程中我们可以看到，每一代有每一代的文学。不仅它的题材和主题不同，其形式与风格也不一样。《诗经》与楚辞、汉赋便各不相同。唐诗、宋词、元曲也大相径庭。所谓"若无新变，不能代雄"。①文学艺术如果陈陈相因、相袭，那肯定就要沦落下去，走向旧文体的僵化与消亡的。文体是如此。文学的表现手法乃至遣词用句，又何尝不如此。所谓第一个把女人比作花的是天才，第二个把女人比作花的就是庸才，第三个把女人比作花的就是蠢材。因为这样陈陈相袭，语言也失去新鲜感，失去应有的表现张力。形式主义学派提出"陌生化"作为"文学性"的一条重要原则，正不是没有道理。

文学艺术本质上是人的一种创造，是人的本质的对象化的一种结果，它就必然带有人作为创造者的印记。如果文学艺术家自觉地认识到这一点，充分地发挥个人的创造性，那么，从内容到形式，他都必然会有创新和开拓。他或者写前人所未写过的题材与主题，或者创造出新的文体与形式、风格，乃至在文学语言的运作上也充分表现出个人的创造性。人们在衡量一个作家艺术家的贡献时，他在文学艺术的发展上有无创新正是一个重要的方面。只有不断创新才能给予文学艺术带来勃勃的生机。而蹈袭前人，了无新创，则只会带来文学艺术从内容到形式的僵化和旧文学艺术的死亡。20世纪我国传统的古典文学的衰败和新文学代之而兴，便体现了这样的一条规律。

新文学的新，不仅表现在文学语言的更新，把文言改成了白话，即在人民群众中作为普遍交流工具的生动活泼的口语；它还使旧文学陈腐的题材和主题以及表现形式和风格一扫而空，开拓了大批前人从未写过的题材与主题，熔铸出崭新的表现形式和风格。不但鲁迅的《狂人日记》、《孔乙己》、《祝福》这样的题材和主题前人未曾写过，就是他那种表现形式和语言运用，也一新读者的耳目；像郭沫若的新诗，如《站在地球边上放号》、《炉中煤》等，从内容到形式也都是为当时的读者闻所未闻，见所未见的。那种狂飙般的风格，简直让读者无不为之感到心灵的震撼。

---

① 萧子显：《南齐书·文学传论》，中华书局1972年版，第908页。

所以，尽管作家艺术家的创新探索不一定都成功，而且难免会有失败的，最终也未能为读者所认同的。但我们仍然要鼓励文学艺术的创新努力。因为，没有创新，便不会有发展，不会有前进！

其次，创新，毕竟也不能在平地上去凭空创造，所以，对前人有所继承也是一条规律。

恩格斯曾经极口称赞文艺复兴时代文学艺术的创新活动。他赞叹道："这是一次人类从来没有经历过的最伟大的、进步的变革。"但他同时指出，这种变革实际体现了对古希腊文化的继承。他说："拜占庭灭亡时抢救出来的手抄本，罗马废墟中发掘出来的古代雕像，在惊讶的西方面前展示了一个新世界——希腊的古代；在它的光辉的形象面前，中世纪的幽灵消逝了；意大利出现了前所未见的艺术繁荣，这种艺术繁荣好象是古典时代的反照。"① 即使像我国五四时代，新文学在激烈地批判旧文学的声浪中诞生了，似乎他对于旧文学就不该有什么继承吧！然而事实上，我们只要翻看胡适当时制作的新诗，就不难觉察其实它都脱自旧诗，不但语言半文不白，诗体也或是五言，或是七言。鲁迅、郭沫若由于旧学的根底深厚，他们的创作中更可以见到古典文学的许多影响。鲁迅自己谈到无产阶级新文化的创造时就说："因为新的阶级及其文化，并非突然从天而降，大抵是发达于对于旧支配者及其文化的反抗中，亦即发达于和旧者的对立中，所以新文化仍然有所承传，于旧文化也仍然有所择取。"②

文学艺术创作对于前人的继承之所以必要，因为前人积累的丰富的艺术经验已为后人的继续攀登奠定了前进的基础，使后人不至于从平地上开始摸索，可以少走许多弯路，也可以避免重蹈前人的覆辙，或完全蹈袭前人。所以，列夫·托尔斯泰说："正确的道路是这样：吸取你的前辈所做的一切，然后再往前走。"③

对于传统的继承，当然首先就要认真地学习传统，了解前辈作家都创作了哪些作品，积累了哪些丰富的艺术经验，并且仔细去分析这些作品与

---

① 《自然辩证法·导言》，《马克思恩格斯选集》第3卷，第444—446页。
② 《〈浮士德与城〉后记》，《鲁迅全集》第7卷，人民文学出版社1958年版，第586页。
③ 见布罗茨基主编《俄国文学史》下卷，作家出版社1962年版，第1046页。

经验的长短。换句话说，继承是有分析地批判地继承，既要看到前人的超越以往的成就，也要认清前人的局限，而非对古人和前辈作家的一味顶礼膜拜。

在文学艺术的历史发展中，对于他国他民族文学艺术的借鉴和吸取也是不可少的。可以说这也是一条发展的规律。

普列汉诺夫曾指出："因为差不多每个社会都受到其邻近社会底影响，所以可以说，对于每一个社会都有一定的影响其发展的社会的历史的环境。"① 在各国各民族的发展历程中，它们的文学艺术同样也不可能完全不受其他国家与民族的影响，特别是在它们彼此间的交流相当频繁和密切的情况下，文学艺术的相互借鉴和吸取，同样是常见的，不可避免的。因为各国各民族都有它的长处和短处，它们在不同历史文化背景下所创作的文学艺术也一定各有特色。而取长补短可以说是人类的天性，也是人类相互竞争所必然要选择的一条保障竞争胜利的途径。某一国家和民族的文学艺术为了使自己在世界文坛上占据一席光荣的位置，借鉴和吸取他国他民族文学艺术的长处，以弥补自己固有的文学艺术的短处，这在世界文学艺术史上也是常见的。我国唐代的变文就受到印度佛经故事的影响；宋元杂剧的兴起，与南下的契丹、蒙古等民族长于说唱文学的传统分不开。五四以来，我国新文学之普遍借鉴和吸取西方、日本和俄罗斯等国文学的影响，更是大家所熟知的。正是这种异质的文学艺术的嫁接，往往能开出奇异的花朵，使固有的文学艺术别开生面，更加枝繁叶茂，更加茁壮成长。、

二 在创新、继承、借鉴问题上理论与实践的迷误

尽管文学艺术需要创新，而创新又需要有所继承与借鉴，这道理在理论上并非很复杂，但在具体历史环境下的实践却不是那么简单，相反，20世纪以来我国文学艺术界就有过不止一次的迷误和争论。

第一次争论自然发生在新文学运动倡导的五四时期。那时新文学为了

---

① 《论一元历史观之发展》，人民出版社1957年版，第282页。

能够突破旧文学的营垒，夺取文坛并站稳脚跟，就不能不矫枉过正，激烈地批判旧文学，甚至在整个文化上扯起"打倒孔家店"的旗帜。而新文学的出现，也立即遭到旧文学营垒的猛烈抨击。林琴南、章士钊便是当时抨击新文学的代表。

从事物的发展规律而论，革故鼎新之际，矫枉过正是常有的，甚至不矫枉便难以革除积习，难以使新的东西破壁而出。所以，五四时代新文学的倡导者主张打倒"孔家店"，全盘否定旧文学，是可以理解的。但如果把它奉为一种理论观点，奉为一种"普遍真理"，要求人们不管什么时候都这样做，那就是不仅不正确，而且肯定会损害文学艺术的健康发展。今天看来，五四后的新文学所以"欧化"倾向严重，与广大人民群众的欣赏趣味和要求脱节，跟当时新文学的倡导者全盘否定旧文学和全盘鼓吹欧化正分不开。所以20世纪30年代左翼文学运动才提出对文学的大众化民族化问题进行讨论。而五四时期林纾、章士钊等之攻击新文学，站在保存国粹的立场，继续保持故步自封、夜郎自大的态度，那自然更不对。因为正是我国历史上类似的文化保守主义，使得我国从康乾之世的强盛迈向后来的衰弱。

1942年毛泽东的《在延安文艺座谈会上的讲话》指出："我们必须继承一切优秀的文学艺术遗产，批判地吸收其中一切有益的东西，作为我们从此时此地的人民生活中的文学艺术原料创造作品时候的借鉴。有这个借鉴和没有这个借鉴是不同的，这里有文野之分，粗细之分，高低之分，快慢之分。所以我们决不可拒绝继承和借鉴古人和外国人，哪怕是封建阶级和资产阶级的东西。但是继承和借鉴决不可以变成替代自己的创造，这是决不能替代的。文学艺术中对于古人和外国人的毫无批判的硬搬和模仿，乃是最没有出息的最害人的文学教条主义和艺术教条主义。"应该说这是对文学艺术的创新与继承、借鉴的关系问题的认识偏向的一次有力的纠正，也是对五四以来我国文化和文艺界在这个问题上实践经验的一个深刻的总结。

然而问题并不因此就得到解决。

50年代由于新中国成立，清理旧的地基，创建新的文化（包括发展新的文学艺术）成为当务之急。那时，因为朝鲜战争和东西方"冷战"，西方文化与我国走向隔绝，在"一边倒"和"向苏联学习"的口号指引下，文学艺术的对外借鉴和吸取便变成对苏联文艺的借鉴和吸取。50 年代中期毛泽东还提出"洋为中用，古为今用"和"推陈出新"的正确方针，后来由于中苏分裂和"文化大革命"发动，传统文化和外国文化一律被宣布为"封资修黑货"，不仅对传统的继承被否定，对他国文化和文学艺术的借鉴和吸取也被否定，而且整个文学艺术创作都陷入灾难性的荒芜之中。在"文化大革命"的十年中，毛泽东的《在延安文艺座谈会上的讲话》就创新、继承与借鉴问题所作的正确的阐述，还有"洋为中用，古为今用"、"推陈出新"的方针，都一概被束之于高阁，不再被执行。当时这样做，与毛泽东的无产阶级专政下继续革命的理论有关。因为按照这个理论，我们必须与私有制彻底决裂，从而也必须与旧的意识形态彻底决裂。这样，对于传统便仿佛理所当然不能继承了。

80 年代，邓小平同志虽然重申了"洋为中用，古为今用"、"推陈出新"的方针，但在贯彻执行中我国文坛又再次出现"全盘西化"论，以电视片《河殇》为代表的文化思潮就鼓吹全面否定所谓传统的"黄色文化"，而全盘移植所谓西方的"蓝色文化"。改革开放所带来的中西文化继五四之后的又一次大规模的撞击，确实为我们在"文化大革命"的破坏和停滞多年后提供了更好地借鉴和吸取外国先进文化和文学的一个难得的契机。但文学界一些人完全实践"全盘西化"论的结果，他们所倡的"实验文学"、"先锋文学"又一次脱离了广大读者，被视为"看不懂"而陷入尴尬的境地。好在有些作者最后迷途知返，改弦易辙，向传统的现实主义文学靠拢。而那时又涌动新的文化保守主义思潮，有些人重新打起保护"国粹"的旗号，乃至对孔夫子又顶礼膜拜，全盘肯定，对改革开放所带来的对西方文化和文学的借鉴和吸取又全盘否定。这就走向另一个极端，也是不利于我国文学艺术的健康发展的。

文学艺术实践中的这种摇摆和偏离，固然有着社会历史的种种原因，但与我们对于理论的不够坚定，对于正确的理论观点学习领会不深，甚至认识上仍存在某些"左"的和右的误区，应该说都是不无关系的。这些教训，十分值得我们认真地加以总结和记取。

三　创新、继承、借鉴与文学的现代化和民族化

深刻地说，文学艺术的创新是推陈出新。任何民族的文学艺术恐怕都不能完全离开传统、隔断传统而凭空出新。而所谓新，正是相对于传统来说的。新就要异于传统、超越传统。不但对于传统来说是新的，对于世界文学艺术来说也是新的。要做到这一点，又断不能没有对他国他民族文学艺术的借鉴和吸取。因而文学艺术的创新、继承、借鉴实际就包孕着它的现代化和民族化的问题。

我在《社会主义文学艺术论》一书中曾指出：

> 文艺在相当的历史时期内总是由具有民族主体性的作家创作的。因而一般地说，文艺都是民族意识、民族精神生活的花朵和果实。作家只要赋有主体性的自觉，对他民族文艺的借鉴和吸取，也必然要化为具有本民族烙印的。周扬说过："一切外来的艺术形式和手法移植到中国来的时候都必须加以改造、融化，使它具有民族的色彩，使之成为自己民族的东西。"实际上，一个民族的文艺可以向他民族吸取的不止是形式和手法，还包括文艺观念、审美趣味和思维方式，等等。

> 民族和民族性在历史上并非一成不变，相反，作为一种"耗散结构"，总处于量和质的新陈代谢、新新不已的过程中。这样才存在一个把他民族的东西化为自己血肉的民族化问题。同时也因此，民族化便与现代化不能无关。

> 现代是相对非现代、相对过去而言的。它是历时性的概念。人类的历史处在不断现代化的过程中。因而，"现代化"也表示一种动态，表示要从非现代向现代的迈进和演化。现代化不仅构成对历史的超越，也构成对当代世界发展趋向的认同。现代化的标志只有从历史纵向与世界横向的交叉点上才可以找到。在今天，如果我们只从国家以往的历史去找参照系，而不以当代世界发达国家的文明程度作为比较，我们便会难以确定社会主义现代化的目标。文学艺术的现代化是整个社会现代化和文化现代化的不可分割的部分。因此，考察文学艺术现代

化，便不能与考察社会和文化的现代化无关。从历史实际看，文学艺术现代化是受到社会现代化和文化现代化的密切制约的。

同一民族在历史不断现代化的过程中，它的质与量、它的民族性、它把外民族的长处化为自身血肉的张力，都会有变异。正是在这个意义上，民族化和现代化并非不相关，而是相互涵盖。在相当的历史时期内，现代化总是一定民族的现代化，民族化也不能脱离历史现代化的总体趋势。

在这些论述之外，我还应该补充说，所谓民族化，就是新的作品与本民族的联系。即它继承和体现了多少民族传统？它的创新能否为本民族所接受？它能不能把借鉴和吸取外国外民族的东西化为本民族所易于和喜于接受的东西？这包含着文学艺术创作中的文体形式、艺术表现手段和方法、艺术思维和审美情趣的民族化。所谓现代化，是指文学艺术在世界范围的历史发展中是否具有当代性，即当代的先进性，是否很好地借鉴和吸取了当代他国他民族文学艺术的已有经验，是否体现了本民族在现代化追求中出现的新素质、新精神、新风貌、新活力、新创造？它包含着文体形式的现代化，艺术思维的现代化和艺术表现手段与方式方法的现代化。

可见，民族化与现代化这一对范畴，两者看似对立，却又有交叉与连接的部分，在矛盾的对立中又寓有统一，处理得好，更能达到很好的统一。

这就是说，在文学艺术的创新问题上，我们必须反对没有民族化的现代化，也反对没有现代化的民族化。也即必须既反对民族虚无主义的崇洋媚外的"全盘西化"论，仿佛一切都是外国的好，自己的传统一无是处；又反对民族保守主义的崇古尚中的"一概排外"论，似乎人家的东西一概不好，唯有自己老祖宗的东西才称心。

没有民族化的现代化，那是人家的现代化，把外国外民族的现代化的东西全盘移植过来，对我们不一定都有用，也不一定都能为广大人民群众所喜欢。因为文学艺术与科学技术毕竟不同。小汽车、电冰箱、电视机等科技产品，日本造的或德国造的，对我们一样有用。但文学艺术产品则不尽然，有的人家认为很好的作品，很好的文艺形式，中国人就不一定认为好。比如说日本的"能"，作为戏剧表演的一种形式，日本人视为"国宝"，然而表演给我们看，中国人就觉得沉闷，往往会打瞌睡。文学艺术的价值标准，既有思想标准，也有艺术标准，各个国家与民族的价值取向是有差异的。美国宣扬个人主义或性开放的作品，中国人就不喜欢；反之，我国宣扬社会主义的作品，美国人也不一定喜欢，乃至激烈地反对。非洲黑人曾认为在女人的鼻子上戴个大银圈很美，中国人就很难认同；而中国的女人曾以缠足为美，别的国家却以为很丑。尽管在审美方面，人类不乏许多共识，毕竟由于民族和国家的历史传统不同，仍然存在许多方面的差别。因此，在谋求文学艺术的现代化时，我们一定不能不考虑本国本民族的需要，不能不考虑不同国家与民族的审美标准的差别。所以，一定要把吸取自他国他民族的现代化的东西改造成本国本民族所能够和容易接受的东西。

没有现代化的民族化，那就是墨守成规，故步自封，就是与各国各民族的现代历史进程相脱节的僵化状态。这样，民族性固然是表面保持了，实际上仍然没有保持住。因为民族自身就是不断发展的。像中华民族百年来就处于不断现代化的历史过程中，20世纪末的中国人与20世纪初的中国人相比，无疑已大不一样。今天我国各族人民的生活方式及其相应的思维方式和行为方式，包括语言文学、风俗习惯、规章制度和各方面的文化设施，都已发生了极大的变异。如果我们的文学艺术脱离民族现代化的进程，而继续墨守19世纪的成规，那么，这种民族化又岂是今天的中国人所需要的。

鲁迅曾说：越是地方的，才越是世界的。这在一定意义上是对的，即世界需要保存丰富多彩的审美需求，越是地方的东西自然会有它的特色，从而也就会给其他国家和地区的人民带来陌生化的审美新鲜感，受到人们的欢迎。就像我国的舞剧《丝路花雨》到美国去演出，几乎场场爆满，掌声如雷。但从另一意义上看，则情形又不一样。即《丝路花雨》虽然富于中国的民族特色，但它又是现代化的，它吸收了现代舞和西方芭蕾舞的舞步和技法，还用现代的舞台布景与灯光，伴以现代化了的音乐，也即它做到了民族化与现代化的统一，才被外国人所喜欢和理解。它是甘肃这个地方创作的，却又不仅仅是地方的，而是吸取了世界性的成就的。老舍的《茶馆》在德国演出也非常受欢迎，其道理恐怕也相似。《茶馆》当然是富于中国特色的剧作,但话剧的形式却来自西方,北京人民艺术剧院的演出所采取的现实主义风格也吸取自西方。这也向我们昭示一条道理,民族化和现代化是能够统一、可以统一的。

四　未来文学的民族化与现代化

我们知道,马克思曾经指出:"资产阶级,由于开拓了世界市场,使一切国家的生产和消费都成为世界性的了。……过去那种地方的和民族的自给自足和闭关自守状态,被各民族的各方面的互相往来和各方面的互相依赖所代替了。物质的生产是如此,精神的生产也是如此。各民族的精神产品成了公共的财产。民族的片面性和局限性日益成为不可能,于是由许多种民族的和地方的文学形成了一种世界的文学。"①

一个半世纪过去了。这两位伟大思想家的预言已经日益成为现实。文学作为商品,不管是哪一个国家和民族的,都先后进入了世界市场。当今由于经济全球化的趋向不断加强,政治合作代替政治对抗、文化交流代替文化隔绝的趋势也在全球迅速发展。电脑的发明和互联网络的建立,更为这种交流创造了空前未有的便捷局面。在全球化滚滚浪潮的面前,人们也发现另一个事实,即在弱肉强食的竞争中,许多民族语言和民族特性都消失了。只有比较强大的民族及其语言才在世界范围内处于有利的地位。英语已成为世界上最普遍的交往语言。随着美国好莱坞的电影、麦当劳的快餐、可口可乐的饮料风靡五大洲,电脑网络更使美国文化在全球占有霸权的位置。而许多民族的民族危机感的加深,保持民族特性的呼声也更加尖锐。政治、经济、文化的竞争是跟一体化同时并存的。未来世界里,中华民族能否在世界民族之林中占据自己应有的位置,与我们能否胜利实现现代化并保持自己的民族特色,紧密相关。在未来的世界文坛上,我国文学艺术的地位也同样视此而定。

为此,我们不仅需要在妥善处理继承、借鉴和创新的过程中努力做到民族化与现代化的统一,而且需要在将来不同的历史条件下,审时度势,

---

① 《共产党宣言》,《马克思恩格斯选集》第 1 卷,第 254—255 页。

扬长避短，为继承、借鉴、创新选择正确的重点和方向，以利于我国文学艺术既能最好地满足广大人民群众的审美需要，又能实现在世界文坛上富于竞争力的蓬勃发展。在未来的岁月里，我们一定要立足于创造有中国特色的社会主义的现代化的文学艺术，既要继续继承和发扬民族的优秀传统，又要继续学习和借鉴其他国家和民族文学艺术的一切长处，并勇于探索、勇于创新。

这方面盲目地妄自尊大和盲目地崇洋媚外，都仍然是有害的。

普列汉诺夫曾经指出："一个国家的文学对于另一个国家底文学底影响是和这两个国家底社会关系底类似成正比例的。当这种类似等于零的时候，影响便完全不存在。例子：非洲的黑人至今没有感受到欧洲文学底任何影响。这个影响是单方面的，当一个民族由于自己的落后性，不论在形式上亦不论在内容上不能给别人以任何东西的时候。例子：前世纪的法国文学影响了俄国的文学，可是没有受到任何俄国的影响。最后，这个影响是相互的，当由于社会关系底类似及因之文化发展底类似的结果，交换着的民族底双方，都能从另一民族取得一些东西的时候。例子：法国文学影响着英国文学，同时自身亦受到英国文学的影响。"[①] 这说明，作为文化的重要组成部分的文学艺术，它在历史进程中的创新、变异，对于传统的继承和对于外来影响的接受，都还有种种更深刻的、复杂的原因。有的时代，可能接受外来影响是主要的，甚至包括全盘移植；而另一个时代则可能继承传统是主要的，乃至完全拒绝外来的影响。像五四时代我国新文学的诞生，如果没有对传统的激烈否定，没有对外国更先进文学的全面借鉴乃至全盘移植，就不可想象。因为那样一来就不会有新文学。"文化大革命"后由于文学的萎缩和样板化，由于文学优秀传统的断裂，人们主张发扬现实主义的传统，鼓吹更多借鉴和吸取外国文学的新成就，那应是合乎历史的需要的。但这时当我国已有六十年新文学发展的历史，并在继承传统和借鉴、创新方面都已做出许多成绩的前提下，还鼓吹"全盘西化"，那就未必得当和合理了。因为我国社会主义文学从总体上说，不能认为比西方国家和地区落后。虽然对西方国家的最新文学成就加以关注和适当借鉴仍

---

① 《论一元历史观之发展》，人民出版社1957年版，第286页。

然是需要的。在未来的半个世纪中，我们将要建成社会主义现代化的伟大国家，在社会关系和意识形态的类似方面，我们与西方资本主义发达国家显然有根本性的差异，并非西方的一切都值得我们借鉴和吸取，相反，我们必须十分审慎地对西方的文化和文学艺术加以批判地分析，只借鉴和吸取对我们建设社会主义文化和文学艺术有用、有益的东西，而坚决扬弃对我们建设社会主义文化和文学艺术有害无益的东西。正如邓小平所言："对于现代西方资产阶级文化，我们究竟应采取什么态度呢？经济上实行对外开放的方针，是正确的，要长期坚持。对外文化交流也要长期发展。经济方面我们采取两手政策，既要开放，又不能盲目地无计划无选择地引进，更不能不对资本主义的腐蚀性影响进行坚决的抵制和斗争。为什么在文化范围的交流，反倒可以让资本主义文化中对我们有害的东西畅行无阻呢？我们要向资本主义发达国家学习先进的科学、技术、经营管理方法以及其他一切对我们有益的知识和文化，闭关自守、故步自封是愚蠢的。但是，属于文化领域的东西，一定要用马克思主义对它们的思想内容和表现方法进行分析、鉴别、批判。西方如今仍然有不少正直进步的学者、作家、艺术家在进行各种严肃的有价值的著作和创作，他们的作品我们当然要着重介绍。但是，现在有些同志对于西方各种哲学的、经济学的、社会政治的和文学艺术的思潮，不分析、不鉴别、不批判，而是一窝蜂地盲目推崇。对于西方学术文化的介绍如此混乱，以至连一些在西方国家也认为低级庸俗或有害的书籍、电影、音乐、舞蹈以及录像、录音，这几年也输入不少。这种用西方资产阶级没落文化来源腐蚀青年的状况，再也不能容忍了。"[①] 20世纪80年代以来全盘西化给我国文学艺术带来的消极影响乃至恶果，这个教训再也不应重复了。当然，这个时期文学艺术中出现的复古主义倾向，从内容到形式都完全模仿古人的所谓"创作"，与社会主义的伟大新时代格格不入，也是今后我们前进中所不能不警惕的。

---

① 《党在组织战线和思想战线上的迫切任务》，《邓小平文选》第3卷，第43—44页。

对文学与人学的再认识

——在首都师范大学的讲演

王光明教授（主持人）：今天我们请到了中国作家协会副主席、中国社会科学院的学术委员、中国当代文学研究会会长张炯先生给我们作《人学与文学》的学术报告。张炯先生的著作和身份，在海报里面都有介绍。我在这里想介绍你们在海报上看不到的东西：张炯传奇。张炯先生是一个传奇。他的青年时代是一个惊天动地的时代，是一个热血沸腾的时代，今天想来，依然激动人心。张炯先生在十几岁时就在地下党领导下，离开学校到农村去开展人民武装斗争。他从老家的墙里面，挖出了几支破枪，然后鼓动一批青年学生和农民成立了游击队，还当了游击队的政委，打下好几个乡镇公所，夺了敌人的武装来武装自己，解放了大半个县。到了50年代中期，他又与谢冕先生一起不当解放军干部而响应"向科学进军"的号召，去考北京大学。1957年又因为右倾思想受到不大不小的处分。1958年还组织同学编写《中国文学史》，毕业后长期从事文学研究。张炯先生的学问很有特点，做得很出色。他主持过很多大型的包括《中国文学通史》十卷本这样一种大工程的文学史编写。我想，今天他来讲《人学与文学》一定会有特别的味道。下面我们就以热烈的掌声欢迎张炯先生给我们作报告。（掌声）

张炯：非常高兴到首都师大来与老师和同学们交流一下文学和学术的看法。我没当过老师，不大会讲课，讲的不好的地方，请大家原谅。我今天讲的这个题目应该说是一个老题目了，但是仍有许多内容值得探讨。在现实创作中人们仍然会碰到有关的问题。1957年的时候，我记得华东师大的钱谷融先生写过一篇论文《论"文学是人学"》，后来他因为这篇文章受到批判。那么，文学和人学之间究竟是什么关系？从马克思主义的观点应该怎么看？我今天试着准备讲下面这几个问题：

第一个问题就是我们文学工作者为什么要了解人学。

我们学的是文学，为什么要了解人学呢？很简单的回答，因为人是文学描写的中心。文学当然题材非常丰富，可以说，包罗天地，晖丽万有，什么都可以写到文学里面去。但是文学艺术的中心是人。人的思想、性格、行为、情感，人与人的关系，人与自然的关系，这才是文学描写的中心内容和主要内容。比如说我们最早的文学经典《诗经》中的《关雎》是一首爱情诗，所谓"关关雎鸠，在河之洲；窈窕淑女，君子好逑"，"在河之洲"，是河中间的一个小岛，"关关雎鸠"是写鸟，但落脚点是在君子和淑女，是在人，写人对爱情的追求。小到一首诗，大到像《红楼梦》这样的鸿篇巨制，都是以人为中心的。《红楼梦》描写什么呢？它就描写封建时代中的人，那个时代中人的思想、性格和情感以及人与人之间的关系，主要写生活在宁国府、荣国府和大观园中的那些人。文学既然是主要写人的，文学创作者和研究者就不能不懂人学。从另一方面来讲，文学也是供人阅读的，人是文学接受的主体，文学对塑造人的精神世界起着很大的作用。我们通常讲文学是社会上层建筑中的审美意识形态，有审美的作用、认识的作用和思想教育的作用。其实古人早就认识到这些，比如说孔子论诗，他说"诗，可以兴，可以观，可以群，可以怨。""兴"就是可以鼓舞激励人，"可以观"，按照他的说法，就是可以"多识鸟兽草木之名"，对客观现实有一个认识作用，"可以群"是说可以产生精神的凝聚力，"可以怨"是说诗有宣泄郁闷不满情感的作用。可见古人对文学多方面的作用都有认识。到近代，梁启超先生有一篇很著名的文章《论小说与群治之关系》论述文学的作用。他主张文学改良，但他有一个很明确的抬高文学社会功能的主张。他说："欲新一国之民，不可不先新一国之小说。故欲新道德，必新小说；欲新宗教，必新小说；欲新政治，必新小说；欲新风俗，必新小说；欲新学艺，必新小说；乃至欲新人心，欲新人格，必新小说。何以故？小说有不可思议之力支配人道故。"他把小说的作用看得非常大，因为小说能潜移默化地影响人。前不久，巴金先生去世了，我到上海为他送行。结果那一天自动来为他送行的市民有好几千，因为很多人过去读过巴金先生的作品。有很多老同志，包括我自己，读了巴金的《家》而走向革命，因为这本书告诉我们封建家庭实在是太可恶了，不革命不行。巴金先生晚年写的《随想录》，以很真诚的忏悔的心情对"文化大革命"的许多事情直接提出评论，也感动了很多人。因此，从文学来说，一方面，人是文学描写的中心；另一方面，人也是文学接受的主体。所以，搞文学不能不去了解人、接触人。

我想讲的第二个问题是文学工作者要了解人学，是从什么意义上了解人学。

人学如果说作为一个学科，可以说包含了很多子学科，比如说人类学、社会学、心理学，还有生理学、医用的解剖学，都是人学。我想我上面所说的这些关于人学的知识，作家如果知道一些，不一定知道得很专门，很深入，知道比完全不知道还是有好处的。那么文学从哪个角度去把握人呢？我以为，文学是侧重从审美的角度来把握人。

文学是"人学"，这个命题实际上包含着两层意思，一个要回答人是什么、人性或者说人的心灵是怎样的；第二需要回答的就是对于人，我们应该采取什么态度，特别是作为文学工作者，作为作家，对于人应该采取什么态度。关于从审美的角度来把握人，作为美学来说，现在也有不同的见解和学派。有人认为审美是一种超价值的判断；但也有人认为审美远远离不开价值判断，它总包含着一定的价值判断。人的美固然包含着形体上的美与不美，但更重要的是心灵上的美与不美。那么今天我们从自己的价值判断这个角度来说，只有有益于他人，有益于人类，有益于历史进步的，才会被认为是美的。反之，往往会被认为是丑的。审美判断包含着创作主体对人类的一种关爱态度。这种关爱的态度在我们中国古代叫仁爱精神。大家知道，孔夫子就提倡仁爱精神，他有一个著名的说法叫"仁者爱人"，他补充一句，说"泛爱众，而亲仁"，就说你的爱不是针对某一个人，而是面向所有人。应该说这是中国古代一种朴素的人道主义精神。我觉得，孔夫子的这一点是很了不起的。大家知道，他还有一个说法叫"有教无类"，就是说，他的学生里面，三千弟子，七十二贤人，什么人都有。他不是只教贵族，子路会武艺，子游擅长文学，颜回是个"身居陋巷"，"一箪食，一瓢饮"的穷光蛋！什么类型的人都有。中国古代文学里面，这种体现对人的关爱精神的作品还有很多。比如说我们最早的诗人屈原，他的《离骚》被认为是浪漫主义的作品，抒情主体的想象非常丰富，可以周游世界，上天入地。但是这个作品里面还有另外的一面，即"长太息以掩涕兮，哀民生之多艰"。你看，诗人因为哀民生的艰难都流泪了。所以我们后来说屈原的作品有人民性，屈原的伟大不仅仅表现在作品中所体现的关念楚国的爱国主义精神，还和作品中的仁爱精神分不开。杜甫有一首诗《茅屋为秋风所破歌》很有名，里面有一句"安得广厦千万间，大庇天下寒士俱欢颜"！这就是所谓儒家忧苍生忧黎元的精神。乃至宋代范仲淹在《岳阳楼记》里面有一句很有名的话，叫做"先天下之忧而忧，后天下之乐而乐"。这句话后来一直成为知识分子的座右铭，也就是作为一个知识分子不能够光顾自己，要"先天下之忧而忧，后天下之乐而乐"。他的这句话在今天看来仍然有极其丰富而积极的意义。这是中国古代的一些讲求人道主义的例子，西方当然也有。从文艺复兴以后，西方就出现了人道主义，有的翻译成人道主义，有的翻译成人文主义。它提出要尊重人的个性尊严和权利，要提倡人的自由、平等和博爱。这种博爱的思想，跟孔夫子所说的"泛爱众，而亲仁"的思想是相通的，跟社会主义精神文明的基质也是相通的。博爱的思想在古代的基督教中就提出来了。所以恩格斯在《社会主义从空想到科学的发展》一书里面就讲到了现代的社会主义思想可以追溯到古代的基督教思想。大家知道，马克思主义阐明共产主义主张解放全人类，促进人的个性全面发展。过去我们把文艺复兴以来兴起的这种人道主义的思想，看做当时资产阶级革命的伟大的思想旗帜，它改变了整个世界。因为它反对封建主义，反对中世纪的黑暗。我们的五四新文化运动也是受过这个思想影响的。当然五四时代的激进知识分子还受到马克思主义的影响。那时，重视工农、重视劳动大众是非常进步的思想。所以五四提倡平民文学，毛泽东当时就在《湘江评论》上写文章鼓吹平民文学，李大钊、邓中夏当时到长辛店进行平民教育讲演团的讲演，他们也强调平民文学。这就是说，作家和诗人心中应该有平民，应该有人民大众。马克思主义对于资产阶级革命时代的人道主义思想是在历史唯物主义的基础上加以继承和改造的，因为资产阶级讲自由平等博爱，这也没错，思想是个好思想。但是在资产阶级社会很难做到，因为它是建立在阶级剥削的基础上的。

恩格斯有一句名言，说：尽管资产阶级鼓吹自由平等博爱，但一旦无产阶级起来革命的时候，它马上用骑兵炮兵步兵来代替，就开始镇压了，就不讲博爱了。那么，我们也承认，在阶级对立的情况下，在社会生产力没有充分发展之前，要完全做到自由平等博爱是很困难的。恩格斯过去在《反杜林论》中也说过，平等是有条件的，即使到共产主义社会也不可能做到完全的绝对的平等。假如说你是一个杭州人，住在西湖边，另外一个人是宁夏人，住在大西北的西海固，自然环境很恶劣，那怎么平等？要平等，大家都搬到杭州去住，那杭州也容纳不了（笑声）。这是地球的自然条件所无法容许的。即使到共产主义生产力大大发展了，社会财富极大丰富了，大家都能够各尽所能各取所需了，也不能做到一切都平等。马克思就指出，如果我们能够通过发展生产力，能够消灭剥削，能够使得社会财富充分涌流，那么我们将来是可以使人的个性得到充分的尊重，得到全面的发展的。我觉得，共产主义思想的确是继承了人道主义思想，但是它是在历史唯物主义基础上去对人道主义加以阐释加以改造，使它变得更科学。所以，搞文学首先有一个对人采取一个什么态度的问题，有一个对人民大众采取一个什么态度的问题。我以为，历史上很多伟大的作家之所以伟大，总是因为他们对人民大众采取一种关爱的态度，悲悯的态度，特别是对社会弱势群体采取关爱和悲悯的态度。换句话说，就是有一种伟大的人道主义情怀。我刚才讲到屈原、杜甫和范仲淹，外国作家恐怕也一样。像列夫·托尔斯泰的作品中，不管是《复活》、《安娜·卡列尼娜》，还是《战争与和平》，从中我们可以发现一个思想线索，这就是深刻的人道主义精神。托尔斯泰后期的思想有一个很大的转变，从农奴主贵族到同情农民的立场有一个很大的转变。所以虽然他是一个农奴主，他能自己解放农奴。后来他描写的《复活》中的聂赫留道夫也解放自己家的农奴。他对玛斯洛娃的遭遇表示忏悔，后来玛斯洛娃被流放到西伯利亚，聂赫留道夫还追着跟去西伯利亚。在《战争与和平》中托尔斯泰提高主人公之一的彼尔鼓吹共济会的思想。这都说明，作家内心有深刻的人道主义精神。

  对人采取什么态度，这是人学需要回答的一个方面。另一方面，就是怎样认识人。你从审美上把握人，到底去把握什么。首先就是人本身是什么？比如说人性存不存在，人性是不变的、永恒的，还是历史地变化的？

比如说人的精神世界是怎样构成的，它有哪些层面？文学描写人性怎样才能描写得深刻？这些都是人学需要回答的问题。50年代我们曾经批判过"抽象人性论"。过去我们有一个老同志巴人，曾任驻印度尼西亚大使和人民文学出版社社长。他当时写了一篇杂文，引用古人的话，说"饮食男女，人之大欲存焉"；又说人"一要生存，二要发展"。当时就遭到批判，说他鼓吹"抽象人性论"。我们社会科学院文学研究所有一个老先生王淑明，他在左联时期曾经是左联作家。他也写文章响应巴人，结果也受到批判。因为毛主席讲过，没有抽象的人性，只有具体的人性，具体的人性都带有阶级性。这就牵涉到有没有共同人性，以及共同人性和每一个人的人性又是什么关系的问题？这个问题从50年代一直到"文化大革命"结束一直困扰着人们。后来公布了一个材料，中国科学院文学研究所的老所长何其芳先生就说，有一次毛主席找他谈话，毛主席讲"食之于味，有同嗜焉"，就是说美食大家都喜欢吃。这句话就无异承认有共同人性的存在。但是，人性却又确是历史的、变化的。因为马克思讲过一句名言："人的本质是一切社会关系的总和。"张三和李四，本质不同。为什么不同呢？因为他们所处的社会关系是不同的。社会关系当然包括人与人之间的关系，一个人跟他的民族是什么关系，跟他的阶层是什么关系，跟他的家庭是什么关系，跟他的学校是什么关系，跟他的朋友是什么关系，以及他所看的思想材料跟他有什么关系，这也都属于社会关系，因为他所接触的思想材料总会给他的思想带来一定的烙印。正因为每一个人所处的社会关系不同，所以具体的人性就会有差异。所以，具体的人性既有共同性也有差异性。我们的文学创作不是经常强调要写出人的个性吗？文学典型创造，典型就是要通过个性表现共性。因为文学作品里的艺术形象是活生生的，不同的文学形象之间应该有所不同。比如说林黛玉和贾宝玉就应该有所不同，贾宝玉和薛宝钗也应该有所不同。他们性格不一样，他们的思想倾向也不一样。比如说，贾宝玉就很烦贾政强迫他做八股文去应科举考试，将来光宗耀祖。林黛玉就很同情贾宝玉。而薛宝钗就批评贾宝玉，赞成贾政的观点。可见他们的思想倾向是不同的。贾宝玉和林黛玉都比较率真任性，而薛宝钗便善于四面讨好，显得圆通、八面玲珑。可见彼此性格也不同。文学作品是通过写出人与人之间的复杂关系，然后写出不同的人性，不同的个性。但在不同的个性中又有人的共性在里面。光有共性而没有个性，他也成不了成功的文学典型。比如说我们现代文学最有名的典型阿 Q，阿 Q 当然很有个性，但是阿 Q 的精神胜利法，后来有人说这是我们的国民性，或者说这是我们的国民劣根性。人家打了他，他说这是孙子打他；人家欺负他、瞧不起他，他会觉得我爷爷比你更阔！（笑声）他总能找到安慰自己的地方。据说《阿 Q 正传》在北京的报社连载的时候，使得社会上人人自危，大家都觉得好像写的是自己，很多人都能从阿 Q 身上找到自己的影子，因为照出了他们的灵魂。所以说一个成功的典型必须有鲜明的个性又有很深刻的共同性。

　　人性除了从个性和共同性这种辩证关系去了解以外，恐怕我们还要了解人性的层次。首先人是动物，他就有动物性。动物就是一种生命，所以人的很多行为都是一种生命的表现。上面说的"饮食男女，人之大欲存焉"，作为"饮食男女"，你不吃不喝就不行，任何生命为了延续自身生命和后代，都需要吃，需要喝，也需要男女之间的性爱。总之，人人都有一种生理的要求。除了生理的要求之外，除了动物性之外，人还有社会性。因为人是社会的动物，不能离开社会而存在。当然在没有历史记载以前，人是怎样生活的，我们无法确切地知道，但是以其他灵长类也可以略微知晓史前人的生活。猴子或者猩猩它们基本上都是群居的，单个生活的不能说没有，但很少。比如说两个猴王为了统治权发生争斗，这一个把另一个打败，这一个就成为新的猴王。另外的那个猴王就很孤独地跑到一边，独自生活。人是一种社会的动物，人作为社会的动物，他就有社会关系。这种社会关系就会影响到人的思想、性格、行为和情感，等等。比如说，我是一个地主，你是我的雇工，你要为我干活，你和我的感受就会有很大的不同，虽然我们都是人，但我们的利益是相互对立的。

　　除了社会关系的不同和复杂构成人性的不同和复杂之外，还要注意人性的不容忽视的另一个层次就是文化性。文化对人性的影响是极大的。什么是文化？关于文化，我查了一下，有 200 多种定义，我归纳起来觉得大致有三种。广义地说，先天没有，后天由人所创造的东西都可以称为文化，包括精神文化也包括物质文化。我们的房子、椅子、桌子、灯、扩音器都是文化的产品。这代表我们的物质文化；另外一种是精神文化。而从中义来讲，文化指人的思维方式和行为方式，它包括语言文字、文学艺术、科学技术、道德伦理、政治法制、宗教信仰，以及文物典章、风俗习惯、哲学美学，等等。这都是文化，都是精神文化范围的东西。我们知道这些东西不是一下子出来的，而是人类在漫长的历史过程当中不断创造不断积累起来的。

人类从古代野蛮的状态能够变成今天这么文明的状态，是得益于文明的创造，其中包括文学艺术的熏陶。以前的人和今天的人恐怕有很大的不同，古代的人甚至人吃人，被打败的人有可能被胜利者吃掉。在笛福的《鲁滨孙漂流记》就写到了这种状况，小岛上来了一群野人，他们就吃人。人的残酷性和野蛮性在《水浒传》也有表现，张青和孙二娘开饭店，他们用蒙汗药把人放到，杀了之后，做人肉包子，这是描写宋代的情况。甚至到了"文化大革命"期间，广西有一个县也发生过吃人的事情。这些事情，在今天看来，我们会觉得不可思议，人怎么能对自己的同类这样残忍和凶狠呢？但这些都是因为人没有完全脱离动物性，甚至可以说，在所有动物里面，人是最残忍的。人杀人，人吃人，历史上可谓屡见不鲜。过去奴隶社会，这个部族跟另一个部族打仗，打完之后，把抓来的俘虏杀掉。秦赵之战，秦始皇坑赵卒20万，将人活埋当然是很野蛮的。我们中国古代很多刑罚也是很野蛮的。去年莫言写的小说《檀香刑》发明了檀香刑这种刑罚，让人不死不活，折磨他。后来，我请教一个法律专家，问他中国古代有没有这种刑罚，他说暂时还没有发现相关文献，这么说可能是作家想象出来的。但是中国古代的宫刑、凌迟处死，这些都是有的，这些都是多么残忍的刑罚。人能够摆脱野蛮状态走向文明时代，莎士比亚有一段话，他借哈姆雷特的口说："人是多么了不起的一件作品！理性是多么高贵，力量是多么无穷！仪表和举止是多么端正，多么出色，论行动，多么像天使！论了解，多么像天神；宇宙的精华，万物的灵长！"他对人的评价很高，这种人的出现，当然是文化不断熏陶和培育的结果。一个民族的文化在历史发展当中是不断发展变化不断丰富的，也不断吸收别的国家、别的民族文化的好的成分来充实自己。以前我们中国人看外国人很不顺眼，把俄国人称为老毛子；外国人看我们中国人也觉得很奇怪，中国女人怎么裹着一双小脚，三寸金莲，走起路来都颤颤巍巍；中国男人怎么垂着一根大辫子，戴着瓜皮帽?! 五四时代的北京大学，当时蔡元培先生提倡学术上思想自由、兼容并包的原则。他聘请辜鸿铭为教授。辜老先生是一个封建遗老，他上课的时候，戴着瓜皮帽穿着长袍拖着一条长辫子。同时，胡适才从美国留学回来，当时才二十八九岁，西装革履，风度翩翩，也在北大讲课。这就是两种文化在冲突中并存。时至今日，我们中国没有人再留长辫子了，我们今天的服饰和西方已经没有什么太大的区别，这就是在历史的演变中，将西方适合现代生活的服饰文化加以吸收的结果。文化的发展是这样，人性的发展也这样，都会随时代的变化而变化。人性无论从生命的层面、社会的层面，还是从文化的层面看，都不是一成不变的，而是随着"历史的变化而变化的"，这不是我的话，是马克思的话。马克思在《资本论》的一条注解中说的。马克思反对费尔巴哈把人性抽象化，反对抽象人性论，主张从现实生活中的人出发来研究人，他说："首先要研究人的一般本性，然后要研究在每个时代历史地发生了变化的人的本性。"人性的历史变化是什么推动的呢？当然是社会的发展和社会中文化的发展所推动的，包括教育都推动人性的变化。我们中国古代曾经产生过"人性恶"和"人性善"的争论：一派主张"性本善"，我们小时候读的《三字经》一开头就是"人之初，性本善"；但是也有一派主张"人性恶"。荀子认为"人性恶"；孟子认为"人性善"；告子认为人性不善不恶。但是不管哪一派都承认，人性善也好、恶也好，都是可以教育的，是可以通过教育得到变化的。所谓"近朱者赤，近墨者黑"。就是这个意思。

所以，文学作品要描写人，就要了解人作为自然动物的生命层次，也要了解人作为社会动物的人性层次，即人的阶级性和民族性等给人性带来的烙印，还要了解文化的发展给人性带来的烙印。只有从几个方面去把握人性，才可以了解人性本身的深度。20世纪出现了弗洛伊德。弗洛伊德在他的学说里面研究人的潜意识。他认为人的意识只是露出海面的冰山一角，底下看不见的大部分是潜意识。对应着意识、显意识和潜意识这种人的精神结构，后来弗洛伊德又提出了自我、超我和本我的三重人格理论。本我就是人的本能欲望，自我要高一层，超我就是要用理性去控制欲望。这种学说出来以后，在西方包括有些马克思主义学派的学者都给予了很高的评价。德国的法兰克福学派中有一个学者弗洛姆，他就认为，马克思是从宏观社会把握人，而弗洛伊德是从微观个体的潜意识把握人。两人都作出伟大的贡献。他企图把这两者结合成为"弗洛伊德的马克思主义"。有人认为弗洛伊德的这种学说是从人的畸形状态、从精神病人的临床实验当中得来，不一定具有普遍性，它的真理性还有待于更广泛的实验和检验。但是我们的确可以从这种学说来反思一下我们自我的行为和动机。弗洛伊德还认为"性"是创造的动力，文学创作就像"白日做梦"。他实际否定理性在文学创作中的作用。这种观点当然是我们所不能同意的。而弗洛姆以及法兰克福学派还主张性解放。他们搞心理革命，所谓"心理革命"，其中有一项就是"性解放"。因此在文学上描写性，怎样描写性，现在就成了一个问题。我们知道，在五四新文化运动以前，我们的文学也有很多描写性的，最露骨的莫过于《金瓶梅》和《肉蒲团》那样的书，以至于历代都被作为禁书。这样的书在过去有很多。新中国成立以后，这样的东西就很少了，一段时间里文学写爱情但不写性，一直到"文化大革命"中间，八个革命样板戏的男女主人公甚至不谈恋爱只闹革命。《龙江颂》中的江水英就是上无父母，也没有公公婆婆，也没有丈夫儿女，她胸中只有"满腔革命豪情"，没有其他感情。"文化大革命"刚结束时，开始大家都不敢写爱情，我记得1978年的时候刘心武写过一个小说《爱情的位置》，慢慢这个题材就打开了。爱情这个题材，以前是"禁区"，到后来渐渐成了"闹区"，到现在就变成了"灾区"。（笑声）现在的小说都写爱情，两角恋爱，三角恋爱，四角恋爱，写性，甚至一打开书就是上床。当然，"饮食男女，人之大欲存焉"。文学要反映生活，当然不能不写性，问题是如何写。是从审美的角度去写，还是从另外别的角度写？《西厢记》中有一段写张生和莺莺偷情，写性写得多么美，完全是以比喻、象征等非常富有想象力的手法来写的，如"露滴牡丹开，蜂狂蝶恣采"等等。今天我们一些作家也有用这种手法来写的。但是也有另外一些作家不是从审美的视角，而是以《金瓶梅》的很不堪的视角来写的，那就不可取了。

　　我刚才讲这些，就是说进行文学创作和研究，的确需要了解人，要从生命的层次、社会的层次和文化的层次去了解人，要从显意识和潜意识去把握人，还要从审美的视角去把握人。审美的视角跟价值判断分不开，它总是要肯定或否定什么，而不是纯客观化地描写人。

因此，接下来的一个问题就是，搞文学创作先要了解人，要了解人的生活。

毛泽东在《在延安文艺座谈会上的讲话》中说："社会生活是文学艺术创作取之不尽用之不竭的唯一源泉。"他说，有出息的文学家应该到生活当中，去观察一切人一切阶级，然后你才能进入创作。你要当作家，你要了解工人和农民，你要了解男人和女人，你要了解老人和孩子，你要到生活中间去了解活生生的人，而不是抽象的人。在生活中活生生的人是非常复杂的，而我们的文学作品在很长的时间里都习惯于二元论，就是非好即坏，这个人不是好人就是坏人。实际上生活中的人复杂得多，一个人有可能在某种条件下是好人，在另一种条件下是坏人，纯粹的好人和纯粹的坏人恐怕都比较稀有，因此搞文学创作不能坐在房间里面想当然。总之，一个作家要提高作品的审美价值，一定要不断地去丰富自己的生活，一定要去了解种种的生活面，就要不断地接触各种各样的人，了解他们的行为动机，了解他们的性格特点。不是通过概念去了解，而是通过细节去把握人，文学创作中细节非常重要。过去我们文学研究所的老所长沙汀有一句话，他说"部件易得，细节难求"。所谓"部件"就是故事，故事是很容易编的，而细节是编不出来的，细节必须靠作家自己在生活中敏锐的观察和捕捉。一般说来，作家分为两类，一类作家生活很丰富，还有一类作家没有太丰富的生活，他就凭他的想象写作，难道不行吗？美国有一个诗人，他在自己房里不出来，每天在楼上把篮子用一根绳子吊下来，邮差来送信后，他就把篮子吊上来。有人送饭的时候，他又把篮子放下来。据说这个人的诗也写得很好。另外一个人，他是一个广场诗人，他成天在群众中活动，他的诗写得很受群众欢迎。这两种类型的诗人都存在，但是，这两种类型的写作是否是等价值呢？恐怕不会一样。每个时代都会产生许多作品。但真正能够留下的作品不是很多。能够留下来的大多都是有丰富生活体验，而又从特定的时代吸取了灵感，吸取了精神力量和想象力的作品。作家的生活体验和印象如果说很少，要想写出深厚的作品，可以说很难。20世纪五六十年代，中国作协组织作家深入生活，一定要到某个地方去采风，然后进行写作。这办法也许不一定很好。但作家下去接触生活总比不接触好。现在中国作家协会还是强调作家要深入生活，只不过现在和过去不一样。

可以"走马观花"地采风，也可以到一个地方挂职，生活更长一段时间。真正能够下去深入生活的作家，他确实能够写出好的作品。比如说，最近几年，有一个江苏作家周梅森，他写了一系列作品，《绝对权力》、《天下财富》、《中国制造》和《国家公诉》等。他每年都能出一个长篇，这的确很了不起。这个作家是矿工出身，最初是挖煤的，早期写煤矿，后来写国民党将领的抗战，近几年写这些反映改革开放和领导干部中的错综复杂的矛盾的长篇小说。他曾经到徐州市政府挂职当副秘书长，当了三年，这三年使他把官场上下的种种现象、关系和人物，了解得很深很透。所以他才能写出那些作品。山西有一个写《抉择》的张平，小说中所写的工厂确实存在。厂长们把这个工厂的东西不断卖掉，最后工厂破产了，弄得工人没有着落，工人真正成了"无产阶级"。张平到北京来开他的作品的座谈会，他就请了那个工厂的工人，其中有一个当过志愿军、在那里看门的工人的发言令我很感动。他说，我是工人阶级，看着他们把工厂的东西搬出去也没办法，因为他们有厂长的条子。所以，我们今天这个社会相比50年代复杂得多。我们现在的改革开放允许多种经济充分存在，有外国的资本家，有本国的企业家，有很多个体户，他们的生活环境很容易滋生拜金主义和个人主义的思想。50年代和现在是不一样的，大家讲共产主义风格。那时我们同学写了一部文学史，人民文学出版社出版后给了我们一万块钱稿费，一万块钱在那个时候可以说非常多，但是同学们说我们不要，把它捐给学校。那时候的思想和现在完全不一样。今天贫富悬殊太大，今天人们的思想和情感跟过去相比复杂得多，有钱的，钱多得用不完，没钱的，只能靠政府每个月发的两三百元救济金过活，生活非常困难。文学要反映时代，要描写人，就要深入生活了解人，单靠抽象的人性理解是不够的。当然，我们可以从几个层次几个方面去把握人了解人，这样才可能描写出各种各样的不同的人。

最后，我想讲的问题是，文学不单描写人，还要改造人，美化人。

从历史上看，文学是使人类从野蛮走向文明的非常重要的一个因素。文学的功能不仅是要写人，还要改造人，使人变得更高尚更优美。文学作品能够塑造一个民族的灵魂，能够传承一个民族的精神，还能够指引民族走向进步，走向光明的未来。所以，鲁迅说，文学是照耀国民前途的灯火。

今天许多民族能够变得如此文明，内心世界能够变得如此的丰富，懂得什么是善良，什么是罪恶，这都是传承文化积累的结果，跟文学艺术的熏陶是分不开的。我们很多人在成长的过程中，都或多或少地受过文学的影响。因此，今天我们要建设社会主义的先进文化，我们就要想办法，使我们的文学艺术有益于社会主义精神文明的建设，使人的品格更加优化，使人的内心世界更加丰富。文学家的责任是很大的。有一年，我听说有三位我国作家到美国去访问，在会议当中有个听众提了一个问题，问文学是用来干什么的？结果我们有一个作家回答说，文学是骗人的。他的回答也许有一定的道理，因为文学是编出来的，是虚构的。然而，当时全场哗然，甚至台湾来的作家都觉得大陆来的这个作家怎么能这样回答问题?！我以为，一个有良知的作家还是应该有历史责任心和时代使命感，要有对自己民族灵魂的熔铸尽自己一个作家的责任的追求。我们经常讲中华民族的民族精神是勤劳、勇敢和爱好和平，很多作品对此也有表现。今天我们的时代，对中华民族来说，是一个千载难逢的机遇。我们要抓住这个机遇，使我们的民族复兴起来，强大起来，不再像过去那样被其他民族欺凌。一定要使我们的民族自立于世界民族之林，对世界经济的发展，政治的发展，文化的发展，都做出我们的贡献。这些方面的发展，要靠有一定精神高度和一定精神境界的人，要靠提高我们民族的文化素质。在这方面，文学艺术，应该说有它不可替代的意义，因为它不是耳提面命，而是通过具有强烈审美效果的艺术形象去感染人鼓舞人，从而改造人的精神世界。这就要求作家使自己的作品高尚起来，当然这首先有赖于作家自己思想和道德的高尚化。中国有一句老话，叫"文如其人"。如果要使读者从自己的作品中得到精神营养，作家本身就要有丰富而崇高的精神世界。

归纳起来，就是我们要了解人学与文学的密切关系，因为人是文学描写的中心，人又是文学接受的主体。那么我们要了解人和人性都是随着历史的发展，随着社会关系的变化，随着文化的积累和发展而发展、变化的。文学一方面要表现人，一方面要提高人的精神世界，要使人变得更加高尚，变得更加文明，使人的内心世界更加丰富和优美，这是我们的文学应该做的事情。我们一方面可以通过描写社会主义新人来达成这个目的，另一方面也可以批评地描写那些消极的落后的形象来达成这个目的，恐怕这两个

方面都不可偏废。今天我就讲这些，谢谢。（掌声）

与听众的互动

问：从前我在《文学评论》上经常读到您所写的精彩的评论文章，今天又非常荣幸地聆听了您丰富生动的讲座。我有几个小问题，想向您请教。第一个问题，从现当代文学史上来说，那些日常生活中人物形象的描写一般都比较丰满，而高尖端知识分子的形象不仅少而且也不丰富，这是为什么？第二个问题，五四运动以后，我国的大中小学校，普遍掀起了"爱美剧"运动，促进了20世纪三四十年代戏剧的发展，而当代我国的大学的数量在增长，水平在提高，为什么文学运动反倒沉寂下去了呢？第三个问题，作家能专门培养出来吗？怎样看待北大作家班的成立和解散？

张炯：我试着回答一下。现当代文学中的大众人物形象比较丰满，这有一个很大的原因。我们的古典文学大多描写才子佳人和帝王将相，有了新文学以后，当时的思潮就是要从贵族文学转向平民文学，就是要关注人民大众，特别是左翼文学运动兴起以后，更是如此，有些作家本来不是工农兵出身，他们也自觉地去熟悉工农兵，描写工农兵。但是高级知识分子或者是非工农兵形象，写得好的还是有的。鲁迅的作品中就有两类形象，一类是阿Q、祥林嫂等，另一类就是描写知识分子，像《在酒楼上》、《孔乙己》等等，这些人物在鲁迅笔下也是很生动的，因为他熟悉这些人。革命文学描写知识分子也有写得好的，比如茅盾的小说；像巴金的《家》就写大革命时代的知识分子，觉新他们弟兄几个都写得很好；像丁玲的《韦护》中的男女主人公是以瞿秋白和王剑虹作为模特，他们两人都是知识分子。这个小说是写得不错的。当然，延安文艺座谈会之后，毛主席号召作家写工农兵，这样很多作家开始写工农兵，写知识分子的作品就比较少了，但也不是完全没有，像丁玲的《在医院中》中的医生就是知识分子。新中国成立以后，像杨沫写了《青春之歌》，她后来还写了《英华之歌》和《芳菲之歌》，都写的是知识分子。《青春之歌》里面就写到了林道静和余永泽这样不同的知识分子。《红岩》里面的江姐、齐晓轩和许云峰也都是知识分子，这些人物也都写得真实丰满。所以，你说知识分子的形象比较单薄，可能是高科技知识分子写得比较少，也比较难写，我本人就写过两个这样的知识分子，其中的一个是钱三强。钱三强号称我国的"原子弹之父"。我当时跟他谈了将近一个礼拜，谈他的一生。钱三强的父亲是钱玄同，很了不起。钱三强自己也很了不起，他参加过"一二·九"运动，后来到了法国，在约里奥·居里夫人手下当研究生，30多岁就当了博士生导师，后来法国原子能部的主任就是他的学生。新中国成立前夕，他回到国内，对我国原子弹爆炸贡献很大。我写报告文学时，就遇到很大的困难，他讲的很多东西我听不懂，尤其是很多术语听不懂，最后我只好用比喻的办法来写。恐怕作家们要写这样高精尖的知识分子有一定的难度，但并不是没有人写过。科学家内部的知识分子来写这些，比我们这些对自然科学和技术不太熟悉，恐怕要写得好些。

五四以后的爱美剧运动的确取得了一定的成就，今天的戏剧，整体看来，处于一种衰微的境地，但校园戏剧依然存在。像北师大有一个艺术系，就组织过很多大学生戏剧活动。北大作家班成立又取消，这个我不太清楚，可能张志忠教授比较清楚。

张志忠教授：这个话题我来回答。我在军艺作家班搞过多年的培训和教学。作家不是从高中生培养出来的。大学可以培养作家，包括前些天来我们这里的莫言，获茅盾文学奖的《历史的天空》的作者徐贵祥，《英雄时代》的作者柳建伟，以及阎连科和《激情燃烧的岁月》的作者石钟山，都参加过军艺的培训班。这有个前提，就是他得有当作家的愿望和才能。其实，我们中文系的学生没有多少是抱着当作家的信念来上大学的，所以大学中文系要培养作家很困难。军艺的成功经验在哪里呢？第一，他们来之前都有一些创作的经验，第二，他们到军艺学习的目标很明确，就是要走文学创作这条路。有这两个前提后，经过专业训练，经过文学艺术知识各个方面的密集轰炸，军艺的成功也就有了可能。不仅仅是军艺，80年代很多高校都办过作家班，但要是仅仅从高中上大学中文系的学生中进行培养，其成功概率就会很低。

问：张先生，您好！《红楼梦》可以说是中国古代一部思想非常丰富的作品，现在我们出版的文学书籍越来越多，但是，这些作品中的思想似乎越来越肤浅，而且类似《红楼梦》这样具有很高艺术价值的作品是越来越少了。我想知道您对中国文学发展现状有什么看法？您又如何评价中国文学在世界文学中的地位或者说作用？

张炯：我们国家这20多年可以说经历了五四以来文学最繁荣的时期。因为大家知道，五四以后出现了很多作家，但那个时候军阀混战，后来又是十年内战、八年抗日战争和三年解放战争，一直到1949年，都是战乱不断，是非常不安定的动乱时代，作家要安静下来写一部书是很难的。50年代以后到60年代，运动又很多，各种各样的政治运动，作家要上山下乡，作家也难得长久坐下来写作。但50年代到60年代还是出现了一些比较有生活内涵的好作品，有一些作品，我觉得到现在仍然是经典性的。比如孙犁的《风云初记》，虽然写的是战争，我觉得写得很美，非常有诗意。又比如杜鹏程写的《保卫延安》，以及刚才举的《青春之歌》、《红岩》，姚雪垠写的《李自成》的第一部，都是一些经典性的优秀作品。改革开放以来，这些年我们的文学应该说发展得很快，也出了一些好的作品，我们不能忽视这些作品的存在。这时期的创作，一方面是写历史很有成绩。中华民族是一个有悠久历史的民族。历史上有无数的帝王将相、英雄豪杰和才子佳人。他们有说不尽的故事。所以这些年在这方面有很多题材可写。有几个作家成就显著。一个是姚雪垠，写《李自成》，写了十几卷，很了不起，一直到死前才完成。他写的农民起义我觉得比较好，写得比较深刻！还有一个历史作家凌力，她写过描写捻军起义英雄的《星星草》，还写过《少年天子》、《倾国倾城》、《晨钟暮鼓》等，就是写清代帝王顺治和康熙。凌力作为清史研究所的研究员，战争和宫廷生活都写得很好。还有一个就是二月河，写了《雍正皇帝》、《乾隆皇帝》和《康熙大帝》等作品。二月河是自学成才的作家，他从部队转业到南阳，自己看了很多史料后写了这些小说。当然不能完全把他的小说看成历史，他有很多虚构的东西，但是小说还是很耐看的，拍成电视连续剧也受到了很多人的欢迎，东南亚一带就认为他是中国最受欢迎的作家。湖南也有一个作家唐浩明，写曾国藩、杨度、张之洞，他本来是一个编辑，负责编那些人的集子，在编辑过程中，他就了解了这些人的很多历史细节。去年茅盾文学奖还颁给了湖北作家熊召政的《张居正》这部历史小说。历史题材到现在一直都有人在写，取得了很大的成就。另外，描写现实的小说也出了很多很好的作品。但是，现在我们对这些作家的评论，做得不够。世纪之交，一年出一千多部长篇小说，谁也没法全部看完。去年，为了评选茅盾文学奖，我花了几个月读了26部长篇小说，觉得长篇小说创作的水平有提高有创新。现在很多书出来之后，没有人看也没有人评，使得很多作家很沮丧。有的作家写了几部长篇小说，然而如石沉大海，评论界一点反响都没有，你说悲哀不悲哀？他说你就是骂我一顿，我也好受一点啊！骂的人也没有。（笑声）好的文学作品总要经过几代人反复的选择和阅读，才能有定评，说不定，我们现在就有伟大的作家，只不过我们现在没有发现他或没有充分认识他。过了50年之后，可能觉得这个作家很了不起。因为李白、杜甫在唐代就不是像我们现在评价这么高吗？真正好的东西是埋没不了的。每一个时代都出现了很多的作品，历史是非常无情的，大浪淘沙，很多不好的作品，很快就被人忘掉了。有的甚至当时红极一时，那也没用。但每个时代也总能留下一些好作品。我对文学的发展还是比较乐观，抱有很大的希望，因为从历史上看，文学的繁荣需要社会的安定和经济的发展作为条件。比如说，我们今天讲的"盛唐气象"，并不是隋末战乱之后就有了盛唐气象，而是经过了贞观、开元之治几十年，经济发展了，很多人能够学习文化，才为文学的发展提供了条件；宋代也是一样，欧阳修、王安石、曾巩和三苏父子，他们的涌现也是在宋代建立五六十年之后；包括《红楼梦》的出现也是在清朝休养生息几十年之后的乾隆年间，而乾隆年间的中国从经济、军事、文化、版图各个方面来看，都是世界上的超级强国。曹雪芹才能经历到封建社会鼎盛时期王府繁华的生活，而后来的人则不可能有这种真切的体验。我们现在的经济发展很快，社会比较安定，作家们经过这些年体验、学习和摸索，技巧和经验都比较丰富了，所以我们还是有希望见到好的作品。我以为好的作品一靠时代，二靠天才。天才又碰上好的时代，就容易有好作品出世。

中国文学在世界上的地位，还需要我们自身积极地努力和争取。爱尔兰过去是英国的殖民地，后来独立了，但是这个国家在20世纪居然有五个作家获得了诺贝尔文学奖。今年获奖的品特也是爱尔兰人。像萧伯纳、王尔德以及写《尤利西斯》的乔伊斯，写《等待戈多》的贝克特也都是爱尔兰人。爱尔兰只有五百多万人口。他们很自豪地说，他们为英语的丰富和发展作出了贡献。他们自己有爱尔兰语，但他们都能使用英语。后来，我问接待我们的爱尔兰作家，中国作家中，你们知道谁？他们说，我知道卫慧。因为卫慧在《纽约时报》登过大照片，有文章介绍她，说她是被中共封杀的作家（笑声）。我问他们，别的作家还知道谁？他们还知道一个上海女诗人张烨。因为她到爱尔兰访问过，送给他们诗集，他们把它翻译成爱尔兰文。此外他们还知道北岛，别的作家就不知道了。这就很令我感到悲哀。爱尔兰这么小一个国家，他们的政府每年给他们几十万英镑，把自己的作家介绍出去，翻译成外文出版。中国作家协会去年就有一个计划，想推出一百个作家，翻译他们的作品，把他们介绍出去。这个计划到现在还没有落实好，因为好翻译难求。文学作品是很难翻译的，很难找到既精通外语又有很高汉语文学修养的好翻译家。所以，过去有人问瑞典的诺贝尔文学奖的评委马悦然：为什么我们中国没有人能得诺贝尔文学奖？他说你们翻译得不好。他承认只要鲁迅活着，老舍活着，他们一定能得诺贝尔文学奖。可是他们都去世了。而诺贝尔文学奖按规定是不能颁给去世的作家的。1998年，我到斯德哥尔摩大学去访问，约见马悦然。我向他介绍国内的《白鹿原》，他反过来向我介绍高行健。他不只介绍高行健的小说，他也介绍高行健的戏剧，认为高行健的戏剧写得很好。他说他现在正翻译李锐的小说，他认为李锐的《旧址》写得不错。后来我想，李锐是否可能得奖，结果李锐没得奖，高行健得了奖。说实话，像高行健的小说，我们国内是不止一个作家能写出来的。有人说，有20个以上的作家能写出那样的小说。去年我们中国社科院外国文学所请日本作家大江健三郎来座谈。他告诉我们，他来之前，他妈妈嘱咐他，到中国去你要谦虚一点，你比鲁迅差远了。大江健三郎还说，他也不知道他怎么会得奖，在日本比他写得好的作家也还有的是。所以，诺贝尔文学奖虽然很有影响，但也不是绝对的标准，它有很大的偶然性。翻译过去的作品，评委们可能看了，还有很多很好的作品因为没有翻译过去，他们并没有看到。从总体上来说，我们对我们的文学还是要有信心。当然现在这个时代文学有一点走向边缘。有人说图像时代来了，文学时代会结束了。我不相信文学时代会结束，但图像时代来了确实是事实，人们很多时间都被图像占据了。我相信只要人类存在，语言存在，作为语言艺术的文学，同样会存在下去。（掌声）

王光明教授（主持人）：人跟文学的关系，可以说是文学写作和文学研究的永恒话题。每个时代往往都有自己文学方面的突出问题，人与文学的关系就是这样的问题之一。我听了张炯先生的演讲，在财经挂帅的时代，在物质主义横行天下的当下社会里面，重新提出人学跟文学的关系问题，我觉得有特别重要的意义。张炯先生一再地讲，文学要写人，就是要关心人的历史变化和他的丰富性、复杂性。他认为文学要有对人的关爱的态度，要有仁爱的精神，这其实就关系到文学关心人的境界的问题，或者说，在这样一种物化的时代，文学作为一种关心人的想象世界的方式，有特别的意义，以及文学怎么去让人们变得纯净，怎么样去关心人们所承受的许多的东西。我听张炯先生的演讲，就想到很多的问题，包括爱略特在诗里面所写的"我现在在用咖啡匙在量着我的生命"，他写的其实就是现代人的一种孤独感。另外，我也想到中国诗人所写的"花朵朝向空难"，其实写的是在花朵和空难之间，人像玻璃一样，非常脆弱，像花朵一样容易消失，非常容易折断。深圳有一个诗人，写蚊子叮人的感觉，非常快乐，非常好。这种独特的感觉其实就是要表现现代城市中人与人之间的隔膜与疏离。我们今天的社会，一个后工业的现代社会，其实面临着很多很多的人的问题。所以，张炯先生今天重新提出人学与文学的问题，能让我们思考很多很多的东西。文学，可以用三个级别来衡量，一个是不是文学，或者说，是不是诗，是好诗还是坏诗；是好诗还是伟大的诗？后者是要靠境界来衡量的。你是否具有一种关怀人类，关怀人类的现状，关怀人类的未来的境界，是否能够深入人性的全部复杂性，是否能够深入我们喜怒哀乐的全部复杂性，这就往往要看是否有比较高的境界，这就决定你是否有伟大的作品。所以，张炯先生今天重新提出这个问题，给我们非常多的启发，有很多问题值得我们进一步去思考。我们感谢他今天为我们所作的报告。（掌声）

第三辑

马克思主义与文学批评

一　马克思主义文艺批评的原则

中国作家协会和中央编译局编选的《马克思恩格斯列宁斯大林论文艺》的出版，是我国文艺界的一件大事，也是马克思主义文论界的一件大事。我深信，新版《马克思恩格斯列宁斯大林论文艺》的出版，一定能够推动我国文艺界更好地学习马克思主义的理论，更好地运用马克思主义文艺理论来指导自己的工作，促进我国社会主义文艺的健康繁荣和发展。

马克思主义文艺理论的内涵异常丰富，需要深入学习的方面很多。我仅就学习马克思主义的文艺批评原则，谈点自己的粗浅体会。

恩格斯在致拉萨尔评论历史剧《弗兰茨·冯·济金根》的信中说："我是从美学观点和史学观点，以非常高的亦即最高的标准来衡量您的作品的。"这里，恩格斯不但提出了马克思主义文艺批评的重要标准和原则，而且实际上体现了马克思主义经典作家有关文艺的深刻本质的认识。正确地理解美学的和史学的批评标准和原则，我以为我们必须把它与马克思主义经典作家有关文艺的其他论述联系起来，把他们致拉萨尔信件的全部内容联系起来。

从辩证唯物史观看来，社会存在决定社会意识。文学艺术正是反映社会存在的意识形态的一种形式。马克思在《〈政治经济学批判〉序言》中指出："人们在自己生活的社会生产中发生一定的、必然的、不以他们的意志为转移的关系，即同他们的物质生产力的一定发展阶段相适合的生产关系。这些生产关系的总和构成社会的经济结构，即有法律的和政治的上层建筑竖立其上并有一定的社会意识形式与之相适应的现实基础。"紧接着，马克思在下文就把法律的、政治的、宗教的、艺术的或哲学的意识都列为耸立于一定经济基础之上的意识形态的形式。马克思在《路易·波拿巴的雾月十八日》一文中还指出："在不同的所有制形式上，在生存的社会条件上，耸立着由各种不同情感、幻想、思想方式和世界观构成的整个上层建筑。"可见，马克思是毫不含糊地把文学艺术看做社会的上层建筑意识形态。因为文学艺术表现的客观内容虽然非常广泛，却主要以人为表现中心。而人总是生活于一定社会历史中的人，人的思想、情感、性格、行为总带有一定社会的乃至阶级和阶层的烙印。不表现社会历史就难以表现人。而且作家艺术家写什么和怎样写，也受到特定社会历史实践的限制，受到他在特定社会形成的世界观、人生观、价值观和文艺观的制约。正由于文艺创作的主客体两方面的原因，文学艺术必然也受制于一定的社会历史。它不但反映一定社会的历史生活，还表现一定社会的人们的哲学、政治、法律、道德、宗教、美学等观点，成为恩格斯所说的"飘浮于空中"的意识形态。因此，批评文学艺术就必须联系它们对社会历史反映的深度与广度，坚持史学的原则。致拉萨尔的信在评论历史剧《弗兰茨·冯·济金根》时，马克思、恩格斯用许多篇幅谈论作品的社会历史内容问题，应该说正与他们关于文学艺术是一定社会的意识形态的一种形式的观点分不开。

但是马克思主义经典作家又很明确地把文学艺术作为特殊的社会意识形态与哲学的、政治的、法律的、道德的等意识形态相区别。马克思曾提出人类哲学地把握世界的方式与艺术地把握世界的方式不同的论断。大家知道，艺术思维的特点是离不开具体的感性形象。这是审美意识形态的共同特性。正是鲜明生动的感性形象，培养了人类的审美感觉。对于人类审美感觉如何在历史实践中形成。马克思有许多论述。他曾说："从主体方面来看：只有音乐才能激起人的音乐感；对于没有音乐感的耳朵说来，最美的音乐也毫无意义"，他还说："忧心忡忡的穷人甚至对最美丽的景色都没有什么感觉；贩卖矿物的商人只看到矿物的商业价值，而看不到矿物的美和特性；……因此，一方面为了使人的感觉成为人的，另一方面为了创造同人的本质和自然界的本质的全部丰富性相适应的人的感觉，无论从理论方面还是从实践方面来说，人的本质的对象化都是必要的。"① 马克思所说的"人的本质的对象化"，指的就是人类在历史实践过程中，因与客观的物发生关系，使对象成为人的对象，因而人才产生和丰富了自己对事物的感觉和认知。换言之，先有客观事物的美，才培养了人对于美的感觉。对于一个从来不曾接触事物的美的人，他自然不可能产生这方面的感觉。但另一方面，一个人如果没有美的感觉能力，他当然也无从感觉到美。美的感觉和认知正是从人与物互动的辩证关系中历史地发展起来的。

马克思还说，"动物只是按照它所属的那个种的尺度和需要来建造，而人懂得按照任何一个种的尺度来进行生产，并且懂得处都把内在的尺度运用于对象；因此，人也按照美的规律来构造。"② 这段话实际上揭示了艺术美被创造的秘密。艺术美源于现实美又可能高于现实美，正由于人能够把美的规律作为内在的尺度运用于艺术美的创造中。马克思、恩格斯都把美看做文学艺术所具有的本质性的特征。文学艺术的美是由它的内容与形式的完美统一构成的。它是真、善、美的统一，也是情、意、象的统一。马克思、恩格斯致拉萨尔的信还用许多篇幅来谈论作品的美的问题。恩格斯开篇就讲道："现在到处都缺乏美的文学，我难得读到这类作品。"可见他对于文学作品的美的重视。马克思也在信中花很多篇幅评论剧本的艺术美方面，如称赞剧本的结构和情节，认为"在这方面，它比任何现代德国剧本都高明"；在根据悲剧的标准来评论时，建议拉萨尔应"更加莎士比亚化"，批评剧本的"最大缺点就是席勒式地把个人变成时代精神的单纯的传声筒"，指出剧本在"人物个性的描写方面看不到什么特色"。恩格斯在信中也说："对情节的巧妙安排和剧本的从头到尾的戏剧性使我惊叹不已。"同时，他批评剧本在语言韵律方面"处理得比较随意"，"道白很长，根本不能上演"，在肯定"主要的出场人物是一定的阶级和倾向的代表，因而也是他们时代的一定思想的代表，他们的动机不是来自琐碎的个人欲望，而正是来自他们所处的历史潮流"的同时，又建议"要更多地通过剧情本身的进程使这些动机生动地、积极地、所谓自然而然地表现出来"；在

① 《马克思恩格斯全集》第42卷，第126页。
② 《1844年经济学—哲学手稿》，《马克思恩格斯选集》第1卷，第47页。

肯定作者"反对现在流行的恶劣的个性化"时，又指出"刻画一个人物不仅应表现他做什么，而且应表现他怎么做"，认为"如果把各个人物用更加对立的方式彼此区别得更加鲜明些，剧本的思想内容是不会受到损害的"；他同样批评拉萨尔"不该为了观念的东西而忘掉现实主义的东西，为了席勒而忘掉莎士比亚"。他还指出，拉萨尔所期待的"较大的思想深度和自觉的历史内容，同莎士比亚剧作的情节的生动性和丰富性的完美融合，大概只有在将来才能达到"。这些批评，都正是建立在美学原则方面的批评。

可见，把马克思主义的文艺批评只视为仿佛忽视文艺审美特性的社会学批评，完全是不正确的，是不符合马克思主义文艺批评实际的错误观点。

改革开放以来，我国文艺理论批评界在大量涌入的西方文论的影响下，曾努力吸收和借鉴形式主义、结构主义和新批评的成果，也大力开展了对文学艺术的文化视角的研究。无疑，这对于丰富我国的文艺理论批评，都是有一定益处的。但这样做时，绝不意味着我们应该不再重视马克思主义的文艺理论批评。相反，我们应该更加重视马克思主义的文艺理论批评，更自觉地坚持马克思主义文艺批评的原则。因为，只有马克思主义的文艺理论批评才更科学地阐明文学艺术的本质规律，也能更深刻地阐释文学艺术作品的美学的和社会历史的意义。从而使文艺理论批评深入广大的人民群众，帮助他们更好地认识文学艺术是与国家前途、民族命运、文化发展以及与他们的切身利益和精神需求都密切相关，也从而吸引他们更多地关心文学艺术，理解文学艺术，更广泛地参与文学艺术的欣赏和创造。

二　大力开展实事求是的文艺评论

关于当前的文艺评论，有许多不同的看法。肯定者有之，贬损者也有之。

照我看来，文艺评论不是无足轻重的个人话语，而是影响作家、艺术家和广大读者、公众的社会话语。它是文艺发展不可忽视的一翼，是作家、艺术家与读者、观众之间的桥梁。作为文艺作品的阐释者，文艺评论还成为向作家、艺术家反馈读者意见的重要渠道。所以，评论家应该是作家、艺术家的诤友，也是读者、公众阅读和欣赏作品的向导。文艺评论家不仅面对作家、艺术家的作品，还要了解作家、艺术家的生平及其创作作品的相关情况，从而为读者和公众更深刻地阐明某部作品的思想艺术特色和它的优点和不足。视野开阔的评论家还要面对文艺流派、文艺运动和种种宏观性的文艺现象，剖析它们产生的原因和表现的特点以及对历史可能产生的作用和影响。要做到这一点，评论家必然应以科学的文艺理论和广泛的作品欣赏为自己的素养基础，在具备中外文艺史的丰富知识的基础上，在有利于人民和社会进步，有利于文艺健康发展的美学取向上建立自己的评论价值观和评价标准。

改革开放的三十多年中，我国文艺评论有长足的发展，取得重大的成就。这表现在：第一，在确立马克思主义的文艺理论批评为主导的前提下，深入批判了历史上存在过的"左"倾的文艺路线和错误观点，实现了马克思主义文艺理论的拨乱反正；第二，广泛引进和借鉴了20世纪西方各种新的文艺理论与批评方法，如形式主义、结构主义、新批评、符号学和原型批评，还有心理分析的理论批评、新历史主义的理论批评等；第三，除对新的文艺作品和作家、艺术家开展广泛的批评外，还梳理文艺源流，对不同流派与不同地域的作家、艺术家群以及"伤痕文学"、"反思文学"、"改革文学"、"寻根文学"和"朦胧诗"、"探索性戏剧"、"先锋派小说"、"新写实主义小说"、"女性主义文学"、"欲望写作"、"打工文学"、"底层文学"、"青春文学"等种种文艺现象开展了宏观性评论，为扶植新人新作的健康成长作出了突出贡献；第四，在文艺评论的发展中不断壮大了自己的队伍，培养了大量具有新的知识视野的中、青年评论家，他们迅速成为我国评论界的主力。但是，也无须讳言，在社会从计划经济向市场经济转型后出现媒体评论、网络评论和学院评论三足鼎立的格局下，文艺评论仍然滞后于文艺创作的蓬勃发展，而不能开展实事求是的评论，则已成为当前文艺评论中引人关注的弊病。这既表现在或盲目吹捧，或"有偿"吹捧，把不那么好的，乃至坏的作品也说成好作品；也表现在不对文艺作品做认真研究和阅读，却信口开河，发表随意性的意见；还表现在不问作品的实际而强行将其纳入自己的理论框架中去做"六经注我"的附会解读与诠释；更有不细读作品文本，徒以舶来的似是而非的词语堆砌以掩盖自己的浅薄，去"忽悠"读者；至于出自私愤，不与人为善的"骂派"评论，虽为数不多，泄愤中自也不存实事求是之意。因此，提倡大力开展实事求是的文艺评论，实在至为必要。

实事求是，把问题提到一定的历史范围中去做具体的研究和分析，揭示特定内容与形式的辩证关系，并把握特定内容与形式跟事物主体与客体、内在联系和外在联系的关系，从而认识特定对象的本质和规律，这是马克思主义的灵魂，也应是马克思主义文艺评论的灵魂。泛而言之，同样应该是所有科学的文艺评论的灵魂。

马克思主义文艺评论如恩格斯所指出，提倡"美学的和历史的"批评原则。它正基于对文艺本质与规律的深刻认识。文艺之所以存在，因为它不仅是人类社会现实生活的反映，还是作家、艺术家作为主体按照美的规律的审美创造。而现实生活或特定的审美创造主体，又都是一定历史时代的产物，并带有特定时代的社会历史特征。从而，文艺评论家要分析文艺作品，就不能不具体地分析其审美的风格特色及其反映现实社会生活的深度与广度。无视主客体的相互关系，无视作品的形式与内容的相互关系，无视文艺现象与特定社会历史生活的相互关系，而孤立地研究作品文本的形式的形式主义、结构主义、新批评等方法，或脱离特定时代的社会历史生活，孤立地研究心理现象的心理分析批评，虽都有各自的长处，在相应方面达到了片面的深刻，但就全面把握文艺作品的特征与本质，显然又都存在自身的缺陷。审美的历史的文艺评论不但要求评论家对特定的文艺作品和文艺现象有深刻的理解，还要求评论家对产生特定文艺作品和现象的社会历史生活也有深切的了解，从而，这样的文艺评论家就不但要细读文艺作品，具备广泛的文艺史和精湛的文艺学修养，还要对相应的社会历史生活具备丰富的历史学、社会学、政治学、文化学、心理学等多方面的知识。从这一意义层面来说，培养一个合格的文艺评论家，并不比培养一个合格的作家、艺术家为易。

开展实事求是的文艺评论，当然首先就要提倡评论家细读文艺作品的文本。文本是文艺评论的基本研究对象，也是文艺评论面对的第一对象。评论家对文艺作品的任何论断，都必须以阅读文本为基础。离开文本的论断就往往流为妄断。只有认真阅读文本，评论家才有可能对作品的题材、主题、形式和风格作出有根据的分析，也才有可能在广泛比较的前提下对作品的特色和历史地位作出科学的判断。文学是语言的艺术。不细读文本，就难以把握特定作家、艺术家的作品语言表现的特色，也难以通过语言去想象和把握作品所完成的艺术形象和艺术意境的生动性、鲜明性，更无法把握作品所反映的丰富内涵以及它所产生的艺术感染力和震撼力。对文学艺术作品的欣赏首先诉之于读者和观众的感觉，而对作品的感觉则从语言媒介表现的感觉始。不从语言极其复杂、微妙的表现开始去把握作品，就难以做到真正深刻地具体地了解文艺作品的内涵和形式，也难以真正完全地了解文艺作品的艺术效果。当前，阅读匆忙，对文本只粗粗翻阅或跳阅，甚至没读文本便发议论，已成为不少评论家的通病，这样，要真正开展实事求是的文艺评论，就必然相当困难了。

开展实事求是的评论，还需要"知人论世"。这本是我国古代所强调的评论传统。也即，你要深刻理解作品，就要深入研究创作这部作品的作家，既要了解作家的生平，作家所生活的社会时代和具体环境，也要了解作家是在什么情况、什么心态下创作这部作品的，包括他曾经受到中外的什么作家和作品的影响。还要了解文艺作品所反映的历史时代的实际社会情况，包括特定社会的人际关系、矛盾冲突、风土人情等。因为只有这样，你才能更好地理解作品的内涵，才能更准确地判断这部作品在作家创作链中的地位，它所反映的社会历史生活的深度与广度，以及它比前人有哪些方面的超越和创新，它的社会的时代的历史意义何在，等等。近些年兴起的文化批评和心理批评，固然为文艺评论拓展了新的视阈，但这种评论如果离开了对特定社会历史生活的广泛了解和把握，要完全做到实事求是就比较困难。

实事求是的更高层次的要求则在于从对具体作家作品和文艺现象的研究中去发现规律性。如毛泽东所指出，要在占有丰富材料的基础上，去下深入分析和研究的工夫，从而从中引出固有的而非臆造的规律，提升到理论上来。只有这样的文艺评论，才能为文学史的研究和文艺理论的发展提供更为可贵的资源，从而促进文学史研究的深入和文艺理论的新的生成。只就事论事，停留在文艺作品和文艺现象的平面感受上，缺乏"由表及里，由浅入深，去粗取精，去芜存菁"的深致的思考，未能深入文艺作品和文艺现象的本质，这往往是许多文艺评论缺乏理论意义，未能达到实事求是的更高层次的原因。

严格地说，实事求是的文艺评论，还要求语言表述的朴实。文艺评论当然有别于一般的科学论文。后者总要求语言表述的准确。而文艺评论则除了准确，还要求鲜明和生动，要求富有文采，富有激情。但文艺评论又与文艺创作相区别。因为，文艺创作是艺术，其最高要求在于创造鲜明生动的、感人的艺术形象。而文艺评论则毕竟仍属科学。惟其是科学，其最高要求就需要达到实事求是的真理层次，文艺评论的语言表述虽要尽可能鲜明、生动，却又要力求准确。浮而不实，花里胡哨，徒事哗众取宠的评论语言实为大忌。那样的语言，即使表面上很漂亮、很华丽，读者读后却不知所云，那又有什么实际的功用呢?! 至于概念新词不必要的重叠，本来很容易懂的话，却硬要用许多舶来的词汇去堆砌，读起来佶屈聱牙，让人云山雾罩，那样的语言与实事求是恐怕也是背道而驰的。特别是，如果我们要求文艺评论走向人民大众，那么，朴素的文风，接近口语的朴实的表述，恐怕就尤为重要。

有的朋友或者会问，你所主张的难道不是意识形态的评论吗?! 我们追求的却是要使文艺评论"非意识形态化"。

是的，我主张文艺评论意识形态化。因为，我不知道现今世界上存在过什么真正非意识形态化的文艺评论。那种自我标榜信奉唯美主义的、形式主义的、以个人利益至上的人文思想为基本价值观的文艺评论是所谓"非意识形态化"的评论吗?! 在我看来，那不过是代表另一种意识形态罢了。因为，任何思想体系都是意识形态。在价值多元的时代，评论家当然有权利信仰自己的意识形态，却没有必要羞于承认自己实在没有做到"非意识形态化"。

在我看来，文艺评论家并非只是作家、艺术家及其作品的客观的记录员或传译者，他们还应该富有历史使命感和社会责任感，并以自己的评论参与文艺创造，促进文艺健康发展。对于文艺，他们必须有坚实的理论见解，有鲜明的价值立场，必须有所提倡，也有所反对，从而以自己的评论去影响文艺历史的进程。所以，开展实事求是的文艺评论，并非要求评论家取消从一定价值观出发所选择的评价标准，相反，它必然要求科学的符合时代要求和人民利益的评价标准。在我国今天，就要求与社会主义核心价值观相符合的评价标准。

以马克思主义为指导的，包括有中国特色社会主义共同理想、爱国主义的民族精神、改革创新的时代精神和社会主义荣辱观所构成的社会主义核心价值体系，不仅表达了我国社会主义先进文化的本质性的内涵，也显现了我国当代社会意识形态的主流特点。它代表着最广大的人民的利益和社会主义发展的利益。因而也是最有包容性、最追求客观性和科学性的评价体系。其中，也实际包含文学艺术的真善美等方面。尽管在不同时代不同人群中，由于价值观的差别，对真善美的认识也是同中有异的。视女人的美，便有"唐肥宋瘦"之别；在封建时代，农民如果起义反对地主，就被认为"恶人"和"强盗"，而我们今天视其为英雄。马克思对剩余劳动价值的发现，使我们了解了资本家剥削工人的真相，而过去，人们却认为资本家养活了工人。这都说明，人们对真善美的理解都因时代认识水平和特定阶层的思想局限的不同而不同。但不同时代或阶层的人们对真善美的认识又并非没有一致的方面。毕竟人们对真善美的感受总有它客观存在的根据和前人观念的传承。因为，即使"五官感觉的形成"也是"以往全部世界历史的产物"[①]。社会主义核心价值观作为一个体系，其丰富的内涵正充分继承了人类历史上促进社会进步并为广大人民认可的宝贵价值观念，包括真善美的普遍价值。

在我国的现实社会中，存在着多种价值观，人们对于价值观的选择也是自由的，包括文艺评论的价值观在内。但这并不意味任何价值观都具有同等的价值和效用。在社会主义时代，人类所寻求的正应该是超越于资本主义的价值观。社会主义核心价值观作为一个体系，不仅批判地继承了人类历史上所创造所发现的价值原理和观念，又根据社会主义的需要，发展了历史上的真正促进人类社会历史进步的价值观。在这种意义上，在马克思主义指导下的特色社会主义理想、爱国主义的民族精神、改革创新的时代精神和社会主义的荣辱观，正是符合当今时代需要和人类未来发展的价值观。它包含着政治的、道德的、文化的、艺术的诸多方面的要求。认真

---

① 马克思：《1844年经济学—哲学手稿》。

贯彻这样的价值观，理应是我国拥护社会主义的一切文艺评论家的社会责任和历史使命。我们提倡集体与个人利益相协调统一的社会主义人道主义，反对个人利益至上、个人欲望至上的旧人道主义；我们提倡维护国家正当利益，与世界上以平等待我的民族相互友好的爱国主义，反对自私自利的以邻为壑的狭隘民族主义的爱国主义；我们提倡有利于共同富裕，促进社会和谐安定的社会主义伦理道德，反对损人利己、损害社会团结和谐的伦理道德；我们提倡有利于社会进步和艺术发展的改革创新精神，反对墨守成规，妨害社会进步和艺术发展的故步自封。当然，就文艺作品而言，真善美相统一的价值，是文艺评论所首先要加以考虑的。由于文艺作品是人类作为主体的创造物。它的真与客观存在的事物的真应该也必然有所区别。艺术形象完全可以是幻想和想象的产物。但其反映和象征的人物关系和思想情感、心理状态的真实，在幻想作品中也仍然是感染读者并获得现实认识价值的必要前提。而对社会主义有益、无益或有害，无疑也是我们今天衡量善恶美丑的重要标准。至于美的怡悦，更是往往与艺术的创新相联系。文贵创新，唯陈言之务去。这在文学领域一向就是审美需求的重要条件之一。文艺中有豪放、阳刚之美，也有婉约、阴柔之美。只要内容与形式达到完美的统一，无论什么风格，都应该为社会主义文艺所允许所包容。为人民为社会主义服务的方向和"百花齐放，百家争鸣"，"洋为中用，古为今用"，"推陈出新"的政策，以及"弘扬主旋律，提倡多样化"的方针，实践证明既是发展和繁荣文艺的正确的科学的政策方针，自然也应是我们的文艺评论必须遵循的重要准则。

最后，我想说，要大力开展实事求是的文艺评论，还必须坚持评论家有尊严的独立人格，破除人情评论。在社会主义时代，评论家在某种意义上也是人民的代言人。他必须对人民负责。他的独立人格，便包含着他对人民负责的庄严自觉。讲人情、碍于情面而不讲真话、违背本心的阿谀奉承的评论必须禁绝。当然，不尊重作家、艺术家的劳动，随意贬损，不与人为善，乃至逞一时之意气，随意谩骂和攻击作家、艺术家的言论，也应摒弃。只有坚持科学原则，敢于如鲁迅所说的"有好说好，有坏说坏"的批评，才真正对作家、艺术家和读者、公众有帮助，也才真正体现了评论家自身的尊严而独立的人格。那种廉价奉承的评论和随意攻击、贬损别人的评论，那种既"忽悠"了作家、艺术家，也"忽悠"了广大的读者和观众的评论，恐怕都属于最没有价值的评论，注定很快就会被扫进历史的垃圾堆。

当然，要真正做到实事求是的评论，实为不易。我自己虽然心向往之，也未能完全做到。所以提出来，目的在于引起讨论，希望在同行的共同鞭策下，一起去努力。

三 发展民族的科学的大众的文艺评论

江泽民同志在中共十五大报告中指出："建设有中国特色社会主义的文化，就是以马克思主义为指导，以培育有理想、有道德、有文化、有纪律的公民为目标，发展面向现代化、面向世界、面向未来的，民族的科学的大众的社会主义文化。"这段建设有中国特色社会主义文化的纲领性论述，同样适用于文学艺术事业、包括发展文学艺术的评论。

文艺评论是文艺事业的重要一翼。它对于促进文艺创作的繁荣和健康发展具有重要的意义。正如文学艺术创作一样，文学艺术评论也属于社会的审美意识形态。不同时代和社会的文艺评论无不受到历史方向的制约，受到特定时代和社会的主导意识形态的制约。新中国的成立，标志着我国进入人民的社会主义的历史时代，从而也确立了我国文艺为人民、为社会主义服务的方向。这自然也是当今我国文艺评论发展的方向。古人说："时运交移，质文代变。"（《文心雕龙·时序篇》）从我国文学史上看，正是揭示了包含着文论在内的文学历史嬗变的规律。

每个时代的文艺评论无疑都要受到当代人类整个认识水平以及不同阶级阶层受利益驱动的意识倾向的制约。文学艺术虽然主要为了满足人们的审美需要而产生的，但它通过艺术意象和意境表现一定的思想情感，并传达给读者和观众，正属于它的本质特征。而人们的思想情感都不是无缘无故地产生，它们既根源于人在一定社会关系中的处境，又受这种处境所认可的政治立场、法制观念、道德伦理、宗教信仰、美学理想和哲学体系的密切影响。我国古代文论家早就认识到文艺"寓教于乐"的特点，甚至认为"故正得失，动天地，感鬼神，莫近于诗。先王以是经夫妇，成孝敬，厚人伦，美教化，移风俗"（《毛诗正义》）。因而对于文艺的评论，就不仅需要基于艺术趣味和审美好尚的评价，还需要有基于一定世界观、人生观、价值观、道德观等方面的评价。评论家自身的政治、法制、道德、宗派、哲学和美学选择，无不直接影响到对文艺作品的评价。完全不涉社会意识形态的文艺评论是不存在的。当今有人主张我国的文艺评论应"远离中心意识形态"，换句话说就是远离马克思主义为指导的、为人民为社会主义服务的意识形态。实际上他们所主张的文艺评论并非没有意识形态，只不过是表现了非马克思主义乃至反马克思主义的意识形态罢了。

早在《新民主主义论》中，毛泽东就指出，新民主主义的文化应该是"民族的科学的大众的文化"。他进一步阐释说：所谓民族的，就是"主张中华民族的尊严和独立的。它是我们这个民族的，带有我们民族的特性。""民族的形式，新民主主义的内容——这就是我们今天的新文化"。所谓科学的，就是"反对一切封建思想和迷信思想，主张实事求是，主张客观真理，主张理论和实践一致的"。所谓大众的，就是"应为全民族中百分之九十以上的工农劳苦民众服务，并逐渐成为他们的文化。要把教育革命干部的知识和教育革命大众的知识在程度上互相区别又互相联结起来，把提高与普及互相区别又互相联结起来"。他还阐明了建立这种民族的科学的大众的文化与批判地继承和吸取外国文化、古代文化的关系。既反对"全盘西化"，也反对"颂古非今"。他特别指出，新民主主义文化"就是人民大众反帝反封建的文化"，"这种文化只能由无产阶级的文化思想即共产主义思想去领导，任何别的阶级的文化思想都是不能领导了的"。他指出新民主主义文化中社会主义因素的决定性主导性作用的同时，又指出，由于当时实现的是新民主主义革命，所以，这种文化与未来的社会主义文化还有区别。毛泽东同志的上述论断，对于我们今天社会主义初级阶段的文化建设和文艺评论的发展无疑有着十分重要的原则性意义。

在我国社会主义建设走向改革开放的年代，邓小平同志指出，我们的教育应该"面向现代化、面向世界、面向未来"。这当然不只适用于教育，实际上这样的要求也适用于整个社会主义建设事业，包括有中国特色的社会主义文化建设和文学艺术建设。江泽民同志把面向现代化、面向世界、面向未来与民族的科学的大众的文化建设联系起来提出，这就赋予民族的科学的大众的文化建设以新的内涵和意义。现代化不仅是个历时性的概念，它还包含追求当代最先进也最科学的意思。而当今我们面向的世界既是个多极的世界，也是和平与发展成为时代主题的世界，还是科技高度发达、人类正进入信息社会的世界。至于未来，不仅上述世界的发展趋势会进一步加强，而且我们的国家作为社会主义国家一定会更加强大，在物质和文化建设两方面都应该也可能对世界作出更大的贡献。因而，我们今天要求文化和文艺的民族化科学化大众化，就不能不与上述特定的历史情境相联系，不能不面对这种情境提出更高的目标。文艺评论同样如此。它理应有自己更现代也更科学的参照系和评价标准，更应体现富有民族特色的文艺理论的要求。

　　百年来我国文艺评论的发展与文艺理论的发展分不开。而百年文艺理论的发展深受西方的影响则有目共睹。基于辩证唯物史观的马克思主义文艺理论也来自西方。西方近代科学主义和人文主义的哲学思想和文艺理论确有它的长处，它帮助我们确立"文学是人学"的观念，进一步明确人的思想性格、情感行为和人与人、人与自然的关系是文学艺术表现的中心；它也帮助我们进一步认识文艺的本质特征和文艺的发展规律，从多种角度和层次更全面更深入地探讨文艺的本质，包括美的本质。从而有助于使我们能够把文艺评论奠定在更为牢固的科学基础之上。现阶段我国文艺评论由于新时期中西文化的又一次大规模撞击，获得诸多理论与学科的参照，形成了多视角多层次多方法的格局。评论界不但有马克思主义的美学的历史的批评，也出现了形式主义、结构主义的批评和心理分析的、神话原型的、符号学以及文化人类学的批评，还出现了系统分析的、比较文学的批评等。在这格局中，我们强调马克思主义的主导地位，目的也正在加强文艺评论的现代性和科学性。因为，马克思主义本来就是人类科学文化的结晶，是在批判地继承德国古典哲学、英国古典经济学和法国社会主义学说的基础上产生的。马克思主义的世界观和方法论已被实践证明是科学的，并且是随着现代自然科学、人文科学和社会科学的发展而不断获得新的证实和发展。今天邓小平理论就是当代中国发展了的马克思主义。我们的文艺评论如果要真正提高自己的现代性和科学性，就绝对不能也不应离开马克思主义、毛泽东思想和邓小平理论的指导，更不能不重视马克思主义的美学的历史的批评。这一方面，任何抵制和消解马克思主义指导地位的言论和主张都是错误的。这种言论作出的误导，必然导致文艺评论的现代性和科学性的削弱。从而也导致我国文艺评论在未来多元世界格局中的独特而重要的地位。

另一方面，文艺评论的民族化自然也有赖于文艺理论的民族化。如何批判地继承我国传统文艺理论的合理成果，特别是继承富有中国特色的民族独创的文艺理论体系、范畴和概念，并与今天我国社会主义文艺实践密切结合，从而在新的基础上建构当代富有民族特色的中国化的文艺理论，这不仅对于发展民族的科学的文艺评论具有重要的意义，对于指导富有民族特色的社会主义文艺创作也同样具有重要的意义。应当看到，例如我国传统的"意象"和"意境"的概念范畴，比之西方的"形象"和"环境"这样的概念范畴，是更深刻地揭示了文艺创造是主客观相统一、情意象相统一的本质的。它超越了唯物主义的反映论，而在辩证唯物主义能动的反映论和实践论的基础上说明了艺术创造源于现实又区别于现实的特点。文艺理论的民族化和科学化并不矛盾。只看到共性而看不到个性，只看到人类性而看不到民族性的文艺理论就不是完整和深刻的文艺理论。何况，文艺评论既是审美的评论，则审美理想和审美趣味的民族性的体现更应是我国文艺评论所不可忽视的方面。中华民族的艺术创造历来重视对称、和谐、含蓄、飞动，重视写意与象征、比喻，重视意在言外、言有尽而意无穷，重视与现实主义描写相区别的浪漫主义的想象和幻想，等等。我们今天的文艺评论在审美价值的判断上，理应重视继承上述民族传统的审美特色。

民族性的问题实际上就是大众性的问题。因为，民族总是由人民大众作为主体构成的。周恩来便说过："民族化就是大众化"（《在音乐舞蹈座谈会上的讲话》，《周恩来论文艺》）。文艺评论的民族性首先要求评论家要用基于民族的、人民大众的精神气质的眼睛去观察和感受世界、感受文学艺术。文艺评论的民族性不仅体现在评论的理论依据与价值标准要有民族性，而且评论的表现形式和风格、语言也应有民族性。文艺评论当然也有提高与普及的不同层次。比之学术发展所需要的深奥的学理探讨的评论，大众性的文艺评论无疑更为重要和需要。社会主义的本质就在于着眼为广大的人民群众谋利益，在物质和文化两个方面都努力满足他们日益增长的需求。文艺评论当然也应该满足广大人民群众渴望了解文艺的需求。如何向他们推荐优秀的作家和作品，正确阐释特定作家作品和文艺现象、文艺流派的特色和意义，帮助他们在文艺鉴赏中区别真善美和假恶丑，并不断提高他们的思想和艺术的鉴赏水平，这正是我国文艺评论家义不容辞的社会责任和时代使命。为了使我们真正具有大众的文艺评论，评论家同样如邓小平所说的："要教育人民，必须自己先受教育。要给人民以营养，必须自己先吸收营养。"评论家必须与人民保持密切的血肉联系，向人民学习，从人民群众中来，到人民群众中去，把人民群众合理的审美要求和反映集中起来，提到理论的高度，再通过自己的评论还给人民群众，并努力充当作家艺术家与人民群众之间的桥梁。为了使文艺评论获得大众性，还需要评论风格和评论语言的大众化。文艺评论如果舍弃群众所熟悉的民族语言，缺乏为人民群众所喜闻乐见的"中国作风、中国气派"，过多地追求和移植舶来的词汇，包括许多词义隐晦不定、多数人均读不懂的词语，叙述和造句铺床叠屋、佶屈聱牙，使专家读来也不知所云，那么，这样的评论受到群众的摒弃，应是自然的。评论风格和语言的群众化，不仅是保证评论赋具大众性的前提，而且也是使评论能够产生应有的广泛社会作用的前提。我国文学艺术的传统评论语言历来是丰富的。关于诗歌的艺术风格，司空图在他的诗论著作《诗品》中便能分出"雄浑、冲淡、纤浓、沉着、高古、典雅、洗练、劲健、绮丽、自然、含蓄、豪放、精神、缜密、疏野、清奇、委曲、实境、悲慨、形容、超诣、飘逸、旷达、流动"二十四品，而且对每个概念都作了具体的意境阐释，便足见那时评论用语之充盈。上述对于风格的细微差别的艺术区分，不仅反映了人民群众历史积淀的艺术鉴别力获得理论家的有力概括，而且这些语言的表达也多得自人民群众口语的加工和升华。从人民群众生动活泼的口语进行提炼和从历代传统汉语中去吸取和继承，正是使当今文艺评论体现民族化的一个重要方面。此外，我国是个多民族的国家，各民族之间由于语言、风俗和其他文化方面的差别，他们的审美观念和趣味也不尽相同。文艺评论在评价各族文艺作品时也应该注意到上述差别，切不能用汉族的观点和趣味去衡量少数民族，当然，也不能以少数民族的观点和趣味强加于汉族。

要而言之，文艺评论的民族性就是要求文艺评论具有本民族的特色；

文艺评论的科学性就是要求评论要按照文艺的客观规律去认识文艺，实事求是地评价文艺，大众性就是要求评论不能忘记面向人民大众并为他们服务。文艺评论的民族化科学化大众化自然是个需要不断努力的过程。在这过程中，面向现代化、面向世界、面向未来，吸取外国外民族于我们有用的文艺理论及其用语，自然也是需要的。这方面故步自封，拒绝参照是不对的；但一味模仿，全盘移植，而完全抛弃自己国家民族的传统，也绝不可取。我希望在全国文艺评论工作者的共同努力下，在文艺评论多样化的发展中，一个具有民族的科学的大众的文艺评论时代终将到来。

四　加强文学理论批评的时代性和前瞻性

马克思主义文学理论批评的一大特点就是理论与实践的密切结合，深刻地总结当代文艺实践的经验与教训，揭示文艺发展的特征和规律，探求文艺发展的方向和轨迹，从而使自己具有很强的时代性和前瞻性。邓小平文艺理论的特色也正是这样。所以，认真学习邓小平文艺理论，进一步加强文艺理论批评的时代性和前瞻性，无疑是我们提高文艺理论水平，推进文艺理论批评发展的最重要的保证。

新时期以来，在邓小平文艺理论的指引下，我国文学艺术出现前所未有的繁荣局面，文艺理论批评在促进这种繁荣中作出自己显著的贡献，这是应该予以充分肯定的。如果没有新时期之初文艺理论的拨乱反正，有力地批判了"四人帮"为代表的"左"倾文艺路线，为许多曾受到不公正对待的作家作品公开平反，进行了公正的评价，就不会出现文艺界的思想解放和艺术民主，不会出现 70 年代末 80 年代初我国文学艺术的迅速复苏和初步繁荣。如果没有改革开放后东西方文化和文学艺术思潮的碰撞，没有 20 世纪外国文学艺术理论的大量翻译和绍介，也就不会有大批现代探索性实验性的小说、戏剧和诗歌的涌现，更不会有文艺理论领域的方法论热和许多问题的富有启示性的争论。同样，如果没有 80 年代末到 90 年代初的认真反思和对于若干错误倾向的批评，那么，同样也不会有 90 年代文学艺术创作的调整和既弘扬主旋律，又走向多样化，以及现实主义潮流的复归。二十年来，文学理论批评遵循邓小平文艺理论的指引，在文学理论自身的建设和探索上,还是对文艺创作开展批评上,都做了大量的工作。无论理论思维之活跃,批评视角之拓新,理论批评著作之众多,还是理论批评界的人才辈出,新人叠起,争鸣不断,可以说都超过新中国成立后的任何时期。尽管,近年来人们对理论批评有许多责难,例如"失语"呀,"疲软"呀,等等,但我以为,对这时期文艺理论批评的成绩应有实事求是的足够的估计,不应像有些人那样随便全盘否定。

当然,我们也应当正视文艺理论批评存在的缺陷与问题,切实探讨和研究进一步提高文艺理论水平,促进评论工作更好地开展的策略和途径。就此,我提出如下几点不成熟的意见:

第一,加强文艺理论批评的时代性和前瞻性,就必须深入地全面地把握时代的特点和历史发展的趋势。

人类已从20世纪跨向21世纪。比较已经发生两次世界大战和长期两极"冷战"的20世纪,我们将要面临怎样一个新的时代,这不能不为从事文学艺术工作的一切人们所关心。现在有着各种各样的看法。比如说,这是和平与发展为主题的时代,是知识经济行将到来的时代,是政治多极化和经济全球化的时代。当然也有学者说,这是人类几种文明相冲突乃至要发生战争的时代,是社会主义已经失败,资本主义走向全面胜利的时代,是人类无止境地掠夺自然资源,破坏生态平衡,必将遭受惩罚的时代。我们从事文学理论批评,自然不能不弄清时代特征,不能不弄清历史的基本走向。否则,我们的理论批评就会成为没有目标感的随风飘荡的风筝。当然,我们不能同意社会主义已经失败的说法。因为它不符合历史的事实。苏联的瓦解和东欧的易帜,曾使号称西方智囊的一些思想家欣喜若狂。他们认为共产主义从此即将消失,下一个垮台的将会是中国。但今天,即使是西方的谋士,谁也不能不承认中国作为一个社会主义大国崛起为全球性的强国,已是没有任何力量能够阻挡的了。全球政治的多极化确已成为现实。经济的全球化进程与经济的地区性利益的冲突将会同时存在。如果人类的理智能够成功地解决富国与穷国的矛盾,仅仅文明的冲突并不注定要导向战争。生态平衡将会在国际合作并充分利用现代科学技术的条件下获得不断的改善。知识经济的到来和电脑网络的普及也不会导致社会主义的消亡。虽然它将会方便西方文化和意识形态的多方面渗透。但它也将提供一个最佳的机遇，使我们能够通过"科教兴国"战略的实施，加速吸取全人类智慧的最新成果，实现自身超越性的发展。因此，展望未来，我们拥有坚定的信心按照党中央制定的"三步走"的蓝图，在21世纪中叶为建成现代化的社会主义伟大强国而奋斗。这就是当今我们文学理论批评发展面对的时代背景和历史趋势。无疑，我们的文学艺术理论批评必须为保卫和平，维护生态平衡，促进知识经济为人类造福，促进有中国特色社会主义文艺的繁荣，促进高度发达的社会主义精神文明的建设而贡献自己的力量。我们明确的目标感是与明确的历史感联系在一起的。在这样的历史前景面前，任何世纪末的消极颓废情绪以及诋毁进步理想，散布悲观堕落论调，鼓吹极端个人主义、拜金主义和享乐主义的行径，都是与时代前进的脉搏不合拍的，也是我们应当反对的。

第二，加强文艺理论批评的时代性和前瞻性，就必须把坚持和发展马克思主义的文艺理论批评，学习邓小平文艺理论，与吸取古今中外的人类科学成果一致起来。

马克思主义的文艺理论就是现代科学的成果。以辩证唯物史观为哲学基础的马克思主义文艺理论，既批判地继承了前人的思想理论积累，又出色地总结了相应时代的文学艺术实践经验和教训。邓小平文艺理论更是当代中国变革实践与文艺实践的产物，是适应新时代的历史条件提出的理论，也是从宏观把握人类历史发展趋势的高瞻远瞩的理论。因而它本身便具有强烈而鲜明的时代性与前瞻性。那种认为只有西方20世纪的文艺理论才是具有时代性和前瞻性，而邓小平文艺理论反属于传统的缺乏时代性和前瞻性的理论的观点，是完全错误的，不符合实际的。诚然，对于西方20世纪的形式主义、结构主义、符号学、系统论等科学主义理论，或弗洛伊德心理分析学说、法兰克福学派的新人本主义等人文主义理论，我们也需要批判地吸取。把西方学者的著作一律冠以"资产阶级"是不对的。在科学领域有许多研究都是中性的，都是吸取了人类长期创造的文化积累的。它们在不同的层次和侧面都揭示了事物的一定真理。由于它们往往瑕瑜互见，真理与谬误并存，在吸取和借鉴时也一定要有所批判，而非囫囵吞枣。要清醒地看到，那些对文学艺术只从一定视角和层次进行研究的理论，其局限性也是难免的。更不能把它们与宏观地把握社会历史和文艺本质规律的马克思主义文艺理论并论齐观。当然，对于马克思主义文艺理论，包括邓小平文艺理论，我们也不能片面地各取所需，而应该全面地领会和贯彻。否则，也往往会导致谬误，使工作产生不应有的损失。

第三，加强文艺理论的时代性和前瞻性，还必须探讨和研究当今文艺实践中不断提出的新情况、新问题，从而给予应有的回答。

理论是实践的先导，但它又来源于实践。在当今和平与发展作为人类主题的时代，经济的全球化趋势不断加强和我国社会主义市场经济体制逐步建立和走向完善的时代，知识经济迅速逼近和电子文化覆盖面日益扩大的时代，无论文学艺术观念与形态，还是文学艺术的形式与风格，都会产生新的嬗变。某些过去是正确的观点与形式难免会过时，而许多新的问题也肯定要不断涌现。比如，文艺如何适应市场经济或在市场经济条件下社会主义文艺如何才能获得发展？又比如，电子文化的挤压下文艺如何存活或文艺如何利用电子传媒使自己获得新的发展？再如文艺产业与知识经济的关系？国家如何通过市场调控去引导文艺的生产与消费？新的时代如何建立新的批评价值体系？马克思主义文艺理论批评如何正确对待文艺的多元发展？私人化写作的无序性与加强党对文艺的领导的关系？性描写的泛滥与文学艺术道德伦理指向的矛盾如何解决？等等。这都不仅是现实性很强的问题，而且也是必将跨越20世纪的前瞻性很强的问题。文艺理论批评尤应贴近作家作品，关注文学艺术创作的最新发展。当然，由于理论批评队伍大大小于创作的队伍，要全面跟踪和评论当前的创作未免力不从心。但对产生广泛的好影响或坏影响的作品，给予足够的关注，作出必要的有力度的评论，则是义不容辞的，完全应该的。这方面，我们做得不够，应当接受人们的批评。我们应当改变理论批评队伍不断流失的状况，并且要互相交流，互相帮助，团结更多的队伍，创造更新的局面，把理论批评工作推向一个更加辉煌的高度！

马克思主义与文学研究

　　文学研究是文学批评的延伸，或者说是宏观的文学批评。马克思主义作为一种学说，它概括了 19 世纪以来科学发展的最新成就，体现了人类文化积累的结晶。它为人们认识世界和改造世界提供了新的世界观和方法论、新的人生观和价值观。一百多年来，马克思主义被不断发展和丰富，成为亿万人民实践社会主义革命和建设的指导思想。当然，它也成为我们、成为包括世界许多学者从事科学研究，包括文学研究的重要指导思想。

　　马克思主义传入中国，最早见于 19 世纪末 20 世纪初。但并未引起当时人们的重视。只是由于俄国发生了十月革命，它才在我国发生了强大而深远的影响。所以，毛泽东说："十月革命一声炮响，给我们送来了马克思列宁主义。"[①] 那时，由陈独秀、李大钊等创办的《新青年》杂志成为传播马克思主义的重要阵地。李大钊、邓中夏还在北京大学创立了马克思主义研究会。他们不但是五四新文化和新文学运动的激进代表人物，而且后来还成为中国共产党的创始人。陈独秀的《文学革命论》的主张与当时胡适的《文学改良刍议》偏于提倡以白话文取代文言文不同，明确提出"推倒雕琢的阿谀的贵族文学，建设平易的抒情的国民文学"；"推倒陈腐的铺张的古典文学，建设新鲜的立诚的写实文学"；"推倒迂晦的艰涩的山林文学，建设明了的通俗的社会文学"。李大钊在《什么是新文学》一文中更指出，"我们所要求的新文学，是为社会写实的文学，不是为个人造名的文学"，当以"宏深的思想、学理，坚信的主义，优美的文艺，博爱的精神"作为"土壤根基"。毛泽东在《湘江评论》上也撰文提倡"平民文学"。上述鲜明的平民意识和现实主义的艺术主张，与他们先后受到马克思主义思

[①] 《论人民民主专政》，《毛泽东选集》第 4 卷，第 1476 页。

潮的影响正分不开。也可以说，这是我国运用马克思主义观点去观照文学问题的先声。20世纪20年代后，由于中国共产党的成立和革命文学的提倡，不仅邓中夏、沈泽民、恽代英、萧楚女等共产党人有关于文学应为革命服务的主张，而且像郭沫若这样的文学家也倡导作家应到"兵间去，民间去，工厂间去，革命的旋涡中去"，并认为"我们所要求的文学是表同情于无产阶级的写实主义的文学"（《革命与文学》）。蒋光慈不但自己写革命文学，主张要为无产阶级文化的建设开辟新途径，他还尝试运用马克思主义的观点去分析郭沫若等人的作品。自然，他们当时还不是成熟的马克思主义者，论述中存在某些观点的混乱。值得注意的是萧楚女曾指出，艺术和政治、法律、宗教、道德、风俗一样，同是一种人类社会的文化，同是建筑在社会经济组织之上的表层建筑物，同是随着人类生活方式的变迁而变迁的东西。因此，只可说生活创造艺术，艺术是生活的反映。① 这里，他明确地运用马克思主义的反映论和经济基础与上层建筑意识形态的学说来阐述文学艺术问题。

20世纪30年代初左翼文艺兴起，当时鲁迅已转到马克思主义的立场，中国共产党的领袖之一瞿秋白有段时间住在鲁迅家里，写了一系列马克思主义观点的文艺批评，包括剖析鲁迅创作和思想道路的文章，为运用马克思主义于文学研究作了出色的工作。而冯雪峰、胡风、周扬在当时也逐渐成为引人注目的马克思主义文艺理论批评家。40年代在延安、重庆、桂林等地努力运用马克思主义从事文学艺术的批评、研究的还有邵荃麟、何其芳、蔡仪等。周扬主编的《马克思主义与文艺》一书从40年代到50年代在传播马克思主义文艺思想，使更多人接受这种思想观点来研究文学艺术方面起到了相当广泛的促进作用。蔡仪的《新艺术论》和《新美学》则是40年代运用马克思主义于文艺和美学理论研究的有影响之作。

当然，毛泽东的哲学著作，特别是他发表于1942年5月的《在延安文艺座谈会上的讲话》，则是前半世纪把马克思列宁主义与我国革命文艺实践相结合，并且大大丰富和发展了马克思列宁主义的最重要的著作。尽管其中某些论述在今天看来不免存在那个时代的一定局限，但整体上仍然是

---

① 《艺术与生活》，《中国青年》1924年第38期。

运用马克思主义的立场、观点和方法以研究文艺问题的经典性论著。它所阐述的一系列基本观点至今仍然指导我们的文学创作和文学研究工作。

应当说，20 世纪的前半纪，随着马克思主义日益广泛的传播，它对于指导中国文学研究不断地扩大了自己的影响。但是由于当时影响时空的限制，在广大学术界或文学研究界，大量的研究工作者仍然沿袭传统的非马克思主义的研究方法和观点。马克思主义在广大作家中的影响大于在文学研究家中的影响。

这种情况在新中国成立后产生了深刻的改变。

人民革命的胜利使中国共产党成为执政党，这就为马克思主义的传播创造了空前有利的条件。首先是广大人民群众深切相信只有马克思主义才能救中国，才能引导中国从民主革命的胜利走向社会主义革命和建设的新的胜利，从而大大提高了学习和把握马克思主义的主动性和积极性。学术界和文艺研究界也如此。著名文艺理论家和美学家朱光潜先生的转变就是一个突出的例子。他的后半生是非常刻苦和认真地阅读马克思主义著作并努力运用于自己的研究工作的。其次，马克思主义经典作家的著作和苏联的马克思主义学者的许多文艺研究著作有可能系统地被翻译成中文，介绍给我国的广大学者。像《马克思恩格斯全集》、《列宁全集》和普列汉诺夫、梅林、拉法格、卢那察尔斯基等的著作，还有像季莫菲也夫的《文学基本原理》、苏联科学院集体编写的《马克思列宁主义美学原理》等。再次，旧中国在人民革命根据地和国民党统治区都已经成长起一批信仰和通晓马克思主义的学者和作家、艺术家，在新中国他们起着传播马克思主义的骨干和带头的作用。这种情况加上政治运动的推动，文学研究界越来越多的人努力运用马克思主义去研究文学，包括文学批评、文学理论和文学史这三个相互区别又相互联系的领域。

在文学批评中曾经发生过种种的争论和批判运动，影响较大的如对《红楼梦》研究的批判、对胡风文艺思想的批判和后来对所谓"修正主义文艺思想"的批判，还有对许多具体文艺作品的批判（例如对电影《武训传》，小说《我们夫妇之间》、《洼地上的战役》，戏剧《布谷鸟又叫了》、《海瑞罢官》等）。今天回顾，这些批判越来越严重地存在"左"的倾向，并且大多带来程度不同的负面效果。但争论的焦点往往都在如何正确地运用马克思主义去对待和研究有关的问题，因而，它又往往有促进马克思主义传播的方面，有助于后人从比较中更深刻地理解马克思主义并避免前人在文学研究中的偏颇。同时，它也有助于确立人们努力地运用马克思主义于文学研究的方向。例如由李希凡、蓝翎肇始的批判俞平伯《红楼梦》研究的运动，后来产生了何其芳的《论〈红楼梦〉》这样的运用马克思主义研究古典文学作品的有价值的长篇论文。1958 年还出现了北京大学、复旦大学等校学生尝试运用马克思主义研究中国文学史的著作，这之后才产生了中国科学院文学研究所编写的三卷本《中国文学史》和北京大学由游国恩等主编的四卷本《中国文学史》。当时也都是作为努力以马克思主义为指导来推出，并被国家教育部颁定为大学文科教材的。60 年代初由周扬主持组织编写的一百多种大学文科教材，除了上述两种中国文学史外，还包括叶以群主编的《文学基本原理》、蔡仪主编的《文学概论》、王朝闻主编的《美学概论》、唐弢主编的《中国现代文学史》、杨周翰主编的《西方文学史》等。可以说，这些都代表了那个时期以马克思主义为指导的文学研究方面的重要著作。60 年代初对于"左"的错误倾向有所反思，提倡实事求是和探讨文学艺术的规律。但这个进程很快又被"左"倾思潮更大规模的干扰所打断。"以阶级斗争为纲"所引发的新的批判运动直接导向灾难性的"文化大革命"，以致除了极"左"的文艺批判文章外，任何具有科学意义的认真的文学艺术研究全都消失了。

　　新时期的到来，文学艺术研究领域才重新恢复了以马克思主义作为指导的传统。

　　这一时期，马克思主义面临来自不同方面的严重挑战。首先是要批判由来已久的"左"倾教条主义和庸俗社会学的错误，批判"四人帮"所代表的极"左"文艺路线，从理论上拨乱反正，恢复马克思主义的真正传统和实事求是的思想路线。其次，要深入总结我国的文艺实践，特别是新中国成立以来的社会主义文艺实践，认真吸取经验和教训，并升华为理论，丰富和发展马克思主义及其文艺思想。再次，要正视西方 20 世纪人文科学、社会科学，特别是文学艺术理论方面的新的成果，既要注意批判，又要吸取其有益的见解。由于不断深化改革，扩大开放，20 年来，文学研究导向的多元化已成为不争的事实。但文学艺术研究中马克思主义的主导地位仍然未曾动摇，也是不争的事实。这方面，我国新时期改革开放的总设计师邓小平的理论贡献起着划时代的作用。作为当代中国的马克思主义，邓小平理论包括他的文艺理论都是马克思列宁主义、毛泽东思想的继承和发展。他的建设中国特色的社会主义理论是我国各族人民实现社会主义现代化的指针。他关于文艺不从属于政治，但又不能脱离政治的思想；关于人民是文艺工作者的母亲，作家、艺术家必须从人民的生活斗争中吸取题材与主题、诗情与画意的思想；关于要努力塑造社会主义新人形象，用社会主义精神教育人民的思想；关于要尊重艺术规律，对作家、艺术家写什么和怎样写不要横加干预的思想；关于要反对封建阶级和资产阶级腐朽意识，倡导共产主义道德理想的思想；关于要加强和改善党对文艺的领导的思想，等等，对于我国文艺的发展和文艺研究的开展都有极为重要的指导意义。这一时期出版的文学研究著作是大量的，无论文学理论、文学史或文学批评领域都有许多著作坚持运用马克思主义的立场、观点和方法。自然不应忽视当前也确有相当数量的文学研究工作者及其著作采用马克思主义之外的立场、观点和方法。

那么，马克思主义对文学研究到底有什么指导作用呢？

我想，这个作用可以分三个层次来说。

第一，它为文学研究提供了科学的基础，提供了科学的世界观和历史观。

我们知道，马克思主义虽是一个完整的思想体系，但在它的三个组成部分中辩证唯物史观作为哲学则是它的全部理论的基础，它集中地体现了马克思主义的基本立场、观点和方法。这就是在能动的反映论上建立的关于存在与意识的辩证关系的观点；事物总是在对立的斗争中前进，永远处于运动的过程中，由量变导致质变的观点；生产力与生产关系、经济基础与上层建筑意识形态又相适应又不相适应的观点；在阶级社会中总是存在阶级对立与阶级斗争的观点；人民群众是历史的创造者，但历史的前进又是各种合力共同起作用的观点；等等。可以毫不夸张地说，正是马克思主义的上述理论把文学研究奠定在现代科学的基础上。

我国对文学开展研究也由来已久。中国传统的文学研究大体有以下几类：

（一）去浊扬清，彰优汰劣的文本筛选。像古代孔子删诗三百，编成了古代第一部诗歌总集《诗经》，又如梁昭明太子萧统编辑了《昭明文选》。选集的编选当然需要先作研究，确定作品的作者及其产生的地区与年代，甄别文本的真假，判断作品价值的好坏高下。

（二）对文本进行考释。这种考释往往要引经据典，既要有考据和论证，又要有阐发和释义。像汉代的《毛诗郑笺》（毛亨传，郑玄笺），清代的经学派便继承这种传统。今天像《唐诗选注》、《宋诗选注》也属于这一类。

（三）评点。像许多诗话、词话，大略都是阅读具体作品时所发的感想、感慨或吉光片羽式的悟性见解。小说也有这样的评点，像金圣叹之评《水浒传》、毛宗岗之评《三国演义》、脂砚斋之评《红楼梦》。

（四）归纳、分析的系统研究。这方面陆机的《文赋》、刘勰的《文心雕龙》是突出的成就。钟嵘的《诗品》也属于这一类。以大量文学作品和现象作为研究对象，加以仔细的分析、归纳，从中得到新的认识。

以上的研究当然都有其价值，至少仍然有其各自的意义，但其各自的局限也是明显的。当时学术视野的狭窄，不能不严重影响到它们对文学的深刻本质和整体意义的把握。

今天，正是在马克思主义的指导下，我们不仅把文学看做社会意识形态，看做社会总系统中的一个分支，看做是社会上层建筑意识形态的一部分，即以审美为特征的艺术系统中的子系统——语言艺术。按照马克思主义的观点，我们不仅把文学看做反映现实存在的一种意识形态，同时由于它又是人按照美的规律的创造物，是人借助实践，借助自己作为主体的认识力和想象力、幻想力而对于客观世界的一种改造，它实际上与其他艺术如音乐、绘画、舞蹈、雕塑、建筑一样，又转化为对于人的一种客观存在——第二自然界。文学由于以语言作为传媒，凡是语言能够表达的，它都能加以表现，因而，它具有其他艺术所难有的巨大包容性。文学作品不仅反映广泛的社会现实生活，而且能够表现时代精神，表现人们复杂、细微的情感波动和心理反应，所以它又含有丰富的文化信息。文学中有政治、有法律、有宗教、有道德、有美学、有哲学。优秀的文学作品如《红楼梦》便有如当时社会生活的百科全书，从中我们不仅能看到当时社会的人际关系和生活细节，还能看到当时人们的精神状态，以及人们的想象力和幻想力的特点。可见，马克思主义为我们提供了从辩证唯物主义和历史唯物主义世界观与方法论去全面地深刻地认识和把握文学本质的钥匙，使我们能以正确地阐释文学与现实、文学与人民、文学与政治、文学与传统、文学的内容与形式，以及文学与文化、与其他艺术的相互关系，从而使仿佛令人眼花缭乱、不可捉摸的文学，变成可理解的有规律可循的现象。

第二，它为文学研究提供了最重要的视角，即美学的和历史的批评视角。

如上所述，马克思主义创始人在致拉萨尔的论述其历史剧《弗朗茨·西金根》的信中曾指出自己对该剧本的批评是从美学的和历史的要求作出的。审美是一切艺术，包括文学区别于其他社会意识形态的本质特征。从美学角度的批评就是抓住了文学艺术本质的批评。而文学艺术作为反映一定社会存在的意识的产物，它与特定历史时代的社会生活总保持千丝万缕的联系，因而，不了解特定社会生活的历史关系和形态，就难以阐释何以会有那种特定内涵和形态的文学。事实上，历史上的伟大的优秀的文学作品总是以深刻而广泛地反映了自己的时代而见称的。

这方面，马克思、恩格斯、列宁、毛泽东论述许多具体作家作品的文章和论断，都为我们提供了美学的和历史的文学批评的光辉的典范。像马克思、恩格斯致拉萨尔论述其剧本《弗朗茨·西金根》的信，恩格斯致哈克纳斯论述其小说《城市姑娘》的信，还有列宁论列夫·托尔斯泰的系列文章，毛泽东论述古今许多作家作品的言论，都值得我们深入学习和反复领会。在他们那里，确实是把美学的和历史的批评结合起来、统一起来了。

第三，马克思主义还为文学评价提供了具有科学性与当代性相统一的价值标准。

每一代人乃至每一阶级在评价不同文学作品时都有他们的评价标准。这种标准总带有一定的特殊性和普遍性，并深深地刻有一定时代和社会集团的认识水平的烙印，因而也往往带有自身时代和阶级集团的局限。

我们知道，只有人类的解放才能使无产阶级获得解放。在当今时代无产阶级追求进步和解放的利益，与人民的利益是完全一致的。毛泽东曾把"在历史上有无进步意义和对待人民的态度怎样"作为评价文学的重要价值标准。这是完全正确的，也是最有普遍性、最能为绝大多数人所认同的价值标准。一切文学作品的价值高低，确实必须看它与人民的关系如何，在历史上是否起到促进历史进步、包括文学进步的作用。毛泽东还提出"作品的内容与形式完美统一"的标准。这也是评价文学所不能缺少的普遍性标准。作品的美感正是由它的内容和形式的完美统一所产生的。历史上的一切优秀的作品所以富有感人的魅力，正是由于内容与形式的完美统一所致。以上的两大标准实际上正是美学的和历史的批评的标准。它作为无产阶级的标准，与当代广大人民的要求是相通的，完全一致的。恩格斯所说的要把"巨大的历史深度和思想内容与莎士比亚式的情节的生动性完美地结合起来"，列宁在肯定列夫·托尔斯泰从地主阶级向宗法制农民立场的转变，并指出他创造了"俄罗斯的无与伦比的生动艺术图画"，体现的也正是上述两种重要的标准。这都是今天我们研究文学所应该深切领悟和借鉴的。

当然，要真正把马克思主义的立场、观点和方法运用于文学研究并不容易，否则，前人就不会犯那么多庸俗社会学的错误，出现那么多"左"或右的偏差了。

这方面要做得好，根本上还得靠我们自己认真刻苦地学习马克思主义经典作家的原著，并且密切联系实际，包括历史的实际和现实的实际去加以领会。

提倡运用马克思主义的立场、观点和方法去研究文学，这当然不是说我们无须汲取和借鉴其他学说所提供的观点和方法。提倡辩证逻辑，实际上形式逻辑至今仍然被普遍采用。传统的注释、考据以及评点的方法也仍然见于许多学者和批评家的笔端。至于80年代以来，弗洛伊德的心理分析的观点和方法、神话的原型批评的观点和方法、比较文学的观点和方法、文化人类学的观点和方法、系统论的观点和方法、形式主义和结构主义的观点和方法，等等，也各有它们一定的特色和长处，对于丰富人们对文学的认识也各有意义，不应一概排斥。正如邓小平所指出："我们要坚持百家争鸣的方针，允许争论。不同学派之间要互相尊重，取长补短。要提倡学术交流。任何一项科研成果，都不可能是一个人努力的结果，都是吸收了前人和今人的研究成果。一个新的科学理论的提出，都是总结、概括实践经验的结果。没有前人和今人、中国人或外国人的实践经验,怎么能概括、提出新的理论?"①

　　但是如果有人因此而排斥和贬低马克思主义的观点和方法,那恐怕是不智的,也是我们需要加以反对的。当前确实存在一股反对和贬低马克思主义的思潮,从国外一直刮到国内。这股思潮的代表人物的时髦说法叫做"消解主流意识形态"或"消解官方权力话语",代之以所谓"非主流意识形态"或"民间话语"。他们把马克思主义的反映论歪曲为"机械反映论",以唯心主义的"主体论"来代替辩证唯物主义的能动的反映论。它们否定文学艺术作为社会意识形态的本质,切断文学艺术与政治、道德、宗教、哲学等的联系,鼓吹所谓"文学就是文学"的"文学本位"说,极力否定起伟大作用于政治的文学,特别是革命文学,而鼓吹"纯审美"、"纯消闲"的文学;他们还把文学的本质归结为"情感的表现",极力否定文学的思想性和道德陶冶的作用;他们完全否定阶级斗争和阶级分析的观点,而代之以抽象的人性论、抽象的"人类之爱";他们崇尚形式主义的观点,认为对于文学来说,形式是最重要的,而内容、作者以及作者反映的是什么样的现实统统不重要,统统可以排斥于文学研究的视野之外。总之,他们妄图把自己打扮成"民间的代表",而且是"精英的代表",妄图以"主流意识形态"、以"官方权力话语"的帽子来掩盖和否定马克思主义的真理性,从而达到否定马克思主义本身的目的。这种伎俩和策略,真可谓是用心良苦!对于这股思潮,我们一定要坚决加以反击!因为,这既是一种错误的,也是危险的思潮,它如果侵入我们的队伍,与我们要把我国学术界建成马克思主义的坚强阵地是背道而驰的。

---

① 《关于科学和教育工作的几点意见》,《邓小平文选》,第54页。

马克思主义与文艺评价的核心价值体系

任何时代都有自己评价文学艺术的价值体系。这种体系的建构自然有它的过程,但都与那个时代主流思想导向具有密切的关系。今天,我们要建构社会主义的核心价值体系,当然也与这个时代的以马克思主义为指导的主流意识形态分不开。

一 文学艺术的本质与价值密不可分

文学艺术的本质与价值本不可分,有如一个钱币的两面。列宁在《哲学笔记》中曾指出,事物总有多层次多方面的本质。因而人对事物的认识是"从现象到本质、从不甚深刻的本质到更深刻的本质的深化的无限过程"。按照系统论的原理,事物的功能和本质都受特定事物的组成要素及其结构特点所规定的。而一般来说,事物的价值总是由它的功能,也即由该事物与人的关系,对人有何作用来说明的。当今学界一般都认同文学艺术的本质是审美的社会意识形态,它既有社会意识形态的共性,又有自身功能的审美的特性,其主要功能就在满足人们的审美需求(或谓真善美相统一的审美需求)。文艺中的真固然与现实生活中的真有区别,但它毕竟来源于现实生活的真,是亚里士多德《诗学》所指出的按必然律和或然律构建的一种艺术的想象和幻想的真实。文艺中的善指的是恶的对立面,是对人有益,促人进步,使人高尚和完美的方面。文艺中的美自然也来源于现实生活的美,但它又是经过艺术家的加工和再创造,如毛泽东同志所说,是可能比现实生活中的美"更高,更强烈,更有集中性,更典型,更理想,因此就更带普遍性"的美。

一般来说,美总以真善为前提,虽然真和善并不完全等于美。但美往往潜藏在真与善之中。而假和恶的东西却很难被认为美。文学艺术的审美性总包含思想内容与艺术形式两方面。真和善更多涉及作品的思想内容，而美感则更多涉及艺术的形式。历来的文艺批评总或以真善美为标准，或以思想标准和艺术标准为双举，正非偶然。文学艺术是现实社会生活在人们头脑中反映的产物。它在创作中经历主体与客体相统一的复杂过程。作为创作主体的作家艺术家观察、体验和分析、认识现实生活，从而获取创作的灵感和冲动，进而发挥自己的想象力和幻想力去构思与表现艺术的意象境界。这过程，不仅现实生活所产生的时代精神、社会理想和道德规范以及人们的种种思想情感等会被反映到文艺作品中来，而且作家艺术家自己的世界观、人生观、价值观，包括道德情感倾向也会被表现于作品中，因而它与特定社会时代的核心价值体系就不能没有关系。可以说，每一时代的社会核心价值体系总制约着文学艺术作品的思想内容，制约着特定作品对于题材、主题乃至形式和风格的选择。在今天，社会主义核心价值体系同样涉及文学艺术的思想内容，涉及文艺所表现的世界观、人生观、价值观和社会理想、美学理想、道德理想，以及文艺创作中作家艺术家所表现的情感倾向，因而，它必然要成为社会主义时代文艺创作和文艺批评都必须予以十分重视的问题。

二　历代文学艺术的主流都体现相应时代的核心价值体系

在人类历史上任何时代的文化都有它的核心价值体系。文化是人类智慧创造的劳动成果，是人们的思维方式和行为方式的体现。广义上它包括物质文化和精神文化；而精神文化则涵盖语言文字、文学艺术、科学技术、道德伦理、政法制度、宗教信仰、哲学美学、文物典章、风俗习惯等诸多领域。从历史上看，文化有两类：一类没有上层建筑社会意识形态的特性，如语言文字、科学技术和某些风俗习惯，它们并不随社会经济基础的变化而变化，也并非只服务于特定的社会经济基础；另一类则带有上层建筑社会意识形态的特性，是为特定社会经济基础服务并随其变化而变化的，如政法制度、文物典章和相当部分的文学艺术、道德伦理、宗教信仰、哲学观念等。这类文化总反映着特定社会的性质，体现着特定社会的文化主流和核心价值体系。

我们知道，封建时代的文学艺术主流就体现那个时代的核心价值体系，包括忠君爱国思想，朴素的民本思想和以封建等级观念为基础的道德伦理精神等。主要是孔孟批判地继承"六经"所发展的儒家学说体系。中国古代文学所提倡的"文以载道"，载的便主要是儒家之道。屈原的《离骚》固然突出地表现了他的忠君爱国思想和"哀民生之多艰"的民本思想；杜甫的"致君尧舜上，再使风俗淳"的抱负何尝不如此！而岳飞的《满江红》倾诉的也正是他那个时代的忠君爱国的情怀和保家卫国的民族精神。封建时代的忠孝节义，包括有关女性的"三从四德"，在许多作品中都被表现得淋漓尽致。一部《红楼梦》虽有某些反封建的思想倾向，但封建社会的核心价值体系正无处不显现于所描写的贾府的生活中。到了资本主义时代，西方文艺复兴所萌生的人文主义的价值观便成为社会的核心价值体系。但丁的《神曲》敲响了中世纪的丧钟，放射出人文主义晨曦般的光芒。而薄伽丘的《十日谈》更百般揭露中世纪僧侣贵族的伪善，为人的本性的解放唱响动情的欢歌！提倡自由、平等、博爱，鼓吹个人主义的人道主义，成为雨果的《悲惨世界》，司汤达的《红与黑》，狄更斯的《大卫·科波菲尔》等作品的内在灵魂。至今，美国好莱坞的电影也无不鼓吹它的爱国主义和所谓民主、自由的价值观。

自人类进入社会主义革命和建设的时代，由于马克思主义的传播和指导，社会核心价值体系必然要产生新的变化。社会主义的本质在于谋求人民的共同富裕，既包括物质的富裕，也包括精神的富裕。它成为我国人民群众共同的理想乃是历史的必然。马克思主义的基于辩证唯物主义和历史唯物主义的世界观和共产主义的人生观，必然会推出以人为本的价值观。权为民所用，利为民所谋，一切以对广大人民群众是否有利作为准绳，这就是社会主义时代应有的价值观。社会主义的爱国主义是为了反对侵略和压迫，以维护人民群众的根本利益和家园安全为前提的。改革创新的时代精神归根结底也是为了国家的昌盛和人民的幸福。"八荣八耻"的社会主义荣辱观则集中地体现了社会主义社会的应有道德准则，是促进和谐社会建设的人们行为的规范。正是这一切，构成了现阶段我国社会的核心价值体系，成为我国社会主义先进文化建设的本质性的内涵。

三　我国当代文学艺术理应为建设和传播
　　社会主义核心价值观作贡献

　　文学艺术作为文化的重要载体和传播文化的最有力的传媒，自然，它也是表现和宣传特定核心价值体系的最有影响力的手段。今天，它理当为建设和传播社会主义核心价值体系作出自己的贡献。

　　文学艺术的领域异常广泛，包括文学、戏剧、电影、电视、美术、音乐、舞蹈、建筑、雕塑、书法、杂技等多种门类。即以文学而论，它的题材、主题、形式和风格也异常丰富多彩。人们自然不能要求所有的文学艺术作品都能以同样的力度去表现和宣传社会主义核心价值体系。但在可努力的题材与主题的领域，作家艺术家当然应该尽可能地去做这方面的努力。

　　有种观点认为，文学艺术即审美意识形态，它的功能只是满足人们审美的需求，而不必有什么思想内容和道德意识。更有人鼓吹文学艺术的非理性观点，认为创作只凭感觉，一参与理性就会损害艺术。其实，这是种极端片面的观点。殊不知，历史上许多名家都说过，文学艺术的本质和功能是多方面的。它的思想教育和道德熏陶的功能正蕴涵于美的艺术形象中，是通过读者和观众对艺术形象的审美而实现的。我国古代早有"寓教于乐"的说法。孔子论诗的"兴、观、群、怨"说，便指明诗歌能从思想情感多方面影响人的作用。到《毛诗序》更明确地认为："故正得失，动天地，感鬼神，莫近于诗。先王以是经夫妇，成孝敬，厚人伦，美教化，移风俗。"可见，文学艺术兼有思想道德的教化功能，是早为前贤所认识的。法国百科全书派的代表人物狄德罗在《论戏剧艺术》中曾非常生动地论述了剧院中戏剧演出的扬善劝恶的作用，称赞戏剧是"多么有效的移风易俗的手段！"雨果也认为："诗人担负着灵魂的责任，不应该让群众没有得到一些辛辣而深刻的道德教训就走出剧院。"自然，确有某些文学艺术作品不含多少思想道德内容。但这并不能说明全部文学艺术都不应体现和反映社会的核心价值体系。实际上，正由于体现和反映了社会的核心价值体系，历史上的许多作品才获得深厚的内容，对人们的精神世界产生了巨大的作用，使文学艺术成为影响人类思想，铸造民族灵魂的卓越媒体。

今天，我们正迎来一个崭新的历史时代，我国社会主义现代化建设日新月异，蒸蒸日上，全国各族人民在党的领导下为建设以人为本的和谐的全面小康社会和先进的社会主义文化而奋斗！在这样的时代，我国文学艺术自然应当为社会主义文化的建设，为体现和传播社会主义核心价值体系作出自己积极的贡献。为此，我以为：

第一，我国文艺工作者自然应当继续站在人民的立场，努力树立当代科学的世界观、人生观和价值观，坚持为人民为社会主义服务的文艺方向。毛泽东同志说过，文艺"为什么人的问题，是一个根本的问题，原则的问题"。今天，我国文艺在为广大的人民群众服务，为社会主义服务方面尽管已作出划时代的贡献，但还不能说所有的文艺工作者都已完全地解决了这个问题。至今我们仍有某些作品脱离广大的人民群众，从中也看不见社会主义的前进的历史脉搏和时代精神；有人甚至鼓吹文艺可以只为少数人；而充斥于电影电视的银幕荧屏的神仙剑侠、帝王将相、才子佳人题材的作品，更有违背历史唯物史观，胡编乱造，传播剥削阶级腐朽思想的情况。这都说明文艺工作者自身世界观、人生观和价值观方面所存在的问题，仍需要我们自己通过学习社会、学习马克思主义，继续不懈地去努力解决。

第二，我国文艺工作者还需要继续深入生活，努力感受社会主义现代化建设的历史脉搏和改革创新、锐意进取的时代精神，努力感受人民群众的追求与愿望，以求自己的作品能够更充分地反映这个伟大的时代。文艺题材、主题、形式和风格都是广泛的，毫无疑问应当继续"百花齐放，推陈出新"。不能要求所有作品都写当代生活的现实题材。但无论写什么，总应该有现代意识和视角，胸存中国特色社会主义的崇高理想，弘扬爱国爱党爱人民和以人为本、改革创新的时代精神，以有益于人民的精神世界的健康成长，而不是相反。当今走出"象牙之塔"，开拓多种渠道与广大的人民群众和新的时代相结合，既是时代和人民对于作家艺术家的企望和要求，也是我国文艺工作者不断提高自己作品的历史价值的必然选择。

第三，我国文艺工作者还需要满怀热情地宣扬和实践"八荣八耻"的社会主义荣辱观，反对当前有些文学艺术创作中所存在的道德滑坡，伦理缺失的状况。胡锦涛同志所提出的社会主义荣辱观："坚持以热爱祖国为荣，以危害祖国为耻；以服务人民为荣，以背离人民为耻；以崇尚科学为荣，以愚昧无知为耻；以团结互助为荣，以损人利己为耻；以诚实守信为荣，以见利忘义为耻；以遵纪守法为荣，以违法乱纪为耻；以艰苦奋斗为荣，以骄奢淫逸为耻"。它深刻地概括了中华民族的传统美德精神，也体现了社会主义时代人们的行为规范和道德准绳，表达了我国先进文化建设的广泛伦理内涵，旗帜鲜明地指明了文化建设中我们应该提倡什么和反对什么的原则立场和态度。我们的社会主义文艺作为文化的重要部分，历来发挥启迪思想，陶冶情操，传授知识，鼓舞人心的积极作用，自然理应在作品中积极宣扬社会主义荣辱观，并抵制与此相反的不良创作倾向。这样做不但是社会主义文艺的题中应有之义，也是我国文艺工作者提高自身素质的一个十分重要的方面。

在当代世界文化多元共存与互动的格局中，中华文化随着我国社会主义现代化建设的发展，应该对世界文化作出更大的贡献。社会主义核心价值体系的确立正是我国当代文化对世界文化的重要贡献之一。我相信我国文艺工作者一定会和所有文化工作者携起手来，通过自己的创作，为弘扬社会主义核心价值体系作出不懈的努力！

（原载 2007 年 4 月 24 日《文艺报》）

当代中国的文学理论批评

考察当代中国的文学理论批评，人们自然会发现，它的发展与马克思主义的传播分不开，也与马克思主义文艺理论思想和其他文艺理论思想的冲撞与斗争分不开。其中，经历着真理与谬误、"左"倾与右倾、经验主义与教条主义、东方传统与西方新潮等的种种辩驳。

一 当代文学理论批评发展概况

文学理论批评从来在文学发展中起着十分重要的作用。它在理论上探讨文学艺术的规律，并以不同的价值取向评介作家、作品和文学现象，从而帮助作家和读者更深刻地认识文学、理解文学，使文学产生更广泛的社会影响。当代文学理论批评的发展与当代文学创作的发展更具有密切的关系。可以说，当代文学理论批评的走向在许多方面反映着、折射着当代文学创作的状况，又在很大程度上决定着、影响着当代文学创作的走向。尽管全国各个地区，大陆与台港澳情况有所不同。但文学理论批评在文学发展全局中占有重要的地位和作用，却毋庸置疑。

文学理论批评的发展总与社会整个政治、经济、文化发展的状况密切相关。社会的变革和总的社会意识形态都深刻地影响到文学理论批评的走向。而历史传统、外来影响和创作实践在文学理论批评发展中也起着不容忽视的作用。新中国的成立并向社会主义过渡，必然面临着从经济基础到上层建筑意识形态的深刻变革。而从长期的战争年代向和平年代的过渡，使社会对文学艺术的期待也必然会产生某些变化。中国共产党作为执政党要通过文艺理论批评适应和指引这种变化，就必须在坚持马克思主义、毛泽东思想的同时，既要借鉴以往的经验，又要密切地结合中国文艺实践，特别是新的文艺实践，不断总结新的经验和教训，以求把握文艺的规律，促进社会主义文艺的健康发展和繁荣。

我国有着悠久的文学理论批评的传统。"五四"新文学运动兴起后，西方文学艺术的理论批评的引进，特别是马克思主义的文学理论批评的引进，促使整个文学理论批评产生质的飞跃，多种走向的现代意义的文学理论批评逐步建立起来，涌现了许多新的理论批评家及著作。1942年毛泽东的《在延安文艺座谈会上的讲话》的发表，更对我国文艺创作界和理论批评界产生了巨大而深远的影响。中华人民共和国成立后，这种影响更达到范围广泛，不断深入的程度。第一次全国文代会上，毛泽东文艺思想便被作为全国文艺的指针为广大文艺工作者所接受和拥护。此后，经过文艺界的整风学习运动，经过对电影《武训传》、对《红楼梦》研究、对胡风文艺思想等的一系列批判运动，毛泽东文艺思想在新中国文艺创作和理论批评界的支配性地位迅速确立。可以说，新中国成立后文艺理论批评界的基本走向是与马克思主义与中国革命文艺实践相结合的毛泽东文艺思想的影响密不可分的。

当然，新中国成立之初提倡"一边倒"、"向苏联学习"，使苏联的马克思列宁主义的文艺理论，既包括苏共中央有关文艺问题的重要决议、决定和领导人的讲话，还包括某些学者和作家的著作，也对我国文学理论批评产生不小的影响。但是50年代我国文艺理论批评界虽把苏联作为学习与借鉴的重点，对西方古典文艺理论和现代文艺理论也并没有完全忽视。中国科学院文学研究所编译出版的《古典文艺理论译丛》和《现代文艺理论译丛》就为我国学者和理论批评工作者提供了这方面借鉴的窗口。尽管当时对西方现代主义文艺思潮采取抵制和批判的态度。这种状况到"文化大革命"发生了根本的变化，那时中国传统的文论、西方的文论和苏联的文论都被宣布为"封、资、修黑货"，文学理论批评本身也被摧残而停滞，少数被容许存在的理论批评活动也被变成完全服从于政治，乃至成为"四人帮"政治阴谋服务的工具。

粉碎"四人帮"后，由于党的十一届三中全会的召开，解放思想、拨乱反正和改革开放等方针的提出，文艺理论批评界也迅速活跃起来。首先发动了对"四人帮"为代表的极"左"文艺路线的批判和清算，推倒他们强加于革命文艺的种种颠倒黑白、混淆是非的不实之词,包括"黑线专政"论、"黑八论",等等,力求从他们的种种歪曲中恢复马克思列宁主义、毛泽东思想的文艺理论观点的本来面目。其后随着艺术民主的不断发扬和改革开放的不断深化与扩大,西方学术思想著作,包括20世纪西方文论著作的大批译介,出现了中西文化与学术思想在"五四"之后的又一次大规模撞击。弗洛伊德学说和存在主义、形式主义、结构主义、符号学、阐释学和原型批评,以及西方马克思主义和新人本主义等的被引进,我国文学理论批评界在学术视野有所扩展后,即开始产生学术思想和批评方法的裂变与新变。新方法、新观念于80年代中期先后被提出,在文艺与政治、形象思维、人性人道主义和现实主义问题被广泛讨论外,又涌现了文学主体性的论争,涌现了回归文学本体的呼求和文体研究、形式研究的热潮。边缘性的新潮理论的探索随之崛起。在"全盘西化"论甚嚣尘上之际,现代主义和后现代主义思潮以及唯美主义、非理性主义等一度产生了相当的影响。

港澳台地区由于处在资本主义制度下,中国传统文论的影响固然很大,而西方文论的影响更占有举足轻重的地位。当然,毛泽东文艺思想在这些地区也有影响程度不同的传播。

纵观逾半个世纪的中国当代文学理论批评,应该说,无论在时间的长度与空间的广阔上,马克思主义文艺思想由于不断获得传播,迅速占据主导地位。毛泽东的《在延安文艺座谈会上的讲话》、邓小平的《在中国文学艺术工作者第四次代表大会上的祝词》代表具有里程碑意义的深刻体现着马克思主义与中国革命实践相结合的纲领性文献,对我国文艺的发展曾经产生并将继续产生深远的影响。而文学理论批评战线产生的种种争论,往往大多跟马克思主义与非马克思主义的文艺思潮的差别和冲撞相关,也跟马克思主义同来自"左"的和右的倾向未曾间断的斗争相关。还在50年代毛泽东就指出:"指导我们事业的理论基础是马克思列宁主义。"[①] 这无疑也适用于当代我国的文学理论批评界并反映了我国文学理论批评界的实际。尽管在改革开放的新时期我国文学理论批评已产生多向度的裂变。

[①] 《中华人民共和国第一届全国人民代表大会第一次会议开幕词》,《人民日报》1954年9月16日。

二　两类评论及其阶段性分期

当代文学理论批评的约可分为常态评论与非常态评论。前者是评论家自主自发的对作家、作品和文学现象的评论，与政治的关系不那么密切，影响比较有限。后者却是出自政治领导意图而发动的有众多评论家和作家参加的群众性批判运动，与政治的关系十分密切，影响至大。半个世纪来文学理论批评的发展大体与文学创作的发展同步，可分以下几个时期：

第一，新中国成立初的八年（1949—1957年）

这期间文学理论批评经历新旧中国的转折，由旧中国多元理论批评的格局转向以马克思主义理论批评为主导趋向的单一理论范式的格局。

由于面对社会主义新的时代和新的生活，党如何领导文学艺术工作需要一个摸索的过程，在文艺评论的开展方面，苏联和我国左翼时期与延安时期的经验，往往易被沿用。而新中国成立初国内外政治斗争的尖锐与复杂，新政权迫切需要从思想上巩固自身的统治，作为最高领导人的毛泽东又十分重视文艺战线，重视运用文艺理论批评的思想影响。因而，在发展常态批评的同时，又发动了一系列的非常态的文艺批判运动，也就成为势所必然。

新中国成立初期，在马克思主义文艺理论和毛泽东文艺思想的积极传播下，文艺为无产阶级政治服务、为工农兵和广大的人民服务，以及文艺必须源于现实又高于现实，便成为全国性的主要理论思潮。它既支配文艺创作的导向，也支配文艺理论批评的导向。在此导向下，常态的文艺理论批评方面，评论家开展了对许多新作的评论，扶植社会主义文学。由于《文艺报》的创刊和其他报刊也刊登文艺评论，评论界逐渐活跃。其时，不少作家、艺术家未能把握好政治与艺术、生活与艺术的辩证关系，而又急于表现新的时代和新的人物，创作中出现了不少带有公式化、概念化倾向的作品。因此，理论批评界开展相应的理论探讨，由《文艺报》编辑部文章《为什么"赶"不好任务》到秦兆阳的《论公式化概念化》，再到陈涌的《论文艺与政治的关系》，探讨层层深入。文艺理论界在大力移植苏联的马克思列宁主义文艺理论的基础上，也开始结合本国文艺实践，撰写有关文艺理论的著作，以求在学理上为文艺批评提供科学的导向。1956年

2—3 月，中国作家协会第二次理事（扩大）会议和全国青年文学创作者会议相继在北京召开。两次会议有感于文学尚不能适应现实需要的状况，号召作家加强创作劳动，努力提高文学创作的思想性和艺术性，并注意防止公式主义和自然主义的倾向。随后举行的全国第一届话剧观摩演出会，也在号召向建设社会主义的话剧进军的同时，提出"进一步掌握社会主义现实主义的创作方法和表演方法"①。同年的 5 月 2 日，毛泽东在最高国务会议上提出指导和促进科学文化和文学艺术繁荣发展的"百花齐放，百家争鸣"的方针②，更促使广大文艺工作者进一步解放思想，理论研讨更日见活跃。先后对艺术典型问题、形象思维问题、现实主义问题开展热烈讨论。一时间，不仅在上述理论问题上取得了较好的研究成果，而且出现了何直（即秦兆阳）的《现实主义——广阔的道路》、钟惦棐的《电影的锣鼓》、钱谷融的《论"文学是人学"》、巴人的《论人情》等一批针对时弊的理论文章，使整个理论批评充满生气。这时期活跃于文坛的评论家除周扬、邵荃麟等文艺界领导人外，还有冯雪峰、王瑶、陈涌、李长之、叶以群、黄秋耘、李希凡等。

在非常态理论批评方面，1951—1955 年，毛泽东发动了关于电影《武训传》、《红楼梦研究》和胡风文艺思想的三大评判运动，这种批判运动由于受到自上而下的发动，声势浩大。虽然这些非常态的文艺批判运动对传播马克思主义并非全无意义，但因其所表现的越来越重的"左"的倾向，负面后果也越来越严重，乃至发生将胡风及其友人打成"反革命阴谋集团"那样的冤案。而发起于 1957 年 4 月的整风运动，不到一个月的时间，便演变为全国性的"反右派"斗争。文艺界从批判丁玲、陈企霞、冯雪峰所谓"反党集团"开始③，由中央到地方，一大批知名的作家、艺术家和批评家被打成了"右派"。理论批评上比较活跃的秦兆阳、钟惦棐、钱谷

---

① 1956 年 4 月 7 日《人民日报》社论《促进话剧艺术的发展和繁荣》。
② 见《关于正确处理人民内部矛盾的问题》、《毛泽东选集》第五卷，第 388 页。
③ 1957 年 6 月 6 日，中国作家协会召开党组扩大会议，对丁玲、陈企霞、冯雪峰等展开批判，揭开文艺界反"右派"斗争的序幕，其后包括丁玲、冯雪峰、艾青等老作家和王蒙、刘绍棠等年轻作家以及评论家秦兆阳、钟惦棐、陈涌等均陆续被打成"右派"。所谓"丁、陈反党集团"全属不实之词，1978 年后中共中央已予平反。

融、陈涌、鲍昌等人,更是无一幸免地受到批判和组织处理。由于许多有才华的作家和理论批评家遭受打击,文学艺术和理论批评的整体生产力也受到严重的损害。

第二,艰难前行的十年(1957—1966年)

这十年,毛泽东的激进社会主义试验有进一步发展。继"反右派"之后又发动了"多、快、好、省"地建设社会主义的"总路线"、"大跃进"和"人民公社化"运动,并在政治思想战线发动"反右倾"和"反修正主义"的运动。60年代初还提出"阶级斗争为纲"的号召。国际上和中国共产党内,不同思潮的斗争异常激烈。这就给文艺理论批评带来严峻的局面。1957年"反右派"扩大化使文艺创作和文艺评论都陷于困顿和萧条。1958年毛泽东号召开展民歌运动,并提出"革命现实主义和革命浪漫主义相结合"的口号,在文艺评论界引起关于这个口号和诗歌形式问题的热烈的讨论。为使文艺创作得到繁荣,1959年5月3日,周恩来邀请部分文艺界人士举行座谈会,并做了《关于文学艺术工作两条腿走路》的重要讲话,批评了文艺工作中的片面性和形而上学,意在纠正"左"的偏向。在新中国成产十周年之际,文艺界和理论批评界对当代文学的十年历程认真地进行了梳理与总结,先后编写了《文学十年》①和《十年来的新中国文学》②两书,在1960年之后出版。1960年7月,中国文学艺术工作者第三次代表大会在中国和苏联两国共产党发生分歧的历史背景下召开。大会回顾当代文学的过去,提出反对修正主义文艺思潮的号召,同时,也提出了"当代文学艺术的经验还有待于进一步总结;文艺理论和文艺批评的活动,还需要大大地加强"③的任务。周扬在大会的主题报告《我国社会主义文学艺术的道路》,经过毛泽东的审改,指导思想上"左"的倾向又有所增强。从1961年到1962年,文艺领导部门在周恩来等的支持下,相继召开文艺工作座谈会、全国故事片创作会议、话剧、歌剧、儿童剧创作会议、农村

---

① 《文学十年》,《文艺报》本书编辑部编,作家出版社1960年版。
② 《十年来的新中国文学》,中国科学院文学研究所编,作家出版社1963年版。
③ 周扬:《我国社会主义文学艺术的道路》,《中国文学艺术工作者第三次代表大会文件》,人民文学出版社1960年版,第68页。

题材小说创作座谈会等重要会议，撰写和发表了《题材问题》专论（《文艺报》1961年第3期）和《为最广大的人民群众服务》的社论（《人民日报》1962年5月23日）等重要文章，制定试行《关于当前文艺工作若干问题的意见》（即"文艺十条"，后改为"文艺八条"）等，再次对"左"的文艺倾向进行纠正，对党的文艺政策进行调整。这些都对调动广大文艺工作者的积极性，解放文艺生产力起到了促进作用。因此，文艺创作和理论批评都出现了新的活跃气氛。这一时期，理论领域就题材问题、美学问题、历史剧问题、悲剧问题、戏剧的矛盾冲突问题、"共鸣"说与山水诗等问题，相继展开了热烈的讨论。美学问题的研讨深度和成果前所未有。在批评领域，在大连召开的农村题材小说创作座谈会及其会议主持者邵荃麟大胆提出了"写好中间人物"和"现实主义深化"的主张。在具体作家作品的评论上，围绕着《达吉和她的父亲》、《金沙洲》和茹志鹃的小说等也展开了争鸣，肯定创作中的"人情味儿"描写和个性化追求。但这些良好转机迅即被新的"左"倾思潮淹没。1962年中共中央北戴河会议上毛泽东提出抓阶级斗争，把小说《刘志丹》打成"反党小说"；接着江青组织围剿昆曲《李慧娘》的文章在1963年4月的《文汇报》发表。同年12月和1964年6月，毛泽东又先后就一些内部材料反映的问题，作了关于文学艺术工作的两个批示，指出当时的文艺部门"至今还是'死人'统治着"，"竟然跌到了修正主义的边缘"。而此时插手文化宣传权力中心的康生、江青等利用张春桥、姚文元等打手，对《林家铺子》、《北国江南》、《早春二月》、《不夜城》等影片，对瞿白音、周谷城、邵荃麟等人的文艺观点，展开了全面的批判。这时期活跃于文坛的理论批评家有林默涵、张光年、何其芳、冯牧、侯金镜、毛星、唐弢等，在开展常态批评的同时，也多被卷入非常态的批评。后来被江青号为"金棍子"的姚文元主要崛起于这时期。1965年底，姚文元的《评新编历史剧〈海瑞罢官〉》在江青等人的周密策划下于《文汇报》正式发表，一场大浩劫便由文艺领域迅速波及全国。从此，正常的文学创作和理论批评的开展已无可能。

第三，"文化大革命"的十年（1966—1976年）

从1966年5月到1976年10月，长达十年之久的"文化大革命"，是在毛泽东的"在无产阶级专政下不断革命"的理论旗帜下进行的。它使中国社会主义建设遭受了巨大的挫折,更对文学艺术包括文学理论批评带来了灾难性的恶果。

先是1966年2月,江青在上海以受林彪委托的名义召开部队文艺工作座谈会。座谈会的《纪要》对30年代左翼文艺运动和新中国成立以来的文艺事业进行了全面的攻击与否定,宣称:文艺战线是被所谓"反党反社会主义的黑线专了我们的政"。并把前此文艺理论与批评工作者提出的"写真实论"、"现实主义广阔的道路"论、"现实主义深化"论、反"题材决定"论、"中间人物"论、反"火药味"论、"时代精神汇合"论、"离经叛道"论等污蔑为"黑八论"。他们在炮制"文艺黑线专政"论的同时,还在创作上尊崇"样板作品",大搞标准化;在文艺批评上以"兴无灭资"为旗号,对许多文艺作品进行批判;鼓吹所谓"空白"论,对文化和文学传统大搞虚无主义。《纪要》经过毛泽东修改,在1966年4月被批发全国"贯彻执行"[①]。六月,"文化大革命"正式开始后全国文联及其各文艺协会被迫停止正常活动,《文艺报》和《文学评论》等文艺刊物被停刊,文艺出版机构也被停业,广大文艺工作者也先后被迫到农村或"五七干校"劳动改造。

由1966年至1971年间,江青、陈伯达、康生等人便利用"批、整、封、禁"等手段,大力推行文化专制主义。他们利用自己的讲话和张春桥、姚文元、戚本禹、关锋等御用文人以及"初澜"、"江天"等写作班子的文章,对文艺界的领导人和作家、艺术家,随意点名批判,进行政治构陷,不少人还被关被押,迫害致死。已有的文艺作品,除鲁迅的作品外,均被当作"封、资、修"的"黑货"予以批判和封禁。对于他们借以标榜自己的几个"样板戏"和精心炮制的"阴谋文艺"如电影《反击》、话剧《盛大的节日》等,则大肆吹捧;对不符合他们"三突出"原则的文艺作品如晋剧《三上桃峰》、湘剧《园丁之歌》、电影《创业》和《海霞》等也进行批判和封杀。于是,文艺理论批评完全沦为"四人帮"一伙的政治工具。

---

① 1979年5月3日中共中央批准总政治部的请示,决定撤销中发(66)211号文件即《林彪委托江青召开的部队文艺工作座谈会纪要》。中央指出,受《纪要》影响的人和作品要实事求是予以平反。

第四，改革开放初期（1977—1989 年）

改革开放是在粉碎"四人帮"之后，日益深入地批判"四人帮"的极"左"路线及其造成恶果的背景中展开的，并以党的十一届三中全会为标志，我国进入以邓小平理论为指导的社会主义建设的新时期。从 70 年代末到 80 年代，文艺理论批评领域一方面要拨乱反正，揭露和批判"四人帮"的反动文艺路线及其余毒，坚持和发展马克思主义的文艺理论观点；另一方面则要面对不断出现的新的创作浪潮加以评论，对新介绍的西方各种文艺理论思潮，加以分析和借鉴。

理论评论界在揭露和批判极"左"文艺路线的同时，还为一大批受迫害的文艺工作者获得平反和曾被打成"毒草"的"鲜花"重新开放，大造舆论，对所谓"黑八论"的文艺观点进行认真清理，并推倒所谓"黑线专政"论。对创作中的"伤痕文学"、"反思文学"、"改革文学"、"寻根文学"以及"朦胧诗"、"先锋小说"、"探索性戏剧"等也进行了及时论评与积极扶持。还对有关现实主义传统的恢复和发扬、文艺创作中的形象思维、文学中的艺术民主和人性、人情、人道主义等问题开展讨论。当时由于提倡解放思想，人们对新涌现的创作现象和西方思潮往往存在不同的意见，包括文艺与政治的关系问题和后来提出的精神污染和资产阶级自由化问题，中共中央和文艺界的高层也有不一致的看法，因而也不能不反映到实际的文艺理论批评中来。先后出现了围绕《歌德与缺德》一文的争论以及该不该反对精神污染和资产阶级自由化的争论。

1979 年 1 月，上海《戏剧艺术》发表陈恭敏的《工具论还是反映论——关于文艺与政治的关系》的文章，对文艺与政治的关系的一些问题提出自己的看法。同年 4 月，《上海文学》又发表了《为文艺正名——驳"文艺是阶级斗争的工具"说》的评论员文章，更加旗帜鲜明地批评了多年来在文艺与政治关系问题上的流行看法。1979 年 10 月底第四次全国文代会的召开，周扬所作的《继往开来，繁荣社会主义时期的文艺》的报告，在论述文艺与政治的关系时根据中共中央政治局的意见，修正了文艺"为政治服务"的提法。1980 年底，文艺界又对文艺与政治的关系展开广泛的讨论，尽管仍有人坚持"文艺为政治服务"的主张，但大多文艺工作者均认识到文艺"从属于政治"的口号毕竟不能涵盖所有时代和所有文艺的状况。1980年1月16日，邓小平在《目前的形势和任务》一文中正式提出"不再继续提文艺从属于政治这样的口号，因为这个口号容易成为对文艺横加干涉的理论根据，长期的实践证明它对文艺的发展利少害多。但是，这当然不是说文艺可以脱离政治"[1]。《人民日报》社论也传达了党中央决定以"文艺为人民服务、为社会主义服务"为文艺工作的总口号[2]。这一重大变更，又引起文艺批评标准的讨论，多数学者认为"政治标准第一、艺术标准第二"的提法已明显不妥。不少人还指出，以往过于注意文艺作品的政治效果，以及对某些政治性淡薄或不带政治性但对人民有益的一类作品作否定性评价等，都不利于调动文艺积极因素。当然，之后有人又产生了文艺应当"疏离政治"乃至"脱离政治"的观点。但总体而论，关于文艺与政治关系的理论认识的调整，使广大文艺工作者突破了唯政治是从的旧的思维定向，有利于文艺创作题材、主题、形式、风格的广泛开拓。

这一时期，文艺理论批评界还对文学创作中现实主义传统的恢复和人道主义思潮的崛起进一步展开讨论。诗歌创作中围绕"朦胧诗"的探讨，则出现"新的美学原则"的争论，就"自我表现"和现代主义的影响，评论界产生分歧的意见。讨论中有人提出现实主义只是叙事文学之一种方法和样式，艺术真实不等于生活真实，写人也不一定只描画性格；社会主义文学应当有自己的人道主义；西方现代派文学的某些技法可以在分析、批判中加以借鉴等。

80年代，由于对西方文论包括弗洛伊德学说、存在主义、非理性主义、结构主义、解构主义等20世纪人文主义和科学主义思潮的译介，及对系统论、控制论、信息论等的引进，在分析和借鉴这些理论和方法的过程中，文坛出现了文学观念和方法的裂变，形成多元的走向。文学理论批评中，围绕"文学主体性"的讨论和对于文学的本质、特征的重新思考，"新方法论"热潮的兴起和文学的本体形式研究方兴未艾等，不同学说和追求纷至沓来。而"全盘西化"思潮和某些唯心主义观点对辩证

---

[1]《邓小平文选》(1979—1982)，第220页。
[2]《人民日报》1980年7月26日社论《文艺为人民服务、为社会主义服务》。

唯物史观的挑战，不可避免地与马克思主义的文艺理论批评发生冲突。1989年春夏一批公开批判和否定毛泽东文艺思想的文章的发表，更是这一冲突的必然反映。[①] 这一时期活跃于文坛的老一代理论批评家有周扬、荒煤、冯牧、洁泯、朱寨、王元化、黄秋耘、蔡仪、陈涌等，中青年的批评家则有阎纲、谢冕、张炯、刘锡诚、顾骧、刘再复、雷达、陈丹晨、李准、陈骏涛等。

第五，市场经济建立时期（1990—2000年）

这十年可说是文艺理论批评重新反思与探索的阶段。进入20世纪90年代，我国社会主义市场经济体制逐步建立，社会出现明显的转型特征。而80年代末我国的政治动荡和前苏联、东欧国家的突变，都引起人们思想上的震动和反思。社会上文化保守主义和"国学热"迅速兴起。在文学理论批评中，人们更加重视中华民族的传统，反对"全盘西化"，也更加看到中国化的马克思主义文艺思想的主导作用的重要性。更多学者在理论与实际的结合中，着力探讨传统文论的现代转化，探讨毛泽东对马克思主义文艺思想的阐扬与运用、邓小平对毛泽东文艺思想的继承与发展，以及有中国特色的社会主义文艺理论的系统构成。鉴于市场经济给文学艺术带来的影响，包括文学商品化的彰显，创作中滋长了"拜金热"、"理想失落"、"道德落坡"等趋向，王晓明、陈思和等发起了"重建人文精神"的讨论。众多文学评论家则针对"新状态文学"、"长篇小说热"、"都市新生代"、"现实主义冲击波""九十年代文学"等现象，展开热烈的讨论。评坛涌现了曾镇南、何镇邦、何西来、陈晓明、贺绍俊、白烨、孟繁华等大批新锐评论家。少数民族作家中，晓雪、包明德、关纪新、郎缨、仁钦道尔吉、降边嘉措等也在理论批评方面作出自己的贡献。这一阶段，党和政府重申"文艺为人民、为社会主义服务"的方向和"百花齐放、百家争鸣"，"洋为中用、古为今用"，"推陈出新"，"弘扬主旋律，提倡多样化"的系列方针。江泽民代表党中央指出，"文艺评论是文艺发展的重要推动力，要在探索文艺规律和促进文艺繁荣、推荐优秀作品、批评错误

[①] 例如1989年《文学评论》第3期发表的《历史无可避讳》一文便是当时影响最大的一篇批评和贬低毛泽东文艺思想的理论文章。

的文艺倾向方面,在帮助人们区分真、善、美和假、恶、丑方面,发扬积极的作用。"① 这都极大地激励我国文艺理论批评工作者去为实现自己的任务更加努力奋斗。

三 文学理论批评领域的重要论争

(一) 新中国成立初期的重要论争

新社会的建立,从经济基础到上层建筑、意识形态都必然要经历深刻的嬗变。旧的半封建半殖民地社会的封建阶级和资产阶级意识形态不加涤荡,新的以马克思主义为指导的社会主义意识形态便难以确立。新中国成立之初,文艺理论批评领域的论争既体现为新旧阶级意识的冲突,也体现为马克思列宁主义和毛泽东思想与其对立面的撞击。这种斗争的复杂性还在于执政党和革命文艺家队伍里仍存在"左"的或右的曲解马克思列宁主义、毛泽东思想的种种倾向,包括教条主义、经验主义和庸俗社会学等。如上所述,由于居于文艺领导地位的执政党沿用苏联和我国延安时期的经验,某些论争便采取了从上而下地发动的非常态的方式。

第一次影响遍及全国的非常态论争是围绕电影《武训传》而展开的。

19世纪山东堂邑人武训行乞办学的事迹,当时便受到清王朝统治阶级的嘉奖,新中国成立前,大力举办平民教育的陶行知先生也加以称赞和提倡。因而新中国成立后不久,在孙瑜编导下于1950年10月便拍成电影故事片《武训传》。这部影片不仅再现了武训为办学而行乞的种种苦态,而且在结尾处把他捧为升入云端的"圣人",昭示武训的道路就是中国人民通向解放的道路。从马克思主义的观点来看,这样的处理显然难以接受。但是影片演出后受到广泛赞扬,其中包括在文艺界教育界担负相当负责工作的共产党员也撰文予以赞扬。针对此种情况,中共中央于1951年3月发出通知,要求在全国范围内开展对电影《武训传》的讨论。4月底《文艺报》刊载了鲁迅写于30年代的嘲讽武训及其鼓吹者的杂文《难答的问

---

① 《在第六次文代会、第五次作代会上的讲话》,1996年12月16日。

题》，同期还发表了贾霁的《不足为训的武训》和江华的《建议教育界讨论〈武训传〉》等文章。为了推动这一讨论，毛泽东亲自代《人民日报》撰写了《应当重视电影〈武训传〉的讨论》这篇重要社论。他支持对电影《武训传》的批评意见，严肃指出：

> 《武训传》所提出的问题带有根本的性质。像武训那样的人，处在清朝末年中国人民反对外国侵略者和反对国内反动封建统治者的伟大斗争的时代，根本不去触动封建经济基础及其上层建筑的一根毫毛，反而狂热地宣传封建文化，并为了取得自己所没有的宣传封建文化的地位，就对反动封建统治者竭尽奴颜婢膝之能事，这种丑恶的行为，难道是我们所应当歌颂的吗？向着人民群众歌颂这种丑恶的行为，甚至打出"为人民服务"的革命旗号来歌颂，甚至用革命的农民斗争的失败作为反衬来歌颂，这难道是我们所能够容忍的吗？承认或容忍这种歌颂，就是承认或者容忍污蔑农民革命斗争，污蔑中国历史，污蔑中国民族的反动宣传为正当宣传。

社论发表后，全国便掀起了一场批判电影《武训传》的热潮，还组织了对武训历史的调查，文艺界和思想理论界的许多著名作家、学者包括周扬、胡绳、何其芳等纷纷撰文对《武训传》的错误展开批评，后来还发展为文艺界深入学习马克思主义、毛泽东思想的整风运动。这场论争的积极意义在于，通过《武训传》这一典型事例，开展了对历史唯心论的批判，广泛地传播了历史唯物论的观点，促进了马克思主义、毛泽东思想的传播，提高了文艺界和思想界的马克思主义水平。缺点则是对问题的分析不够细致，忽视了马克思主义关于历史进步是各种历史因素的合力作用的观点，没有区分教育中包含传播文化的积极方面，因而对武训办学简单地全盘否定；有些批评更有"左"的偏向，甚至将《武训传》的错误上纲为反对土地改革、反对抗美援朝、反对镇压反革命这样的"政治高度"。因而也助长后来文艺界"左"倾思潮的发展。如在常态的文艺批评中，对作家肖也牧的《我们夫妇之间》的批评，有的文章也有歪曲原意，强加于人的弊病，甚至认为作者的态度"在客观效果上是我们的阶级敌人"① 的态度。

继之在戏曲改革领域又发生了关于改编旧戏曲的反历史主义、反现实主义倾向的论争。对戏曲改革工作，毛泽东曾提出"百花齐放，推陈出新"的方针。但对这一工作负有一定领导责任的杨绍萱在其作品《新白兔记》、《新天河配》、《新大名府》等剧本中，却暴露出把政治与文艺的关系简单化、庸俗化，严重违背历史主义和现实主义的观点和倾向。1951年10月《人民日报》、《文艺报》、《人民戏剧》等报刊陆续发表文章对杨绍萱的错误进行批判。艾青在《人民日报》发表的《谈〈牛郎织女〉》对戏曲改革中杨绍萱反历史主义的观点和倾向提出了批评。杨绍萱没有接受，反针锋相对地提出反批评，不仅为自己的错误辩护，且认为艾青"为文学而文学，为艺术而艺术"，"打击了革命，便宜了敌人"。于是马少波、何其芳、张光年等许多评论家络绎撰文，批评了杨绍萱的错误表现，指出对旧戏曲改革中，包括对神话剧改革中都应充分尊重历史、尊重历史生活的真实，不应生拉硬扯地以古喻今、以今改古。今天看来批评杨绍萱的意见基本上都是正确的，而杨的意见恰恰代表了当时文艺界刚抬头的"左"的观点和庸俗社会学倾向。当然，从区别艺术与现实，鼓励文艺风格、流派多样化的角度，应该容许杨绍萱哪怕是错误的探索。

围绕俞平伯在《红楼梦》研究中的错误观点、后来扩大到对"胡适派"的资产阶级唯心论的学术观点的批判，是又一场规模较大的、虽由下而起，却发展为自上而下地发动的批判运动。

俞平伯在《红楼梦》研究中是"五四"以来"新红学"的代表人物、权威学者之一，写过《〈红楼梦〉研究》、《〈红楼梦〉简论》等著作。他对《红楼梦》的版本、作者在考据方面下了不少工夫，对"索隐派"的错误观点也有过一定的批判。但总的来说仍多用唯心论来分析这部作品，深受胡适的观点影响。1954年9月，青年评论工作者李希凡、蓝翎先后在《文史哲》月刊和《光明日报》撰文对俞平伯的错误观点进行批评。《文艺报》转载了李、蓝的文章，主编冯雪峰在编者按语中指出，作者"试着以科学的观点对俞平伯先生在《〈红楼梦〉简论》一文中的论点提出

---

① 《反对玩弄人民的态度，反对新的低级趣味》，《冯雪峰论文集》，第318页。

了批评……作者的意见虽然还有不够周密和不够全面的地方，但他们这样地去认识《红楼梦》，在基本上是正确的。只有大家来继续深入地讨论，才能使我们的了解更深刻和周密，认识也更全面"。毛泽东敏锐地看到这一事件所含有的深远意义。他在给中共中央政治局和其他有关同志的一封信中肯定李、蓝的文章是"三十多年以来向所谓红楼梦研究权威错误观点的第一次认真的开火"。在概述他们的文章曾受到《文艺报》、《人民日报》的冷遇，几经曲折才得以发表和转载之后，指出：

> 看样子，这个反对在古典文学领域毒害青年三十余年的胡适派资产阶级唯心论的斗争，也许可以开展起来了。事情是两个"小人物"做起来的，而"大人物"往往不注意，并往往加以阻拦，他们同资产阶级作家在唯心论方面讲统一战线，甘心做资产阶级的俘虏，这同影片《清宫秘史》和《武训传》放映时候的情形几乎是相同的。被人称为爱国主义影片而实际是卖国主义影片的《清宫秘史》，在全国放映之后，至今没有被批判。《武训传》虽然批判了，却至今没有引出教训，又出现了容忍俞平伯唯心论和阻拦"小人物"的很有生气的批判文章的奇怪事情，这是值得我们注意的。
>
> 俞平伯这一类资产阶级知识分子，当然是应当对他们采取团结态度的，但应当批判他们的毒害青年的错误思想，不应当对他们投降。

于是迅速引起袁水拍对《文艺报》"资产阶级贵族老爷态度"的批评和冯雪峰的自我批评，全国文联、作协召开了主席团扩大会议，许多著名文艺家和学者都先后发言和撰文，一场批判俞平伯和胡适派唯心论学术观点的运动便很快推向全国。这场大论争无疑促进和深化了我国文艺界和学术界对于马克思列宁主义、毛泽东思想的学习，其影响远不限于古典文学研究领域，在扶植马克思主义新生力量方面也确实起了良好的作用。此后对《红楼梦》的研究日益深入，出现了一代用马克思主义观点研究"红学"的学者，产生了何其芳的《论〈红楼梦〉》这样材料丰富而且比较深刻的论著和其他专家的许多有价值的著作。但这场论争中"左"的倾向继续有发展，有些文章不仅将政治问题与学术问题混淆起来，指责俞平伯有

"引导读者逃避革命的政治目的",对俞在新中国成立后观点有所进步未加肯定,对冯雪峰等的批评和处理不仅不够实事求是,且失于粗暴。基于胡适当时的政治立场,对他在现代中国文化发展方面的贡献,也没有予以实事求是的分析。

围绕胡风文艺思想展开的论争和批判,则是新中国成立后又一场影响及于全国且规模更大的非常态运动。从文艺思想始,到将胡风等打成"反革命集团"、开展全国性的肃反斗争而告终。其后果之广之烈之深远,都是前此所未有的。

胡风原名张光人,早期受"五四"新文化的影响,参加过共产主义青年团,大革命失败后到日本留学,参加过日本共产党和左翼文化运动,接受马克思主义文艺理论的影响。1933年回国后参加了以鲁迅为旗手的左翼文艺运动,先后在上海、重庆、香港等地从事进步文艺工作,编过刊物,并以诗人和理论家的身姿活跃于我国文坛。他的文艺思想也受过厨川白村、卢卡契等的某些影响,自成体系。其基本立场站在人民革命一边,但对毛泽东文艺思想的某些观点又并非没有不同意见。因此,新中国成立前在重庆和香港,中国共产党领导下的革命文艺理论工作者就与他发生过争论,对他所提倡的"主观战斗精神"、"到处有生活"和"劳动人民精神奴役的创伤"等观点进行过批评。新中国成立后,胡风在北京仍坚持自己的文艺观点,因此,在周恩来的关怀下,周扬曾召集座谈会对胡风进行过批评,并希望他能够作出自我批评。后来林默涵、何其芳发表的对胡风的批评文章《胡风的反马克思主义文艺思想》、《现实主义的路,还是反现实主义的路》二文便是在座谈会上的发言整理的。胡风也曾作过自我批评。但1954年批评《文艺报》在《红楼梦》研究问题所犯的错误之前,胡风于该年7月将三十多万字的《对文艺问题的意见》[①]上报党中央,不仅提出自己对于发展社会主义文艺的主张,而且对林、何的观点针锋相对地进行反驳(见《关于几个理论问题的说明材料》)。他的主张和观点,自然难以被接受。1955年2月,中国作家协会主席团举行扩大会议,决定公开发表胡风

---

① 原题为《关于解放以来文艺实践情况的报告》,《文艺报》1955年第1、2期合刊附属发表专集时,改题为《胡风对文艺问题的意见》。

的《对文艺问题的意见》，开展对胡风文艺思想的批判。这一过程中，文艺报刊发表了大量批判文章，郭沫若、茅盾、周扬等权威作家都参与表态。后来胡风与他的友人的信件共三批先后被加"按语"公布。绝大多数"按语"都是毛泽东亲自拟定的，并将胡风等定性为"反革命阴谋集团"。于是，对胡风文艺思想的批判便发展为政治批判和肃清暗藏反革命分子的斗争。胡风由此被判刑监禁，到1978年才平反；胡风的许多朋友、学生以及一些文学青年因与他有过书信与来往，也都程度不同地受到株连。无疑，这种发展虽有对胡风等进行审查过程出现材料不实以及当时国内外阶级斗争复杂等客观原因，总体上却标志着高层领导"左"倾思想错误和处理不当给文艺统一战线带来的一次极严重的危害，造成的后果十分令人痛心。

当然，胡风平反后，对他的历史功过开始给予公正的评价。不过，这并不能掩盖当时在理论见解方面确实存在分歧，其中是非，后人尽可以更为客观更为从容和深入地去探讨。①

1957年春夏从中国共产党号召社会各界帮助党整风，到将许多提意见者先后打成"右派分子"，在全国范围开展反击"右派"的运动，同样波及文艺界。先后对丁玲、陈企霞、冯雪峰等所谓"右派反党集团"进行批判，而后发展到对文艺界的其他"右派分子"的所谓"反党反社会主义言论"也展开批判。并将他们作为"敌我矛盾"做各种组织处理，严重地伤害了他们的身心，使许多人被刑禁、被下放劳动，被长期剥夺了发表作品的权利，至1978年才被平反。这既是一场政治运动，也是一场文艺思想方面的批判运动，连带对所谓"右派"作家的作品也进行了批判。1958年2月周扬曾发表《文艺战线上的一场大辩论》一文，对文艺界的"反右派"运动进行总结，认为斗争"取得了很大的胜利。这是文艺战线上的一场大是大非之争，社会主义文艺路线和反社会主义文艺路线之争。这场斗争，

---

① 由于胡风问题自开展批判到政治上给予平反，历时达30年之久，其中许多复杂的、不同的认识，都为世人所关注。80年代，文艺界有些同志又以负责的态度，对胡风事件的前因、经过与后果，写了一些回忆材料，其中重要的文章，有林默涵的《胡风事件的前前后后》（载《新文学史料》1989年第3期），康濯的《文艺报与胡风冤案》（载《文艺报》1989年11月4、11、18、25日各期），绿原的《胡风和我》（载《新文学史料》1989年第3期），梅志的《历史的真实——读林默涵同志〈胡风事件的前前后后〉》（载《新文学史料》1990年第1期）等，都可参阅。

是当前我国无产阶级和资产阶级、社会主义道路和资本主义道路的斗争在文艺领域内的反映"。这无疑反映了当时领导层具有代表性的"左"倾观点。对于这场打击面极大的运动，1980年3月19日，邓小平在《对起草〈关于建国以来党的若干历史问题的决议〉的意见》中说，"那时候有的人确实杀气腾腾，想要否定共产党的领导，扭转社会主义的方向，不反击，我们就不能前进。错误在于扩大化。"这种扩大化的错误自然源于当时以毛泽东为首的中共中央对具体事实和整体形势的错误估计与认识。这场运动虽巩固了共产党的领导和社会主义的方向，但产生的负面效果却远超过此前的批判运动。

在反"右派"斗争扩大化之后，"百花齐放，百家争鸣"的方针便实际被废止。此后，文艺界开展的反修正主义文艺思想的批判，以及对电影《北国江南》、《早春二月》、《舞台姐妹》等所谓"修正主义倾向"的批判，对京剧《李慧娘》、《谢瑶环》和吴晗的新编历史剧《海瑞罢官》等的批判，就都带有自上而下地发动的非常态的性质。

50年代末到60年代初在批判修正主义的思想背景下，我国文艺界又就人性、人道主义问题开展了一次大规模的论争。巴人的《论人情》、王淑明的《论人情和人性》、钱谷融的《论文学是人学》[①] 等文章成为批判的对象。这个问题在30年代鲁迅等左翼文艺家与梁实秋的论争中便已涉及。40年代毛泽东在著名的《在延安文艺座谈会上的讲话》中更批判了资产阶级的抽象人性论，阐明了他关于人性、人类之爱等问题的见解。马克思、恩格斯、列宁等马克思主义经典作家更有许多言论反对将人性抽象化，并揭露资产阶级人道主义的虚伪。但是马克思主义认为人性是历史地生成时并没有否定人的共性，也没有笼统地否定人道主义，而是认为共产主义才是彻底的人道主义。因为只有共产主义才能导致"人向作为社会的人即合乎人的本性的人的自身的复归，这种复归是彻底的、自觉的、保存了以往发展的全部丰富成果的"[②]。按照马克思主义的观点，只有社会生产力的高

[①] 《论人情》原载《新港》月刊1957年1月号；《论人情和人性》原载《新港》1957年7月号；《论"文学是人学"》原载《文艺月报》1957年8月号。

[②] 《1844年经济学—哲学手稿》。

度发展和"各尽所能，按需分配"的原则的实现，由于阶级差别、城乡差别、脑力与体力劳动差别的消灭，人的个性才能获得丰富的自由的发展，在这种共产主义条件下，人道主义关于人的自由、平等、博爱的美好理想才能真正变为现实。而我国 50 年代末开始的对于人性、人道主义的批判，正确地指出在认识人性问题时，阶级性绝不容忽视，在阶级社会中，阶级性是人的本质属性之一。但许多文章由此又否定人的其他共性和共同人情的存在，这就没能真正辩证地看待人的自然性与社会性、共性与个性的统一；在揭露资产阶级人道主义的虚伪性时，却笼统地把人道主义与社会主义、共产主义对立起来，没有能够充分论证无产阶级的社会主义人道主义的存在。而且还把这种批判上升为反对所谓"修正主义"的斗争，带上强烈的政治色彩，使被批判者不仅不能辩驳，甚至还受到组织处理，如巴人就被免去人民文学出版社社长的职务。① 从此文艺领域表现人性、人情、人道主义成为"禁区"。

而 1963 年 12 月和 1964 年 6 月毛泽东对文艺问题做了两个批示，更反映了他对文艺实际的错误估计和"左"倾的观点。1965 年 11 月 10 日由毛泽东授意江青等撰写，由姚文元署名的《评新编历史剧〈海瑞罢官〉》在上海《文汇报》发表，批评该剧"影射现实"，剧中主人公海瑞是"用资产阶级观点改造过的人物"，剧中描写的"退田"、"平冤狱"就是宣传"阶级调和论"，就是"拆掉人民公社的台，恢复地主富农罪恶统治"，等等。此文在毛泽东的干预下，后由各大报转载，从而揭开了"文化大革命"的序幕。实际反映了中共中央有关领导对文艺和学术状况不同认识、不同态度的斗争，背后还有中共高层自 1959 年庐山会议后权力斗争的背景。毛泽东后来认为姚文元的文章还没有打中要害。他说："要害是罢官。庐山会议上我们罢了彭德怀的官。彭德怀就是海瑞。"由此，戚本禹后来还撰写了《〈海瑞骂皇帝〉和〈海瑞罢官〉的反动实质》一文在《人民日报》发表。这场对《海瑞罢官》的批判，

---

① 对这一问题的主要批判文章有洁泯的《论人类本性的人道主义》、蔡仪的《人性论批判》，分别发表于《文学评论》1960 年第 1、4 期；马文兵的《在"人性"问题上两种世界观的斗争》。发表于《文艺报》1960 年第 12 期。

更是一种非常态的文艺批评。它实际揭开了"文化大革命"的序幕。

总之，新中国成立初十七年文艺思潮上的上述批判和论争，虽存在传播马克思列宁主义、毛泽东思想，巩固社会主义政权的愿望，但由于源自高层的领导，大多带有强烈的政治性，带有不断增强的"左"倾的错误指向，实际助长了"左"倾教条主义与庸俗社会学的发展，不利于文艺理论的深入探讨，也不利于文艺创作的繁荣，甚至给我国社会主义文艺事业带来了严重的损害。其中的教训，值得后人认真记取。

另一方面，就常态的文艺理论批评而言，这段历史期间除对作家作品的正常评论外，文艺理论的探讨和建设，应该说也是活跃的、取得了显著成绩。这方面，周扬、林默涵、邵荃麟、何其芳等文艺理论家都为传播马克思主义、毛泽东思想的文艺理论观点作出贡献。周扬的《建立中国自己的马克思主义的文艺理论和批评》、林默涵的《更高地举起毛泽东的文艺思想的旗帜》、何其芳的《战斗的胜利的二十年》等重要文章，对我国当代文艺理论的建设和发展，有深远的影响。我国马克思主义文艺学的著述，50年代初基本移植自苏联，而后便大步走向与我国文艺实践更好地结合，注意在批判继承中外古典文艺理论遗产的基础上去创建具有中国特色的马克思主义文艺理论，深化对于文艺作为审美意识形态的本质，对于文艺的内容与形式、创作与欣赏、起源与发展等多方面规律的研究。巴人的《文学论稿》、叶以群主编的《文学基本原理》、王朝闻主编的《美学概论》等都属17年间出版的这方面的可观成果。

文艺界、美学界在17年间更就一系列重要的理论问题展开热烈的探讨和争鸣。如关于"美是什么"的论争，除朱光潜、蔡仪、黄药眠、吕荧等老一辈美学家各抒己见外，当时较为年轻的一代美学家李泽厚、蒋孔阳、洪毅然、高尔泰等也纷纷撰文提出自己的见解并与前人商榷。[①] 此外，对

---

① 美学问题讨论的主要文章有黄药眠的《论食利者的美学》（《文艺报》1956年第14、15期）；蔡仪的《评"论食利者的美学"》（《人民日报》1956年12月1日）；朱光潜的《美学怎样才能既是唯物的又是辩证的》（《人民日报》1956年12月25日）；李泽厚的《美的客观性和社会性》（《人民日报》1957年1月9日）。

于文学艺术的特征和形象思维问题①，艺术典型问题②，新人、正面人物和英雄形象塑造问题③。社会主义现实主义和"两结合"问题④，新诗发展的道路与形式问题⑤，历史剧问题⑥，题材问题⑦等，莫不都有理论探索的交锋。尽管这些问题的探讨都不一定有结论，迄今理论界也仍然有各种不同的见解，但讨论过程中，大体都能摆事实、讲道理，即使言辞尖锐，也大多不失学者风度。不少问题的讨论更给当时和尔后的文艺创作带来范围广

---

① 文艺特征和形象思维问题的主要讨论文章有霍松林的《试论形象思维》（《新建设》1956年5月号）；狄其聪的《关于形象思维问题》（《新建设》1958年5月号）；郑季翘的《文艺领域里必须坚持马克思主义的认识论》（《红旗》1966年第5期）。

② 艺术典型问题的讨论主要文章有张光年的《艺术典型与社会本质》（《文艺报》1956年第8期）；何其芳的《论阿Q》（《人民日报》1956年10月16日）；李希凡的《典型新论质疑》（《新港》1956年第6期）；蔡仪的《文学艺术中的典型人物问题》（《文学评论》1960年第6期）；广东作协理论研究组的《典型形象——熟悉的陌生人》（《文艺报》1961年第8期）。

③ 英雄形象塑造问题讨论的主要文章有陈荒煤的《为创造新的英雄的典型而努力》（《长江日报》1951年4月22日）；张立云的《关于写英雄人物和写"落后到转变"的问题》（《文艺报》1952年10、11月合刊）；周宇（毛星）《关于正面人物的塑造和评价问题》（《文学评论》1963年第5期）；张炯的《文学艺术中的英雄和理想问题》（《新建设》1964年7月号）。

④ 社会主义现实主义的讨论，代表性的文章是周勃的《论现实主义及其在社会主义时代的发展》（《长江文艺》1956年12月号）；张光年的《社会主义现实主义存在着、发展着》（《文艺报》1956年第24期）；林默涵的《现实主义还是修正主义》（《人民日报》1958年5月3日）；何直（秦兆阳）《现实主义——广阔的道路》（《人民文学》1956年9月号）。关于"两结合"的讨论，代表性文章有周扬的《新民歌开拓了诗歌的新道路》（《红旗》1958年6月创刊号）；郭沫若的《浪漫主义和现实主义》（《红旗》1958年第3期）；贺敬之的《漫谈诗的革命浪漫主义》（《文艺报》1958年第9期）；胡经之的《理想与现实在文学中的辩证结合》（《文学评论》1959年第1期）；张炯的《论我国文学史上现实主义和浪漫主义相结合》（《光明日报》1961年5月5日）。

⑤ 新诗发展问题讨论的代表性文章有公木的《诗歌底下乡上山问题》（《人民文学》1958年5月号）；何其芳的《关于新诗的"百花齐放"问题》（《处女地》1958年7月号）；卞之琳的《对于新诗发展问题的几点看法》（《处女地》1958年7月号）；宋垒的《与何其芳、卞之琳同志商榷》（《诗刊》1958年10月号）；张光年的《在新事物面前》（《人民日报》1959年1月27日）；何其芳的《关于诗歌形式问题的争论》（《文学评论》1958年第1期）；林庚的《关于新诗形式的问题和建议》（《新建设》1957年第5期）。

⑥ 历史剧问题讨论的代表文章有吴晗的《论历史剧》（《文学评论》1951年第3期）；朱寨的《关于历史剧问题的争论》（《文学评论》1962年第5期）；李希凡的《"史实"与"虚构"》（《戏剧报》1962年2月号）。

⑦ 题材问题讨论的代表性文章有《文艺报》专论《题材问题》（该报1961年第3期）；田汉的《题材的处理》（《文艺报》1961年第7期）；夏衍的《题材、主题》（同上）；老舍的《题材与生活》（同上）；唐弢的《关于题材》（《文学评论》1962年第1期）。

泛、意义深远的影响。

关于文艺特征与形象思维的讨论，虽然论者都承认文艺通过形象传达思想与情感是其重要的审美特征，但对创作过程是否存在异于抽象思维的形象思维，则有对立意见。陈涌、霍松林、狄其聪、李泽厚等都认定有形象思维的存在，并论述其主要特征。而毛星、郑季翘却否定形象思维独立存在的说法，郑季翘甚至认为承认形象思维无异于违背辩证唯物主义的认识论。双方的论证不仅联系认识过程的分析，还追溯中外文艺理论家与作家的有关论说和实例，这就引发读者在广阔的思想视野中去进一步思考，有助于创作心理学的进一步探索和研究。双方都承认艺术想象力在创作过程中的重要性，这对所有艺术工作者无疑都有启示。

关于艺术典型的讨论，有"社会本质"说，有"共名"说，有典型共性等于"阶级性"说，有"鲜明的个别性与充分的普遍性统一"说，还有典型就是"熟悉的陌生人"说，等等。尽管见解纷纭不一，但艺术典型形象是共性与个性的统一，而且无论何种共性都必须显现于鲜明生动的个性中，这却是比较为大家所能认同的共识。因此，对于艺术创作质量的提高也不无现实的实践意义。

新人、正面人物和英雄形象塑造问题，讨论中涉及对这类形象的重要性的认识和如何真实感人地塑造这类形象两个彼此联系又彼此区别的方面。新中国成立初的17年间，虽然"塑造无产阶级英雄形象是社会主义文艺的根本任务"这一后来被称为"根本任务"论的提法已经在林彪委托江青召开的《部队文艺工作座谈会纪要》中出笼，毕竟尚没有后来的影响大。而历次讨论确实都导致人们对于新人、正面人物和英雄形象的重要性的认识不断提高。文艺创作中这方面形象塑造的被重视并且成绩斐然，也是事实。至于描写这类形象要不要写从落后到转变，要不要写缺点等问题，通过讨论，大多也倾向于不作公式化模式化的处理。这种见解也确实有利于这方面形象塑造多样化的更为健康的格局。

"社会主义现实主义"在苏联30年代提出的初衷便有两点值得注意：一是与旧现实主义有区别，这区别主要在世界观和时代的变化；二是它包含有革命的浪漫主义因素。1958年毛泽东提出"革命现实主义和革命浪漫主义相结合"的口号，其实质性内涵与"社会主义现实主义"并无二致。

只是由于中国文艺的传统和当时"大跃进"的现实,有更为强调革命浪漫主义之意。从50年代中期由于苏联第二次作家代表大会对"社会主义现实主义"定义的修改,对这个创作口号的论争在我国也就由何直、周勃相继发表的揭橥"社会主义时代的现实主义"的提法而引发,1958年后则开展了对"二革"结合的热烈讨论。前一问题的讨论因反"右派"扩大化而被加上"反修正主义"、"反右派"论争的性质;后一问题的讨论,因属人民内部,便见出范围的普泛和气氛的活跃。今天看来,剖析历史上存在的创作方法,联系时代的变迁与艺术家世界观的区别仍是必要的。因为艺术创作方法毕竟不能脱离特定时代的认识水平、脱离特定艺术家的世界观。无视这一点,把古今现实主义看得都是一回事,恐怕既不符合文艺史实际,理论上也是不可取的。没有无产阶级社会主义革命的时代,没有马克思主义的先进世界观,要产生社会主义现实主义或把革命现实主义和革命浪漫主义结合起来,是很难想象的。

(二) 新时期二十年的主要论争

改革开放二十年来,由于提倡解放思想,实事求是,并努力贯彻"百花齐放,百家争鸣"的方针,对文学理论问题的探讨和争鸣此起彼伏、络绎不绝,呈现出前所未有的活跃的局面。在讨论和争鸣的诸多问题中,除了上述文艺与政治的关系问题外,有以下方面的问题比较热烈,引起了国内外人士的普遍关注。

1. 文学的现实主义问题

现实主义问题是在十年"文化大革命"动乱中被严重歪曲的问题之一,为了给现实主义理论正名,从1979年起,理论批评界展开了持续数年的讨论。讨论中主要涉及以下几个方面的问题。

第一,对现实主义的理解。

有人提出,有"两种含义的现实主义",即"广义的现实主义和狭义的现实主义"。狭义的现实主义指"作为一定历史时期出现的现实主义文艺流派所提倡的严格意义的创作方法";广义的现实主义则是指"正确地、真实地反映现实生活的艺术认识规律的现实主义",这"是一条普遍的艺术法则","又被称为'现实主义原则'、'现实主义精神,或'现实主义传统'"。[1] 有人提出，"现实主义最基本最核心的特点，就是真实地把握客观现实的一切关系"，"从这一点上讲，古今中外的现实主义创作方法，没有什么质的区别，所不同的是因为作家的立场和世界观不同，所达到的真实程度的不同，以及作品反映的特定时代、社会的生活内容的区别。所以，加在现实主义前面的副词（如革命的、社会主义的）没有多大意义。"[2] 有人鉴于当时出现的一批反映十年动乱中人们的遭遇和精神状态的作品，提出了"社会主义的批判现实主义"的口号，认为它"既是一种文艺潮流，又是一种创作方法"，它的主要特点是揭露、批判、思考，即："在揭露中表彰、在批判中歌颂、在思考中前进。"[3]

对上述三种观点，尤其是第二、三种观点，在讨论中都有一些不同的看法，存在着明显的分歧。

第二，关于真实性和"写真实"问题。

一种比较普遍的观点认为，文艺的真实性是指文艺对生活本质的反映，它被严格地限定在"艺术真实"的范畴内，而不仅仅是指细节的真实。另一种观点则认为艺术真实"是作家对生活真实的能动的正确的反映"[4]，强调作家主体的认识、态度和感情。还有的则根本不同意文艺反映生活本质的说法，认为这"依然是把文艺压缩在'歌德'的范围内的图谋"[5]。关于"写真实"的口号，也有人提出质疑，认为它"模棱两可，似是而非，很难用它划清自然主义与现实主义的界限"[6]。还有人主张用"真实性"来代替"写真实"的提法，因为它"更严密，更科学"。[7]

第三，关于艺术典型。

典型问题曾经被认为是现实主义的核心命题。80年代学术界在探讨这一问题时，提出了一些新的不同的看法。其一是对典型的共性和个性的理

---

[1] 张维安：《现实主义——艺术反映现实的客观法则》，《十月》1980年第3期。
[2] 栗宪庭：《再谈现实主义不是唯一正确的途径》，《美术》1982年第3期。
[3] 黄伟宗：《论社会主义的批判现实主义》和《提倡社会主义文艺创作方法的多样化》，分见《湘江文艺》和《广州文艺》1980年第4期。
[4] 戴厚英：《人啊，人·后记》，广东人民出版社1981年版。
[5] 王若望：《〈步步设防〉续篇》，《十月》1981年第1期。
[6] 李玉铭、韩志君：《对"写真实"说的质疑》，《红旗》1980年第4期。
[7] 杨荫隆：《高尔基的文学真实观》，《社会科学战线》1982年第3期。

解。过去比较流行的观点认为典型是共性和个性的统一,现在有人提出必须破除这一观点;还有的提出过去把典型的共性等同于阶级性或必然规律的看法,容易导致一个阶级一个典型的错误结论,因此必须重新肯定何其芳在60年代提出的"共名说",即典型的内涵除包含阶级性外,还有更多的共同的社会因素。其二是关于典型环境与典型人物。围绕着如何正确理解恩格斯给哈克纳斯的信,也展开了激烈的交锋。一种意见认为,恩格斯在这封信中所提出的"现实主义的意思是,除细节的真实外,还要真实地再现典型环境中的典型人物",长期以来被人们作为评价一切文学作品的经典定义,这有进一步探讨的必要。例如,人们从恩格斯的这封信中得出了这样一种认识,"即只有当'环绕着这些人物并促使他们行动的环境'能够直接反映出时代的主流和社会力量的本质,才能算得上是'典型环境',否则就不算……这种在典型问题上的'主流论'或'本质论'的观点在我国文艺界是很有影响的,究其原因,恐怕不能不说是和恩格斯的上述观点有关"[①]。对上述意见持激烈反对者认为,"把过去流行的那种'主流论'或'本质论'归之于恩格斯的说法,不仅在理论上是毫无根据的,错误的,而且在态度上、做法上,也是相当轻率的"[②]。双方争论数年后仍各执己见。关于能不能将"典型环境中的典型人物"作为评价文学作品的经典定义,有人认为尽管它"是一个总结性很强、意义很大、甚至可以说是对于现实主义叙事文学具有根本意义的命题,但它毕竟不是无所不包、更不是唯一的创作规律,它并不具有排他性,并不能作为主宰全部文学史和文学现象、衡量一切文学作品的独一无二的'核心命题'。它的适用性和有效性仍然是有限度的"[③]。

2. 文学与人性和人道主义问题

新中国成立后十七年间,曾多次讨论过人性、人道主义问题,但都为简单化的政治批判所打断。"文化大革命"十年,人性、人道主义问题更成为禁区。新时期以来,随着解放思想、突破禁区,人性、人道主义问题

---

① 徐俊西:《一个值得重新探讨的定义》,《上海文学》1981年第1期。
② 程代熙:《不能如此轻率地批评恩格斯》,《上海文学》1981年第4期。
③ 王蒙:《关于塑造典型人物问题的一些探讨》,《北京文学》1982年第12期。

重又成为探讨的热点。

关于人性。首先是关于人性的概念,有种种不同的理解。有认为人性就是人类的自然本性的;有认为人性即阶级性的(在阶级社会中);有认为人性即社会性的;还有认为人性是自然性与社会性统一的。其次是关于共同人性。讨论中尽管仍有人坚持在阶级社会中并没有共同人性的观点,但多数人是承认有共同人性的,这种共同人性就是指"人人相通的东西";有人还根据马克思在《1844年经济学—哲学手稿》中的一些话,来论证马克思是承认有共同人性的,因此认为没有抽象的人性的提法是不对的,没有超阶级的人性的提法也是片面的。①

关于人道主义。对人道主义的理解,一般有广义和狭义两种。狭义的人道主义,指的是欧洲文艺复兴时期新兴资产阶级反封建、反宗教神学的一种思想和文化运动。广义的人道主义,是泛指一般主张维护人的尊严、权利和自由,重视人的价值,要求人得到充分自由发展等思想观点。有人认为人道主义是一种世界观,主张以人道主义来补充马克思主义。有人则认为"很难说人道主义是一种严整的世界观,而只能说它代表着对人在世界上的地位、作用和前途的一种看法和思想倾向"②,是一种"伦理原则和道德规范"③。

对人道主义的争论比较集中在两个问题上:一是如何看待马克思主义同人道主义的关系,二是社会主义社会有无异化现象。

关于第一个问题,有人认为,把马克思主义同人道主义尖锐对立起来是错误的。"在一个很长的时间内,我们一直把人道主义一概当作修正主义批判,认为人道主义与马克思主义绝对不相容。这种批判有很大的片面性。有些甚至是错误的。"④ 把马克思主义同人道主义尖锐对立起来是不对的,但把马克思主义完全归结为人道主义(最高层次的人道主义)是不是对呢?很多人认为不对,"不应该把马克思主义融化在人道主义中,或是把

---

① 参见《人性和人道主义学术讨论会情况综述》,《中国社会科学》1981年第1期;《一年来若干学术问题讨论综述》,《学术月刊》1981年第1期。
② 汝信:《人道主义就是修正主义吗?》,《人民日报》1980年8月15日。
③ 胡乔木:《关于人道主义和异化问题》,《人民日报》1984年1月27日。
④ 周扬:《关于马克思主义的几个重要理论问题的探讨》,《人民日报》1983年3月16日。

马克思主义完全归结为人道主义，因为马克思主义不仅仅是研究人的问题。但是，马克思主义应该包含人道主义的原则于自身之一，如果缺少了这个内容，那么它就可能走向反面，变成目中无人的冷冰冰的僵死教条，甚至可能会成为统治人的一种新的异化形式。"① 有人提出："作为世界观和历史观，马克思主义和人道主义，历史唯物主义和历史唯心主义，根本不能互相混合、互相纳入、互相包括或互相归结。完全归结不能，部分归结也不能。"同时提出了一种被称为"社会主义人道主义"的概念，认为它同作为伦理原则的资产阶级人道主义存在一种"批判继承"的关系。② 有人不同意这种观点，认为这种只承认伦理道德领域内存在"批判继承"关系，而无视世界观、历史观上的批判继承关系的观点，表现出一种主观随意性。因为人道主义并不只是资产阶级意识形态，它不仅在反对封建主义而且在反对资本主义的过程中都起过进步作用。"不能把马克思主义全部归结为人道主义，但是马克思主义是包含了人道主义的……'人道主义'这个名词表明它和历史上的人道主义的继承关系；'马克思主义'（或社会主义的、革命的，等等）这个形容词表明它和其他人道主义的区别。"③

关于第二个问题，存在着尖锐的对立。有的认为社会主义存在异化现象。"'异化'是一个辩证的概念。唯心主义可以用它，唯物主义也可以用它……社会主义比资本主义社会有极大的优越性。但并不是说，社会主义社会就没有任何异化了。"④ 有的不同意这种观点，认为"对异化概念，要区别两种情况。一种是把异化作为基本范畴和基本规律，作为理论和方法，一种是把异化作为表述特定的历史时期某些特定现象（包括某些规律性现象）的概念"，"马克思主义拒绝前一种异化概念，而只在后一种意义上使用这一概念，并且把它严格限制在阶级对抗的社会，特别是资本主义社会"，因此不赞成把异化概念作为基本规律、范畴来说明社会主义社会中

---

① 汝信：《人道主义就是修正主义吗？》，《人民日报》1980年8月15日。
② 胡乔木：《关于人道主义和异化问题》，《人民日报》1984年1月27日。
③ 王若水：《为人道主义辩护》，《文汇报》1983年1月17日。
④ 周扬：《关于马克思主义的几个重要理论问题的探讨》，《人民日报》1983年3月16日。

的某些消极现象。①

关于文学中的人道主义问题,直接涉及对新时期文学的总体估价,也存在着明显的分歧。一种意见认为,"新时期文学的发展过程,是社会主义人道主义的观念不断地超越'以阶级斗争为纲'的观念的过程。我们可以找到一个基本线索,就是整个新时期文学都围绕着人的重新发现这个轴心而展开的。"并且认为,"社会主义人道主义的观念与'阶级斗争为纲'的观念的冲突将是本世纪文学领域中最基本的文化撞击。这种撞击也许要延伸到下一个世纪。"② 对这种意见,既有赞成,并作了进一步补充和发挥的,也有不赞成的,还有在基本肯定的前提下又指出其不足的。不赞成者认为,人道主义的深化至多只能是新时期文学行进的历史河床中的一条重要脉流,而并非是主流。新时期文学所蕴涵的一种历史精神、民族精神和现代精神,这是难以用人道主义来概括的。还有的认为,人道主义是19世纪的思想武器,面临20世纪所遇到的问题,它毕竟是软弱的;我们对人道主义的解释没有超出自由、平等、博爱的范围,体现不出时代特色和现代意识,还停留在19世纪。③

3. 文学的主体性问题

这场论争是由于刘再复在1985年发表的两篇文章引起的,一篇是《文学研究应以人为思维中心》④,一篇是《论文学的主体性》⑤。一般认为,文学的主体性问题,实际上是社会思潮的人性、人道主义问题在文艺理论上的进一步推演。围绕着这个问题,对立的双方展开了激烈的论争。

刘再复提出的文学主体性的基本要点是:(1)人的主体性包含实践主体性和精神主体性。文艺创作强调主体性包括两层基本内涵:一是把实践着的人看作历史运动的轴心,把人看作人;二是要特别注意人的精神世界的能动性、主动性和创造性。(2)文学的主体性包括作为对象主体的人物形象、作为创造主体的作家和作为接受主体的读者和批评家。(3)对象主

---

① 胡乔木:《关于人道主义和异化问题》,《人民日报》1984年1月27日。
② 刘再复:《新时期文学的主潮》,《文汇报》1986年9月8日、12日。
③ 参见《历史与未来之交:反思、重建、拓展》,《文学评论》1986年第6期。
④ 《文汇报》1985年7月8日。
⑤ 《文学评论》1985年第6期和1986年第1期。

体的实现,要求作家把人物视为独立的个体,当成不以自己意志为转移的具有自主意识和自身价值的精神主体,而不以物本主义和神本主义的眼光,把人变成任人摆布的玩物和没有自由的偶像。(4)创造主体的实现,从心理结构角度说,要求作家超越人的低层次的需求而升华到自我实现需求的精神境界;从创作实践上说,要求创造主体具有超常性、超前性和超我性,从而进入充分自由状态。(5)接受主体的实现包括两个基本途径:一是通过接受主体的自我实现机制,使欣赏者超越现实关系和现实意识,获得心灵的解放;二是通过接受主体的创造机制,激发其审美再创造的能动性。批评家作为接受主体的高级部分,除上述外,还要实现两个超越:一是在充分理解作家的同时超越作家的意识范围,发现作家未发现的作品的价值水平及其潜在意义;二是在批评实践中超越自身固有的意识而实现主体自身的再创造;最后使批评家从科学境界升华到艺术境界。文章中刘再复还鼓吹人类之爱、呼吁把主体性"发挥到无限辉煌"的地步,他还批评"社会主义现实主义"和"二革"相结合都是"机械唯物论"。

刘再复的文章立即遭到陈涌的批评。陈涌首先针对刘再复几年来提出的一些主要理论进行全面商榷。他认为,"马克思主义充分肯定文艺对政治、经济、对整个社会生活的反作用,肯定艺术创造的主体的能动作用;但首先我们应该肯定,不存在超越时间空间、超越社会历史条件的'行动着的人'的主体性,不存在无条件的、可以无限扩张的主观能动性或主体性的'自我实现'"。而刘再复谈"主体性"问题却忽视了社会实践这个"基础和前提",结果"不是回到机械唯物主义的直观反映论,就是走向主观唯心主义。"因此,这种理论思潮已"关系到马克思主义在中国的命运,关系到社会主义文艺在中国的命运问题"[1]。接着,敏泽、程代熙和姚雪垠等都相继发表文章批评刘再复的理论。敏泽认为,刘文在某种意义上说,"是一篇地地道道的关于人的自由、博爱的宣言书","问题并不在于应该不应该重视对人和人道主义问题的研究和宣传,而在于站在什么立足点上。是历史唯物主义观点,还是'以人为本'或'人本主义'的观

---

[1] 《文艺学方法论问题》,《红旗》1986年第8期。

点，这正是一系列原则性分歧的根本"①。程代熙认为，刘文把美国人本主义心理学家 A. 马斯洛的理论横移过来，作为研究作家主体心理结构的原则，结果是"失算了"，因为事实表明，"新人本主义是说明不了主体意识和主体的主观能动性的"②。姚雪垠则结合创作实际指出，刘的"内部规律"和"外部规律"说，"与创作实践不相符合"，在实践中两者是一个不可分割的"整体"，离开后者孤立地强调"回复到自身"，"显然是离开了最根本的东西"。他认为，刘将作家自身和作品人物的主观能动性"作了无限夸张"，貌似新颖，实则"违背艺术科学"，"包含主观唯心主义的实质"③。

  另一些文章则对刘再复的理论从总体上持肯定和支持态度。其内容大致包括三个方面：（1）进一步论述文学主体性理论提出的历史必然性。如有人指出，从当代世界发展趋势来看，文学主体性提出的实质，不仅是"前几年关于马克思主义'人'的理论的讨论的继续"，"还应是全球性关于'人'的观念大裂变中的一个有机组成。"④（2）阐述文学主体性理论的价值和意义。如有人认为，刘再复的理论"上承 50 年代巴人、钱谷融等人受挫的理论开拓，跨越了一个重大的文化历史断裂，并且接续了新时期几经沉浮的以周扬等人为代表的对人道主义的思考和反省"，"单是提出这个问题就是有意义的"。⑤（3）对陈涌等人文章的反批评。如有的文章指出，陈文表明，他"对当前文学理论、文艺学研究中出现的新气象，缺乏必要的耐心和热情。他不是从现代意识、改革意识和发展意识出发看问题，而是从因循守旧的视角看待现实，引用材料多有陈旧之感"，他对于刘再复等人的理论所作的政治性判断，"可能是"过去二三十年间形成的思维惯性和心理定式的产物。⑥ 还有些论者对刘再复的理论作了补充和发挥，或对其存在的问题和不足提出商榷。

---

① 《论〈论文学的主体性〉》，《文论报》1986 年 6 月 21 日。
② 《对一种文学主体性理论的述评》，《文艺理论与批评》1986 年 9 月创刊号。
③ 《创作实践和创作理论》，《红旗》1986 年第 21 期。
④ 董子竹：《历史的进步与文学主体性的增强》，《文论报》1986 年 11 月 21 日。
⑤ 何西来：《对于当前我国文艺理论发展态势的几点认识》，《文论报》1986 年 6 月 11 日。
⑥ 王春元：《文学批评和文化心理结构》，《红旗》1986 年第 14 期。

4. 现代主义和后现代主义问题

20世纪70年代末80年代初,随着文坛上出现了一些借鉴西方现代派表现方法的文学作品,现代派问题就已提出。当时有人认为,鉴于我国"将实现社会主义的四个现代化,所以也将出现我们现代派思想感情的文学艺术",并预言,现代派文艺将成为当代中国文艺发展的方向,因此,我们"应当有马克思主义的现代派"①。一些人不同意这样的观点,认为西方现代派文艺无论就其社会基础还是哲学基础来看,大都与社会主义文学凿枘不入,西方现代派的艺术本质观与马克思主义的艺术本质观有质的区别,并在很大程度上是对立的。把现代化与现代派直接联系起来并认为中国文艺的发展方向必然是现代派的论点,这在理论上是不正确的,对中国文艺发展方向的预测也是不准确的。

80年代上半期,诗坛上围绕着"崛起"问题的论争,把关于现代派问题的论争推向了高潮,此时的现代派问题实际上已扩及整个现代主义文艺思潮问题。继谢冕的《在新的崛起面前》②之后,孙绍振发表了《新的美学原则的崛起》③,其后,徐敬亚又发表了《崛起的诗群》④。尽管这三篇文章的观点不尽相同,但人们都约定俗成地称其为"三个崛起"。三篇文章提出了一些共同性的值得探讨的问题。如认为,"我们的新诗,六十年来不是走着越来越宽广的道路,而是走着越来越狭窄的道路","在刚刚告别的那个诗的暗夜里,我们的诗也和世界隔绝了";"新诗艺术,从第六十一年全面起步",提出了"新的美学原则";强调新诗应"表现自我",认为这"是中国诗歌自身发展的一步必然"。

一些人不赞成这样的观点,他们从对待传统的态度、关于"表现自我"、如何对待西方现代主义思潮以及我国文艺的发展道路和方向等方面对上述观点进行批评。比较有代表性的是郑伯农的观点,他把谢冕、孙绍振、徐敬亚三人的观点综合起来进行"剖析",称其为"崛起"者,代表

---

① 徐迟:《现代化与现代派》,《外国文学研究》1982年第1期。
② 《光明日报》1980年5月7日。
③ 《诗刊》1981年第3期。
④ 《当代文艺思潮》1983年第1期。

"新诗潮"。他认为"新诗潮"派虽然"是以'五四'思想解放精神的真正继承者自居的",但是他们"恰恰背离了'五四'精神"。关于"表现自我",他认为这是现代主义的一个重要创作主张,"所谓'自我表现',这是一个特定的口号,有着特定的内容,它从来是作为和表现生活、表现人民相对立的口号提出来的,我们的'崛起'者们也是在这种特定意义上提倡这个口号的。""这是一种很露骨的唯我主义哲学"①。

争论以徐敬亚作的一个自我批评而告一段落。但现代主义文艺思潮并未销声匿迹,而继续向文学创作渗透,新时期文学与西方现代主义的关系问题依然是人们注目的问题。而现实主义也并未如徐敬亚所宣告必将被现代主义所取代,相反,它一直仍是新时期文学的主潮。有人认为,中国新时期文学既不是被动地接受西方现代主义的"影响",也不是大迁移式的向西方现代主义"横移",而是始终以主动姿态"向现代主义渐进"。这预示着"新时期文学将整个地(不仅仅是其中的新潮文学)进入到现代世界文学的潮流中去"②。与上述对西方现代主义持认同的态度相反,有的论者认为,"现代主义的崛起",是与"审美理想在其中的沉落"同步的。我国的具有现代主义倾向的作品"可能很少真正当得起'现代主义'这个称号",但就其审美理想"总的趋势"而言也不能不说是"沉落",这种沉落"大抵可以归结为以下特征:'非英雄化(非典型)'、'非悲剧化'、'非情感表现'、'反和谐形式'"③。

关于后现代主义问题,是在 80 年代末和 90 年代初,伴随着"后先锋"、"后新潮"、"后新时期"等一起提出的,大抵是指文学和文化实践中有别于现代主义的某种现象或趋向。但对于要不要采用后现代主义的理论形态来诠释这种现象或趋向,却存在着一些绝不相同的意见。有的论者认为,从 1985 年以来的创作情况来看,文学并没有什么实质性的变化,所谓"中国文学走向现代主义和后现代主义的过程完全具有一哄而上的特色。既没有一步到位,也绝非循序渐进"。并指出,"那种以为文化转型期必然

---

① 郑伯农:《在崛起的声浪面前》,《当代文艺思潮》1983 年第 6 期。
② 邹平:《新时期文学的现代主义渐进》,《文学评论》1987 年第 1 期。
③ 毛崇杰:《现代主义崛起,审美理想沉落》,《文艺研究》1987 年第 1 期。

导致文学变革的说法,同样是一种臆测"①。有的认为,"'后现代主义,是西方文化特有的产物,是描述西方整体文明情境的专门用语。"后现代主义作为一种西方文化思潮确实在中国产生了影响,但"这种影响并不等同于中国社会、中国文化本身已具备的后现代性"②。

与上述观点相反,一些论者撰文指出,从80年代后期和90年代初,中国文学确实有了明显的实质性的变化,对这个时期的一些作品用后现代主义命名是完全可以的。这批后现代主义作品有一些与现代主义不同的审美特征,他们"流露出对包括现代主义在内的传统意识形态和终极价值信仰的彻底崩溃和全面否定",不能不承认这些文学上的新现象、新特征、新存在。"近年我国改革开放,经济上开始起飞,市场经济和商品大潮势不可挡,物质生产和精神生产之间的巨大反差,又为后现代主义的滋生提供了适宜的文化氛围。"③ 有的论者认为,新潮小说与"新写实小说"是后现代主义在中国当代文学中的变体,"它们以其独特的东方和第三世界话语为媒介,为国际性的后现代主义文学运动提供了难得的文本。"④

5. 人文精神问题

在90年代文坛的诸多论争中,围绕着人文精神问题的讨论是涉及面颇宽、影响较大的一场讨论,这不仅得到国内知识界的强有力的回应,在海外学术界也引起了强烈反响。

这场讨论是由人文学界自身发起的。最早的文章是出现于1993年的《上海文学》,王晓明等人以《旷野上的废墟》⑤ 一文而首先发难,继而在1994年的《读书》上,上海和江苏的一些年轻学者以《人文精神寻思录》⑥为总题连续进行讨论。讨论开始在全国展开。讨论大致涉及以下几个问题。

第一,为什么要提出重建人文精神?一是当下文学和文化陷入了严重的危机;二是人文学术界内在生命力的枯竭;三是新的生活要求有新的人

---

① 李庆西:《百无聊赖的"后批评"》,《文汇报》1993年1月16日。
② 贺奕:《不幸的类比:"后现代主义"理论的中国市场》,《当代作家评论》1993年第5期。
③ 朱立元:《关注当代文学中的"后现代"现象》,《文艺理论研究》1993年第2期。
④ 王宁:《后现代主义:从北美走向世界》,《花城》1993年第1期。
⑤ 《上海文学》1993年6月号。
⑥ 《读书》1994年第3—8期,参加者有上海和江苏的一些年轻学者。

文精神的诞生;四是知识分子的自我反省、自救之道、再生之道。如王晓明等人提出:"今天的文学危机是一个触目的标志,不但标志了公众文化的普遍下降,更标志着整整几代人精神素质的持续恶化。文化的危机实际上暴露了当代中国人人文精神的危机,整个社会对文学的冷淡,正从一个侧面证实了,我们已经对发展自己的精神生活丧失了兴趣。"他们举"王朔现象"和"张艺谋现象"为例,认为王朔和张艺谋之走红,正是当前文学和文化危机的反映。①

第二,什么是人文精神?歧义颇多。有认为是属于终极关怀,显示了人的终极价值的一种精神取向;有认为是指知识分子的一种传统道德规范;有认为是指人的一种理想、信仰;有认为是指一种理想的社会文明状态;还有认为它就是人文主义、人道主义的同义词,中心是对人的关怀……而王蒙则指出:"不要企图人为地为人文精神奠定唯一的衡量标尺;不要企图在人文精神和非人文精神中间划出明确无疑的界限,非黑即白,非此即彼;不要以假定的或者引进的人文精神作为取舍的唯一依据。就是说,不要搞精神价值的定于一和排他性。"②

第三,是否可能和如何重建人文精神?有人认为,重建人文精神,不仅是对抗商业社会的平庸与粗鄙,同时也是一种超越体制的努力;有人认为文化建设不能用回避和冷淡来抵制市场经济,而要满腔热忱地投入进去,把人文精神的回归和重建与社会主义市场经济的建立协调一致起来;有人认为今天谈人文精神的建立,不大可能再会是一个普遍性原则,不可能成为人人信服的宗教,也不太可能成为社会新的经世的哲学与价值体系,而可能只是知识分子话语的一个执著世界,一个与当权者无关甚至在目前也可能是与民众没有多大关系的独立存在;有人认为,建立一种新的价值体系实际上是要形成一种新的社会关系的社会制度,这只有依赖于深刻而健康的改革。而王蒙则认为,谈人文精神重建,要尊重和关注现实。他对一

---

① 参见《旷野上的废墟》和《人文精神寻思录》之一、《人文精神寻思录》之二、《人文精神寻思录》之三。
② 参见王蒙《人文精神问题偶感》,《东方》1994 年第 5 期;穆霖霖《"人文精神"讨论述要》,《文艺报》1996 年 3 月 15 日。

批相当优秀的青年评论家大谈人文精神的失落颇感困惑，认为"一个未曾拥有过的东西，怎么可能失落呢？我们可以或者也许应该寻找人文精神，探讨人文精神，努力争取源于欧洲的人文精神与中国的文化传统与实际生活相结合，结出中国式的人文精神之果，却不大可能哀叹人文精神的'失落'"。①

第四，如何评价人文精神的讨论？人文精神的讨论由于中途插入了一些文人之间的意气之争，从而使倡扬者的原初意图未能得以实现，但这场讨论还是有其价值意义的。雷达认为，尽管他对人文精神讨论中的一些观点颇多困惑，但他还是"非常赞赏一些朋友大呼猛进、倡言人文精神的激情，沉闷的文学界太需要振聋发聩的新声了"②。王晓明认为，"讨论的意义正是在讨论中的尖锐过程反映了出来，知识分子内部的深刻分歧在讨论中暴露了，这表明知识分子的精神活力正在恢复，由一种声音向多种声音转变，死气沉沉的知识界学术界'活'起来了，开始表达各种观点"③。

6. 毛泽东文艺思想的评价问题

八九十年代之交，发生一场重要的讨论，即关于毛泽东文艺思想的评价问题的争论。

80年代以来，由于西方哲学文化思想被翻译和介绍进来，文艺理论界几度掀起更新文艺观念、转变研究方法的热潮。这股热潮因受西方哲学文化思想的影响，里面有不少观点是违反历史唯物主义和辩证唯物主义观点，违背马克思主义的。1989年，随着政治领域里的动荡，文艺理论研究中出现了一股重新评价毛泽东文艺思想，否定毛泽东文艺思想，否定社会主义文艺实践，把矛头直接指向马克思主义文艺理论基本原理的错误思潮。

这股思潮概括地说有以下错误观点：（1）把毛泽东文艺思想核心说成是"坚执政治实用功能"，是"庸俗社会学"。有的文章称，毛泽东文艺思想的"内核"，"用一句话概括：就是坚执文艺从属于政治，亦即片面强调

---

① 《人文精神质疑》，《光明日报》1995年7月19日。
② 王蒙：《人文精神问题偶感》，《东方》1994年第5期。
③ 参见《世纪末之争，知识分子与人文精神大讨论》，《今日名流》1995年第12期。

文艺的政治实用功能,而偏偏忘了文艺的本性是审美","以坚执政治实用功能为内核,就决定了它的研究方法势必从朴素认识论走向庸俗社会学"①。(2)把毛泽东文艺思想说成是架在作家头上的"五把刀子"。有的文章说,"'五把刀子'就像一条有序萎缩文艺家的审美机能的流水线,它对艺术的危害是不难想见的。无论是来自延河水畔的红色歌手,还是来自都市租界的文学元老,只要他们还奢望为新中国贡献真正艺术,他们就不得不在这流水线前陷于两难","'五把刀子'确实无一字无来历,句句皆出自《讲话》"②。(3)说《讲话》包含着"民粹主义思想",有"封建意识"。有的文章认为,"从总结历史经验上说,不能否认,就是在这个'讲话'中,包含着毛泽东某些民粹主义思想。它决定了几代作家的生活道路和创作道路,也决定了几十年间文艺作品的层次性。它重新塑造了现代作家的人格,使这种人格失去了现代性和现代意识,而转向农民化、转向传统文化、背离现代文明,以致向某些封建意识认同"③。(4)说《讲话》"开创了中国当代理性文学的时代","理性文学"就是"虚伪文学"、"病夫文学"。有的文章认为,"《讲话》具有划时代的意义,它实际上结束了从五四开始的中国现代感性文学时代,而开创了中国当代理性文学时代。""人们至今尚未从毛泽东铸定的理性文学的铁栅栏中走出来","……理性的文学,统治着僵化的社会和没落的民族。那是病夫的文学,也是病夫民族的鸦片"④。(5)说《讲话》是"圣王模式",是"官本位文学观",由它"操演了一场现代中国的文化荒诞剧"。有的文章说,"无论是五四新文化运动中的全盘性的反传统主义者,或是毛泽东所谓的对文化传统采取'剔除糟粕,吸取精华'的历史唯物主义态度的中国马克思主义者们,他们都自觉地不自觉地陷入了历史的圈套,那就是在打倒传统的精神偶像之后又创造出了新的精神偶像。结果是使儒家文化关于个人优化的理论即圣王模式在现代中国重放'光芒'","如果我们能够对《讲话》效应给以文

---

① 夏中义:《历史无可避讳》,《文学评论》1989 年第 4 期。
② 同上。
③ 万同林:《当代文学:摆脱民粹主义的框范与奴性自缚》,《天津文学》1989 年第 7 期。
④ 谢选骏:《文学的理性和文学的奴性:一个从古到今的鸟瞰》,《书林》1989 年第 5 期。

化心理的剖析，我们将看到传统的社会——政治——文化的结构互动模式与圣学思维方式如何戴着马克思主义的面具操演了一场现代中国的文化荒诞剧"①。（6）全面否定以毛泽东为代表的中国共产党人所领导的中国革命及文化事业。有的文章认为，中国革命不是中国社会政治、经济、文化矛盾的产物，不是阶级矛盾和民族矛盾的必然产物，而是毛泽东个人的"文化人格"的产物，"仇父情结"、"复仇心理"，甚至是"精神分裂"、"走火入魔"的产物。这场革命的性质不是反帝反封建、反官僚资本主义的民族、民主解放运动，而是一场反"五四"精神，与"启蒙理性和民主主义格格不入"，连"稍许一点点'五四'启蒙精神"都没有的"对'五四'的逆转"，是在"封建帮会主义的阶段分析"理论指导下，把中国的封建主义"推向历史极端"的历史过程。②这股反马克思主义、反毛泽东思想的思潮与当时政治上泛滥的资产阶级自由化思潮遥相呼应，彼此相互起了推波助澜的作用。

面对上述错误观点，许多文艺理论批评工作者作了旗帜鲜明的批评与驳斥。有人撰文指出：出现这股错误倾向并不偶然，"它不仅反映近几年学术界蔓延的'无实事求是之意，有哗众取宠之心'的拙劣学风，也反映了社会上资产阶级自由化思潮的明显导向：否定革命传统、否定革命文艺成就，否定马克思主义、毛泽东思想"。文章接着指出，就新中国文艺而言，"文艺从属于政治"命题，确曾限制了文艺创作题材与主题的宽泛性，助长了文艺创作中概念化、公式化倾向的产生乃至恶性发展。但是，毛泽东关于文艺必须为广大人民服务，首先为工农兵服务的观点；关于文艺创作主体必须努力掌握正确世界观，思想感情与人民相通，深入生活，吸取创作源泉并推陈出新，通过典型化创造出比现实更美的文艺作品，以推动人民感奋起来，改造自己环境的观点；关于既要重视文艺创作，也要重视文艺批评，注意开展两条战线的斗争，既要反对思想内容反动而又有艺术性的作品，也要反对只是思想内容好而没有艺术性的作品的观点；关于"百花齐放，百家争鸣"，"古为今用，洋为中用"，反对单纯抄袭前人和洋人

---

① 董朝斌：《达摩克利斯之剑是如何锻就的？》，《书林》1989年第5期。
② 李劼：《毛泽东现象》，《百家》1989年第3期。

的艺术教条主义的观点；关于歌颂光明与揭露黑暗应有正确的立足点，"一切危害人民群众的黑暗势力必须暴露之，一切人民群众的革命斗争必须歌颂之"的观点，等等，经过新中国文学四十年实践的检验，仍然证明是正确的，是发展和繁荣社会主义文艺必须坚持的普遍真理。[①] 还有文章指出，毛泽东提出的文艺"从属于政治"的命题不准确，使他始终没有将它列入文艺的"根本原则"和"基本方针"。《讲话》中，（1）没有将文艺从属于政治列入"问题的中心"。（2）文艺的"根本问题是为什么人的问题"，不是文艺从属于政治的问题。（3）只提了一条"为人民大众的根本原则"。（4）"基本方针"不包括文艺从属于政治的内容。（5）谈文艺从属于政治的前提是"我们的文艺既然是为人民大众的"。（6）"文艺是从属于政治的，但又反转来给予伟大的影响于政治"，上下文讲的是正确认识文艺的重要性问题。这一切证明，毛泽东文艺思想的内核是坚持文艺"为人民大众的根本原则"，首先是为工农兵的。有人利用党中央和文艺工作者一致赞成的"不继续提文艺从属于政治这样的口号"的既定事实，以为只要将毛泽东文艺思想的核心歪曲成为"坚执文艺从属于政治"，就可以轻而易举地将毛泽东文艺思想"总体推倒"，这是极其荒谬的。[②] 许多人撰写的文章[③]，都有力驳斥了完全否定毛泽东的文艺思想，诋毁毛泽东《讲话》以来革命文艺所取得优异成就的种种谬论，澄清了理论是非，充分肯定了毛泽东文艺思想的科学结论，促进了我国社会主义的文艺事业健康发展。

[①] 张炯：《毛泽东与新中国文学》，《文学评论》1989 年第 5 期。
[②] 张国民：《毛泽东文艺思想不容歪曲和诋毁》，《文学评论》1991 年第 1 期。
[③] 当时影响较大的文章还有杨振挥的《无法回避的辩论——关于文艺本质及其他的问题与夏中义同志再商榷》(《文学评论》1989 年第 6 期)；何洛的《是无可避讳还是扭曲》(《北京日报》1989 年 11 月 1 日)；钟荔文的《毛泽东文艺思想不容否定》(《中山大学学报》1989 年第 4 期)、《坚持毛泽东文艺思想的指导地位——座谈会发言》(《文艺理论与批评》1991 年第 1 期) 等。

第四辑

中国文学史的宏观透视

——《中国文学通史》(十二卷本) 总序

《中国文学通史》十二卷本是中国社会科学院文学研究所和少数民族文学研究所的重要学术成果。它是我国将各民族文学和包括台港澳各地区文学都纳入研究视野的文学史著作,参加编写的人员除中国社会科学院相关的研究人员外,还邀请有北京大学、北京师范大学、中央民族大学和福建、广东社会科学院等院校的部分学者。全书从先秦写到当代,规模宏大,篇幅浩繁,资料致力丰富翔实,观点追求科学明晰,为积数代学者的研究成果和学术夙愿而成。为便于读者阅读,现将编写过程的个人若干认识分述于下以为序。

一

我国是世界上拥有璀璨文明的古国之一。我们的先人曾经创造过一代又一代灿烂的文学景观。从上古的神话、传说和原始诗歌,到《诗经》、楚辞和诸子百家的散文,以迄汉唐以后涌现的大量作家作品,无论是乐府、汉赋,还是唐诗、宋词、元曲、明清小说和元、明以来的戏剧,无不名家辈出,佳作连篇,有如峰峦迭现,云蒸霞蔚。近代百多年来,尽管国家民族遭受侵凌,随着仁人志士不断振臂而起,救亡图存的呼声伴随革命的风雷震撼神州大地,文学从古文诸体裁的衰落中也如火中再生的凤凰,以焕然一新的身姿翩翩飞舞,重又呈现蓬勃的生机!中华人民共和国成立以后,随着社会政治、经济、文化和社会都经历空前未有的深刻变革,文学经过新的时代的洗礼和痛苦的蝉蜕,更迎来了新的繁荣。我国是世界上具有几千年连绵不绝的丰富多彩文学传统的少数国家之一，也是多民族的国家之一。历代我国文学的出色成就，都是中华各民族所共同创造的。

　　文学是文化的重要载体，也是传播文化的有力手段。一定时代的文学总生长于一定的社会文化土壤。它是一定社会文化土壤上凝结的人类精神的花朵。迄今考古发掘已经证明，我国文明可以追溯到六七千年前，除了早就认定的黄河文明外，其时辽河流域的红山文化不但有石器、陶器，还有相当规模的祭祀和丧葬文化以及初步的龙形玉器；长江以南还发现了以良渚文化和巴蜀的三星堆文化。良渚文化已发掘出6000年前的城市遗址。西蜀三星堆的青铜器更以其有别于中原的独特造型显示了古代长江上游文化的灿烂。

　　在迄今中华人民共和国的版图内，自古便居住着许多族群部落。他们都以自己的文化创造滋育和发展了中华文明。而作为今天中华民族主体的汉族本身就是历史上许多族群部落逐步融合而成的。最初它是古代生活于中原一带的华夏族。当时华夏族的史籍把活动在他们四方的族群部落分别叫做东夷、南蛮、西戎和北狄。实际上，东夷又细分为鸟夷、莱夷、淮夷，生活在从河北、山东到江苏长江以北的地带；被称为南蛮的民族包含长江以南的越族、苗族、濮族等多种部族；被称为西戎的则涵盖生活在西北和西南的羌、氐和后来被称为回纥、吐蕃等民族；而被称为北狄的则既有东北地区的貊族、肃慎，也有后来的匈奴、鲜卑、突厥、契丹等民族。据考，作为古代华夏族祖先的炎帝和黄帝的部族，前者原是西戎分支的羌族，进入中部地区后，与来自南方的以蚩尤为首领的九黎族不断发生冲突，被迫退到今天河北的涿鹿之野，得到来自西北的黄帝族的帮助，打败了蚩尤，才建立了炎黄的部族联盟。但后来炎帝族又被黄帝族打败。这些部族的子孙在中原、华北地区就逐渐融合为后来的华夏族。在漫长的历史过程中，生存于今天中华大地的古代各族群和民族既互相征战，也互相交融，政治、经济、文化都不断有密切的来往，随着子孙的繁衍，有些民族迁移了，有些民族出现了分支，于是便逐步形成了构成今天中华民族的汉、满、蒙古、回、壮、藏、维吾尔、哈萨克、朝鲜等56个兄弟民族。在漫长的历史过程中，各民族都对中华文化的发展作出自己的贡献，也都为辉煌的中华文学不断增添耀目的光彩。

我国最早的文学典籍之一《诗经》是春秋时代经孔子删选而编成的。作为古代的第一部诗歌总集，其中《国风》的部分便收有周代十五国的民歌，它的产地就超出原华夏族的地区。而我国的第一个伟大的诗人屈原是楚国人。当时楚国被中原华夏视为"南蛮鴃舌之邦"。其族群多属古三苗所处的荆蛮地域，其风俗文化和语言都与中原地区有别。而长江以南曾与楚争雄的吴越，其先民，史载有"断发文身"之俗，与中原民族也有差异。从春秋战国到秦始皇统一中国，实行"书同文"、"车同轨"、"行同伦"，大大促进了中国文化的统一。及至自汉至唐，中经魏晋南北朝，既存在国家疆域不断扩大，汉族统治势力进入其他民族地区的状况，也出现北方和西北各民族纷纷入主中原，原在中原的汉族不断向四方迁移的状况，从而使中华各民族在大疆域内进一步融合。汉唐以来丝绸之路的开辟，不独有政治、经济方面的意义，也带动各民族文化的交流。这样，参与文化交往和文学创作的，就不仅仅限于华夏族或汉族。唐代李氏皇朝建立后，不仅册封内附民族的君长，还任用多民族官员，文化上更有涵纳百川的气概。自唐至清，北方游牧民族在关内相继建立王朝的便有辽（契丹族）、金（女真族）、元（蒙古族）、清（满族）。这些民族与汉族杂居，且有滞留福建、两广、云贵各地的。正是在各族人民分处各地又相互交流和交融的历史背景下，千百年来中华大地的各个族群和民族都创造有丰富的民间口传文学和作家书面文学。汉族作为主体民族固然拥有大量的作家作品，各兄弟少数民族也涌现出许多作家作品。例如，三大英雄史诗——藏族、蒙古族英雄史诗《格萨（斯）尔》[①]、蒙古族英雄史诗《江格尔》、柯尔克孜族英雄史诗《玛纳斯》。此外，南方民族的创世史诗、英雄史诗也很有影响，尤其是新近发现的苗族英雄史诗《亚鲁王》，引起内外广泛的关注；还涌现了像维吾尔族的《福乐智慧》、蒙古族的《蒙古秘史》等许多著名的古典名著以及许多卓有贡献的作家。进入近现代，各民族文坛人才辈出，特别是中华人民共和国成立后的社会主义时期，随着民族平等、民族友爱、团结的真正实现和各民族经济、文化的迅速发展，迄今56个民族差不多都

[①] 此史诗，藏族称为《格萨尔王传》，蒙古族称为《格斯尔王传》，虽同一源流，但在两族口头相承的发展中有某些差异的衍变。

已拥有自己相当数量的作家群。他们以各具民族风采的文学创作，为丰富和发展我国文学作出新的贡献。

当然，由于各民族所处的地域自然环境及其政治、经济、文化、社会发展的差别和不平衡，其中也包含历史上各民族往往处于不平等的地位，在漫长的历史过程中，各民族的文学贡献与影响也有所不同。占我国人口十分之九以上的汉族，由于经济、文化各方面比较发达，对整个中华民族文学的发展有更多的贡献与影响应是自然的。但其他民族也以各自的文化和文学特色丰富了中华民族的精神世界。像藏族、蒙古族、哈萨克族、傣族、苗族、彝族等诸多兄弟民族的史诗创作，便堪称世界文化百花园中的奇葩。如马克思所说："某些有重大意义的艺术形式只有在艺术发展的不发达阶段上才是可能的。"① 因而各民族在其发展的不同历史阶段里，都有难以重复生产的文学艺术佳作成为整个中华民族文学难能可贵的珍品。像藏族史诗《格萨尔》长达百万行，成为世界上最长的史诗。毫无疑问，许多兄弟民族史诗都是中华民族文学的骄傲！无论神话、故事、传说还是歌谣，少数民族都有丰富多彩的作品，在长期流传的过程中还得到精益求精的不断加工，从而也构成中华民族文学的瑰宝！

在中华民族文学发展的历史过程中，各民族文学的相互交流和影响，还使有些文学作品成为多民族的共同创造。例如，盘古开天辟地的神话和洪水的神话在许多民族中都存在。南方有些民族还共有关于盘瓠的传说。北方民族还有以苍狼、大树为祖先的传说。这些神话传说的同中有异。既说明它们有不同的文化谱系和源头，又说明同一文化谱系和源头在后来历史的发展中各有分蘖，而且相互影响。如楚辞对于后来汉赋和其他文学创作的影响就相当明显。鲁迅曾指出，屈原的《离骚》比之《诗经》，"则其言甚长，其思甚幻，其文甚丽，其旨甚明，凭心而言，不遵矩度。……然其影响于后来之文章，乃甚或在三百篇以上"②。汉唐两代气象恢弘，疆域广大，各族文学与艺术的交流更为频繁。新疆维吾尔自治区考古发掘的汉简表明，汉文化在当时已远播西域。《梁书》载："高昌国人言语与中国略

---

① 《〈政治经济学批判〉导言》，《马克思恩格斯选集》第二卷，第118页。
② 《汉文学史纲要·第四篇》。

同，有五经、历代史、诸子集。"① 而西域的杂技、音乐和舞蹈，在汉唐更大量输入中原并被汉族所吸收。南北朝时期北方诸民族纷纷进入中原，建立政权，匈奴、鲜卑、氐、羌、羯等各族统治者都自觉学习先进的汉文化。匈奴刘渊、刘聪国号北汉，刘聪乃至"年十四，究通经史，兼综百家之言，孙吴兵法靡不诵之。工草隶，善属文，著述怀诗百余篇，赋颂五十余篇"②。鲜卑人建立北魏政权后，孝文帝更全面推行汉化的政策。鲜卑人的民歌也因用汉字译文记载而入文学典籍，如著名的《敕勒歌》："敕勒川，阴山下。天似穹庐，笼盖四野。天苍苍，野茫茫，风吹草低见牛羊。"由于北方民族给中原带来游牧文化的影响，北朝文风就变得雄健贞刚；而晋室南迁，大批中原的汉人到了南方各地，受感于新的环境并与当地文化融合，则使南朝文风产生与北朝相异的绮丽柔靡的特色。至于唐代诗人刘禹锡作的"竹枝词"，实借鉴四川巴人的民间歌谣；宋、元以来的杂剧的发展，与进入中原的北方游牧民族喜好带表演的说唱文学有密切关系；藏族和蒙古族之略有差别的《格萨（斯）尔》史诗也证明了有关作品的相互交流和相互影响；近代以来，清代说唱文学的繁荣得益于满、汉等族的共同创造；蒙古族作家尹湛纳希的名作《一层楼》、《泣红亭》受到曹雪芹的《红楼梦》的影响；当代汉族诗人闻捷的长篇叙事诗《复仇的火焰》借鉴和吸收有哈萨克族民歌，也是显著的例子。而满族作家老舍、蒙古族作家李準、玛拉沁夫等对汉语文学的贡献，更为人们所熟知。老舍乃至被誉为汉语文学的"语言大师"。

　　文学是语言的艺术，而语言又需要文字作为符号才得以书写、保存和传播。上古时代中华各族的语言大体南北分属汉藏语系和阿尔泰语系。此外，还有南岛语系、南亚语系等。其后文字的发展既有象形字，如见于甲骨文的华夏族古文字以及云南地区纳西族东巴文字；还有拼音字，如蒙古族、藏族、维吾尔族的文字。自秦以来，华夏族的象形为主的文字从篆书发展到汉代的隶书，又发展到后来的楷书，汉字逐渐成为多个民族认同的书写文字与传播媒介。而汉语也在多民族的融合中不断获得丰富与发展。

---

① 《梁书·诸夷·高昌传》卷五十四。
② 《晋书》卷一百零二《刘聪载记》。

"五四"新文化运动后,黎锦熙曾提倡注音符号为音标的国语。中华人民共和国成立后由于推广以北方官话为基础、以北京话为规范的普通话,更促进了汉语的广泛应用。如今汉语已成为我国许多民族普遍应用的语言,也成为我国文学中运用最广的语言。但基于民族平等的原则,各兄弟民族同样拥有自己民族的语言和文字的权利,有些民族因为没有创造文字,仍以汉字来书写。在我国当代文学的发展中,多数兄弟民族不但拥有以自己民族语言为媒介的文学,而且拥有以自己民族文字出版的文学作品。但不管用什么文字出版,不同兄弟民族的文学作品作为丰富文化信息的载体,仍然表现出各民族特有的生活内涵、文化风采与精神品格,表现出他们对于文学形式与风格的富于民族特色的创造。正是在这个意义上,历代各民族文学都对我国文学的整体发展作出各自不可替代的独特的贡献。

完整意义上的中国文学史应该是涵盖中华各兄弟民族的文学贡献的文学史,也包括台湾、香港、澳门在内的文学史,而不仅仅是大陆地区的汉族文学史。本书的撰写拟向完整意义的中国文学史做出自己的尝试与努力。台、港、澳地区历来是我国不可分割的一部分。由于历史的原因,近现代以来,这些地区处于与大陆不同的社会制度下,它们的社会文化虽逐渐产生某些特色,但语言文字、风俗习惯、民族心理等许多方面的文化基础,仍然属于中华民族文化的母系。它们的以汉语、汉字为传媒的文学作品,当然也属于中华民族文学的宏大系统。

二

一般来说文学的形态都经历了从不自觉的"前文学"到自觉的文学,从简单形态的文学到繁复形态的文学的发展和演变。在这过程中,文学观念和文学理论也必然或先或后会发生越来越深刻、越来越走向更科学的演化与递嬗。

我国文学的发展,可以说经历了原始共产社会、奴隶社会、封建社会、资本主义有所发展的半封建半殖民地社会和社会主义社会五种社会形态的阶段。但我国各民族由于政治、经济、文化、社会发展的不平衡,他们经历各社会形态的时间并非同步，也并非全部都经历上述的五种形态。事实上20世纪有的民族就从原始共产社会或奴隶社会直接迈进了社会主义社会。而台湾、香港、澳门地区至今仍维持资本主义社会形态。作为社会主义初级阶段，我国今天也还存在多种经济成分。古代著名的文学理论批评家刘勰曾指出："时运交移，质文代变。"① 他很早就看到了文学的内容和形式都随着社会历史的变化而变化。在这历史过程中。不仅文学的社会内容不断有变化与拓展，而且文学的观念和形态都不断嬗变。

在远古时代，人类的意识形态还是混沌的。政治意识、经济意识、宗教意识、哲学意识、历史意识和审美意识往往混杂在一起。古代氏族的酋长既是行政首脑，又是司法长官，还往往兼任祭司与巫祝。这种状况在新中国成立前云南有的少数民族部落中还可以见到。他们的政治、经济活动与文化活动也常常交织在一起。古人发动征战、渔猎或分配俘获物时往往举行祭典和庆祝，巫祝不但讲述神话和历史传说，还载歌载舞。这种状况下，文学活动还未独立分离出来。当时讲述神话和历史传说，或颂唱歌谣，虽然也有审美怡悦功能，但这种功能又并未被强烈地自觉地意识到，而是与政治功能、宗教功能、历史教育功能等融为一体。所以，马克思曾把希腊神话看做是"通过人民的幻想用一种不自觉的艺术方式加工过的自然和社会形式本身"②。只有随着社会生产力的发展和社会分工越来越细以后，自觉的专门性的文学活动和文学意识才可能产生并分离出来。因而现代文学理论家和文学史家便把前此的文学称作"前文学"。

我国古代的文学自然也经历了这种"前文学"阶段。散见我国古籍的许多神话，例如《女娲补天》、《盘古开天地》等，都是年代久远的口传作品，是属于祖先崇拜的一部分。在殷墟发现的甲骨文中既有许多历史记载性的文字，也有祭祀性的文字。《诗经》的《雅》、《颂》部分，像《公刘》、《生民》等诗，就含有神话和历史传说的成分。这类作品也是作为庙堂祭典载歌载舞之用的。楚辞中像屈原加工的《九歌》便多属民间祭祀的乐歌。春秋战国时代的诸子散文和《左传》、《国语》、《战国策》等主要都

---

① 《文心雕龙·时序篇》。
② 《〈政治经济学批判〉导言》，《马克思恩格斯选集》第二卷，第113页。

属政治、伦理、哲学或历史著作，但已有较高的文学价值。它们在很长历史阶段内一直都被视为文学。可见古代的文学观念很宽泛，与今天我们以审美为主要本质特征的文学观念有很大差异。按照今天的观念。神话传说虽可属审美性的文学，而政治、道德伦理或哲学、历史著作，除非具有丰富的形象描写，一般都难以再承认是文学了。汉代曾把学术著作视为"文学"，而别称文学性的著作为"文章"。魏晋时代可以说是向自觉的审美意识的文学转变的重要时代。曹丕的《典论·论文》所论的文章虽仍然包括奏议、书论、铭诔、诗赋等，但他毕竟指出了"诗赋欲丽"的特征。而后陆机《文赋》、刘勰《文心雕龙》、钟嵘《诗品》等相继而出，都越来越深致地对文学的审美特征和创作思维的形象特点进行了探讨。《昭明文选》序也指示："综缉辞采"，"错比文华"，"事出于沉思，义归乎翰藻"。他们的论述对后人文学观念重在审美的嬗变起了先驱的作用。陆机《文赋》所论虽广泛，但谈及创作思维和灵感时指出："其始也，皆收视反听，耽思旁讯，精骛八极，心游万仞。其致也，情曈昽而弥鲜，物昭晰而互进。"乃至能够"观古今于须臾，抚四海于一瞬"。他的确抓住了文学审美性的基本特点，即借助形象思维来传情达意。刘勰《文心雕龙·神思篇》也说："文之思也，其神远矣。故寂然凝虑，思接千载，悄焉动容，视通万里。吟咏之间，吐纳珠玉之声。眉睫之前，卷舒风云之色。"他还指出在这种思维中"神与物游"，乃至"登山则情满于山，观海则意溢于海"。钟嵘《诗品》对于诗歌作为审美文学的特征尤有精到的论述。他把诗的创作过程概括为"气之动物，物之感人，故摇荡性情，形诸舞咏"，把诗的表现对象看做是"照烛三才，晖丽万有"，把诗的作用夸张为"灵祇待之以致飨，幽微藉之以昭告"，并认为"动天地，感鬼神，莫近于诗"。这些文论家的著作都重视词采，并将情、意、象三者统一，统视为文学具有审美魅力的特征，这实在是认识上的一大飞跃。上述主张不但促使后人把学术与文学分开，也把文与笔分开，并且广泛影响到此后作家对于审美文学的自觉创作。远在一千多年前我国文论家对文学的审美特征即有如此鞭辟入里的理论认识，应该说是十分难能可贵的。

不过，也许由于历史传统的惰性，后来仍有许多文论家继续把不具形象性审美特征的文章也划入文学，即如陆机、刘勰论及文体时也兼及传统的众多文章品类。这种影响一直延续到清代。严格现代意义上的审美文学观念的完全确立，则是近百年受到西方文学理论观念影响后经过新旧文学观念的激烈斗争才逐渐完成的。在20世纪先后出版的中国文学史著作中，人们不难看到从宽泛的文学观念到具有审美自觉的文学观念终于确立的过程。这方面，"五四"新文学运动的崛起和西方近现代文论的译介与传播，起着重要的作用。新文学作家更以自己越来越丰富的创作，为新观念的文学奠定了坚实而广阔的基础。

鉴于我国文学发展的上述具体情况，贯穿古今的文学通史的描述，便不能不顾及古代的文学观念，而不能按照今天严格的科学分类意义上现代文学观念去划定文学的范围。进入对20世纪文学的论述，则范围便越来越严格。本书各编所论的文学，大体反映了我国文学观念和理论发展的历史过程，这是需要提请读者注意的。

三

文学的文体也有漫长的发展过程。就文学本身而言，先民的口头文学创作自然早于书面文学。关于文学的起源有劳动说、游戏说、娱神说，等等，各有各的道理。全面地考虑，文学的起源应是多种原因契合的结果。远古口头文学中的歌谣和神话传说，就孕育了韵文与散文、歌唱与叙事的分野。而口传文学的歌唱和叙事都带有一定表演性，所以，其中也实际孕育了后来戏剧的萌芽。迄今文学所发展的四大门类中，诗歌、散文、小说、戏剧在我国都有悠长的历史。

上古歌谣的原始语言形态已不可考。相传黄帝时代所作的《弹歌》："断竹，续竹，飞土，逐宍（古'肉'字）"。虽是后人记载的文字，但可以看出它不但富有节奏，而且押韵。《诗经》中所收的歌谣，多属四言，间也有杂以三言、五言和六言的，节奏与韵律都很强，是能够唱的。楚辞则多四言、五言、七言，宋玉的《九辩》更有多达九言、十言、十一言的，也都押韵。后来的汉乐府多为五言诗，间也杂有三、四、六、七言，虽押韵，却见出相当自由度。汉赋虽也富有节律，但它长于铺陈，所谓"铺采摛文"、"侈丽闳衍"，故一般被视为文类。只有抒情小赋，则较近乎诗。

　　诗之始，源出于原始民歌。历代文人诗的发展，也多得益于从民歌吸取营养。南北朝时期，南北民歌都颇多佳作。南朝沈约长于音律，首倡"四声八病"之说，从而促进了唐代五七言律诗绝句的完成。当然，唐代除了近体诗，仍有人作古体诗。中唐又从民歌兴起竹枝词、长短句，成为后来宋词大发展的滥觞。宋词元曲可谓一种新的诗体。由于与音乐和唱紧密结合，更为讲究音韵和声律，且分为不同的词牌和曲牌。而自宋至于元、明、清，乃至20世纪以来，古体诗、近体诗和词、曲都不断有人创作。中国古代的诗歌由于汉字的特点，一般都句式整齐，能够吟唱，与音乐结合得十分紧密。但因此，长而久之便容易形成僵化的模式，到了明清以来不免缺少新鲜的活力，也难以适应人类精神世界日益丰富复杂和现代语言词汇大量增加、语法更趋细密的走向。所以晚清之际，梁启超、黄遵宪、夏曾佑等倡导"诗界革命"，提出"吾手写吾口"的主张。应该说这是"五四"新文学运动兴起白话诗的先声。自"五四"迄今的新诗在用白话写诗方面做了各种各样的试验与探索，虽不是都很成功，但应该说成绩是主要的。特别是新中国成立以后，许多诗人发扬古典诗歌讲究意境、音韵和排比、对仗的传统，并向民歌和外国诗歌的长处多方借鉴与学习，使新诗可诵可唱，在走向民族化大众化方面做出踏踏实实的成果，产生了大批脍炙人口的佳作。就诗体而言，出现了民歌体、自由体和新格律体，后者便有四行体、八行体、九行体、十四行体以及楼梯体，等等。就表现的内容及吟唱方式而言，又分抒情诗、叙事诗。前者还细分为生活抒情诗与政治抒情诗；后者又分短篇叙事诗与长篇叙事诗。依题材还分颂歌、爱情诗、哲理诗、山水诗、讽刺诗，等等。诗与散文交叉嫁接的还有散文诗。今天，虽然新诗构成诗坛的主流，但不同诗体的旧体诗仍然有相当数量的作者与读者，与新诗构成一正一副，双水分流的格局。

　　散文的源头可以追溯到《尚书》中的纪事文，如《盘庚》。由于今天的散文已涵盖抒情、叙事的散文和游记、传记、政论、杂文、小品等多种文类，所以它在我国文学中向来也是大宗。清人所选的《古文观止》，反映的大体就是前此人们的散文观念。从审美特征的严格眼光看，其中有不少是缺乏审美所必备的形象性的。不过，从传统的文学眼光，先秦的诸子散文和《左传》、《国语》以及后来的《史记》也都被看做散文。20世纪的许多文学史著作多沿袭这种眼光。这从追溯散文发展的历程来看，应是必需的。或谓散文的特征就在于散，信笔由之，行其所当行，止其所当止。要言之，散文区别于韵文者，除了内容的包罗万象外，形式上它应更无所拘束。更接近意识与口语的自由流动性。六朝以来的骈文虽有整齐对称的句式与节律，也称韵文，但长于描绘与叙事，于今文学史家往往也以文视之。而唐代韩愈、柳宗元等倡导的古文运动，反对的正是形式过于限制且一般华而不实的骈文。历代散文都有大量作家创作。明清之际小品文特别发达。"五四"新文学运动以来，新体白话散文无论在大陆，或在港、澳、台等地都有很大的成就，品种也更加丰富。例如出现了鲁迅等许多作家笔下的杂文，出现了如今相当流行的随笔、速写与报告文学，还出现了讽刺小品与知识性的科学小品，等等。新中国成立后，在20世纪五六十年代和80年代以来，散文更有两次较大的发展，散文的题材、形式和风格都更加丰富多彩了。

戏剧的产生在我国大约与古代的俳优有较直接的关系。他们以兼说、唱的表演来逗乐观众。到唐代发展为参军戏，其说唱表演已有情节。至宋杂剧、金院本、宋元南戏和元杂剧兴起，戏剧的发展更臻成熟，经历明代的传奇，戏曲角色更多，有所谓生、旦、净、末、丑等。表演和唱腔都有一定程式而又丰富多彩。明中叶以来，传奇戏曲中的昆腔（昆曲）盛极一时。实际上各地的地方戏曲，如秦腔、弋阳腔、皮黄、梆子腔、闽剧、粤剧、川剧、楚剧等，也于近几百年间发展起来。有些地区还有戴面具的傩戏，而藏族的藏戏也戴有面具。至清代乾隆末年安徽的徽班进京，吸收了其他剧种的某些长处，形成了京剧。我国的传统戏曲往往都是说、唱、歌、舞相结合，并在乐器伴奏下演出的。21世纪初，由于中西文化的交流渐繁，西方的戏剧形式如话剧、歌剧也先后引入。至此，我国舞台上各种剧种更争奇斗艳。传统戏曲与现代话剧、歌剧在近几十年来都有发展。新中国成立后更大力推进传统戏曲的革新，除改编传统剧目外，还新编不少现代剧目。60年代继京剧现代剧目大会演，更推出所谓"革命样板戏"。地方戏曲一段时间里曾实际停演，但"文化大革命"后又都迅速复苏，显示了它的强大生命力。戏剧在其历史发展中，文学剧本的大批产生大致始于元杂剧。那时关汉卿、王实甫等作家创作了大批剧本。戏剧文学才算真正被奠定了基础。后来的戏曲也多有剧本。现代话剧作为新文学的一种重要体裁，更是作家辈出，涌现许多佳作，成为纯文学中被读者重视和欢迎的文本。新歌剧从20世纪40年代起也陆续推出不少作品，在读者和观众中逐渐扩大了自己的影响。三四十年代还盛行过活报剧和秧歌剧。随着现代电影和电视的发展，这方面的剧作也迅速增多。由于借鉴西方的戏剧理论，我国戏剧家也把历来戏剧中性质不同的作品分类为悲剧、喜剧与正剧，按内容的长短又分为独幕剧与多幕剧以及戏剧小品等。

我国小说作为叙事文学的重要体裁，其叙事技巧可以追溯到古代的神话、传说和史传文学。古人认为小说始于"街谈巷议，道听途说者之所造"。在我国传统的文学观念中，小说向被轻视。班固《汉书·艺文志》所载《诸子略》分为十家，小说家忝为末流，记有十五种书，凡一千三百八十篇。可惜其作品全部散佚。鲁迅所著《中国小说史略》认为，"惟据班固注，则诸书大抵或托古人，或记古事，托人者似子而浅薄，记事者近史而悠谬者也"。迄今能见到的作品，可视为小说雏形的，除汉以前的《穆天子传》，当推魏晋南北朝时期由文人记录加工的民间故事传说与历史轶闻，如以干宝的《搜神记》为代表的志怪小说和以刘义庆的《世说新语》为代表的志人小说。小说的要素虽不离人物故事，而要义则在于叙述。唐人传奇在通过引人入胜的故事情节的描述来展现人物的完整性格与命运方面，大大发展了小说的技巧。因此有些小说史家认为只有到唐传奇才是小说的真正开始。而唐代变文的说书人在讲述佛教故事上既丰富了叙事的技巧，又有接近口语的讲唱，实为后来宋代的话本小说开了先河。小说的兴起与城市的发展和市民阶层的产生有相当关系。宋代勾栏瓦舍出现的说书人，其听众也都属市井细民。说书人往往就是话本的作者并用口语讲述。这与唐代传奇出自文人的典雅手笔并主要供文人阅读有很大差异。话本大多是短篇，后来为吸引听众，逐渐发展了章回体的长篇，题材也进一步扩大，有讲史、公案、脂粉、朴刀赶棒等。小说走向成熟的高峰是明代和清代。我国四大古典小说名著《三国演义》、《水浒传》、《西游记》、《红楼梦》等鸿篇巨制，都出现于这期间。彼时短篇小说也很发达，收在"三言二拍"等书中的作品即可为证。《聊斋志异》这样的文言佳篇也出现于清代。明清之际创作的各种长篇小说不下数百部。19世纪末梁启超首倡"小说界革命",极力宣扬小说的社会功用,乃至提出"欲新一国之民,不可不先新一国之小说"①。从此兴起小说创作为社会改革服务的热潮。如晚清的谴责小说、社会乌托邦小说。辛亥革命后由于革命实际失败的社会状况,又有黑幕小说和鸳鸯蝴蝶派小说的流行。"五四"新文学运动则不仅使我国小说的内容大大改观和扩大,而且运用白话,向着世界现代小说的丰富形态迅行。不到百年间,微型小说、短篇小说、中篇小说和长篇小说都有极大发展。就题材而言,出现了社会问题小说、言情小说、政治小说、军事小说、道德伦理小说以及心理小说、推理小说、科学幻想小说、玄幻武侠小说,等等。小说的叙述视角和方式也不断有新的开拓,小说文体不但有传统的章回体与新体之别,而且有书信体、日记体、对话体等诸多体式,叙事人称也有第一人称、第二人称、第三人称、交叉人称的区分。小说的叙述语言更有富有个性化的种种探索。

文学各种文体的演变,固有文学自身的发展规律所致,深究更有社会历史文化发展的因由。文体由单纯到繁复的发展,跟人类社会实践与思维情感、语言符号的不断丰富分不开。随着人类文明的不断进步,不仅人们的思维情感更为复杂和细腻,语法更加细密,词汇与文字也不断增多,而且随着社会实践的不断拓展,人们的审美视野也不断扩大,文学作为审美意识集中体现的一种艺术,它把握世界的创作题材也越来越广阔。这也自然地要求文学文体有多品类的发展。我国文学不同文体形态的嬗变,大体上也是体现了上述规律的。

四

古人概括我国的历史有所谓"天下合久必分,分久必合"的说法。实际上中国历史是合的时间长,分的时间短。夏代传世四百多年,商代传世五百多年,周有天下八百年,汉有天下四百年,唐、宋、明、清的统一也都有二三百年不等。正是这种长期统一的局面使得中华民族得以生养

---

① 《论小说与群治之关系》。

蕃息于广阔的疆域,形成具有统一的政治、经济、文化和社会特征的共同体,不但能从衰败中不断崛起,而且变得越来越强大。世界上一些古老的文明大多衰落了。唯独中华文明经历数千年始终巍然屹立于世界。这不能不是一个奇迹!这个奇迹的创造,除有深刻的政治、经济和文化、社会的原因外,跟中华民族具有的强大精神凝聚力也分不开。而中国文学的内涵与形式在促进中华民族精神凝聚力的形成上正起着十分重要的作用。反过来,中华民族的强大精神凝聚力也支撑着中国文学不断焕发出旺盛的生命。

中国的封建社会之所以能够长期维系统一,造成分裂的局面一般都较短,其根本原因应是与我国封建社会实际发展的特点有关。封建社会虽然在农村维持一种自给自足的自然经济,但我国自殷商奴隶制时代起,工商业便比较发达。迄今在黄河、长江流域和长城内外都发掘出大量青铜器就足以证明。春秋战国时代铁器的发明,更大大促进了生产力的发展和工商业城市的繁荣。《战国策·齐策》记载当时齐国的临淄商贾云集,"其民无不吹竽鼓瑟、击筑弹琴、斗鸡走犬……临淄之途,车毂击,人肩摩,连衽成帷,举袂成幕,挥汗成雨,家敦而富,志高而扬"。秦始皇建都咸阳,宫室连绵数百里,其繁华富丽更远胜于临淄。秦始皇墓兵马俑的发掘,就能令人想见当时帝王拥有财富与工匠之多。封建时代中央集权的君主不仅从政治上宣布"普天之下,莫非王土,率土之滨,莫非王臣",而且控制工商业,对盐铁之类长期实行专卖,依靠经济、文化、交通都十分发达的大城市,对全国进行统治。正是工商业的发达以及财富的积累和文化的昌盛,也吸引周边兄弟民族频繁交往和认同。应该说,民族共同体的形成,首先得益于政治、经济、文化共同体的形成。而文学对于促进民族共同文化的形成则起着无可估量的作用。

作为社会审美意识形态的文学,它不独反映一定社会的政治和经济所制约的现实生活,而且它也是丰富文化信息的载体,表现特定时代人们的精神状态。文学并非纯粹的审美形式。文学作品总在不同程度上反映出特定社会的政治、法律、道德、宗教、哲学、美学的观念和情感意趣。我国文学在其发展历程中,有两个突出的特点都有助于促进和巩固民族的共同文化和精神凝聚力:

第一，我国文学历来重视思想性，重视自身对于社会的多种教化与陶冶功能。

崇尚自然与祖先，把它们神异化，这大概是原始人类共有的状态。我国从春秋战国以来，诸子并出，百家竞起，其后经汉代"罢黜百家，独尊儒术"。孔子、孟子等所创的儒家学说就一直成为超稳定的社会意识形态。而老庄的道家学说也一直拥有相当的影响。在唐代，道家甚至被统治者崇奉为至尊。东汉以来从西域传来的佛教教义，也不断获得广泛的信徒。以提倡入世的儒学为主和以寄托于出世与来世的道、释为辅，三教互相渗透，构成了两千多年中国人奇特的心灵世界，使人们得意时沿着封建社会的等级与秩序努力奋斗，失意时又能藏身于超脱功名利禄的精神家园，逆来顺受，怡然自得，憧憬于虚无缥缈的世外或来世。正是这种意识形态有效地维系着封建社会长期的统治。我国文学的发展中，人们不难看到上述儒、道、释三家的强大精神影响。而且近代以前，文学传播一般也越不出三家思想的体系。自孔子以降，中国文学就十分重视思想性。古人提倡的"诗言志"、"文以载道"，所言的"志"与"道"主要就是儒、道、释三家，特别是儒家的思想。在统治阶级强大控制与影响下的文人文学领域尤其如此。

当然，这三家学说都含有封建性的糟粕，道、释更有落后的迷信、愚民成分。但三家又都有一定的博爱精神与民主性。如儒家的"仁义"思想、"民为贵"思想；道家的师法自然、疏狂个性的旷达思想与对社会不平的愤世嫉俗思想；佛家的慈悲为怀、超度众生的思想等。这些思想在一定历史阶段对人类的发展也还是有一定的积极意义。特别是儒家的"修身，齐家，治国。平天下"的理想，从个人做起，而目标却指向了家国与天下，所谓"国家兴亡，匹夫有责"，这种集群利益高于一切的东方集体主义，更是中华民族文化和精神凝聚力的牢固基石。杜甫的"安得广厦千万间，大庇天下寒士俱欢颜"的理想，范仲淹的"先天下之忧而忧，后天之下乐而乐"的宏愿，都是上述儒家思想的进一步发扬。佛家思想对藏族、蒙古族影响尤深。而伊斯兰教义对于回族和维吾尔族等，更被奉为至上。明末以来，从西方传来的基督教思想，特别是其中的博爱精神，对我国文学思想性的扩大，也具有不可轻忽的影响。

列宁关于资产阶级民族存在两种文化的学说，对于解释历史上的阶级社会的文化同样是适用的。在阶级社会里，人民仍然是文化的积极创造者，他们虽然也受统治阶级的意识形态的影响。但他们异于统治阶级的思想、欲望、意志与情感，通过民间文学和某些作家文学也仍然得到一定程度的表现。因而，关心人民的命运，同情人民的疾苦，揭露贫富的对立，抗议残酷的压迫和剥削，追求公平与正义，便成为文学人民性的重要标志。这从《诗经》中的《豳风·七月》、《秦风·黄鸟》、《魏风·伐檀》等诗中都能看得很清楚。屈原的《离骚》的高度思想价值也在它深刻的人民性。可以说，历代都不乏这样的作品。对人民命运与福祉的关注，也就是对构成民族最大集群的关注。这方面文学对强化民族精神凝聚力的作用，同样不容忽视。而马克思主义的传播，全心全意为人民服务思想的崇尚和社会主义理想的确立，更把我国文学的思想性提到新的高度。

我国文学对于思想性的重视，是与人们对文学的广泛社会功能的认识分不开的。孔子论诗，便认为"诗，可以兴，可以观，可以群，可以怨。迩之事父，远之事君，多识于鸟兽草木之名"[①]。《毛诗序》更认为诗能够"经夫妇，成孝敬，厚人伦，美教化，移风俗。"差不多把文艺的政治作用、认识作用和道德伦理的思想教育作用都说到了。"为艺术而艺术"的唯美主义观点所以在我国始终未能获得广泛信从，不是没有深刻的历史传统原因的。

正由于我国文学十分重视思想性，重视自身的广泛的社会教育功能，才使它在历史的漫长发展过程中始终起着促进和巩固民族共同文化和提升人们思想品质与精神凝聚力的作用。

第二，我国文学中大多数兄弟民族通用的语言文字——汉字符号也有助于促进民族精神的认同。

人类不仅是社会的动物，还是运用和依赖于符号的动物。而语符的统一，在形成民族共同文化和精神凝聚力方面的巨大作用也不能轻视。象形表意的汉字作为文学的传媒，这种文字本身就具有一种形态的美。它非但有双声叠韵，排比对仗，音调铿锵等优点，而且形意相通，乃至言有尽而

[①] 《论语·阳货》。

意无穷。与拼音文字必须与口语相一致不同，它的象征性使自己有可能成为多种民族语言和多种地方方言的共有符号。汉字的这种特点，使得古代与口语相脱离的文言文，即古文有可能产生与发展。尽管它在表意上有难达细密的缺陷，然而却有精练简洁的长处。在古代书写印刷条件不发达的情况下，文言文相对比较利于传播。因此汉字的广泛运用，正是促进中华各民族减少交流隔膜，加强共同文化和精神凝聚力的积极的因素。在中华民族形成的历史过程中，汉字之所以能在越来越广的范围被许多兄弟民族所共用，乃至传播到东方别的国家，与它以象形表意为主的特点是分不开的。当然，藏族、蒙古族、维吾尔族等采用的拼音文字也有它的优长之处。今天中华各兄弟民族在祖国大家庭里享有平等的权利，包括使用自己民族语言与文字的权利。但由于历史的原因和汉字自身具有的一定优越性，它逐渐成为大多数兄弟民族所熟悉、所广泛使用的语言符号，则是事实。

五

　　从本质上说，任何文学艺术作为人类的审美创造，都是主观与客观相统一的产物。虽然意识总是存在的反映，但客观存在毕竟要通过人的主观，才能在艺术作品中得到某种程度的体现。不过，在艺术创造实践中，作为创造主体的艺术家常有两种倾向：一种是从偏于对现实的模仿中获得快感；另一种是从偏于对自我思想、情感、幻想的表现中获得快感。两种状况都有艺术形式的创造问题。形式的独特而完美的创造，固与现实的启示有关，乃至直接从现实形式的提炼而得，而这种创造，也能使人获得一定的审美愉悦。在文学艺术的发展中，形式虽然可以独立地加以研究，但在具体作品中，形式又总是从属于内容的。它总是一定作品内容的形式；当然，内容也总是一定作品形式的内容。即使有努力追求形式创造的艺术家，其作品仍然可以有偏于再现型或偏于表现型的区别。

　　上述不同艺术思维的类型也可以视为不同的艺术创作方法。从文学史上看，主张按照现实生活本来面目来描写的现实主义或自然主义创作方法，就属于再现型；而主张按照生活应该有的或不曾有的样子来描写的浪漫主义或表现主义创作方法则属于表现型。当然，在漫长历史的复杂过程中，艺术创作方法的具体表现要比两种类型更为多样，也存在介乎两者之间或被称为两者不同程度结合的作品。

就我国文学而言，可以说现实主义与浪漫主义是主要的创作潮流。现实主义之所以区分于自然主义，是因为它不仅在表现上按照生活本来的样子去描写，而且它追求一种典型的概括。上古神话虽有一定的现实根据，但它也是借助于想象和幻想以征服自然力的作品，就其主要倾向来说，应该属于浪漫主义或至少是现实主义与浪漫主义一定程度的结合。而《诗经》中的大量作品多可归入现实主义。屈原的《离骚》、《九歌》、《天问》等则主要属于浪漫主义。它们对于后来的文学发展都影响至大。受到纪实史传文学影响的小说多沿着现实主义的创作轨迹；而受到神话影响的小说则往往追随浪漫主义的传奇色彩。我国社会公众长期受到儒、道、释三家的影响。儒家求实，倡入世，反对"怪力乱神。"而道、释两家却倡神鬼仙佛，尚虚幻的世外或来世。受儒家入世思想影响大的作家多在创作中采取现实主义的态度与方法；而受道、释两家出世思想影响大的作家则多采取浪漫主义或表现主义的态度和方法。唐代诗人中，这种分野较为明显。杜甫的"三吏"、"三别"描绘战争的离乱，堪称现实主义的代表作。白居易的"惟歌生民病，愿得天子知"的态度也接近现实主义，所以他能写出《秦中吟》、《卖炭翁》这样的作品。而李白受道家思想影响明显，激情洋溢，笔之所至，汪洋恣肆，想象瑰奇丰富，其诗富浪漫主义的特征。后来的李贺被人称为"鬼才"，其想象之诡奇阴冷，荒诞不经，也近浪漫主义或表现主义。但历史上许多诗人的具体创作，常常既有现实主义之作，也有浪漫主义之作，或者两者有所互渗的。即如唐之李白、杜甫，宋之苏轼、辛弃疾等大家也如此。戏剧、小说中的情形大体类似。如果说王实甫的《西厢记》属现实主义，汤显祖的《牡丹亭》则呈浪漫主义。曹雪芹的《红楼梦》和吴敬梓的《儒林外史》主要是现实主义，吴承恩的《西游记》和李汝珍的《镜花缘》则主要是浪漫主义。至于《三国演义》、《水浒传》这样既具史实根据，又有许多幻想和夸张，强烈表现作者思想倾向的作品，可否说它们体现了现实主义与浪漫主义不同程度的结合呢？晚清的谴责小说似可看做现实主义兼受自然主义影响的变种；而梁启超、陈天华尝试的未来乌托邦小说就纯是浪漫主义、表现主义的想象。"五四"新文学运动以来，就创作的主要倾向而言，鲁迅被认为是现实主义大师，郭沫若被奉为浪漫主义的代表。但细而论之，鲁迅的《野草》和《故事新编》便有鲜明的表现主义、现代主义倾向。而郭沫若的许多自传体作品虽不乏激情与理想，当然又有别于浪漫主义。20世纪30年代以来，苏联提倡社会主义现实主义，主张将革命浪漫主义作为它的有机组成部分；新中国成立后，1958年毛泽东提出"革命现实主义和革命浪漫主义相结合"的口号，也立意于使文学既源于现实又高于现实，追求作品饱含社会未来合乎规律性发展的理想。尽管创作实践存在许多问题，但也不无一些成功的经验。80年代后，虽引进现代主义和后现代主义的流风，涌现了许多表现主义倾向强烈的先锋派作品，可是，文坛上的主流仍然是现实主义。

在20世纪世界文学的发展中，现代主义作为一种创作潮流不容忽视。它虽然作为现实主义和浪漫主义的反叛出现于文坛，但在它强烈的自我表现的倾向中也还不同程度地包含对于社会现实的揭露和批判，尽管在艺术形象上更多表现为现实的扭曲、夸张、荒诞，乃至运用完全超现实的、象征的、抽象的笔法。继之而起的后现代主义标榜反传统、反文化，提倡隐蔽创作主体感情的客观的"真实主义"，以及追求语言游戏与拼贴结构，力求消解纯文学与大众文学的区别。然而其具体作品往往表现为现实生活与神话传说幻想的结合。此种创作影响在80年代到90年代我国文学中也已有所见。有的有更多表现主义，而在"新写实"作品中则有更多的自然主义。在诗歌创作中，艺术思维模式多样化的表现尤为明显。然而细加归纳，仍然没有脱离或按现实生活本来的面目来描写、或按想象中应有的样子来描写的这两种基本的方法。应该看到，历史上不同艺术思维模式、不同艺术创作方法自然影响到具体作品的不同艺术特征与风格，也会影响到相应作品的不同社会功能与效应。一般地说，现实主义作品的描写从细节到社会环境、自然环境、人物的性格与行为，都富有生活的动感和历史的认知作用，使读者往往把它当作历史生活的教科书来读，在身临其境中感受到现实生活的真善美和假恶丑。而浪漫主义或表现主义作品则使读者更多领悟到发自心灵底蕴的某种理想的光辉，某种激情的冲击，以及某种奇异形象所唤起的快感。因而艺术创作上，如果要争取"百花齐放"，那么鼓励创作思维与方法的多样化应是明智的。但无论采用什么模式与方法，作家都有必要不断深入社会生活，从而才能获得创作的活跃灵感。毕竟在文学艺术的创作中，只有客观的社会生活才是永远取之不尽、用之不竭的创作源泉。最虚幻的想象、最神奇的幻想，也源于现实生活记忆的综合和重造。

六

我国文学的发展不仅与中华各兄弟民族的贡献分不开，也与中华民族具有开放的胸怀，善于借鉴和吸取其他国家和民族的文学优长分不开。古代尽管交通不发达，世界各国各民族的交往都不能不受到历史条件的限制。但地处东亚的我国各族人民与周边国家的来往还是比较频繁的。特别是汉唐以来，与东亚和西域各国，乃至印度、波斯、罗马，通过陆上和海上的"丝绸之路"，都有来往。近世尽管清代统治者有段时间采取闭关锁国的政策，但明末清初，不少西方传教士来到中国，既把西方的学术文化带到我国，也把我国文化向西方作了介绍。而近百多年来，我国历代有识之士更致力于向西方和其他先进的国家学习。我国文学在这方面得益尤多。在古代，我国文学受到外国影响比较明显的恐怕应该首推佛教自印度传入的浸淫。佛教自东汉传入我国，经魏晋南北朝以迄唐宋，历代都从梵文翻译佛经。其中多有文学色彩，有些就是文学作品。像《遮罗国王经》、《马鸣菩萨》等。印度古代著名史诗《罗摩衍那》的故事，也通过佛经传了进来。这就对我国文学产生了两个方面的影响：一是思想内容方面，佛教的观念和重视来世、普救众生、慈悲为怀以及轮回再世的思想，都逐渐进入我国文学中，不论民间创作或作家创作都受到不同程度的渗透，唐代的变文以及像王维的一些宣扬寂灭思想的诗歌就是突出的例子。变文的产生源于推广佛教的需要，大多均属传扬佛家教义的故事，如《目连变文》、《维摩诘经变文》《降魔变文》等。古代佛教思想的影响更远及后世，《西游记》、《封神演义》乃至《红楼梦》无不有它的深刻印记。佛教中禅宗在我国的创立，禅的观念对我国诗歌美学影响尤为明显。二是艺术形式方面，包括语言音韵、词汇与句式。《高僧传》载，鸠摩罗什说过："天竺国俗，甚重文制，其宫商体韵，以入弦为善。"又说："见佛之仪，以歌叹为贵，经中偈颂，皆其式也。"沈约为诗倡四声，曾受梵文佛经的启示。随着佛经的翻译，有许多梵语词汇被汉语所吸收。而应俗讲需要的变文体式，为可唱的韵文和可讲的散文相结合。这种讲究音韵的亦歌亦讲的叙事形式，当与鸠摩罗什所说的印度的影响不为无关。它对后来我国的说唱文学如弹词、宝卷、子弟书以及戏曲的发展都提供了某些借鉴。

迨至近代，海禁日开，欧美和日本文学的影响，随着大规模翻译这些国家的作品也日见广泛和深远。自20世纪70年代后我国即陆续向欧美和日本派出留学生。晚清之际，翻译外国小说多达四千零一种。仅林琴南一生经别人讲述而意译的外国小说便有一百八十余种。新文学大师如鲁迅、郭沫若等也都翻译了许多作品。鲁迅曾承认他的创作受到俄国作家果戈理的影响。而在郭沫若的狂飙般的诗作中，也不难找到歌德、拜伦、雪莱、惠特曼等的浪漫主义诗风。迄今不到百年间，世界各国的主要文学名著在我国差不多都有了译本。正因此，我国作家才有可能广泛学习和借鉴世界各国的文学，从而使诗歌、散文、小说、戏剧迅速扩展了题材、主题、形式与风格，并大大丰富了我国文学的体裁、样式，使各种文学品类都具备了世界文学的现代形态。今天，可以这样说，当代世界所涌现的文学观念和文学潮流，在我国都有它的回响；当代世界所具有的文学样式、文学技巧，我国作家也无不加以探索和尝试。而更重要的是，由于广泛地借鉴和吸取，我国作家才有可能不断创作出具有现代文学水平而又富有民族风格特色的作品。

当然，在各国各民族的交往中，文学的影响也是相互的。我国由于文明悠久，文学典籍丰富，也有许多作品被翻译到外国去。汉唐以来，朝鲜、越南、日本等东亚国家都有许多我国文学的原本与译本，从而对这些国家文学的发展产生过积极而久远的影响。唐代日本曾多次派大批留学生来中国。此后，日本多代皇室和幕府将军都竭力收集中国书籍，包括中国文学作品。至今这些东亚国家的图书馆还保藏有大量中国文学古籍以及这些国家的文学家历代用汉文创作的诗文。17世纪以来，经过西方传教士的翻译，西欧北美的一些主要国家也开始出版我国文学作品的译本，使这些国家的读者有可能阅读与借鉴。例如1626年法国人金尼阁就把《诗》、《书》、《礼》、《易》、《春秋》五经译成拉丁文。18世纪西方报刊上便刊登了《诗经》的译文。我国的杂剧《赵氏孤儿》和明清时代的一些小说也被译到西欧。著名的法国作家伏尔泰和德国作家歌德还尝试对《赵氏孤儿》进行改编。歌德还受到清代小说《花笺记》和《玉娇李》的启迪,创作了组诗《中德四季晨昏杂咏》。随着我国外流书籍的不断增多,以至今天我国文学的有些孤本、珍本甚至要到东京、伦敦、巴黎、华盛顿和圣彼得堡的图书馆去找。至于20世纪以来,我国文学作品被译到外国的就更多。20世纪20年代下半期在老舍的协助下,克利里特·艾支顿曾将《金瓶梅》译成英文,于1939年在英国出版。30年代美国作家赛珍珠也将《水浒传》译成英文。新中国成立后,我国古典文学作品如《诗经》、《离骚》以及唐诗宋词元曲的选本和《三国演义》、《西游记》、《金瓶梅》、《红楼梦》等,都先后被译成英、法、德、俄、日等多国文字出版。鲁迅、郭沫若、茅盾、老舍、巴金、曹禺、丁玲、艾青以及王蒙、张洁、铁凝、王安忆、莫言、贾平凹等现当代作家的作品也先后被译成二三十个国家的文字。从而使我国文学的影响大步走向世界。

七

文学史的编写无法回避文学史观念、方法论和历史分期问题。当今世界存在着多种多样的史学观念和治史方法。有一种观点认为,历史的文本与历史的本体是两回事,历史文本永远无法再现历史本体,每个历史学家都只能根据自己所理解的材料去建构和描述历史。这种观点不能说没有道理。但历史毕竟不是每人都可以随意加以打扮的小姑娘。历史作为一种客观的存在,应是可以认知的。历史科学的任务就在于要从大量的甚至彼此矛盾的叙述中去清理真正存在过的历史事实,分析彼此间复杂的种种因果关系与规律,给予各种历史现象和历史运动以符合自身历史作用的评价。我们认为,文学史的任务也在于客观地叙述文学发展的历史过程,恰当地评价作家作品和文学运动、文学现象,并尽可能研究与揭示文学发展的历史特征与规律。而文学作为人类一定历史土壤上萌发的精神花朵,它是社会文化大系统中的一个子系统。它的结构与功能、内容与形式,都不能与一定社会的历史土壤无关。相反,彼此之间存在着十分紧密的息息相关的联系。它不仅与其他艺术如音乐、绘画、舞蹈、建筑、雕塑等相关，而且与一定社会的政治、经济和文化都有彼此相互影响和制约的关系。

我国近似文学史性质的著作可以上溯到《汉书·艺文志》和后来史著中的《文苑传》，但我国学者撰写的描述中国文学发展历史的著作，始于20世纪初林传甲著《中国文学史》。而迄今不到百年间，这方面各种各样的著作已出版一千数百种。其中既有各种观点、各种视角的文学史，也有各种民族、地区的文学史和各种文体的文学史以及各种断代史。

文学史描述的对象自然首先是文学作品，这包括人民口头创作的作品和作家创作的作品。诸多作品的产生才能有作家，才能构成一定的文学现象、文学流派或文学运动。虽然文学运动具有催生作家和作品的作用。而作品虽是某个个人或群体创作的，作品的流行、传播还需要有相应的读者和历史条件。并非任何文学作品产生后都能够传播开来和流行下去，也并非任何作品产生后都具有文学史必须加以描述的价值。只有因自身独创的思想艺术价值而赢得相当广泛的传播度，并且对文学发展产生承前启后作用的作家作品才具有历史的意义。文学史要对在历史上为文学发展作出贡献的作家作品作出论述和评价，并依其贡献与影响的大小，给予相应的地位界定。有许多历史事件都直接或间接影响到文学的发展，这包括社会结构的变革，经济的繁荣与衰敝，战争的胜利与失败，朝代的更迭与民族的迁移，外来的交往与影响，等等。而思想文化、文学理论的变动，也往往会影响到文学发展的某些走向。

文学史如果仅仅描述文学本身便很难讲清历史上文学所以如此发展的来龙去脉，更无法揭示文学发展的客观规律。所以，在文学史的研究中，采用科学的历史观就极为重要。本书作为中国文学通史，要论述各种文体、各种文学现象、文学运动、文学流派以及文学观念、文学理论错综复杂的历史发展过程，自然要力求材料翔实，叙述文学事实客观可靠，而且要使论述不致成为作家作品与种种文学现象的堆砌，并给予它们以恰当的历史评价与定位，揭示出文学发展与社会结构各种因素发展的必然联系。今天要做到这一切，就不能不借助马克思主义的辩证唯物史观以及建立在其基础上的文艺理论。可以说，迄今为止，马克思主义所提供的世界观和方法论仍然是最科学的，在阐释历史方面尤为如此。英国著名学者杰弗里·巴勒克拉夫在《当代史学主要趋势》一书中就指出："马克思主义的影响之所以日益增长，原因就在于人们认为马克思主义提供了合理地排列人类历史复杂事件的使人满意的唯一基础。"他说："即使在马克思主义的反对者中，也很少有历史学家会怀疑聪明睿智的马克思主义对历史研究方法的积极作用及其挑战。"

当然，要正确运用马克思主义的观点、立场和方法并非易事。从马克思主义诞生一个半多世纪以来，人们在运用马克思主义方面有过形形色色的简单化庸俗化的情况。新中国学者在文学史研究领域也并非没有出现过类似的缺憾。但这不能作为我们因此就可以怀疑和离开马克思主义的理由。马克思主义从它诞生起，就一直受到实践的检验，并在实践中不断获得丰富和发展。它的精髓和基本精神是"实事求是"。力求做到"实事求是"，这是本书编撰者所共同努力的方向。

马克思和恩格斯当年都曾经对德国的斐·拉萨尔的剧作《弗朗茨·西金根》进行了实事求是的批评。恩格斯在他给作者的信中说："我是从美学观点和历史观点，以非常高的、即最高的标准来衡量您的作品的。"① 这种文学批评的观点对于我们撰写文学史著作无疑有着巨大的启示意义。文学艺术是人类的美的创造物。对文学艺术作品及其创造主体——作家的评价，自然要重视审美的角度，也自然离不开美学观点；而文学艺术的创造，如上所述，又根系于复杂的社会历史和广泛的文化背景，因而也自然离不开历史观点。当然，文学史作为历史著作，我们要充分尊重文学的史实和社会的史实，也要充分顾及历史上不同时代人们对文学的不同评价标准，寻求对作家作品的能为历代广泛认同的比较合理、科学也比较稳定的公允评价。

中国文学通史的编写既然涉及全国多民族的文学，对作家作品的爱国主义的评价就不能不是一个需要加以慎重研究的重要问题。自有民族国家产生就会有爱国主义。它既是保卫民族生存利益、保卫民族共同家园的一个重要概念，在历史上又与忠于一定君主和王朝的统治利益相联系。我国历史上虽然长期建立了统一的国家，但不同时期也出现过多国分立的局面。

---

① 《马克思恩格斯选集》第四卷，第347页。

既有依不同民族而分立的国家，也有同一民族分立的国家。而民族和国家之间的战争，既有保卫自己的正义战争，也有侵略别人的非正义战争。有些战争推动历史进步，有些战争则造成历史倒退。有些战争带来分裂，有些战争则促进统一。总之，情况相当复杂。既是战争，总会给人民带来痛苦，也带来爱国主义精神的昂扬。有的作家侧重写人民蒙受兵燹的惨痛苦难，有的作家则侧重歌颂保家卫国的英勇战绩。以往的许多历史著作或站在大汉族主义的立场上，或站在某一王朝正统的立场上去处理爱国主义问题，这在实现了中华各民族平等、团结的今天，自然不再合适。今天我们应当站在整个中华民族的立场上来认识历史上发生的各个民族之间的矛盾与战争，以是否有利于中华民族的形成和发展为准绳，以评价前人的功过得失。对各民族文学作品中的爱国主义无疑应当联系具体的历史情况去作不同的评价。一般地说，我们当然不能再保持只尊崇某一民族、某一王朝正统的立场，要承认各民族国家的爱国主义都是正当的，应当歌颂各民族国家保卫自己家园和生存权利的爱国主义精神，并在道义上斥责侵犯他人家园和生存权利的非正义行为。但对于某些民族所发动的侵略性战争所带来的历史进步和中国大统一的客观历史作用，又要实事求是地加以肯定。因为历史上的许多事情都带有二重性。对历史上爱国主义与忠君思想的关系，既要看到彼此的联系，也要看到两者的区别，并根据不同的具体情况去加以分析评价。对封建统治阶级起着历史进步作用的上升期和起着历史反动作用的腐朽期，对忠君思想的评价就应不同。

　　文学史编写中难度最大的是对于文学发展规律的探讨。尽管前人在这方面已做了不少工作，也取得某些方面的进展。但要前进一步，更深入地揭示我国文学发展的规律，确实需要付出艰辛。本书虽也尽量为此做些工作，自知进展有限。只好期待于将来，期待于文学史界更多学者不懈的共同努力。

　　作为社会意识形态的文学。如上所述，随着人类历史的发展，它也处于不断变化的过程。就文学史的撰写而言，文学的历史分期向来是人们所关注，也是颇有歧见的一个重要问题。以往许多文学史著作按历史朝代划分，也是有一定道理的。朝代的更迭必然不同程度地带来社会政治、经济、文化的变动，从而使文学相应地也产生种种或大或小的新的变化。这都是人们所常见的。但文学史毕竟不是政治史或经济史、文化史，也有朝代更迭而社会各方面、包括文学都甚少变化的。因而只按朝代划分，有时便不一定恰当。

那么按文学本身发展的状况来作分期根据又怎么样呢？

文学的发展包括文学观念与文学形态的发展。应该说，文学观念的变化相当缓慢，而文学形态、特别是文体的变化则相对比较快。从我国文学史上看，楚辞、汉赋、唐诗、宋词、元曲以及唐人传奇、宋人话本、元人杂剧、明清长篇小说等，又都大体与朝代的递嬗相联系。至于文学观念，近代以前我国文人向以诗文为文学的正宗，而文类的包罗又极广，虽然其间也出现了小说和戏剧，却往往不受重视。真正从审美特征的角度去衡量文学，并把诗歌、散文、小说、戏剧视为文学的四大门类，涵盖今天包括民间文学与文人文学、俗文学与雅文学、成人文学与儿童文学、虚构文学与纪实文学的所有体裁、样式在内，这种文学观念的转变，则只是近百年间的事。因此，从我国文学发展的实际情况出发，完全按文学观念的变革或文类的出现和文体的演变来作文学史分期的根据，也有一定的困难。而且还要考虑到，任何文体的产生都有个渐进的过程。比如唐代的律诗与绝句，作为五七言诗的形式，一直可以追溯到汉乐府。而宋词虽然成熟和风行于宋代，其先驱却源于唐代。小说、戏剧同样都有漫长的发展过程。事实上很难以某一年代为标志来对文学作截然的历史分期。

考虑到以上的种种情况，本书在历史分期上采取多层次兼顾的办法。即兼顾朝代更迭与文体递嬗，将全书十二卷分为上下两编来论述：

上编为古代文学史，共六卷。即从先秦至清代。论述从原始社会、奴隶社会到封建社会的文学。其间虽不断改朝换代，但夏商两代尚处于"前文学"状态，流传作品较少。而周代以后，社会结构基本处于封建社会的前期、中期和后期。前期和中期均带有更多奴隶制的残余，后期工商业更发达，则出现资本主义的萌芽。各种文体几经递嬗，每个朝代的文学也每有兴衰，唐以后虽然开始涌现若干白话文体，但文学的发展皆以言文分离的古文作为文学主要的文体语符。第一卷从"前文学"论述到秦汉和魏晋南北朝及隋代，即从文学的审美意识不自觉到逐步自觉的时期；第二卷论述从唐和五代的文学，即汉以后封建社会的又一辉煌期和诗歌创作的高峰期；第三卷论述宋辽金文学，即封建时代科学文化的再度辉煌期和文学四大门类基本走向完备的繁荣期；第四卷论述元代文学，着重评介元曲和元杂剧的繁盛期；第五卷论述明代文学，着重评介小说创作的崛起和诗文的变革以及西方新思潮的渗入初期；第六卷论述清代文学，着重介绍诗文的嬗变和戏剧、小说走向繁荣的时期。

下编为近现代文学史，也共六卷。即论述我国从19世纪40年代鸦片战争后沦为半封建半殖民地社会，我国人民不断进行民主革命并取得社会主义革命和建设胜利的历史阶段的文学，也是我国文学从古代向现代转型和过渡的历史阶段的文学，即以言文一致的新文学逐渐成为主体的时期。这阶段我国闭关自守的局面被打破，中西文化的交流和撞击日趋频繁与激烈，从文学观念、文学理论到各种文体的演变和繁衍，都越来越见迅速和深刻，是文学本身告别几千年的传统模式，迈向新时代的革命时期。第一卷论述从鸦片战争到"五四"运动之前的八十年文学，也即论述旧民主主义革命时期旧文学衰落和新文学萌生的历史过程；第二、三卷为论述从"五四"新文学运动至中华人民共和国成立前的文学，也即论述新民主主义革命时期新文学迅猛发展并确立的历史过程。第四、五、六卷则为当代文学史，即论述中华人民共和国成立后的文学，也即我国大陆进入社会主义历史时期的文学史。尽管我国仍处于社会主义社会的初级阶段，但社会主义毕竟是人类历史发展的崭新的阶段，是人类从阶级压迫和剥削的社会转向未来消灭阶级差别、城乡差别和脑体劳动差别的共产主义社会的伟大历史过渡时期。社会主义初级阶段的社会结构与思想文化结构都与前此的社会形态有本质的不同。在此背景下文学的内容与形式也有崭新的发展和显著的开拓。它是我国文学现代形态走向完备的时期，也是文学的生产和消费规模空前巨大的时期。其间虽有发展的曲折，但无疑是我国历代文学发展的新的繁荣时期。此三卷，分别论述这阶段文学发展的状况，包括各民族地区和社会形态有异于大陆的港澳台地区涌现的作家和各种文类的成就，以及文学观念、文学理论、文学运动、文学流派等各种文学现象的递嬗演变。

上述历史分期的处理虽非尽善，但既顾及社会形态演变下不同历史文化背景的划分，也顾及朝代的更替和文学不同形态的兴衰，我们认为仍不失为一种较好的选择。自然，由于社会本身的发展和人类文化资料积累过程中古籍多有亡佚，文学也经历了从简到繁的历史过程，文学生产与消费的规模，古代也不能与近现代相比。因而，在全书比例上，近现代以来占有较多篇幅便不可避免。近现代以来的文学篇什浩瀚、作家众多，以往的研究也相对不够，对此有更详尽的介绍，也许正是读者所期望的。

八

本书作为中国社会科学院文学研究所和少数民族文学研究所研究人员为主共同编写的著作。自然要考虑到吸收这两个研究所以往有稳定价值的研究成果。从1953年北京大学文学研究所成立伊始，当时的所长郑振铎、副所长何其芳，便筹划编写中国文学史。1956年文学研究所归属中国科学院。1958年根据国家文化发展的需要，何其芳又提出撰写中华各民族文学史的设想。但20世纪整个50年代由于各种政治运动的干扰，具体工作难以实际展开。20世纪60年代初，已担任中国科学院文学研究所所长的何其芳终于组织有关学科的科研人员参加被列入国家高等学校文科教材的《中国文学史》和《中国现代文学史》的编写工作。前者指定余冠英为总负责人。其中上古至隋代部分由余冠英主持；唐宋部分由钱锺书主持；元明清部分由范宁主持。后者指定唐弢任主编。他后来在樊骏协助下还主编了《中国现代文学史简编》。1978年，文学所划归新建的中国社会科学院，不久，又分出部分人员筹建少数民族文学研究所。当时主持文学所工作的陈荒煤又提出编写自古至今的文学史的课题。十多年来，中国社会科学院和我国文学研究界在中国文学史研究领域都做了不少工作，也有许多新的进展，不仅发掘了许多新的史料、新的作家与作品，出版了许多中国文学的断代史和文体史，还出版了许多少数民族的文学史。其中就包括由余冠英、林庚、唐圭璋任顾问，中国社会科学院文学研究所邓绍基、刘世德、沈玉成等主持下组织编写的中国文学断代史系列（现已出版了褚斌杰、谭家健主编的《先秦文学史》、徐公持主编的《魏晋文学史》、曹道衡、沈玉成编著的《南北朝文学史》，乔象钟、陈铁民、董乃斌、吴庚舜主编的《唐代文学史》上、下卷，孙望、常国武主编的《宋代文学史》上、下卷和邓绍基主编的《元代文学史》）；还有由中国社会科学院少数民族文学所前所长刘魁立主持下组织编写的中国少数民族文学史系列（现已出版了十四个民族的文学史）。而这些年文学研究界对古今作家作品的研究更不断涌现新的成果、新的见解，文学史学观念也有所更新。在解放思想、拨乱反正、实事求是和改革开放的大的思想文化背景下，原有的许多中国文学史著作确也显出著作年代所难免的历史认识的局限。而由于香港、澳门的先后回归，海峡两岸的中国人都期待全国的统一，新的中国文学通史就必须既吸收原有成果又超越原有成果，努力去做填补空缺，拓展新领域的工作，特别是需要补充港澳台地区的文学史实。20世纪90年代我受命担任中国社会科学院文学研究所所长并兼任少数民族文学研究所所长后，经两所学术委员会讨论决定由我和文学所学术委员会主任邓绍基、副主任樊骏共同主持新编《中华文学通史》十卷本的工作，本着既要继承以往稳定性研究成果，又体现充分吸收新时期以来文学史研究方面的新成就的原则，我们重新拟定了全书章节的新构架，分为三编来撰写。此书第一编《中华古代文学史》部分，我们保留了由余冠英先生主持编写的《中国文学史》三卷约83万字中无须修改的一部分章节，特别是余冠英、钱锺书等名家撰写的章节，又增加许多新的章节，订正了必须订正的材料，增补了大量必须增补的作家作品的论述，包括北朝文学、五代十国文学和辽、金文学以及过去论述得很不够的明清文学，还有原先基本没有写到的各少数民族文学等，从而将古代文学编写成250万字。此书第二编《中国近现代文学史》中的近代部分完全新写，约45万字；现代部分共100万字，其中采用了唐弢主编的《中国现代文学史简编》的部分章节约21万字（包括唐弢执笔的章节）。与历来的现代文学史相比，新增加了文论、通俗文学、沦陷区文学等内容，并力求更公允地评价对现代文学发展作出有益贡献的、曾经受到忽略的各种倾向的作家。第三编《中国当代文学史》三卷，150万字，全部新写。这样，全书十卷共560万字。除比较充分地对作家作品和各种重要的文学现象作有分析的论述外，对以往文学史著作相对忽略或写得很不充分的不同时代的文学观念、文学理论批评的发展，也以较多的篇幅，努力作出必要的梳理和评价。

这一次新版《中国文学通史》增到十二卷，计600万字。主要是吸取了近十多年我国文学史界的新的研究成果和考古发掘的新发现，深化了对各民族文学相互影响的论述，并对原版所存在的各朝代各民族文学论述不够平衡的状况做了适当调整，对过去论述中不够充分或必须重写的部分做了重写，全书修改和新写的部分超过三分之一。自然，我们还未敢奢望这部新版《中国文学通史》尽善尽美。我们的努力仍不过是想填补这方面的空白，以满足当前迫切的需要，为学术界和广大读者提供一部比较全面地纵览数千年中华民族文学发展史的书籍。其中疏漏与力所未逮之处仍难免。由于分编分卷论述，某些跨越朝代和跨越时期的作家和文学现象，在叙述上也难免有前后局部交叉、重复，在处理上或未尽当。我们热诚地恳望专家和广大读者不吝批评指正，以期再版时进一步修改和充实，并渐臻完善。

2011 年 12 月 1 日改定于北京花家地

中华文化场与中国文学观

中国文学已有 3500 年以上有文字的文学史,我们的祖先为后世留下非常丰富的文学遗产。它的辉煌灿烂,在世界文明史上,十分引人注目!如何正确认识这悠久的文学之河,还它以本来的面目,给予它以适当的评价,这不能不是历代文学学者必须面对的学术课题。而马克思主义的辩证唯物史观和文艺理论,正为我们认识复杂的文学史,提供了科学的指南。文学艺术总是一定社会历史文化土壤上凝结的精神花朵。它既是文化的重要组成部分,又是文化的重要载体和传媒。在历史上,文化的发展与文学艺术的发展,关系尤为密切。因此,考察中国文学的发展,就离不开考察中国文化的发展。把问题提到一定的历史范围去做具体的分析,这是马克思主义的活的灵魂和精髓。我们的中国文学观,只能通过马克思主义的指导,对文化和文学的历史事实做实事求是的分析来形成。

一

关于文化的定义很多。我以为,作为人类的后天创造,广义的文化包括物质文化和精神文化。狭义的文化则专指精神文化。它包括哲学、文学、艺术、语言、法律、道德、宗教、社会制度、文物典章和风俗习惯等。恩格斯讲到"希腊文化"时指的是"希腊的艺术和科学"。他还指出:"马克思发现了人类历史的发展规律,即历来为繁芜丛杂的意识形态所掩盖着的一个简单事实:人们首先必须吃、喝、住、穿,然后才能从事政治、科学、艺术、宗教等等;所以,直接的物质的生活资料的生产,因而一个民族或一个时代的一定的经济发展阶段,便构成为基础,人们的国家制度、法的观点、艺术以至宗教观念,就是从这个基础上发展起来的,因而,也必须由这个基础来解释，而不是像过去那样做得相反。"① 文化场，指的是文化发展的一定时间与空间。由于一定时代社会经济基础和政治状况以及外来文化影响等历史条件的变化，处于文化场中的文化也会产生变化。因此，对于中华文化的认识，我们需要有个动态的观念。即中华文化不是一成不变的。而是在不同时代的文化场中不断变化着的。考察中华文化的历史变化，我们今天首先更要自觉地调整以下的观念：

一是要改变以仰韶文化为代表的黄河文化为源头的观念，确立多地区文化源头的观念。东北辽河流域红山文化遗存的发掘，特别是中华第一玉龙的发现，红山陶器上原始文字的发现，把中华文化推进到 6000 年前；长江上游四川成都地区三星堆文化的发掘，金沙 6000 支象牙和太阳鸟金制图案的发掘，说明李白《蜀道难》所说的"蚕丛与鱼凫，开国何茫然"的时代，至少是殷代，那里的文化已很辉煌，青铜器有上天树和人的头像而且眼睛从眼眶中如拳头般伸出，非常奇特！而长江下游浙江河姆渡文化的发掘，说明 6000 年前那里的稻作文化已存在，而且出现了工艺精良的玉琮和周长 6000 米的较大城市。江西精美的青铜器的发掘，樟树镇附近还发掘出数千年前的古城，中有祭坛和引水入城的运河。从珠江文化发掘的遗存看，同样也源远流长。都说明东北、西蜀和长江以南也是中华民族文化的发源地之一。

二是要改变以汉族文化来代表中华文化的观念，树立多民族文化互动互融的观念。中华大地自古生存众多的民族、氏族部落。汉朝以前没有"汉"的称谓。中原一带自称华夏族。以它为中心，把四周的民族称为北狄、西戎、东夷、南蛮。实际上北方就有许多民族，史载：赵武灵王胡服骑射，说明他向游牧民族文化学习。汉代北方游牧民族有匈奴与东胡，南北朝时期"五胡乱华"指鲜卑、氐、羌、羯、匈奴。唐代北方有突厥，宋代有辽、金、西夏和蒙古族。契丹建立的辽国跨越漠北东西数千里。辽代所建的应县木塔至今仍然屹立。横跨欧亚的元帝国是蒙古族建立的，它曾融会和汲取了许多国家的文明。马可波罗的游记，对元帝国的文明有许多描述。明代蒙古族退到塞外，仍长时间维持了很大一个帝国。清代是东北

---

① 《在马克思墓前的讲话》，《马克思恩格斯选集》第 3 卷，人民出版社 1995 年版，第 574 页。

地区的满族建立的。它大力学习汉族文化，又保有自己民族的一些文化特色。从康熙到乾隆年间，清帝国是当时世界上最大的超级大国。古代中国的西方、南方和西南的民族也建立过不小的王朝国家，如汉代西域有36国，唐代有吐蕃、南诏，五代时期前凉、后凉、西蜀、南唐都有长期的安定，也都发展了自己的文化。内蒙古地区匈奴王冠的发现，说明汉代漠北的冶金工艺的精美。西藏地区寺庙建设的辉煌灿烂，极具民族特色。号称藏区第一寺的金塔寺，其三层建筑分具汉族、藏族和其他民族的风格。这都说明，中华文化是各民族共同交流融合而创建的。今天是56个民族的文化共同构成了当代的中华文化。

三是要改变把儒家文化作为中华文化代表的观念，树立多元文化互动和并存的观念。比如春秋战国时代除了儒家，实际上还有法家、墨家和道家等。东汉以后还有佛家文化，后来还有伊斯兰文化、基督教文化的互渗和共存。大家知道，在治国方面，法家主张法治。儒家主张人治，墨家主张兼爱和非攻。在世界观、人生观上，儒家主张入世，道家标榜出世，佛家寄望来世。三家虽有斗争，但又互补，长期共存不悖。儒家的仁义思想，道家的养生思想，佛家的普度众生思想，都有其积极的一面。儒家倡入世致仕，治国平天下，在政治观念和伦理道德方面影响极大，成为中国文化的主流；道家倡失意便出世养生，独善其身，追求成仙；佛家倡今生苦行，寄望于来世，戒杀生、戒偷盗等。它们在世界观、人生观方面对中华文化也有深远影响。中国士人达则兼善天下，穷则独善其身，乃至于出家礼佛！伊斯兰和基督教崇拜真主和上帝，主张平等和博爱，也有其一定的积极性。我们今天主张依法治国和以德治国，便兼承了儒法的传统。现代自然科学、人文科学和社会科学，包括马克思主义从西方传入中国后，百多年来对广大人民群众的新的世界观、人生观、价值观的形成，同样有很大的影响。所以，不能只把儒家视为国学，视为中华文化的唯一代表。

四是在不同时代的文化场中，中华文化经历了多次重大的变化。所以我们要改变中华文化传统不变的观念，树立中华文化是在族际和国际文化的交流、互动中新新不已的文化观念。从原始氏族社会的公天下到后来的家天下，是一大变化。如《礼记·礼运篇》所载："大道之行也，天下为公，选贤与能，讲信修睦，故人不独亲其亲，不独子其子，使老有所终，壮有所用，幼有所长，矜寡孤独废疾者，皆有所养，男有分，女有归，货恶其弃于地也，不必藏于己；力恶其不出于身也，不必为己，是故，谋闭而不兴，盗窃乱贼而不作，故外户而不闭，是谓大同。今大道既隐，天下为家，各亲其亲，各子其子，货力为己，大人世及以为礼，城郭沟池以为固，礼义以为纪，以正君臣，以笃父子，以睦兄弟，以和夫妇，以设制度，以立田里，以贤勇知，以功为己，故谋用是作，而兵由此起。禹汤文武周公，由此其选也。"这里，对尧舜以前原始氏族时代虽有过于理想化的描述，但大体反映了随着公天下的共有制到家天下的私有制之改变，使经济基础到上层建筑意识形态的文化，都产生改变的状况。后来，从奴隶制到封建制的漫长历史过程中，也产生过多次的变化。如从周公制礼作乐到春秋战国礼崩乐坏，百家争鸣是一变化，及至秦始皇统一六国，实现"书同文，行同伦，车同轨"，改贵族分封制为郡县制，汉代相承，"罢黜百家，独尊儒术"是一大变化；到了三国时代的思想解放，又一大变化；"五胡乱华"使南北民族大迁移及其文化大融合更是一大变化。近代以来我国文化的大变化，更是大家所熟知的。

随着文化场的不同而使文化发生变化，有如下的规律性的现象：

一是经济基础变了，必然引起政治和文化的变化。上述公天下到家天下的演变是一例。殷商的奴隶制转向周秦的封建制，以迄近代以来从半封建半殖民地向新民主主义和社会主义的过渡，都是如此，随着生产所有制的变动，文化都产生了极大的变动。

二是各民族各国文化的相互影响中，后进文化总要汲取自己所没有的先进文化的长处。我国各民族文化互动和融合的过程中，相互学习和汲取的情况正是如此。汉族与其他民族文化的互相交流和融合，提振了整个中华的文化。前述赵武灵王胡服骑射，就是农耕民族向游牧民族学习的一例。北魏孝文帝下令易胡服为汉服，并且学习汉文，则是鲜卑族向汉族学习的一例。再如我国音乐得益于西域民族。古代华夏族的乐器有钟、磬等打击乐器和古琴瑟，而琵琶则来自新疆于田。胡琴、唢呐也来自西域。羌笛是羌族的乐器。由于这种吸纳，使汉族的器乐大大丰富起来。对外国文化的吸取，古代莫过于印度佛教文化的传入，不但使我国出现了佛教，还出现了重视语音韵律的沈约的"四声八病"之说，促进了唐代律诗绝句的产生。以及后来音乐与诗歌的进一步结合,产生了源于唐代而盛于宋代的词。元杂剧的兴盛与北方民族重视说唱的需求影响也相关。从明代末年,利玛窦从澳门到达北京,中国便开始学习西方,明末清初像顾炎武、黄宗羲、王船山等思想家,就多有摆脱儒家传统的新人本思想。太平天国运动、洋务运动和维新运动直到辛亥革命运动和"五四"新文化运动都标志着我国人民接受西方文化影响并走向文化创新的不同阶段。这种变化更是前所未有的大变。

三是文化演变中多元互动与一元主导往往同时并存,辩证地统一。张岱年先生曾说:"每个时代应有个主导思想,在社会生活及学术研究中起主导作用,同时又容许不同的学术观点的存在。有同有异,求同存异。《周易·系辞》说,'天下同归而殊途,一致而百虑'。又《睽卦·象传》云:'君子以同而异'。同而且异,这是学术发展的规律。"[①] 依我看,这也是文化发展的规律。为了使社会和国家、民族具有足够的精神凝聚力,往往要求核心文化的统一,而容许非核心文化的多样。如我国文化的历史发展中,学术文化和宗教文化、风俗文化、服饰文化、饮食文化往往多元,而政治文化、伦理文化则往往趋于一统。周公制礼作乐是求制度、行为规范和教化娱乐的统一,秦始皇的"书同文,行同伦"则求文字和伦理的统一;汉武帝"罢黜百家,独尊儒术"实际上也是追求政教文化和伦理文化的统一。但那时也不可能完全一统。否则诸子百家的书就流传不下来。今天我们要求在社会主义文化的建设中,社会主义核心价值体系必须贯彻于各个方面,居于主导的地位,同时又实行"百花齐放,百家争鸣"的政策,也体现一元主导,多元共存的关系。因为,这是合乎规律的。

综上所述,我们可以看到,各个朝代的文化场虽然有所差异,但中华文化总体上不是排他的、单调的、故步自封的僵化的文化。而是包容广大,丰富多彩,新新不已的文化。鲁迅所称誉的汉唐气象的恢弘,赞赏的就是因包容广大而丰富多彩。清代后来的闭关自守,实是无异作茧自缚,自致落后。而"五四"新文化运动前后以来的百多年间,我国文化的飞跃性发

[①] 《中国文化发展的道路——论文化的综合与创新》,《中华文化的过去现在和未来》,中华书局1992年版,第20页。

展，正与各民族间的互动和积极学习、汲取外国文化的长处分不开。

二

　　文学是文化的重要组成部分，也是文化的重要载体和媒介。而文学总是在一定的文化场中形成和生长的。在中华文化场中发展的中国文学必然留有中华文化不同时代和社会变化的深刻烙印。因而，我们必须联系中华文化场的演变来调整我们今天的中国文学观。

　　一是中国文学不同于汉语文学或汉文学，而是多民族的文学。鲁迅当年撰著《汉文学史纲要》是非常有见地的。说明他已意识到不能以汉族文学来涵盖全中国的文学。迄今我国各民族都有了自己的文学，自己的作家群和闻名全国的作家。藏族就有益希单增、降边嘉措、扎西多娃、阿来、央金；蒙古族有玛拉沁夫、扎拉嘎胡、巴·布林贝赫、查干；彝族有李乔、吉狄马加；壮族有陆地、韦一帆；仫佬族有包玉堂、蓝怀昌，朝鲜族有金哲，哈萨克族有艾克拜尔，等等。中国社会科学院少数民族文学研究所曾主持编撰45个民族的文学概论和文学史。1997年我和邓绍基、樊骏又主编《中华文学通史》十卷本，第一次把各民族文学都涵盖在内，使各少数民族的同志非常高兴！

　　二是中国文学的源头——神话也是多源头多谱系的。华夏族神话谱系有"女娲补天"、"女娲造人"、"盘古开天地"、"精卫填海"、"后羿射日"等。北方民族则有"苍狼"、"大树"的谱系，南方民族有"盘瓠"和"葫芦"的谱系。葫芦在南方少数民族文化中具有独特的象征意义。它形制如同一个怀孕的母体，而且中空多籽，被许多民族的先民当做母体崇拜的象征物；它在神话中孕育了民族和人类的始祖，又被当做祖灵崇拜的象征物。拉祜、彝、苗、瑶、壮、侗、佤等民族都有"人出自葫芦"的神话。《后汉书·南蛮西南夷列传》注明盘瓠子孙"今长沙武陵蛮是也"，长沙武陵蛮即今天苗、瑶、土家等民族的先民，古籍中所说的盘瓠子孙"好五色衣服、裁制皆有尾形"的习俗也为苗、瑶等民族先民所有。至今苗、瑶、畲等民族仍流传着"神母犬父"或盘瓠的神话，其中盘瓠神话内容与汉文古籍记载大同小异。

三是中国文学不是缺乏史诗和长篇叙事诗的文学，而是史诗、叙事诗很丰富的文学。过去我们读中国文学史，讲到史诗往往只讲《诗经》中的《公刘》和《生民》两篇，讲叙事诗就只讲《孔雀东南飞》和《木兰辞》。实际上，如果涵盖各少数民族文学，情况就大为改观。如藏族的《格萨尔》是世界最长的史诗、加上蒙古族的《江格尔》、柯尔克孜族的《玛纳斯》等长篇英雄史诗，就有闻名于世的三大史诗。最近在贵州西部还发现有苗族史诗《亚鲁王》。而蒙古族则有长篇英雄叙事诗200多部。南方民族有白族《阿黑天神》彝族的《阿诗玛》，蒙古族有《嘎达梅林》等是现代经过作家整理加工的长篇叙事诗。

四是中国文学中不是只有汉族作家参与汉语文学创作，而是非汉族作家也参与汉语文学创作。如屈原是楚国人，庄子也是楚国人，即属于华夏之外的南蛮鴃舌之邦的"蛮夷"。但屈原的《离骚》和庄子的《逍遥游》都是汉语文学的古典名篇。少数民族的有些文学作品因译成汉语才得以保存下来。如古代越人的《越人歌》和鲜卑族民歌"敕勒川，穹庐下，天苍苍，野茫茫，风吹草低见牛羊"就是用汉文记载而流传的。民族融合过程中，许多民族学习汉文化，自然就会用汉语写作。匈奴族后汉皇帝刘聪，年十四就博通经史，并著有述怀诗几十篇。契丹所建辽国，萧太后的汉诗就做得很好。耶律楚才是辽人而被成吉思汗所用。有诗文数十卷。以汉文写作的元好问是金国人，萨都剌是蒙古人，纳兰性德是满族人。《聊斋志异》的作者蒲松龄是蒙古族人。《儿女英雄传》的作者是满族镶红旗的文康。近代蒙古族作家尹湛纳希的《泣红亭》是用汉文写的。现当代老舍、端木蕻良、叶广芩是满族，玛拉沁夫、李凖是蒙古族，李乔、吉狄马加是彝族人，晓雪是白族人，阿来是藏族人，霍达、马瑞芳是回族人。他们的汉语文学都写得很好。老舍更是公认的汉语文学的语言大师。

五是中华各民族文学是相互影响、相互促进、相互交融的。往往你中有我，我中有你。比如楚辞对汉赋就有很大影响。鲁迅指出，《离骚》比之《诗经》"则其言甚长，其思甚幻，其文甚丽，其旨甚明，平心而论，不遵矩度。……然其影响于后来之文章，乃甚或在三百篇以上"(《汉文学史纲要·第四篇》)。实际上，屈原的《离骚》反映的主要是楚国的政治和三楚的"南蛮"文化，但其中也有华夏文化的影响。"五胡乱华"中，入主中原的北方民族，其作品多用汉文，同时使北朝文学文风为之一变，其贞刚文风与南朝的绮靡文风大异。近代蒙古族作家伊湛纳希因在江浙做过官，汉文水平高，他的《一层楼》、《泣红亭》便深受《红楼梦》的影响。现代著名诗人闻捷的长篇叙事诗《复仇的火焰》吸纳了哈萨克民歌的营养。这些都说明你中有我、我中有你的交融状态。

六是中国文学是多元的开放的不断变化的文学，而非僵化的不变的文学。诗歌一向被视为文学的正宗。自《诗经》至今，我们就可以看到它的变化何其大！形式上就有从诗到赋，从古诗十九首到后来的律诗绝句以及宋词元曲与现代的白话诗。这其间，诗的题材、主题、形式和风格都不断有新的开拓。刘勰曾总结说："时运交移，质文代变。"不仅各民族之间互相交流和交融，国外的文学也使我们得到借鉴和吸纳。佛教文学像唐代的变文，对后来的小说、评书和弹词、鼓词等又唱又说的叙事形式便有明显的影响。至于现代我国的文学，受到日本、俄罗斯和西方文学的影响，从思潮到形式，其间因开放而产生的巨变，更是我们大家所熟知的。正是这种开放中不断吐故纳新的缘故，我们的文学才会有进步。当然，开放多元中，文学也不是没有主元。《诗经》、楚辞、汉赋、唐诗、宋词、元曲、明清小说便说明各个朝代都有自己的主导文体。而在各种表现方式和文学流派中，现实主义文学始终处于主流的地位。即使今天，我们的文学有浪漫主义、现代主义和后现代主义等多元表现，但占主导地位的仍然是现实主义。

七是我国文学应从古代文学观走向现代文学观。古代的文学观是大文学观，把一切文字写的东西都概称文学，如历史文献、哲学著作、诸子百家等。后来逐渐认识到诗赋与其他文字写的东西不同，如曹丕在《典论·论文》中指出的"诗赋欲丽"，即指具有追求华丽的审美特点，但后人在这个问题上仍没有更进一步的认识。刘勰的文论名著《文心雕龙》中，所列文类仍达 35 种。把许多今天看来非文学的文类仍然视为文学。及至近代王国维因受到西方美学影响，才明确审美文学的观念，即他把《红楼梦》称为"我国美术上之唯一大著述"，指出"美术中以诗歌戏曲小说为其顶点"。而鲁迅在 1907 年发表的《摩罗诗力说》中更指出："由纯文学上言之，则以一切美术之本质，皆在使视听之人，为之兴感怡悦。"这才过渡到现代文学观，即以是否具有审美特征作为文学与非文学的区分。应该说，这是历史认识的进步，是社会分工越来越细，人类认识越来越深入的表现。今天我们把诗歌、小说、戏剧、散文作为文学的四大门类，就是现代文学观的界定。至于在中国文学史叙述中，为了表明历史认识的过程，在古代以大文学观来立论，也是适当的。而如果今天还把历史、哲学、伦理和政论都仍然作为文学来论述，那就不可取了。

总之，从我国文学的历史源头及其历史变化中，我们必须树立多民族的多元发展的开放的文学观。我以为，这样才符合我国文学的实际，也才符合国家所制定的主张民族平等和民族团结的政策。这样去认识，也会使我们更加体会到毛泽东主席当年提出的"百花齐放，百家争鸣"、"洋为中用，古为今用"、"推陈出新"的方针是何等的正确！

2011 年 11 月 25 日

全球化语境下的中国文化和文学

马克思主义开辟了人类争取社会主义前途的新时代。不同社会制度的存在与竞争，是 20 世纪迄今客观存在的历史事实。而冷战结束后，经济全球化的趋势已成为各国社会公众关切的热门话题，也成为学术界广泛讨论的学术课题。随着经济全球化，政治与文化、包括各国的文艺会不会也全球化，我们又该如何去对待这样的历史前景并采取应有的对策呢？这正是我们需要认真加以讨论的重大问题。

一　全球化的趋势及其阻力

早在 1848 年马克思、恩格斯于《共产党宣言》中就说过："资产阶级由于开拓了世界市场，使一切国家的生产和消费都成为世界性的了。……过去那种地方的和民族的自给自足和闭关自守状态，被各民族的各方面的互相来往和各方面的互相依赖所代替了。物质的生产是如此，精神的生产也是如此。各民族的精神产品成了公共的财产。民族的片面性和局限性日益成为不可能，于是由许多种民族的和地方的文学形成了一种世界文学。"应当说，这是一种天才的预见。150 多年来的历史证明，随着资产阶级把资本、商品带到全世界，资本主义的管理知识和与时俱进的科学技术也被推广到全世界，资产阶级的跨国公司在全球范围内进行资本、商品、各种生产资料和劳动力的调动和重组，今天已经司空见惯。而现代交通运输的发达和科学技术的突飞猛进，更使地球变小了。电子网络的出现，使信息的交流以空前未有的速度推向各国。各国各民族各方面"相互来往"和"相互依赖"的现象作为一种历史的趋势，已日益成为人们的共识。经济全球化已以空前的规模和速度在运行，全球范围各国各民族文化和文学的交流、相互影响与交融也日益广泛，并成为现代世界文化史和文学史的普遍存在。

但是，全球化并非没有阻力。当代世界范围内就存在反全球化的运动。西方七国首脑在意大利聚会就曾遭到反全球化的团体和群众的阻拦与示威，甚至由此产生流血事件。这种运动的代表观点是，全球化只有利于发达的超级大国，有利于国际大金融集团、大跨国公司，有利于它们变本加厉地剥削广大劳动人民和发展中国家与地区，其前景就是富国越来越富，穷国越来越穷。由于美国是当今全世界最富的国家，在世界500强的大公司中它就占400多家，它的经济产值占世界的三分之一，美元还是世界最通用的强劲货币，以美国的强大经济力量、军事力量和文化力量而论，在世界范围的竞争中它无疑处在最优势地位，因而全球化的结果，其实质就是美国化。这种观点不能说没有根据。它所指出的这种前景并非不可能发生。许多人对全球化的前景忧心忡忡，应是可以理解的。

事实上，今天世界上的每个国家、每个民族乃至每个人都必须对全球化采取一定的立场。各国政府更必须制定一定的对策。

全球化的趋势能否因为有人反对就消失呢？我以为它不可能消失。

今天的资本主义已不同于马克思时代的资本主义，它更加现代、更加集中也更有全球性。在苏联和东欧易帜、东西方冷战结束后，尚存的各社会主义国家也再难在经济上闭关自守，自给自足。我国作为最大的社会主义国家，自从改革开放，各跨国公司在我国的投资已逾三千亿美元。我国每年进出口贸易已逾2万亿美元。不仅中国银行在许多国家都开设分行，我国许多公司也纷纷走出国门，发展为跨国公司。可见，在现代世界各个国家和地区的经济相互依存已成为不争的事实。经济全球化的趋势不可阻挡。在政治领域，联合国的存在就表明政治也有全球化的表现。在电脑网络出现后，全球文化的相互交流和渗透也已不可阻挡。我国到外国求学的留学生近20年即达40多万人。外国来华的留学生也有近10万人。可见，全球化并不会因为你反对就退回去。所以，留给我们的问题不在于你参加不参加全球化，而在于你如何参加，并在参加中如何趋利避害。我国现在采取的就是这样的立场和选择：积极参加，趋利避害。从国家的角度，我觉得这是一个正确的立场和选择。我国加入WTO就是对经济全球化的一种确认。而加入这个组织的漫长谈判，我国的总体对策正是趋利避害。这种立场和对策之所以正确，是因为经济全球化或一体化并非就没有矛盾和斗争，相反，各国各经济集团，包括富国与穷国、发达国家与发展中国家以及各跨国公司之间都存在利益的冲突，并必然引发激烈的相互竞争，乃至引发政治的争斗和军事的战争。新近伊拉克战争的实质难道不是美国为了控制伊拉克的丰富石油资源以谋取它的最大经济和政治利益而发动的吗？经济全球化并没有改变资本主义发展的弱肉强食的本质。在经济全球化中每个国家和经济集团事实上都必须在积极参与竞争中去趋利避害，去利用全球化的历史条件和机遇来发展和壮大自己。

二 经济全球化与文化多元化对文学的影响

我们现在要积极参与全球化，除必须肯定经济全球化及其竞争，还必须明确肯定和主张世界政治多极化和文化多元化，自然也包括文学多元化。这种肯定和主张也是正确的，因为符合全球存在多种社会制度和多种民族文化的实际情况。

我以为全球化是个历史的过程，在这过程中由于种种历史条件的制约，实际存在着全球化与反全球化的双向逆反运动。在经济的领域是如此，在政治和文化的领域又何尝不如此。两次世界大战及其后国际联盟和联合国的建立，都表明政治也有全球化的一面。如上所述，今天由于资讯交通的发达，地球变小了，古代局部性的政治问题，今天很容易就变成全球性的政治问题，如巴、以冲突这样的问题就往往要提到联合国安理会去讨论，这都说明政治是如何日益全球化。科索沃问题、伊拉克问题也如此。这种全球化并不能掩盖同时存在的政治多极化的趋向。由于各民族国家存在彼此利益的冲突，必然会形成政治的多极。今天即使美国独大，也不可能就一统世界、独霸世界。联合国安理会许多问题的分歧和某些提案无法通过，就证明这种多极。在文化领域，现今世界从文化的现代化而言似乎趋向同一标准，在许多方面不断走向融会和一体化。如度量衡的统一、世界语的创造，英语日益被各国使用和西服的广泛流行、握手礼的普及，等等。但各国各民族的文化特色又继续被追求，甚至表现为对全球化倾向的顽强抵抗。从宽泛的意义上看，文化作为人类思维的成果和行为的方式，涵盖语言文字、文学艺术、科学技术、社会制度、政法律条、宗教道德、文物典章、风俗习惯等，因此各国各民族之间文化的差异不仅由来已久，很难一下子就消除，甚至在可以预见的很长的历史时期内也不可能全部消除。尽管自从文化的产品成为商品进入世界市场以来，它的生产和消费如马克思恩格斯所说也成为世界性的了，但文化的多元性仍是客观的存在。美国学者亨廷顿在《文明的冲突》中还预言不同的文化冲突甚至可能导向战争。文化中即使科学技术最有一体性，然而知识产权的存在，使得最应知识共享的自然科学，如物理、化学等所涉及的各个领域，包括宇宙科学、原子科学、生物科学、材料科学，各国的发展水平也不一样。有些科技甚至被某个或某几个国家所独占及保密，如核技术。所以，我们既要看到文化发展的未来会有越来越多全球化的前景，包括现在我们就看到美国的牛仔服、肯德基和非洲的迪斯科舞蹈走向全球，我国的"中华料理"、"中华武术"和"针灸术"也走向全球。又要看到当代世界的文化确实仍然是多元的存在。

　　文学是文化的重要载体，也是传播文化的最重要的媒介。作为语言艺术，文学通过描写人的思想情感、性格行为以及人与人、人与自然的关系，以生动的形象感染读者并传达作家的思想倾向。一部《红楼梦》，其中就有特定时代的语言、风俗和道德箴条、伦理观念、宗教信仰等文化的层层面面。因此也可以说，文学是文化的最重要的部分，也是文化的最有力的传播手段。许多国家的文化的传播往往都通过文学。美国文化包括它的居于主流的世界观、人生观、价值观更是通过它的文学出版物，特别是好莱坞电影推向全球。在当代世界，各国各民族文化和文学的交流越来越频繁，也是不争的事实。在这种交流中，文学的题材、主题、形式和风格在相互借鉴和吸取中确实出现有全球化的问题。现今人们所说的文学"与世界接轨"，说的就是这方面全球化的趋向。在这种趋向中我们要看到，具有文化和文学优势和强势的国家会占据上风，而文化和文学居于劣势和弱势的国家便往往处于下风。普列汉诺夫曾指出过，"一个国家底文学对于另一个国家底文学底影响是和这两个国家底社会关系底类似成正比例的。当这种类似等于零的时候，影响便完全不存在。例子：非洲的黑人至今没有感受到欧洲文学的任何影响。这个影响是单方面的，当一个民族由于自己的落后性，不论在形式上亦不论内容上不能给别人以任何东西的时候。例子：前世纪的法国文学影响了俄国文学，可是没有受到任何俄国的影响。最后，这个影响是相互的，当由于社会关系底类似及因之文化发展底类似的结果，交换着民族底双方，都能从另一民族取得一些东西的时候。例子：法国文学影响着英国文学，同时自身也受到英国文学的影响。"他还指出，"当——例如在新时代的欧洲——我们有着彼此异常有力的相互影响着的诸社会底整个体系时，这时候，这些社会中的每一个底意识形态底发展是复杂化起来了，正如它的经济发展在与别的国家不断的商业交换的影响下复杂起来一样。这时候，我们好似将有一种为全体文明人类所共有的文学。可是，正如动物学底种分为亚种一样，这个全世界的文学亦区分为各个民族的文学。"这里，普列汉诺夫所讲的当然是百年前的情况，后来随着非洲的殖民化，与西方各国关系越来越密切，社会结构也产生了接近西方的变革，非洲各国的文学也就越来越多受到西欧文学的影响。像加蓬的文学就很受法国文学的影响，甚至大多作家至今仍用法文写作，其他前法国殖民地的情况也大抵如此。世界上至今已有许多弱势民族的语言被消灭，因而它们的文化和文学也往往湮亡。我们前面所引普列汉诺夫的论断毕竟不仅很好地说明不同态势的文化之间相互影响的规律，还很好地论述了世界文学与民族文学之间的辩证关系。这种规律和关系实际上反映的正是一种历史的必然。它颇能启示我们在对今天的文化和文学交流中采取比较正确的立场和态度。这就是对于世界上他国他民族的一切先进的文化和文学，我们都要学习和借鉴、吸取，以发展和建设我们的文化和文学；对于我们自己的传统文化和文学也要发扬光大其优秀的部分，贡献于世界人民，以有益于其他国家和民族的文化和文学。由于文化包含许多方面，存在着非社会意识形态性的文化，如语言、科技，还存在社会意识形态性的文化，如政法、伦理、文艺；有的文化领域民族性特别强，如语言和风俗，有的文化领域则没有民族性或即使有，也比较弱，如自然科学和技术。因此在学习和借鉴他国他民族的文化时，对于具体的领域就要采取不同的态度。属于自然科学和技术方面就要努力把人家一切先进的东西都学来；而对于社会意识形态性和民族性强的领域，就要更多注意不同国家和民族的区别，不能简单地把非社会主义意识形态的文化移植来当作我们的文化，也不能在学习和借鉴他国他民族的文化时忘记自己民族文化所应有的民族特色。

三 发扬光大中华民族的先进文化和文学

我国是文明古国，我们的祖先曾经创造过辉煌灿烂的文化和文学。对此，我们必须有足够的认识，以增强我们的民族自豪感和发展民族新文化新文学的自信心。我国文化和文学曾经因它的强势而对世界作出过伟大的贡献，产生过深远的影响。今天我们更有责任进一步发扬和光大我们民族的文化和文学。

大家知道，古代中国文化和文学曾经对周边国家产生过很大的影响，如对日本、朝鲜（包括韩国）、越南、柬埔寨、泰国等。以至于曾经形成以儒家学说和汉语言文字的影响为中心的东方文化圈。这些国家的文化和文学都曾不同程度地得益于中国文化和文学。我国的四大发明：纸、指南针、印刷术和火药，通过阿拉伯传到欧洲，不仅改变了欧洲的面貌，轰毁了欧洲中世纪的封建城堡，促进了资本主义的初期发展，使人类文化和文学因印刷术和纸张而迅速传播，而有了指南针，才可能有美洲新大陆的发现和世界贸易航运的发达。直到清代的康乾之世，我国仍是世界上综合国力最强大的国家。当然，近代我们落后了，挨打了。但经过近一百多年仁人志士前赴后继，特别是新中国成立后和近20年的改革开放，我们向一切先进的国家和民族学习和借鉴人家的一切好东西，今后还要继续学习和借鉴。应当说，我们今天初步建设起来的有中国特色的社会主义文化和文学，正是百多年来不断走向现代化，不断向世界各国的先进文化和文学学习、借鉴的结果。在当代世界，它已经赋有相当的先进性，随着我们不懈的努力，我们还会不断提高这种先进性。因此，从宏观远瞻，我们应该有充足的信心，在未来全球文化和文学的交流中，使我们的文化和文学对世界作出更大的贡献。当然，要做到这一点，从微观、从脚踏实地，我们又需要做很大的努力。一句话，一定要继续发展我们的文化和文学的优势，保持我们的文化和文学的强势。

在文化和文学的建设中，世界观、人生观、价值观构成民族文化灵魂的核心，主导文化和文学发展的方向。一个国家和民族的文化和文学是否先进，首先就跟这个国家和民族所持的世界观、人生观、价值观有极大关系。在我国长期的封建主义社会中，儒家的世界观、人生观、价值观居于主导地位，它曾经是相当先进的，影响了东亚许多国家；西方资产阶级启蒙思想家像伏尔泰等也曾不同程度受到它的影响。而明末清初、特别是鸦片战争之后，西方文艺复兴以来传播和发展的科学主义和人文主义思潮所体现的世界观、人生观、价值观，又曾被我们作为先进的思想来接受，并确实促进了我国文化和文学的发展与进步。而批判地综合继承和发展了西方科学主义和人文主义的马克思主义，从传入我国，就对百年来我国社会政治、经济、文化的改造产生了无与伦比的作用。今天，有中国特色社会主义文化和文学的建设中，我们正是要继续以马克思主义作为指导。可以说，在人类的革命实践、科学实践和劳动实践中不断与时俱进的马克思主义的世界观、人生观和价值观正是当今世界最先进的，也是最科学的。这是我国文化和文学在世界上有可能走向并保持先进的最重要的保证。我们提倡辩证唯物主义和历史唯物主义的世界观，提倡大公无私，公而忘私，我为人人，人人为我的共产主义、社会主义集体主义的人生观，提倡全心全意为人民服务，以人民利益为最重要价值取向的价值观，这难道不是当今世界最先进的吗？如果我们的文化和文学也像封建时代那样继续鼓吹"君君、臣臣、父父、子子"等忠孝节义的一套观念，或跟资本主义世界一样去提倡和鼓吹个人利益第一，自私自利，提倡和鼓吹拜金主义和享乐主义，哪还有什么先进性可言呢？！

这里自然不是说封建时代的文化都是糟粕，就没有今天可继承的民主性的精华；也不是说西方资本主义世界除了先进的科学技术就没有别的什么东西可供我们学习。列宁曾指出："无产阶级文化应当是人类在资本主义社会、地主社会和官僚社会压迫下创造出来的全部知识合乎规律的发展。"列宁还曾指出现代资产阶级社会每个民族文化中都有两种文化，即既存在维护资产阶级统治利益的文化，也存在民主的、带有社会主义成分的人民的文化。毛泽东也曾经指出："必须将古代封建统治阶级的一切腐朽的东西和古代优秀的人民文化即多少带有民主性和革命性的东西区分开来"。古代中国儒家的"民为贵，君为轻，社稷次之"和"泛爱众而亲仁"

的思想就有某种民主性。我国社会主义社会是在半封建半殖民地社会，即在资本主义已有一定发展的社会基础上建立的，而且社会主义初级阶段仍然继续存在资本主义的经济成分和封建主义、资本主义的思想文化影响，因此如何正确地对待封建主义和资本主义的文化就是我国建设社会主义文化必须面对的一个重大问题。实际上无论古代中国的文化还是当今西方资本主义世界的文化都非一元，都可一分为二。只要是真正优秀的东西，我们都应该继承和发扬。马克思主义就是在资本主义社会诞生的。尽管那时处于非主流文化的地位。西方资本主义社会由于比较彻底地批判了封建主义，它的科学主义和人文主义的世界观、人生观、价值观的合理部分就为马克思主义所吸收，并被置于辩证唯物史观的基础上加以改造。自由、平等、博爱的民主理想实际也被马克思、恩格斯包含于社会主义、共产主义学说中，从空想变成了科学。在反对封建主义的等级观念和专制文化方面，自由、平等、博爱的人权思想今天更仍然是社会主义文化的同盟军，并未丧失它的历史进步意义。我们的社会主义文化并非是反对自由、平等、博爱的文化。我们只是反对资产阶级打着"自由、平等、博爱"的旗号来掩盖资本主义社会的阶级剥削和压迫，而实事求是地认为只有消灭这种剥削和压迫，发展生产力，使工农、城乡和脑体劳动的差别消除后，真正的自由、平等、博爱才可能充分实现。如前所述，社会主义文化和共产主义学说的目标本来就包含自由、平等和博爱的民主要求。我们需要扬弃的只是西方人文主义的消极面，即鼓吹极端个人主义、拜金主义和享乐主义的部分。很遗憾，我们有些人却恰恰在自己的理论著作和文学作品中竭力去鼓吹这些应该扬弃的东西。这难道是我们发展社会主义文化和文学所应有的选择吗？

我们提倡要在我们的社会主义文化和文学中张扬马克思主义的世界观、人生观、价值观，这也当然不是说在当前的社会主义初级阶段的文化结构里就不允许其他文化存在。实际上这阶段我国的文化和文学也是多元的。新的社会主义文化和文学固然在发展，旧的封建文化的残余和当今资本主义文化的时尚，不也一定程度上还继续存在吗？市场上流行的文化和文学产品难道不是多种多样，五彩缤纷的吗？我们的社会现实中既有科学的文化，也有宗教的文化；有唯物主义哲学，也有唯心主义哲学；有现实主义、浪漫主义文学艺术，也有现代主义、后现代主义文学艺术，等等。特别是改革开放以来，中西文化和文学的大规模撞击，西方的各种思潮从存在主义到生命哲学，从弗洛伊德学说到西方马克思主义，从形式主义、结构主义到解构主义，从意识流到荒诞派，无不冲击着我国的思想界和文学界。这种状况并非完全没有好处。事物总是相比较而存在，相斗争而发展的。没有假恶丑就显不出真善美，没有非马克思主义的东西，马克思主义也难以在辩驳中发展。但文化和文学的多元中，以马克思主义为指导的面向世界、面向未来、面向现代化的先进的文化和文学应该成为我们必须为之坚持不懈地奋斗的主元。这是我们须臾都不应忘记的。不如此，就无法保证我们的文化和文学的社会主义方向，就不能有力地为促进社会主义经济和政治的建设，从而也不符合最广大人民群众的根本利益。

就文学而言，它要满足人们的审美需要，作品的艺术性自然十分重要。我们的作家艺术家理应重视创作的艺术水平，在艺术上精益求精。但思想性也绝不应忽视。在所有艺术中，文学恐怕是最具思想性的艺术。而文学作品的思想性总是通过它所描绘的艺术形象体现出来的。在各种艺术形象的创造中，对于社会主义新人形象的歌颂、对于为建设社会主义而无私奉献的当代英雄形象的塑造，尤为重要。如果我们的文学在这方面不下苦工夫，而只是满足于写些平凡的普通人物，或只去写历史上的帝王将相、才子佳人，那就很难使我们的文学深刻地反映我们伟大的时代和伟大的人民所已经表现并将继续表现的英雄业绩与英雄气概。尽管非英雄人物也应当写。但我们的文学如果止于在家长里短、男欢女爱中去写普通人，甚至对古代帝王将相、才子佳人还无批判地带着欣赏的态度去写，那我们的文学作品又与旧时代的作品有多少区别呢？如果我们的社会主义文学不能给读者提供过去的文学所不曾提供的"新的人物，新的世界"，那还有它的什么特色可言呢？很遗憾，这样的道理也不为一些作家所理解，他们不但自己不重视当代英雄和社会主义新人形象的描写，还极力嘲笑别人这方面的描写。只要看看如今文艺书刊和电视屏幕上的某些旧的世界旧的人物的形象以及他们身上散发的腐气和霉气，读者就会问，这样的文学艺术到底要把我们引到哪里去呢？

毫无疑问，我们的文学艺术应当描写多种多样的题材和人物。但同时我们也应当充分认识到英雄崇拜和英雄形象的塑造在不同时代不同民族的文化和文学中，都是至关重要的。没有哪一个时代的统治阶级不去崇拜和塑造自己的英雄形象。因为正是这样的形象集中地体现了当代文化的先进走向，标志着时代思想的高度，凝结着民族精神的强大力量，甚至成为不同文化的精神规范与偶像。它所具有的崇高鼓舞力量和文化凝聚力量，包括道德伦理的感染熏陶力量都是难以忽视的。在促进社会主义精神文明的建设上，这样的形象的榜样作用应无可争议。今天美国的好莱坞电影不是也十分重视体现他们的世界观、人生观、价值观的英雄形象塑造吗？为什么我们的社会主义文化和文学反而要轻视乃至放弃自己的英雄形象塑造呢？！

四　面向全球视野发展文化和文学产业

保持和发展我们的文化和文学的先进性，进一步发扬和光大我国文化和文学的优秀传统，争取使我们的文化和文学对世界有更大的贡献，今天还要十分重视发展文化和文学产业，重视加入WTO后市场经济体制的操作。否则，仍然难以在全球的竞争中把我们的文化和文学推出去，从而在世界范围获得更大的影响。这些方面，我们应该也必须向发达国家学习，包括向美国学习，向美国的出版业和好莱坞的电影业学习。

现今美国出版业每年能创造5000亿美元的产值。好莱坞电影每年能为美国创造600亿美元的利税。其经验确实值得我们认真的学习和研究。好莱坞影片并非都只满足人们的娱乐需要。像《泰坦尼克号》和《珍珠港》这样的影片都具有鲜明的美国意识形态特征，但又确实拍得好看。影片制作是精良的，而发行前的广告炒作和行销运作等许多方面也都值得我们借鉴。文化包括文学既成为商品，它们作为产业也是必然的趋势。文化产业包括文学出版作为产业，在全球范围的激烈竞争中没有大投资、强管理、多营销是很难取胜的。因而组建大的文化和文学产业集团就成为竞争优势的重要条件。默多克报业集团还经营电影电视，尽量做大就是一个值得注意的例子。只有大投入才有大回报，也才有大发展。这方面我国除要加强国家的投入，还要争取民间资本对它的重视。特别要重视富有民族特色的创新产品的开发和炒作。

文学贵在创新。必须有超越其他国家、民族、社会的新题材、新主题、新人物、新样式和新的表现方式。特别是要从我国社会主义建设实践中去发掘具有新思想高度的新人物典型，并且要用富于时代和民族特色的语言来表现。走自己的路，而不是亦步亦趋地踏着人家的脚印走。这是一切文学艺术作品得以存在并获得崇高地位的最重要的经验。在一段时间里重视模仿和移植也许是必要的。百多年来，特别是新时期以来，我国文学已把外国探索了几个世纪的文学形式和技法都学习了一遍。但只是模仿别人，毕竟难以有大的出息。鲁迅曾说，越是地方的才会越是世界的。他讲的道理其实就是越有地方特色的作品才会越有世界市场，因为这样的作品对于人家就很有陌生感，就会感觉很新。话剧《茶馆》和舞剧《红色娘子军》、《丝路花雨》在美国和欧洲演出十分受欢迎，就是这个道理。我们国家现在正在从事有中国特色的社会主义现代化建设，这正是前人所未曾从事过的新的伟大事业。这样的社会现实中涌现的新的生活和新人新事不断为我们的文学提供新的题材、主题和表现对象。在将来的世界市场上真正有竞争力的文学，难道不是既表现新的世界和新的人物，同时艺术上又精益求精，不断创新的文学吗？我们的商业炒作就是要大大炒作这样的文学。因为这样的文学才能更好地代表我们面向世界、面向未来、面向现代化的社会主义先进文化。

总之，面对全球化，中国的文化和文学同样充满机遇和挑战。我们同样要抓住机遇，应对挑战，以期趋利避害。要力求在全球文化和文学的大交流中，把我国优秀的传统文化和文学，也把我国新创造的社会主义的新文化和新文学推到世界上去，为丰富世界的文化和文学，满足各国各民族人民的审美需要作出自己的贡献。

论文学的现在和未来

（本文是作者应邀在南昌大学的演讲，录音后整理而成。它反驳图像时代来了，文学就会终结的观点，从我国当代实践中文学的持续繁荣和文学理论两个方面进行了论证，认为文学作为语言艺术的审美特性和文学能够帮助人类认识历史和世界、能够成为政治表达和政治斗争的重要工具，能够记录和塑造人类的灵魂，能够成为社会财富的重要资源和人类创造力的孵化器，以及文学能够与电子时代相适应、与电影、电视等相结盟，从而永远保持自己的活力，继续获得蓬勃的发展。）

我们国家的文学源远流长，有几千年的历史和优秀的传统。但是近年来出现了一些情况，就是很多人说我们的文学现在走向了边缘。20世纪80年代初，文学是社会关注的中心，那时候文学作品发表出来往往都很轰动，但是现在很少有什么作品一出来就引起轰动。另一个情况是，学术界出现一种观点，认为现在图像时代来了，文学可能走向终结和死亡。这个观点是美国一个叫J.希利斯·米勒的教授提出来的。我国国内也有学者响应。当然这种观点有一定道理。确实我们现在迎来一个前所未有的图像时代，到处都能看到视觉图像，电影、电视、手机、电脑网络和街头广告都能看到图像。这种情况下，人们欣赏和阅读文学的时间必然被挤压了。比如说，过去很多人在晚上读文学作品，现在则晚上看电视。既然图像时代来了，文学会不会走向灭亡呢？这对于我们从事文学工作的人来说是一个很严肃的问题。如果文学走向灭亡，那么我们还学文学干什么，还研究文学干什么？

我不同意这个观点。我认为文学不可能灭亡，文学现在还在蓬蓬勃勃地发展,在未来也不会灭亡,仍然会蓬蓬勃勃地发展。

我们可以从文学实践和文学理论两个方面来探讨这个问题。

一 根据我们国家实践的情况来看,文学至今仍保持繁荣的局面

(一) 我们先考察长篇小说创作的情况

长篇小说是当今文学最重要的体裁,它能表现比较复杂的故事情节,刻画较多的人物形象,诗歌的抒情、戏剧的对话、杂文的议论都可以被表现于长篇小说。许多作家都是先写诗、写散文、写短篇小说和中篇小说,积累了经验,并有丰富的生活后,才创作长篇小说。因而,长篇小说是否繁荣,可以代表当今文学发展的一般情况。

我们先看不同时期新创作长篇小说出版的数字。

从1919年五四新文化运动开始到1949年,我国新文学创作和出版的长篇小说约有2000部;新中国成立初的十七年,我国出版新的长篇小说共320部;"文化大革命"中,有5年是没有文学的,大家都知道,后5年也开始出版一些长篇小说,一共140部。改革开放以来,在70年代末80年代初,长篇小说一年不过几十部到一百来部;但是到了1991—1995年的5年间,我国新创作的长篇小说达2500部(据新闻出版总署为该五年长篇小说评奖时所作统计)。这就是说,5年超过新文化运动以来的30年。进入新世纪以来,每年1000多部。去年,也就是2010年,就达到2000部(见《人民日报》2011年4月21日中国现代文学馆所发表《2010年中国文学发展状况》)。这就是说,去年一年创作的长篇小说数量相当于1919年到1949年这30年。上述数字说明:第一,从写作来说,为什么一年能创作出这么多长篇小说呢? 当然写作的人多。第二,写作的人要有时间去写作,长篇小说不像诗歌或者散文,写一篇不用花多长时间。长篇小说创作需要花几个月、一两年、五六年,甚至十多年的时间。它要求写作的人能沉下心来创作。第三,它能够推销出去,就是说,它还要有读者,有很多读者。我国长篇小说创作所以能够持续繁荣,而且创作数量越来越大,这当然与

它拥有大量的作家和读者相关。

(二) 我们的文学创作队伍在最近30年发展很快。

在"文化大革命"结束的时候，我们国家举行第四次文代会（第四次全国文学艺术工作者代表大会），那个时候中国作家协会的会员只剩下900多人，因为有一部分会员年老去世了，还有一部分在"文化大革命"中被迫害死了，所以只剩下900多人。而现在中国作家协会的会员有将近10000人。加入中国作家协会为会员有两个条件：第一是要出版两本以上的著作，第二是要产生有全国性的影响。第一个条件容易做到。但是全国性的影响就不易做到。怎样判断有全国性的影响还是没有全国性的影响呢？中国作家协会审议批准会员的时候，设有专家组，分别审议诗歌、小说、散文、评论，由专家们判断你的作品如何？有没有全国性影响？审议还是很严格的。我国现在有两级作家协会的会员，各省、市、自治区的地方作家协会的会员条件就比较宽一些。它所拥有的会员比中国作家协会多。如上海市作家协会的会员有3000多，江苏省和广东省也有3000多。把地方作家协会会员加一起恐怕有七八万之多。但是这还并不代表我们实际的创作队伍。因为，我国从事文学创作的大部分是业余作者，各行各业的人都有。比如说官员，前任外交部长李肇星就是一位诗人，出版过诗集。中国社科院荣誉学部委员于光远，现在已经90多岁了，是很著名的经济学家，他到80多岁才开始写散文。广东佛山市原市委副书记韩英，专门写小小说，就是1000多字的超短篇小说。他说他每个礼拜六和礼拜天都关在家里写这个，居然出版了十几本。原来河北省的省委书记李尔重，现在也90多岁了。他参加革命工作后，一辈子都在业余写散文、杂文、短篇小说，最后写了一部长篇《新战争与和平》，反映抗战8年，写了8卷，500多万字，这是他从省委书记的位置上退下来才写的。现在不光是官员写，青年打工仔，就是农民工也写。广东佛山有个刊物，原来叫《佛山文艺》，后来办不下去了，后来想到珠江三角洲有数百万农民工，就把这个刊物改成让农民工来写，让农民工来看的《打工文学》，结果发行量上涨到50万份。实际上各行各业的人都有搞文学创作的，如中央电视台节目主持人倪萍写过《日子》，赵忠祥、白岩松也写，体育运动员，电影演员也写。那么中学生、大学生呢，他们写文学作品的也很多。如"青春文学"的代表，像韩寒、郭敬明、张悦然等，他们的书已经印行上百万册。小说、散文如此，诗歌也如此。写诗的人也很多，曾经有人嘲笑现在的白话诗，说写诗的比读诗的多。其实写诗和读诗的大部分都是年轻人，多是中学生、大学生，他们有激情，也有表达的欲望。所以我们国家有数千诗社和他们自己办的刊物。有些年轻人甚至自己来印刷诗刊。我国是诗歌大国。广州的《华夏诗报》曾统计过，全国有700多家由民间诗歌团体自办的诗刊、诗报。诗歌团体逾3000个，实际还不止此数。全国大、中学校几乎都有学生办的诗社和文学社。

今天，我们还有网络文学。全国网民已超过5亿。网络文学谁都可以写，谁都可以在网上发表作品。它的覆盖面很大。我曾经见到一个作家，是温州人，笔名叫龙人（取自"龙的传人"之意），20多岁北漂来京，在北京郊区农民家里租了一个房子写作，写"玄幻武侠小说"，如写蚩尤大战炎黄二帝，写魏晋时代的侠客等，都是想象出来的，写了20多年，出版的书将近70本。他没有加入作家协会。他就是靠自己写作谋生，叫做自由写作人，也叫自由撰稿者。他说他的名气在国外比在国内大，因为他把作品发表在网上，点击率已经超过十亿人次。我听了之后很吃惊，因为我们现在一般人出版作品印几千册几万册就觉得了不起，能够上百万册就已经很畅销了。他的点击率竟然有十个亿。

上述这些现象说明什么问题呢？说明文学不但有作者，还有读者，还在蓬蓬勃勃地发展。远没有将要灭亡的迹象。

二 从理论上说，文学也不可能终结，还将继往开来

（一）文学是语言的艺术，它的优势难以替代

语言是人类进行交流的基本工具，基本符号，也是人类思维的外壳。思维能达到的地方，语言就能达到。因而，语言艺术就具有思维的同步性，具有其他艺术所不可能具有的优势。语言能表现巨大时空中的历史事件和众多的人物，能叙述复杂的故事情节，能描绘人们的各种性格和微妙的思

想情绪，乃至于人们的潜意识，这都是其他艺术所难以做到的。古人说诗"灵祇待之以致飨，幽微藉之以昭告。"（钟嵘《诗品》）说的就是语言艺术的长处。

文学所以是语言艺术，因为文学语言不同于一般的语言。它创造了语言的美。像杜甫的诗句："两个黄鹂鸣翠柳，一行白鹭上青天，窗含西岭千秋雪，门泊东吴万里船。"我们之所以感到这四句都很美，是因为这四句包含着美学上很重要的规律，首先是形象。没有生动的形象呈现和刻画，就没有美。这四句都有形象，像画一样，所谓"诗中有画"；其次是对称，平衡，小中见大，短中见长，近中见远，这都是构成美的重要规律。"两个黄鹂"，"一行白鹭"，"一"与"两"相对应。"窗含西岭千秋雪"，"门泊东吴万里船"也是佳对。成都那边的西岭就是现在的岷山一带，也就是雪山，窗户对着西岭的"千秋雪"，多么绵长的时间！一千年的雪，从短短一个窗户横出来，就是小中见大，短中见长。"门泊东吴万里船"，东吴在苏州一带，离成都很远，但是船会泊到作者的门前。这就是近中见远，也是短中见长。文学运用语言创造的这种美，还可以举出很多例子。比如李清照，她说愁，"只恐双溪舴艋舟，载不动、许多愁"！愁本来是一种情绪，一种心绪，看不见，摸不着。但她借说舴艋舟，说小小的船怎么载得动那么多的愁，把"愁"立体化、质感化，好像有重量，有体质感，成为生动的形象。这就是语言艺术的表现张力。文学形象的美来自现实，却又可能高于现实。毛泽东《在延安文艺座谈会上讲话》指出，文学艺术所创造的美所以能够胜于普通实际生活的美，因为文学艺术可以"更高，更强烈，更有集中性，更典型，更理想，因此就更带普遍性"。文学能通过作家的创作，把现实的美集中起来，使它更典型更理想。文学让人赏心悦目就是因为它创造了这种更集中、更强烈、更典型、更理想的美。我们读《西厢记》就觉得《西厢记》写得确实很美，它的唱词美得很，它的意境也美得很！我们读刘白羽的散文《长江三日》，也觉得他把长江三日写得很壮丽。文学可能存在和继续存在下去是和它作为语言艺术所创造的美分不开。作为审美意识形态，文学和其他艺术一样能够给人以愉悦，给人以赏心悦目，满足人们的审美需要，同时它又能表现比其他艺术更广阔、更深邃、更微妙动人的内容。其优势难以替代。这是文学不会灭亡的一项重要的理由。

（二）文学能帮助我们认识世界和人类的历史

当然帮助我们认识世界和人类历史的不光是文学。自然科学和人文科学、历史科学著作也能帮助我们扩展诸多方面的认识。但马克思曾指出，人类掌握世界的艺术方式与掌握世界的抽象方式是不同的。确实，文学艺术由于其形象性，它往往表现为整体地把握世界，包括对于自然界和社会界的种种细节的生动描绘。文学能够描写不同时代人们的关系，人与人的关系、人与自然的关系，描写不同时代人们的思想、性格、情感，还能描写不同时代的典章文物、风俗习惯等方面的许多细节。而自然科学、人文科学包括历史著作却往往做不到这一点。比如说《红楼梦》，有人说它是爱情小说，其中确实写了许多爱情，特别是贾宝玉和林黛玉的爱情悲剧。让我们看到那时的少男少女是怎么谈恋爱的。但毛泽东说《红楼梦》是反映阶级斗争的，这也没有错，《红楼梦》里确实有主人、仆人、奴婢、少爷、小姐，等级森严，反映当时的阶级关系。当时地主阶级对于农民的剥削，地主的庄户年终都要给主人上贡送礼，贾府庄头乌进孝有一个礼单，那个礼单一看，就知道一年庄户要给地主贵族送多少东西。当然《红楼梦》里面描写的不光是阶级关系，还描写了人们的情感世界，描写了很多典章文物，包括贾元春从宫里回来探亲的豪华排场，有什么仪仗队和各种讲究。再如贾府中秋节吃螃蟹，他们是怎么吃的；刘姥姥吃了贾府的茄子做的茄鲞，做工和作料非常复杂，一道菜要花二两银子，等等。这都是具有历史烙印的生活细节。《红楼梦》反映了从康熙到雍正、乾隆年间的社会生活。那时是中国封建社会的鼎盛时代。封建文化和经济财富的积累在那个时代都是一个高峰。从康熙到乾隆这段时间，中国的国民经济产值占世界的三分之一，中国是那个时候世界上唯一的超级大国。从国家的版图，从它的军事力量，从它占有的财富，在当时世界上是无与伦比的。我们可以从《红楼梦》中看到当时的许多情况、许多细节，从中可以见识封建鼎盛时代的历史。《诗经》里有一篇叫《硕鼠》，"硕鼠硕鼠，无食我黍"。硕鼠，即很胖的老鼠，不要再吃我的粮食，不要再吃我的庄稼了！比喻封建时代反对地主剥削的思想。还有一篇叫《黄鸟》，反映殷商时代拿人来殉葬的制度，它对此提出抗议。在河南安阳的殷墟，今天我们还能看到当时殉葬人的尸骸，有的是甚至是很小的孩子。这都是文学反映历史真实细节的例子。恩格斯曾经称赞巴尔扎克的创作说："他汇集了法国社会的全部历史，我从这里，甚至在经济细节方面（如革命以后动产和不动产的重新分配）所学的的东西，也要比从当时所有职业的历史学家、经济学家和统计学家那里学到的全部东西还要多。"① 巴尔扎克的志向是要把法国社会写下来，他要做法国社会的书记。巴尔扎克的小说写了2000多个人物形象，他的作品分为巴黎生活场景、外省生活场景、乡村生活场景，军事生活场景等。所以，至今历史学家要学文学，他们也要从文学作品中去考证历史的丰富细节。即使浪漫主义文学作品，表现了作家的理想和幻想以及所表现的思想情感，那也是具有历史性、历史烙印的。古代神话的想象和幻想，在现代社会就不可能再产生。《西游记》中对儒、佛、道、神、魔、怪等的想象，包括作品所描写的人们的思想感情，也都是特定历史时代的产物。所以，文学对历史的认识作用，很难被替代，这是它的价值很重要的一部分，今后它还会继续发挥这样的作用。这也是文学不会终结的又一个重要原因。

三　文学还是民族灵魂的记录者和塑造者

文学不但记录一个民族的灵魂，而且还塑造一个民族的灵魂。

孔子论《诗经》，以"思无邪"，"不淫"、"不伤"② 来概括他所选的诗歌的思想情感的纯正。汉代《诗大序》曾认为，"故正得失，动天地，感鬼神，莫近于诗。先王以是经夫妇，成孝敬，厚人伦，美教化，移风俗。"到了宋代，朱熹在《集注》中解释孔子论诗为"凡诗之言，善者可以感发人之善心，恶者可以惩创人之逸志，其用归于使人得其情性之正而已"。可见，我国古人早就认识到文学在建立人伦道德和风俗情感方面纯净人们灵魂的作用。俄罗斯的批评家曾讲过，普希金的诗歌使得俄罗斯人的心灵情感优美起来。300年前，俄罗斯还很不发达，后来，罗蒙诺索夫

---

① 《致玛·哈克奈斯》，《马克思恩格斯选集》第四卷，第463页。
② 见《论语》：《为政》和《八佾》。

创立的莫斯科大学，引进了法国文学，让俄罗斯的贵族们都去学法文。法国文学当时在欧洲是先进的，因此俄罗斯文学很快发展起来，出现了普希金、莱蒙托夫，出现了果戈理、陀思妥耶夫斯基、列夫·托尔斯泰，还出现了高尔基，都成了具有世界影响的大师级的作家。他们的作品使俄罗斯整个民族的文化素养得到很大的提高。实际上，全人类也是如此。在古代的野蛮时代人吃人，把抓来的俘虏不是杀掉就是当做奴隶、当做牲口使唤。但今天我们大家坐在这里都是温文尔雅的。莎士比亚曾经说："人是多么了不起的一件作品！理性是多么高贵，力量是多么无穷！仪表和举止是多么端正、多么出色，论行动，多么像天使！论了解，多么像天神！宇宙的精华，万物的灵长！"① 这是英国著名剧作家莎士比亚在他的著名剧作中说的一段话，用来称赞人类。但是我们知道，人并不是从来都是这样的。人从野蛮时代发展到文明时代，首先得力于社会生产力和生产关系的进步，得力于整个文化的进步。在这个过程中，文学扮演着重要的角色，正是优秀文学作品的潜移默化的作用，使人类的思想情感不断得到升华和优化。像我们这代人，当时走向革命，就受到文学书籍的影响。有几本书我至今还是记得很清楚的，一本是巴金的《家》，写封建家庭的黑暗；一本是托尔斯泰的《复活》，揭露封建社会的丑行；还有奥斯特洛夫斯基的《钢铁是怎样炼成的》，赞扬共产主义理想的美好和崇高。这样的作品，当时我们看了之后对旧社会很绝望，就想去追求新的、理想的、美好的世界。新中国成立以后，我们有好些作品，像《青春之歌》、《红岩》，都给很多年轻人以强烈的影响，可以说影响了好几代人的精神世界。它们也给日本的青年读者以很强烈的影响。这两本书在我们国内都已印行了几百万册。翻译到日本去，在日本也曾很畅销。

　　文学对塑造一个民族的灵魂，使得人类更文明起来，具有不可低估的作用。而且这种塑造过程还是潜移默化的。人们所以废寝忘食地读文学作品，而不耐烦读抽象的哲学著作、道德箴言或宗教经典，因为文学作品本身就有一种审美价值。通过审美，接受了思想导向和影响，这个作用是不可替代的。

---

① 《哈姆莱特》第二幕第二场，人民文学出版社1957年版。

四 文学还是政治表达、政治斗争的有力的媒介

今天人们一听到文学可以当做政治表达、政治斗争的媒介、工具、武器，往往会表现出很不屑的样子。其实，在历史上，这是一个客观存在的事实。

在20世纪80年代初，邓小平提出，我们"不继续提文艺从属于政治这样的口号，因为这个口号容易成为对文艺横加干涉的理论根据，长期的实践证明它对文艺的发展利少害多。但是，这当然不是说文艺可以脱离政治。文艺是不可能脱离政治的。"① 这段话，对于当时文艺界解放思想、实事求是、拓展文艺的题材和主题，起了很大的作用。

新中国成立后，我们长期强调文学从属于政治，要为政治服务，到20世纪70年代末，改成文艺要"为人民服务、为社会主义服务"。为人民、为社会主义服务是一个比较宽泛的概念，它也包含为政治服务，但不限于为政治服务。因为文学艺术的题材、主题、形式、风格都是多种多样的，有的文学作品与政治完全无关，比如说，写一首爱情诗不一定有政治内容、写一首山水诗也不一定有政治内容。比如我们刚刚讲的"两个黄鹂鸣翠柳，一行白鹭上青天"，也没有什么政治内容。李清照吟咏愁思的词，也难以看出什么政治内容。如果要求一切的文学作品都要为政治服务，那么就等于限制了创作题材的多样化，那是有害的。但是反过来，也不能说文学不能为政治服务，有很多文学作品是有政治内容的，甚至能够起伟大作用于政治。屈原写的《离骚》就是有政治内容的，《离骚》所发泄是对楚国国王的昏聩的不满，表达对人民疾苦的同情。"长太息以掩涕兮，哀民生之多艰"，这就是他的政治立场，他的政治态度。我们说他伟大就说《离骚》有人民性。很多作品都是有政治内容的。包括陶渊明的《五柳先生传》、《桃花源记》。他不愿为拿五斗米的薪水向权贵折腰，于是退隐山林。"采菊东篱下，悠然见南山"，这多自在。这就是他在当时的政治态度。他的《桃花源记》就描写了一个"不知有汉，无论魏晋"的很自然的村落，表

---

① 《目前的形势和任务》，《邓小平文选》第2卷，第255页。

现的正是他的政治理想。所以，看起来他好像是远离政治，实际上这正是他的政治态度、政治立场。田汉先生所写的《义勇军进行曲》的歌词，在20世纪的中国，对政治起了很大的作用，鼓舞我们民族团结起来打败日本，而且至今仍然成为我们国家爱国主义的一个嘹亮的号角，一个形成民族凝聚力的强大的催化剂。可见，文学确实能够起伟大作用于政治。

　　文学不但能够表达人们的政治意愿、政治立场和情感，而且由于它是通过富于艺术表现张力的形象世界的描写来表现，就比政治宣言、标语或口号更能感动人。所以，世界上没有哪个国家的政党或统治者不想拿文学来作为政治斗争的宣传工具。国民党到台湾以后，就曾推行"反共文学"，那也是为其政治服务。所以我们有些人很天真，觉得文学可以完全脱离政治、远离政治。其实这是从一个极端跑到另外一个极端，并不正确，并不符合文学发展的历史事实。我想将来，还是会有人用文学作为政治斗争的宣传媒介的。政治是经济利益的集中表现。每一个人，包括每一个作家，都要从社会取得一定的经济利益，因此他必然会采取一定的政治立场，必然会形成一定的政治感情，他的这种政治立场和感情一定会自觉或不自觉地表现在作品里面，有的表现得明显一些，有的表现得隐晦一些，虽然不会表现在一切作品上。在阶级斗争、政治斗争尖锐的时期，文学艺术由于它的潜移默化的艺术魅力，的确可以成为毛泽东所说的"团结人民、教育人民，打击敌人，消灭敌人的有力的武器"[①]。所以这个恐怕也是文学不会灭亡的原因。因为政治是和经济联系在一起，有经济利益的冲突就会有不同政治势力的斗争。孙中山曾说，政治是管理众人之事。那么，政治就更广泛了。人们怎么可能不利用文艺来为其政治利益服务呢?! 问题不在于文艺可以为政治服务，而在于为什么样的政治服务。我们应该鼓励和提倡文艺为进步的革命的人民的政治服务。而不应笼统地反对文艺为政治服务。

[①] 《在延安文艺座谈会上的讲话》，《毛泽东邓小平江泽民论文学艺术》，解放军文艺出版社，第205页。

五 文学还是社会重要的财富资源

在古代，人们可能认识不到这一点，因为远古的文学主要是人民口头创作，可以互相传唱，如那时的神话、传说和民间歌谣、故事。后来贵族写的文章、写的诗歌，可以奉献给皇帝看看，或者在朋友或家人中传阅。虽然，皇帝如果欣赏，也可能赏给点什么，甚至赏给官做，但一般情况下，不存在经济价值和金钱利益。文学产生了经济价值和金钱利益当然与市场经济的萌芽和发展相关。市场是与商品相依存的。文学到了能够用纸传抄，可以印成书，就可能成为具有交换价值的商品，于是才出现"洛阳纸贵"的现象。我国自唐代开始，文学可以印成书，可以卖钱。到了宋代，说书的人在勾栏瓦舍说书，也是要收钱的。你来听我说书就要给我钱，也就是买门票了。而到了明代，像冯梦龙、凌濛初编印"三言二拍"那样的短篇小说集，就要给作者付"笔资"，也就是今天的稿费。到了近代，印刷业更为发达，出现了报社和出版社，文学的商品性更为彰显，出版社要给作家支付稿费就成为制度了。总之，文学在历史发展中，逐渐成了商品，它不光是艺术品。文学具有审美价值，正因它能够满足人们的审美需求，它也就具有了交换价值。

今天，市场经济的条件下，文学成为社会财富的资源，可以看得非常清楚。大家都知道，英国的一个小学女教师，写了哈利·波特的系列作品，现在她的财富超过了英国女王。我国作家，稿费也有很丰厚的。去年公布了一个作家稿费收入排行榜，排在第一位的是成都女作家杨红樱，她写的是儿童文学，年收入稿费是2500万。我在日本见到了一个75岁的老作家，叫水上勉，是专门写推理小说的。他说他的稿费也很多，而历史小说家司马辽太郎更多，一年稿费达1亿5000万日元，缴所得税都要缴5000万。今天我国文学作品的出版已经形成了一个很大的产业——文化产业，我们的图书出版大概有五分之二是文学艺术作品，当然也包括古典文学作品和从国外翻译过来的作品以及新创作的作品。有人说要是曹雪芹现在还活着，那他肯定是个大富翁，因为他的《红楼梦》每年都在印。但是曹雪芹在那个年代却是穷困潦倒，瓦屋绳床，最后只能食粥，就是喝稀饭。所以说现在文学已经成了很重要的财富资源。美国只二百年的历史，它没有我们这么丰富的文学资源，但是它会用"拿来主义"。把列夫·托尔斯泰的《战争与和平》拿来，拍成好莱坞电影赚了很多钱；把我们中国《花木兰》的故事拿过去加以改编，也赚了很多钱。熊猫是中国产，功夫也是中国产，美国拍成动画片《功夫熊猫》，同样赚很多钱。日本的动画艺术，推销到全世界，其产值超过了钢铁业。而动画和电影、电视的基础都是文学。现在人们认识文学真的是很重要的资源，要好好的开发一下这个资源，要有更多的人从事文学创作，要有更多的文学天才得到发展，要使他们成为世界性的作家，为国家创造财富。总之，要挖掘文学的生产力，要把文学作为重要的文化产业来扶植和发展。当然，文学首先是艺术品，是无价的，优秀作品不是金钱能够完全衡量的，但是优秀的文学作品确实也是商品，能创造出巨大的财富。它怎么会消亡呢!？

六　文学还是人类创造力的孵化器

马克思在《费尔巴哈论纲》说了这么一段话，就是"哲学家们只是用不同的方式解释世界，而问题在于改变世界"。并说"环境正是由人来改变的"。人类能够改变世界，跟人类的创造力是分不开的，人类的全部文化，包括物质文化和精神文化，包括科学技术都是人类创造力、人类智慧的表现。在创造力的培养中，想象力和幻想力是极为重要的，如果一个民族没有一点想象力和幻想力，那这个民族就很难有希望。文学艺术虽然是现实生活在作家头脑中反映的产物，但这种反映是作家能动性的反映。实际上，文学艺术就是人的一种创造，是人所创造的虚拟世界——"第二自然界"，是自然界本来所没有的。文学艺术的虚构，离不开想象力和幻想力。现在世界上科学技术最发达的国家，它的科学幻想小说也是最发达的，一个是美国，一个是苏联，还有一个是法国。法国一百多年前就一个科学幻想小说家叫凡尔纳，他写了很多科学幻想小说，比如《地心游记》《月界旅行》等，这些小说提出的幻想，后来人类都实现了嘛。我们的老祖宗也是不缺乏想象力和幻想力的。古代的神话有《女娲补天》、《精卫填海》等。《三国演义》中的诸葛亮能呼风唤雨；《水浒传》中的神行太保戴宗能够日行八百里;《封神演义》里写的土行孙,能够在地底下行走;《西游记》里的孙悟空翻一个跟头就十万八千里。这不都很有想象力和幻想力吗?这些想象和幻想,今天也被现代的科学技术所实现了。文学作品的虚构性充分表现了人类的创造力、想象力和幻象力。对培养青少年很重要。阅读文学作品就有助于青少年的幻想力和创造力的成长和发展,有助于未来人类去改变世界。所以,可以说文学是人类想象力、幻想力的孵化器,也是人类创造力的孵化器。

  基于以上六大理由,我认为文学是不会灭亡的。今天不会灭亡,将来也不会灭亡,因为人们永远需要具有六大功能的文学艺术。现今是全球化的时代。尽管也有人在反对全球化,但是我觉得全球化的趋势是改变不了的。1848年马克思和恩格斯在《共产党宣言》中指出:"资产阶级,由于开拓了世界市场,使一切国家的生产和消费都成为世界性的了。……过去那种地方的和民族的自给自足和闭关自守状态,被各民族的各方面的相互往来和各方面的相互依赖所代替了。物质的生产是如此,精神的生产也是如此。各民族的精神产品成了公共的财产。民族的片面性和局限性日益成为不可能,于是由许多民族的和地方的文学形成了一种世界的文学。"这段话现在已经变成事实了。现在我们可以读到许许多多国家的作品,而我们国家的作品也被翻译到国外去,被人家所阅读。世界文学的意思就是说文学要和世界人民共赏,但是并不等于取消文学的民族性,民族特色,相反,越是有民族特色的东西,人家才愿意看。我讲这个全球化的趋势,文学的世界化这个趋势会继续发展,那么由于现代科学技术的不断进步,将来文学将面临一个跨时代的变化,就是从口传时代、纸质传播时代进入了电子传播时代、光子传播时代。这个变革的影响是深远的。我们现在有网络文学还有电子书,有手机文学等,科学技术发展使传播手段越来越先进,反过来,它也影响了文学的生产和消费。现在已经出现了用电脑写作的诗歌,据说,输进一定的程序,电脑就能写作一些简单的诗歌。那么无法预言,十年一百年之后电脑会不会写出很多更好的作品。但文学很主要的一面是了解和描写人的心灵世界,在这一方面,电脑在可预见的未来还不可能超过人类自身。所以,文学作为社会意识形态中的一个组成部分,一个系统,由于它具有诸多的功能,即使图像时代来了,它也不可能被取代。

相反，它那能够借助与图像的结盟，与新的电子技术的结盟，来扩大自己的传播面、覆盖面，施展自己的魅力。今天很多电影和电视，是根据什么拍的，是根据文学剧本，有了好的文学剧本，才能拍出有好的电影和电视。现在有的作家、诗人把自己的散文和诗歌配上音乐，配上图像，制成光盘来销售，很多作家自己主动把作品改编成电影剧本，甚至自己担当制片人。这些电影、电视放映后，反过来就促销他的小说，使他的小说影响更大。这就是结盟的效果。

结　　语

在魏晋时代，曹丕在一篇叫《典论·论文》的文章说过这样一句话，"盖文章乃经国之大业，不朽之盛事"！曹丕是皇帝，同时也是个文学家。他深知文学的重要，虽然当时他所指的文章，其范围比我们今天的文学要宽得多，但包括文学。他把文章看做经国之大业，不朽之盛事，说明他是有长远眼光的，看问题有历史的穿透力。唐诗有云："屈原辞赋悬日月，楚王台榭空山丘。"楚王当年所盖的楼台殿阁今天都不见了，变成荒山丘了，屈原的辞赋却如日月一样，至今照耀着我们，一代代地传了下来，这就是不朽！优秀的文学作品永远是不朽的。我想，文学的薪火也一定会一代代传下去。只要人类存在，人类的语言存在，文学就会永远存在。

（李洪华、钟婷、卿源等根据张炯先生2011年5月3日在南昌大学的讲演录音整理）

主要参考书目

《马克思恩格斯全集》，人民出版社1975年版。
《马克思恩格斯选集》，人民出版社1972年版。
《列宁论文学与艺术》，人民文学出版社1983年版。
《毛泽东选集》，人民出版社1977年版。
《毛泽东文艺思想全书》，吉林人民出版社1992年版。
《邓小平文选》，人民出版社1983年版。
《鲁迅全集》，人民文学出版社1957年版。
《沫若文集》，人民文学出版社1958年版。
《茅盾文艺评论集》，文化艺术出版社1981年版。
《瞿秋白文集》，人民文学出版社1954年版。
《周扬文集》，人民文学出版社1985年版。
《林默涵文论集》，当代中国出版社2001年版。
《楚辞集注》。
《资治通鉴》。
《中国通史》10卷本，人民出版社。
《中华文学通史》10卷本，华艺出版社1997年版。
《新时期文学艺术成就总论》，花山出版社1998年版。
严家炎主编：《二十世纪中国文学史》，高等教育出版社2010年版。

后记　继续重视文学理论批评的健康发展

——获奖感言

没有想到，根据我给中国作家协会学习中心组所作的一篇报告删节写成的文章，在获得中国作家出版集团的奖项后，又获得鲁迅文学奖。能获得这样的最高文学奖，自然深感荣幸。我除了感谢评委们的关爱，还要感谢他们对文学理论批评和马克思主义文论的重视。在文学艺术战线，理论批评的队伍远比创作的队伍小，因而理论批评工作往往落后于创作。但理论批评对创作的影响，又确实不容轻视。特别是马克思主义文艺理论的指导作用，自从马克思主义传播到我国后，就一直被越来越多的文艺工作者所青睐。三十多年前，著名文艺理论家周扬鉴于过去我国存在的"左"倾教条主义的错误，说过这样一句名言：即马克思主义一要坚持，二要发展。我深以为然。因为，不坚持马克思主义的基本原理就谈不上马克思主义，不结合不断发展的实践就难以保持马克思主义的活力。实践是检验真理的唯一标准。理论如果脱离不断发展的实践，必然会因违背实际，而丧失自己反映客观规律以指导实践的能力。这个道理，于文艺理论完全适用。《马克思主义文艺理论及其面临的挑战》一文，除了论述马克思主义文艺理论的世界影响，回顾马克思主义文艺理论在我国的传播和发展，阐明自己对马克思主义文艺理论的基本理解，以及指出马克思主义文艺理论面临的新的挑战外，其实着重要表达的就是"一要坚持，二要发展"的意思。在当今，世界范围的文艺实践已远远超越马克思的时代，现代主义和后现代主义的许多新的文艺思潮与实践，文艺传播的电子化和产业化等都是马克思、恩格斯、列宁、毛泽东等马克思主义经典作家所未曾看到的。这就要求新一代的马克思主义学者如何运用马克思主义的基本原理和文艺理论的基本观点,去对人类新的文艺实践进行研究并做出科学的阐释。当然,我的论文没有可能解决这个问题。而只是提出问题,期待我国的文艺理论界共同展开这方面的深入研究和探讨。

文艺理论是科学。它以文艺现象为研究对象,其学术期待就是要反映客观存在的文艺规律。马克思主义的辩证唯物主义坚持意识是存在的反映,这当然是对的。但人类的意识又是能动的。马克思在《费尔巴哈论纲》中指出,过去的哲学只是解释世界,而问题在于改变世界。人类对世界的反映并非像银版照相那样的机械的反映,而是能动的反映。人类作为主体的能动性是人类文化和文明产生的秘密所在,也是众多风格流派的文学艺术作品产生的秘密所在。如果坚持辩证唯物主义的能动的反映论,我们就不仅能够解释文艺历史上的现实主义和浪漫主义创作,也可以解释百多年来的现代主义和后现代主义创作。现代主义强调表现自我,实际就是强调表现主体的自我意识。在一定意义上,这是一种唯心主义的创作倾向。就认识论而言,唯心主义有它的错误和局限,会在实践中使人们碰壁,但在主体性的重视和探讨方面却有独特的贡献。就文艺创作而言,对主体性的重视却曾经促使历史上的浪漫主义作品的产生,从古老的神话到后世许多带有强烈激情和主观幻想的作品,都得益于创作主体性的充分发挥。现代主义创作中的超现实主义、象征主义、未来主义、抽象主义、荒诞派、意识流等种种作品的出现,都正是偏重于主体性表现的产物。现代主义作家中固有悲观颓废的,也有革命乐观的。我们知道,现实主义作家也有各种不同思想倾向,虽然他们都遵循再现现实的创作原则。现实主义作家对现实的反映,实际也不是机械式的反映。典型的创造、典型化的过程,都离不开创作主体性的发挥,都不可能没有主体想象力和幻想力的舒展。过去,新中国的文艺理论批评曾长期否定现代主义,笼统地把它看做哲学上的唯心主义和创作倾向上的悲观颓废来批判。这就犯了将哲学思想与美学创造相混淆,在作品思想倾向上也未做具体分析的毛病。

后现代主义是更为复杂的文艺现象。它是后工业社会的产物,从文化上,它体现了对后工业社会的批判,作为文艺创作的后现代主义又是对现代主义的一定反拨,对现实主义和浪漫主义的一定继承。同时,它又反映了人们在后工业时代主体丧失、人性异化的无奈,表现了人们对自己能否认识现实世界的深刻怀疑。这种文艺思潮和文艺实践的出现，既有深刻的历史现实根源，又有认识主体的个人思想的局限和困惑。美国后现代主义理论家兼作家约翰巴思曾把拉美魔幻现实主义的代表作、哥伦比亚作家马尔克斯的《百年孤独》看做后现代主义的典范之作。他认为后现代主义是对于前现代主义（即现实主义、浪漫主义）和现代主义的否定之否定。当然，这样的文艺思潮和创作的出现，也是与人们主体性的变异和发挥分不开。马克思主义文艺理论是完全可以加以科学地阐释的，它既反映了人与现实的新关系，也体现了创作主体的世界观、人生观、价值观和文艺观变动后的艺术表现。对这样的文艺作品，我们仍然需要从它对现实反映的深度与广度，从主体思想的正确或谬误，去具体地评价其真善美的价值。而不应做笼统的肯定或否定。

正视创作主体性的作用，还使我们对文艺与生活的关系有更辩证的认识。社会现实生活是文艺创作的源泉，也是唯一的取之不尽、用之不竭的源泉。这当然也是对的。因为，人类的社会生活不断在发展和更新，所以，文学艺术总是如我国古代文艺理论家刘勰的那样"质文代变"。但第一，这不等于说文艺作品必须机械地模仿社会生活而不可有超越一定社会生活的描写，例如古代的神话和今天的科学幻想小说。文艺主体的创作总是不同程度地超越于社会现实生活的。第二，以社会现实生活为源泉也要做宽泛的理解。非亲历的前人的历史生活，通过一定历史资料的阅读和承继，也可以成为创作的源泉。通过创作主体的想象和幻想重新组合的生活片像，照样也是创作的源泉。过去，我们要求作家写什么就去深入什么生活，如写工厂农村，就到工厂农村去体验什么，仿佛不这样做就不应创作。这实际上是把创作源泉理解狭隘了。深入特定的现实生活当然是需要的。但作家的一生，可能经历各种各样的生活，他的头脑中积累的任何生活印象、生活体验、生活感情，包括从书本中得到的各种知识和见闻，对于他的创作来说都是有用的。有的作家想象力和幻想力特别丰富，他完全可以驰骋自己的想象和幻想，去创造并非完全模仿现实的艺术图像。对于这类偏于发挥主体能动性的作品，只要它的思想倾向是有益无害的，就不应受到理论批评家的非难。

20世纪由于世界各国文论的发展，赋予文艺批评以多种理论选择和多种视角与方法。形式主义、结构主义、新批评、原型批评和符号学批评、文化批评等，都为我国转型期的文艺理论批评的发展作出不同的贡献。近三十年，我国文艺理论界还出现了象征论文艺学、反映论文艺学、主体论文艺学以及生态论文艺学等新的著作。而在我国，马克思主义的理论批评迄今仍然是居于主流的理论批评。它对促进我国文艺理论批评的健康发展，起着重要的作用。人类的文学艺术实践随着社会的前进而不断前进。现代主义和后现代主义的创作尽管其思想倾向因人而异，但它们所提出的艺术主张和表现方法，像前人曾经提出的艺术主张和表现方法一样，在总体上同样丰富了人类文学艺术的表现境界与技巧。在文艺批评的开展中，我们坚持社会主义的核心价值观的同时，对曾经丰富了人类艺术表现境界和方法的前人贡献，自然应该给予应有的肯定。在以马克思主义文艺理论批评为主的前提下，也发展各种不同选择的文艺理论批评，无疑符合文艺"百花齐放，百家争鸣"的方针，也是繁荣健康的文艺理论批评的应有的学术生态。我们无疑应该共同推进文艺理论批评的健康发展。